Els
Datenschutz für Kindertageseinrichtungen

Datenschutz für Kindertageseinrichtungen

Prof. Dr. Michael Els

1. Auflage 2022

Carl Link

Bibliografische Information der Deutschen Nationalbibliothek
Die Deutsche Nationalbibliothek verzeichnet diese Publikation in der Deutschen Nationalbibliografie; detaillierte bibliografische Daten sind im Internet über http://dnb.d-nb.de abrufbar.

ISBN 978-3-556-09092-3

www.wolterskluwer.de

Alle Rechte vorbehalten.
© 2022 Wolters Kluwer Deutschland GmbH, Wolters-Kluwer-Straße 1, 50354 Hürth.

Das Werk einschließlich aller seiner Teile ist urheberrechtlich geschützt. Jede Verwertung außerhalb der engen Grenzen des Urheberrechtsgesetzes ist ohne Zustimmung des Verlages unzulässig und strafbar. Das gilt insbesondere für Vervielfältigungen, Übersetzungen, Mikroverfilmungen und die Einspeicherung und Verarbeitung in elektronischen Systemen.
Verlag und Autor übernehmen keine Haftung für inhaltliche oder drucktechnische Fehler.

Umschlagkonzeption: Martina Busch, Grafikdesign, Homburg Kirrberg
Umschlagfoto: © Adobe Stock – Ruslan Grumble
Satz: Datagroup-Int SRL, Timisoara, Romania
Druck und Weiterverarbeitung: Wydawnictwo Diecezjalne i Drukarnia w Sandomierzu, Sandomierz, Polen

Gedruckt auf säurefreiem, alterungsbeständigem und chlorfreiem Papier.

Inhaltsverzeichnis

Abkürzungsverzeichnis		9
Einleitung		11
1	**Grundlagen des Datenschutzes in Kindertageseinrichtungen**	13
1.1	Warum Datenschutz? – Informationelle Selbstbestimmung	13
1.2	Welches Gesetz regelt den Datenschutz ihrer Kindertageseinrichtung?	14
1.3	Was sind personenbezogene Daten?	23
1.4	Wer trägt die Verantwortung zur Sicherstellung und Einhaltung des Datenschutzes?	29
1.5	Für welche Arbeitsvorgänge muss ich den Datenschutz beachten?	33
2	**Gesetzliche Befugnis zur Datenerhebung (§ 62 SGB VIII)**	37
2.1	Materielle Voraussetzung: Zur Aufgabenerfüllung erforderlich	37
2.2	Formelle Voraussetzung: Bei wem dürfen die Daten erhoben werden?	47
2.3	Wie sind die Daten zu erheben? Informationspflichten bei Erhebung von Daten	54
2.4	Landesgesetzliche Befugnis zur Bildungsbeobachtung und -dokumentation	56
2.5	Muster einer Datenschutzerklärung zum Betreuungsvertrag einer kommunalen Kita	61
2.6	Muster einer Abholliste einer kirchlichen Kita mit Datenschutzerklärung	66
3	**Die Einwilligung als Befugnis zur Datenerhebung und -verarbeitung**	69
3.1	Ist eine Einwilligung als Verarbeitungsgrundlage zulässig?	70
3.2	Einwilligungsfähigkeit der betroffenen Person	70
3.3	Formale Wirksamkeitsvoraussetzungen	72
3.4	Widerrufbarkeit (Art. 7 Abs. 3 DSGVO)	74
3.5	Freiwillige Erklärung	74
3.6	Sonstige Wirksamkeitsvoraussetzungen	76
3.7	Nachweis der Einwilligung (Art. 7 Abs. 1 DSGVO)	77
3.8	Muster für Einwilligungen zur Bildungsdokumentation sowie zum Anmeldebogen	80
4	**Befugnis zum Nutzen, Verändern und Speichern von Daten**	89
4.1	Was unter Speichern, Verändern oder Nutzen von Sozialdaten zu verstehen ist	89
4.2	Was sind die Rechtsgrundlagen für das Speichern, Verändern oder Nutzen von Sozialdaten durch Kitamitarbeiter?	91
4.3	Was bedeutet das nun für die Arbeit in der Kita?	92

5	**Befugnisse zur Datenübermittlung**		97
	5.1	Systematik der Befugnisse und Übermittlungsgrundsätze	97
	5.2	Übermittlung von Daten für die Erfüllung sozialer Aufgaben (§ 69 Abs. 1 Nr. 1 SGB X)	98
	5.3	Datenübermittlung zur Durchführung eines Gerichts- oder Strafverfahrens (§ 69 Abs. 1 Nr. 2 SGB X)	105
	5.4	Erfüllung besonderer gesetzlicher Pflichten und Mitteilungsbefugnisse (§ 71 SGB X)	106
	5.5	Einschränkung der Übermittlungsbefugnis bei besonders schutzwürdigen Sozialdaten (§ 76 SGB X)	107
	5.6	Einschränkung der Weitergabe- und Übermittlungsbefugnis durch die sozialrechtliche Schweigepflicht (§ 65 SGB VIII)	108
	5.7	Muster: Schweigepflichtentbindung	116
6	**Fotografieren und Veröffentlichen von Bildern durch Kindertagesstätten**		119
	6.1	Anfertigen von Bildern aufgrund einer Einwilligung (Art. 6 Abs. 1 lit. a DSGVO)	120
	6.2	Muster einer Einwilligung	124
	6.3	Ergänzende Hinweise zu Einwilligungen in einzelnen Fallsituationen	126
7	**Anfertigung von Bildern bei größeren Veranstaltungen zur Wahrung berechtigter Interessen (Art. 6 Abs. 1 lit. f DSGVO)**		131
	7.1	Das Problem der Rechtsgrundlage	131
	7.2	Die Rechtsgrundlage des berechtigten Interesses	132
	7.3	Anleitung zur Abwägung	132
	7.4	Informationspflichten	137
	7.5	Muster für die Informationspflicht nach Art. 13 DSGVO	138
	7.6	Information bei externen Großveranstaltungen	139
	7.7	Drei Anwendungsbeispiele kitatypischer Veranstaltungen und der dort erforderlichen Abwägungen	139
	7.8	Sonderfall: externe Arbeitnehmer auf einer Veranstaltung	142
	7.9	Sonderfall: Künstler auf einer Veranstaltung	143
8	**Anfertigen von Gruppenfotos und Porträtbildern der Kinder durch Fotografen, Presse, Großeltern oder sonstige Dritte**		145
	8.1	Anfertigen von Gruppenfotos und Porträtbildern durch freiberufliche Fotografen	145
	8.2	Bilder von Kita-Festen durch Eltern, Großeltern usw.	145
	8.3	Tagespresse	147
	8.4	Dem Fotografieren Grenzen setzen – Hausrecht	147
9	**Beschäftigtendatenschutz**		149
	9.1	Persönlicher Anwendungsbereich: Wer ist Beschäftigter?	150
	9.2	Sachlicher Anwendungsbereich: Verarbeitung personenbezogener Daten	150
	9.3	Zweckgebundenheit: Datenverarbeitung zur Begründung, Durchführung oder Beendigung eines Beschäftigtenverhältnisses	150

9.4	Erforderlichkeit	151
9.5	Datenverarbeitung im Bewerbungsverfahren	154
9.6	Datenverarbeitung auf Grundlage einer Einwilligung des Beschäftigten (§ 26 Abs. 2 BDSG)	165
9.7	Informationspflichten gegenüber Bewerber bzw. Beschäftigten	168

10 Anfertigung und Veröffentlichung von Mitarbeiterbildern ... 171

10.1	Medialer Alltag	171
10.2	Anwendungsbereich DSGVO	172
10.3	Erlaubnistatbestände	173
10.4	Zur Erfüllung eines Vertrages (Buchstabe b)	173
10.5	Einwilligung (Buchstabe a)	175
10.6	Berechtigtes Interesse zur Anfertigung von Mitarbeiterfotos (Buchstabe f)	178

11 Hinweise zu Lieferanten- und Dienstleisterdaten ... 183

12 Datensicherheit ... 187

12.1	Bedeutung	187
12.2	Ziele der und Zuständigkeit für die Datensicherheit	187
12.3	Organisatorische Maßnahmen	189
12.4	Risiken bestimmen und begegnen	192
12.5	Einfache und effektive technisch-organisatorische Datensicherheitsmaßnahmen in Kindertageseinrichtungen (Art. 30 Abs. 1 lit. g DSGVO)	197

13 Web-Apps/Soziale Medien/Einrichtungswebsite ... 205

13.1	Kein Unterschied bei den Rechtsgrundlagen der Datenverarbeitung	207
13.2	Auftragsverarbeitung von Sozialdaten	209
13.3	Sorgfältige Auswahl des Web-Anbieters als Auftragsverarbeiter	210
13.4	AV-Vertrag als Grundlage der Auftragsverarbeitung (Art. 28 Abs. 3 DSGVO)	211
13.5	Vorherige Anzeige der Auftragserteilung an die zuständige Rechts- und Fachaufsichtsbehörde (§ 80 Abs. 1 SGB X)	214
13.6	Prüf-, Dokumentations- und Rechenschaftspflicht	214
13.7	Exkurs: Soziale Medien in Kitas	214
13.8	Hinweise zur Einrichtungswebsite	216

14 Sicherstellung der Betroffenenrechte (Art. 15 ff. DSGVO) ... 223

14.1	Recht auf Auskunft (Art. 15 DSGVO)	223
14.2	Recht auf Berichtigung (Art. 16 DSGVO)	227
14.3	Recht auf und Pflicht zur Löschung (Art. 17 DSGVO)	228
14.4	Recht auf Einschränkung der Verarbeitung (Art. 18 DSGVO)	234
14.5	Widerspruchsrecht (Art. 21 Abs. 1 DSGVO)	234
14.6	Handhabung von Datenschutzverletzungen	235

Literaturverzeichnis ... 237

Stichwortverzeichnis ... 245

Abkürzungsverzeichnis

aA	anderer Ansicht
Abs.	Absatz
AEUV	Vertrag über die Arbeitsweise der Union (bildet zusammen mit dem Vertrag über die Europäische Union den Vertrag von Lissabon vom 1. Dezember 2009)
Art.	Artikel
AVBayKiBiG	Verordnung zur Ausführung des Bayerischen Kinderbildungs- und -betreuungsgesetzes
BDSG	Bundesdatenschutzgesetz
Bufdis	Bundesfreiwilligendienstleistende
BVerfG	Bundesverfassungsgericht
bzw.	beziehungsweise
DGUV	Deutsche Gesetzliche Unfallversicherung
d.h.	das heißt
DSG-EKD	Kirchengesetz über den Datenschutz der Evangelischen Kirche in Deutschland
DSGVO	Datenschutz-Grundverordnung der Europäischen Union
EG	Erwägungsgrund der DSGVO
FamG	Familiengericht
ff.	fortfolgende
ggf.	gegebenenfalls
GrC	Charta der Grundrechte der Europäischen Union
hM	herrschende Meinung
IfSG	Infektionsschutzgesetz
i.S.d.	im Sinne des/der
i.V.m.	in Verbindung mit
JA	Jugendamt
KDG	Gesetz über den Kirchlichen Datenschutz
KiBiz	Gesetz zur frühen Bildung und Förderung von Kindern (Kinderbildungsgesetz – KiBiz) des Landes NRW
Kita	Kindertageseinrichtung
KUG	Kunsturhebergesetz
LDSG	Landesdatenschutzgesetz
lit.	Bezeichnung für Buchstabe in Gesetzen
Nr.	Nummer

Abkürzungsverzeichnis

o.O.	ohne Ort
PIA	Praxisintegrierte Ausbildung zum/r Erzieher/in
psbD	personenbezogene Daten
S.	Satz/Seite
SGB	Sozialgesetzbuch
SVR	Straßenverkehrsrecht
TOM	technisch-organisatorische Maßnahmen
VO	Verordnung

Einleitung

Liebe Kitaleitungen, liebe pädagogische Mitarbeiter, liebe Trägervertreter,

das Thema Datenschutz betrifft Sie[1] in mehrfacher Hinsicht, Sie verarbeiten laufend personenbezogene Daten (psbD):
- der von Ihnen betreuten Kinder und deren Eltern,
- Ihrer Mitarbeiter und schließlich
- Ihrer Kooperations- und Vertragspartner, wie Referenten, Logopäden, »Vorleseomas«, Lieferanten (z.B. Caterern) oder Handwerkern (z.B. Reinigungs-, Sanitär- und Gartenbaubetrieben).

Das Datenschutzrecht regelt, unter welchen Voraussetzungen Sie personenbezogene Daten verarbeiten dürfen. Die datenschutzrechtlichen Vorschriften sind zum Teil schwer verständlich formuliert und unübersichtlich: Datenschutzgrundverordnung der EU, Katholisches Datenschutzgesetz, Evangelisches Datenschutzgesetz, Datenschutzvorschriften in den Sozialgesetzbüchern – um nur die wichtigsten zu nennen. Zudem sorgen »vorurteils- und interessenbestimmte Stellungnahmen verschiedenster Gruppen«[2] für Verwirrung und Verunsicherung.

Zweck dieser Schrift ist es, Ihnen eine möglichst praxisnahe Instruktion an die Hand zu geben. Deshalb ist sie nicht wie die juristische Fachliteratur entlang der Struktur der jeweiligen Gesetzesvorschriften aufgebaut. Nach einer Einführung in die Grundbegriffe und -prinzipien des Datenschutzes (Abschnitt 1) folgt diese Handreichung daher den Arbeitsprozessen in Ihrer Kita und versucht Ihnen jeweils die datenschutzrechtlich wichtigen Aspekte zu erklären und durch praxisrelevante Beispielsfälle zu verdeutlichen. Sofern erforderlich oder hilfreich werden Ihnen an passender Stelle ergänzend Checklisten, Muster oder Formulierungshilfen an die Hand gegeben.

---

1 Der besseren Lesbarkeit wegen wird auf eine geschlechtliche Differenzierung in den Formulierungen verzichtet. Sämtliche Rollen-Bezeichnungen (z.B. Mitarbeiter, Erzieherin, Trägervertreter etc.) gelten grundsätzlich für alle Geschlechter.
2 Zitat: Palsherm in: Papenheim u.a., Verwaltungsrecht für die soziale Praxis, 26/2018, S. 209.

1 Grundlagen des Datenschutzes in Kindertageseinrichtungen

1.1 Warum Datenschutz? – Informationelle Selbstbestimmung

Erheben, nutzen, speichern, verwenden oder übermitteln Kitamitarbeiter bzw. Trägervertreter persönliche Daten von Kindern, deren Eltern, von Beschäftigten oder Vertragspartnern, greifen sie in deren Grundrecht auf Informationelle Selbstbestimmung ein. Danach steht jedem Einzelnen das Recht zu, grundsätzlich selbst über die Preisgabe und Verwendung seiner psbD zu bestimmen.[1] Ein solcher Eingriff ist deshalb nur statthaft, wenn der Betroffene **einwilligt** oder er **aufgrund eines Gesetzes** erfolgt (sog. Erlaubnisvorbehalt). So soll der Einzelne vor einer missbräuchlichen Nutzung seiner psbD geschützt werden.

Warum ein solcher Schutz, wenn es doch nichts zu verbergen gibt? Immerhin wird Datenschutz in der beruflichen zumal der Sozialen Arbeit häufig vorgeworfen, zu lästigem Mehraufwand zu führen und fachlich sinnvollen, schnellen sowie direkten **Informationsaustausch** zu **behindern**.

Hier offenbart sich ein überholtes paternalistisches berufliches Selbstverständnis, wonach die Professionellen am besten wissen, was für ihre Klienten das Richtige sei und sie deshalb auch die »Herren« des Hilfeprozesses sein müssten.[2]

Diese Einstellung ist fachlich unhaltbar. Die durch den sog. Erlaubnisvorbehalt rechtlich abgesicherte **Garantie von Vertraulichkeit ist unverzichtbare Voraussetzung der Zusammenarbeit der Sorgeberechtigten mit den Fachkräften**.[3] Eltern bringen, indem sie Ihr Kind einer Kindertageseinrichtung anvertrauen, der Einrichtungsleitung und ihren Erzieherinnen, aber auch dem

Träger ein besonderes Maß an Vertrauen entgegen. Durch den tagtäglichen Besuch des Kindes, die »Vertrauensseligkeit«, mit der Kinder sich äußern, durch Fragen und Gespräche, erfahren Leitung und Erzieherinnen sehr viel Privates über das Kind und seine familiäre Umgebung.[4] Aber auch die Eltern wenden sich mit weiteren Informationen über sich und ihr Kind vertrauensvoll an die Leitung bzw. die Erzieherinnen. Grundlegende Voraussetzung erfolgreicher Zusammenarbeit in der Erziehung ist, dass über die Entwicklung des Kindes und seine familiären Umstände offen gesprochen werden kann. Gespräche über häusliche Probleme in der Erziehung oder zwischen den Ehe-/Lebenspartnern als Hintergrund kindlicher Verhaltensauffälligkeiten, also fachliche Zusammenarbeit mit und problemorientierte Beratung der Sorgeberechtigten, ist ohne deren Bereitschaft sich zu öffnen

---

1 Das Informationelle Selbstbestimmungsrecht ist in Art 8 der europäischen Grundrechtscharta, »*Jede Person hat das Recht auf Schutz der sie betreffenden personenbezogenen Daten. Diese Daten dürfen nur ... mit Einwilligung der betroffenen Person oder auf einer sonstigen gesetzlich geregelten legitimen Grundlage verarbeitet werden.*«, Art. 16 AEUV und in Art. 2 Abs. 1 i.V.m. Art 1 Abs. 1 GG verankert.
2 Vgl. hierzu und zum Folgenden: Angela Smessaert, Allgemeine Grundsätze des Datenschutzes, Themeneinführung, TE-1143, in: Themengutachten, DIJuF Rechtsgutachten, [1]2015 Rdn. 1.
3 Vgl. Hoffmann, in: Münder u.a., Frankfurter Kommentar SGB VIII, [8]2019, Vor Kap. 4 Rdn. 3.
4 Siehe hierzu und zum Folgenden Gutenkunst, Fachet, Merkblatt über den Datenschutz in evangelischen und katholischen Kindertageseinrichtungen, 2009, S. 1, https://www.kdsa-nord.de/sites/default/files/file/NEU/Infothek/Dokumentensammlung_sonstiges/AH_510_extern_DS_in_Kindertageseinrichtungen_04_2009.pdf.

Grundlagen des Datenschutzes in Kindertageseinrichtungen

und die erforderlichen privaten Informationen her zu geben, nicht möglich.[5] Dies setzt das Vertrauen der Sorgeberechtigten voraus, dass sie als Person geachtet werden und ihre persönlichen Daten durch Diskretion geschützt werden. Die Sorgeberechtigten müssen sich auf die besondere Verschwiegenheit der Leitung und der Erzieherinnen verlassen können. Müssten sie damit rechnen, dass während der Beratung gemachte Äußerungen oder mitgeteilte Tatsachen aus ihrem persönlichen Lebensbereich Dritten zugänglich werden, so würden sie regelmäßig gar nicht erst bereit sein, von der Möglichkeit, sich beraten zu lassen, Gebrauch zu machen. Die grundsätzliche Wahrung des Geheimhaltungsinteresses der Sorgeberechtigten ist somit Grundlage der fachlichen Arbeit der Kitamitarbeiter (ähnlich BVerfG zur Beratungstätigkeit von Drogenberatungsstellen)[6].

> **Merke**
>
> Datenschutz in der Kita ist rechtlich Schutz des Rechts auf Informationelle Selbstbestimmung und fachlich als Vertrauensschutz wesentliche Voraussetzung gelingender Zusammenarbeit zwischen Mitarbeitern und Sorgeberechtigten bei der Betreuung und Förderung der Kinder, insbesondere bei der gemeinsamen Problembewältigung.

1.2 Welches Gesetz regelt den Datenschutz ihrer Kindertageseinrichtung?

Kitas kommunaler Träger

Die **Europäische Datenschutzgrundverordnung** (DSGVO) setzt das europäische Grundrecht auf Informationelle Selbstbestimmung um.[7] Ihr Ziel ist ein unionsweit hohes Schutzniveau für die Rechte und Freiheiten natürlicher Personen bei der Verarbeitung ihrer personenbezogenen Daten (EG 10).

Die DSGVO gilt nach ihrem Art. 2 Abs. 1[8] für die Verarbeitung von personenbezogenen Daten (psbD), soweit diese

- entweder ganz oder teilweise automatisiert verarbeitet werden

> **Beispiel 1**
>
> Es genügt also, dass auf dem Weg von der Erhebung über die Verarbeitung bis zur Löschung ein Zwischenschritt elektronisch mithilfe eines Laptops oder PCs erfolgt.

---

5 Vgl. Empfehlungen des Deutschen Vereins [DV] zur Hilfeplanung nach § 36 SGB VIII, Ziffer 2.3, https://www.bke.de/content/application/explorer/public/dokumentationen/stellungnahme-hilfeplanung.pdf.
6 BVerfGE 44, 353 [376].
7 Art. 16 AEUV enthält in seinem Abs. 1 ebenso wie Art. 8 GrC das Datenschutzgrundrecht der informationellen Selbstbestimmung und in Abs. 2 eine gegenüber dem bisherigen Recht erheblich erweiterte Gesetzgebungskompetenz der Union.
8 Die in dieser Arbeit genannten Rechtsvorschriften können schnell und einfach in ihrer jeweils aktuellen Fassung im Internet nachgesehen werden. Fundquellen für die wichtigsten Gesetze sind:
   - Datenschutzgrundverordnung (DSGVO): https://dsgvo-gesetz.de
   - Alle Bundesgesetze, inkl. SGB I, VIII, X und Bundesdatenschutzgesetz: https://www.gesetze-im-internet.de.
   - Gesetz über den Kirchlichen Datenschutz (KDG): https://www.kdsa-nord.de/sites/default/files/KDG%20i.d.%20Fassung%20des%20Beschlusses%20der%20VV%20vom%202011.2017%20korr2.pdf
   - Kirchengesetz über den Datenschutz der Evangelischen Kirche in Deutschland (DSG-EKD): https://www.kirchenrecht-ekd.de/document/41335
   - Alle Landesgesetze, inkl. Landesdatenschutzgesetze und die im weiteren Verlauf der Arbeit erwähnten Kinderbildungsgesetze der Länder: https://justiz.de/onlinedienste/bundesundlandesrecht/index.php

- oder diese in einer nach bestimmten Kriterien **strukturierten Datensammlung** (Dateisystem, Art. 4 Nr. 6 DSGVO) erfasst werden (sollen).

> **Beispiel 2**
> Adressenlisten auf Papier, Teilnehmerlisten, Akten, Formulare und strukturierte Karteikarten die gleichartig aufgebaut und damit nach bestimmten Merkmalen zugänglich und auswertbar sind[9].

Die Verordnung findet **keine Anwendung**, wenn natürliche Personen personenbezogene Daten ausschließlich zur Ausübung persönlicher oder familiärer Tätigkeiten erheben (Art. 2 Abs. 2 lit. c DSGVO).

> **Beispiel 3**
> Zwei privat befreundete Erzieherinnen sprechen in der Mittagspause über Schulprobleme ihrer eigenen Kinder.

> **Beispiel 4**
> Der Vater oder die Mutter fotografieren ihre Kinder bei einem Ausflug in den Zoo – rein persönliche oder familiäre Tätigkeit.

> **Beispiel 5**
> Anders ist es zu werten, wenn die Mutter die Fotos aus dem Zoo der Kita ihrer Jüngsten für ein Plakat zur Verfügung stellt – keine rein persönliche oder familiäre Tätigkeit mehr.

Die DSGVO erfasst damit **jede Datenverarbeitung** durch **Kitas in kommunaler Trägerschaft**, d.h. Kitas der kreisfreien Städte und Landkreise, sowie solche der kreisangehörigen Gemeinden, die kein eigenes Jugendamt haben (§ 12 i.V.m. § 27 Abs. 2 SGB I).

> **Beispiel 6**[10]
> Wenn der Träger oder die Einrichtungsleitung die Kitamitarbeiter befragt und die Befragungsergebnisse im Anschluss intern mit einem Textverarbeitungsprogramm wie Word dokumentiert oder auch nur in einer E-Mail zusammenfasst, unterfällt diese Verarbeitung dem sachlichen Geltungsbereich des Art. 2 Abs. 1 Alt. 2 DSGVO.

> **Beispiel 7**
> Wenn die Einrichtungsleitung morgens beim Eintreffen zur Arbeit eine Mitarbeiterin, die am Vortag wegen Unwohlsein früher gegangen ist, bei der Begrüßung fragt, wie es ihr heute geht, wird dies nicht als ausschließlich persönlicher, sondern als beruflich

---

9 Siehe hierzu Gola, in: ders., DSGVO, ²2018, Art. 4 Rdn. 43 f.
10 Dieses und das folgende Beispiel nach Wybitul, in: ders., EU-Datenschutzgrundverordnung, 2017, Teil 1 Rdn. 24.

> mitveranlasster Vorgang einzuordnen sein. Denn sie stellt die Frage im Kontext des Beschäftigungsverhältnisses auch als Vorgesetzte. Allerdings bleibt die Frage nach dem Wohlbefinden auch am Arbeitsplatz richtigerweise nach Art. 9 Abs. 2 lit. b bzw. h DSGVO zulässig.

> **Beispiel 8**
> Als nicht datenschutzrelevante Höflichkeit ist es dagegen zu werten, wenn ohne besonderen Anlass floskelhaft gefragt wird, »wie geht es?«. Hier weiß jeder, wie er sich zu verhalten hat und, dass eine ernsthafte oder gar differenzierte Auskunft nicht gefragt ist.

Personenbezogene Daten werden zu **Sozialdaten**, wenn sie von einem öffentlichen Leistungsträger zur Wahrnehmung seiner Aufgaben erhoben oder verwendet werden (§ 67 Abs. 2 SGB X). Hierzu gehören auch Kitas in kommunaler Trägerschaft, d.h. Kitas der kreisfreien Städte und Landkreise, sowie solche der kreisangehörigen Gemeinden, die kein eigenes Jugendamt haben (§ 12 i.V.m. § 27 Abs. 2 SGB I). Für die von (**kommunaler**) **Kindertageseinrichtung**[11] zur Betreuung der Kinder verarbeiteten Sozialdaten[11] sind die allgemeinen **sozialrechtlichen Datenschutzbestimmungen** (§ 35 SGB I, §§ 67 bis 85 a SGB X) und die **jugendhilfespezifischen** (§§ 61 bis 68 SGB VIII) zu beachten (§ 61 Abs. 1 S. 2 SGB VIII). Die DSGVO erlaubt es den Mitgliedstaaten eigene Sozialdatenschutzvorschriften zu erlassen, die dann die eigentliche Rechtsgrundlage der Datenverarbeitung darstellen.[12] Das hat zur Konsequenz, dass auf die DSGVO in der Praxis immer nur dann zurückzugreifen ist, wenn die Sozialdatenschutzbestimmungen keine einschlägige Regelung enthalten.[13]

Die Vorschriften zum Sozialdatenschutz **erweitern den Anwendungsbereich** der Datenschutzvorschriften über Art. 2 Abs. 1 DSGVO hinaus auch auf personenbezogene Daten, die **nicht automatisiert verarbeitet** werden oder in einer **strukturierten Datensammlung** gespeichert werden (sollen). Für § 35 Abs. 2 Satz 2 SGB I spielt es nämlich **keine Rolle, in welcher Form** personenbezogene Daten gespeichert werden. Die Vorgaben der DSGVO gelten daher auch dann, wenn Sozialdaten nicht elektronisch verarbeitet oder in einem Dateisystems erfasst werden (sollen),[14] sondern z.B. ein Elternteil einer Fachkraft familiäre Informationen mündlich anvertraut und diese sich nur eine flüchtige Notiz macht (§ 67 Abs. 2 S. 1 SGB X).

---

11 Siehe hierzu näher unter Abschnitt 1.3.
12 Auf Art. 6 Abs. 1 lit. c, Abs. 3 DSGVO und Art. 9 Abs. 2 lit. b DSGVO stellen Buchner/Petri, in: Kühling/Buchner, DSGVO/BDSG, ²2018, Art. 6 Rdn. 83 ab, auf Art. 6 Abs. 1 lit. e, Abs. 2, Art. 9 Abs. 2 lit. b und j DSGVO stellen Krahmer/Hoidn, in: Krahmer, Sozialdatenschutzrecht, ⁴2020, Einführung Rdn. 3 ab. Da wohl mehr als die Hälfte aller Kindertagesstätten von freien Trägern, darunter auch zunehmend gewerbliche Träger, betrieben werden, spricht dies eher für Art. 6 Abs. 1 lit. c statt lit. e DSGVO. Zur Problematik siehe Buchner/Petri, in: Kühling/Buchner, DSGVO/BDSG, ²2018, Art. 6 Rdn. 124, 128, 133.
13 Vgl. Hoffmann, in: Münder u.a., Frankfurter Kommentar SGB VIII, ⁸2019, Vor Kap. 4 Rdn. 2, 4.
14 So Kirchhoff in: Schlegel/Voelzke, jurisPK-SGB VIII, ²2018, § 61 SGB VIII Rdn. 16.1.

Beispiel 9
Auch Vorentwürfe, Vermerke und Notizen, also vorläufige Aufzeichnungen des Sachbearbeiters, die der Gedankenstütze ihres Verfassers dienen und nicht Bestandteil des Vorgangs werden sollen, sind Sozialdaten und bedürfen daher einer Speicherbefugnis.[15]

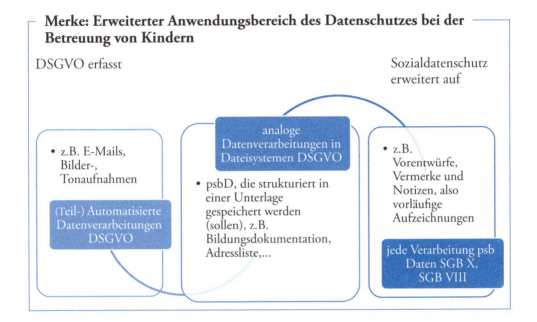

Für die von (kommunalen) Kindertageseinrichtungen verarbeiteten Sozialdaten der Kinder sind aus den jeweiligen **Landesdatenschutzgesetzen** im Wesentlichen nur der Landesbeauftragte für den Datenschutz als Aufsichtsbehörde (§ 81 Abs. 1 Nr. 2 SGB X) und aus dem BDSG die Bestellung eines Datenschutzbeauftragten (§ 38 BDSG) relevant.[16] Der **Beschäftigtendatenschutz** – der keine soziale Aufgabe der Sozialleistungsträger im Sinne des § 67 Abs. 2 SGB X ist – wird für Mitarbeiter kommunaler Kitas in den jeweiligen LDSGen, z.B. § 18 DSG NRW, geregelt.

---

15 So Kunkel, in: ders., LPK-SGB VIII, [7]2018, § 63 Rdn. 2; Hoffmann, in: Münder u.a., Frankfurter Kommentar SGB VIII, [8]2019, § 61 Rdn. 9.
16 Siehe § 35 Abs. 2 Satz 1 SGB I und für Einzelheiten vgl. Kunkel, in: ders., LPK-SGB VIII, [7]2018, § 61 Rdn. 2.

Grundlagen des Datenschutzes in Kindertageseinrichtungen

Merke: Datenschutz

Art des Trägers	bei Betreuung der Kinder	bei fiskalischem Handeln (Beschaffung)[17] des Trägers/ der Einrichtung und Beschäftigtendatenschutz
Kommunale Kitas	primär § 35 SGB I, §§ 67 bis 85a SGB X sowie §§ 61 bis 68 SGB VIII ergänzt durch DSGVO	DSGVO + LDG

Kitas freier (nicht kirchlicher) Träger

Die **DSGVO** erfasst auch die Datenverarbeitung durch Kitas in freier (nicht kirchlicher) Trägerschaft.[18] Datenverarbeitungen, die zur Erfüllung des Betreuungs- oder Verpflegungsvertrages erforderlich sind, erlaubt **Art. 6 Abs. 1 lit. b DSGVO**. Für die Verarbeitung besonderer Kategorien personenbezogener Daten ist eine ausdrückliche Einwilligung nach **Art. 9 Abs. 2 lit a DSGVO** erforderlich.

---

17 Hinweise zum fiskalischen Handeln weiter unten und in Abschnitt 11, Lieferanten- und Dienstleisterdaten.
18 In der Kommentarliteratur zur Kinder- und Jugendhilfe wird die Meinung vertreten (vgl. Kunkel, in: ders., LPK-SGB VIII, ⁷2018, § 61 Rdn. 3, 294, § 74 Rdn. 53–59; Hoffmann, in: Münder u.a., Frankfurter Kommentar SGB VIII, ⁸2019, § 61 Rdn. 96), freie Träger fielen aufgrund Art. 2 Abs. 2 a DSGVO aus dem Anwendungsbereich der DSGVO heraus. Denn dort heiße es: »*Diese Verordnung findet keine Anwendung auf die Verarbeitung personenbezogener Daten, a) im Rahmen einer Tätigkeit, die nicht in den Anwendungsbereich des Unionsrechts fällt.*« Diese Ansicht verkennt jedoch, dass sich die DSGVO nach Inkrafttreten des Lissaboner Vertrages auf die Gesetzgebungskompetenz der Union nach § 16 Abs. 2 AEUV stützt. Danach darf sie (1) die Verarbeitung personenbezogener Daten durch (a) Unionsorgane und (b) durch die Mitgliedstaaten, wenn und soweit sie im Anwendungsbereich des Unionsrechts tätig sind und (2), als besondere Ausprägung der allgemeinen Binnenmarktkompetenz (Art. 114 AEUV), für den freien Datenverkehr regeln. Die in (un-) eingeschränkte) Kompetenz der Union zur Regelung des freien Datenverkehrs ist für das Datenschutzrecht freier Träger relevant. Sie ist eine lex specialis zur allgemeinen Binnenmarktkompetenz (Art. 114 AEUV), die Rechtsgrundlage für die bisherigen, an die Mitgliedstaaten adressierten Rechtsakte der Union war. Daher kann die Union nun für alle Politikfelder unabhängig davon, ob dieses für das Funktionieren des Binnenmarktes erforderlich ist, ein eigenständiges Datenschutzrecht etablieren (so auch Calliess/Ruffert, EUV/AEUV, 5. Auflage 2016, Rdn. 5, 7 m.w.N.) Die zitierte deklaratorische Formulierung in Art. 2 Abs. 2 a DSGVO »Diese Verordnung findet keine Anwendung auf die Verarbeitung personenbezogener Daten, a) im Rahmen einer Tätigkeit, die nicht in den Anwendungsbereich des Unionsrechts fällt«, betrifft daher z.B. den Verteidigungsbereich (vgl. Kühling/Raab, in: Kühling/Buchner, DSGVO/BDSG, ²2018, Art. 2 Rdn. 21.), aber nicht den Kinder- und Jugendhilfebereich als Teilbereich des Sozialen, der unbestritten im Anwendungsbereich des Unionsrechts liegt. Ansonsten wäre die DSGVO auch nicht auf die Sozialdatenverarbeitung öffentlicher Träger anwendbar, was ersichtlich niemand annimmt. Auch der Hinweis auf die Besonderheit freier Träger, die eine Anwendung der Wettbewerbsregeln ausschlösse, greift nicht mehr (so Kunkel, in: ders., LPK-SGB VIII, ⁷2018, § 61 Rdn. 2, 294, § 74 Rdn. 53–59; Hoffmann, in: Münder u.a., Frankfurter Kommentar SGB VIII, ⁸2019, § 61 Rdn. 96). Es ist schon der Sache nach nicht nachvollziehbar, inwiefern Besonderheiten freier Träger den durch die Sozialdatenschutzvorschriften gewährleisteten Persönlichkeitsschutz ihrer Klienten sowie den Schutz der Vertrauensbeziehung als Voraussetzung fachlichen Handelns ausschließen sollten. Zumal Datenschutzregeln weder die Zuwendungsfinanzierung noch die Organisation und Struktur der freien Leistungsträger tangieren, wo ein solcher Einwand eher einleuchten könnte. Schließlich sind die Wettbewerbsregeln der Union inkl. ihrer Beihilferegeln auch so weiterentwickelt worden, dass sie eine sachangemessene Zuwendungsfinanzierung sozialer Einrichtungen erlauben (hierzu detailliert von Boetticher/Münder, in: Münder u.a., Frankfurter Kommentar SGB VIII, ⁸2019, § 74 Rdn. 46–49).

Da freie Träger keine öffentlichen Leistungsträger i.S.v. § 35 Abs. 1 S. 1 SGB I sind, unterliegen sie **nicht direkt** den allgemeinen sozialrechtlichen Datenschutzbestimmungen[19] und den jugendhilfespezifischen[20] (§ 61 Abs. 1 S. 2 SGB VIII).

Die Träger der öffentlichen Jugendhilfe haben jedoch nach § 61 Abs. 3 SGB VIII sicherzustellen, dass der Schutz von Sozialdaten bei der Verarbeitung durch Träger der freien Jugendhilfe in entsprechender Weise wie bei ihnen gewährleistet ist. Die öffentlichen Träger sind also **Garant** dafür, dass der Datenschutz bei den freien Trägern adäquat dem der öffentlichen ist. Dieser indirekten Verpflichtung auf den Sozialdatenschutz sind diese durch sog. Sicherstellungsvereinbarungen mit dem öffentlichen Träger[21], Vereinbarungen nach § 8a SGB VIII,[22] Zusicherungen oder Selbstverpflichtungserklärungen[23] weithin nachgekommen. Allerdings ergibt sich hieraus nur eine partielle Anwendung der Sozialdatenschutzbestimmungen auf die Anwendungsbereiche der § 61 Abs. 3 SGB VIII, § 78 SGB X und § 8a SGB VIII.

Eine **umfassende Bindung** der freien Träger an den Sozialdatenschutz ergibt sich jedoch **aus den Betreuungsverträgen** mit den Sorgeberechtigten.[24] Die durch Art. 6 Abs. 1 lit. b DSGVO legitimierte Datenverarbeitung zur Erfüllung des Betreuungsvertrags schließt die Beachtung der Schutz- und Rücksichtnahmepflichten auf die Rechte, Rechtsgüter und Interessen des anderen Teils ein (§ 241 Abs. 2 BGB).[25] Zu diesen berechtigten Interessen der Sorgeberechtigten gehört, dass die Vertrauensbeziehung zwischen ihnen und den Fachkräften als Voraussetzung fachlicher Zusammenarbeit ebenso wie bei öffentlichen Trägern durch das Sozialgeheimnis geschützt wird.[26] Die Wahrung des Sozialgeheimnis ist heute selbstverständlicher Fachstandard bei der Betreuung und Beratung im Bereich der Sozialen Arbeit. Diese Pflicht zum Schutz der Vertrauensbeziehung durch Wahrung des Sozialgeheimnisses erfordert[27], dass

- der **Anwendungsbereich** der Datenschutzvorschriften über Art. 2 Abs. 1 DSGVO hinaus auch auf personenbezogene Daten erweitert wird (§ 35 Abs. 2 Satz 2 SGB I), die nicht automatisiert verarbeitet werden oder in einer strukturierten Datensammlung gespeichert werden (sollen),
- dies ist nicht nur im Hinblick auf die vielfältigen Erzeugnisse der Kinder wie z.B. gemalte Bilder, sondern vor allem auch auf für vertrauliche mündliche Mitteilungen der Eltern, z.B. zu familiären Hintergründen kindlichen Verhaltens von großer Bedeutung,
- die **Übermittlungsbefugnisse** des Art. 6 Abs. 1 lit. c DSGVO auf die deutlich restriktiveren Übermittlungsbefugnisse nach § 67b Abs. 1 S. 1 SGB X eingeschränkt werden,
- durch eine Übermittlung nach § 69 SGB X der **Leistungserfolg** nicht gefährdet wird, § 64 Abs. 2 SGB VIII,

---

19 § 35 SGB I, §§ 67 bis 85a SGB X.
20 §§ 61 bis 68 SGB VIII.
21 Bsp.: § 3 Abs. 2 der Rahmenvereinbarung über die Finanzierung und Leistungssicherstellung der Tageseinrichtungen für Berlin (Rahmenvereinbarung – RV Tag), https://www.beki-qualitaet.de/images/BBP/Rahmenvereinbarung-ber-die-Finanzierung-und-Leistungssicherstellung.
22 Vgl. Palsherm, in: Papenheim u.a.; Verwaltungsrecht für die soziale Praxis, [26]2018, S. 234, 259.
23 Vgl. Hoffmann, in: Münder u.a., Frankfurter Kommentar SGB VIII, [8]2019, § 61 Rdn. 28.
24 Nach Kunkel, in: ders., LPK-SGB VIII, [7]2018, § 61 Rdn. 298.
25 Siehe hierzu Buchner/Petri, in: Kühling/Buchner, DSGVO/BDSG, [2]2018, Art. 6 Rdn. 33.
26 Zum Schutz der Vertrauensbeziehung als Voraussetzung erzieherischer Zusammenarbeit, siehe Abschnitt 1.1.
27 Anders Palsherm, in: Papenheim u.a.; Verwaltungsrecht für die soziale Praxis, [26]2018, S. 234.

- die einer Fachkraft im Rahmen einer persönlichen oder erzieherischen Hilfe von den Sorgeberechtigten **anvertrauten Daten** bei einer Weitergabe innerhalb der Einrichtung wie einer nach außen nach § 65 SGB VIII geschützt werden,
- die einer Fachkraft durch eine nach **§ 203 Abs. 1, 4 StGB** schweigepflichtige Person, also z.B. von einem ein (Inklusions-) Kind behandelnden Arzt oder Psychotherapeuten, bekannt gewordenen Daten, nach § 76 SGB X geschützt werden.

Kurz, der Schutz der Vertrauensbeziehung zwischen Sorgeberechtigten und Fachkräften als Voraussetzung fachlicher Zusammenarbeit durch das Sozialgeheimnis sowie die Einhaltung der sozialdatenschutzrechtlichen Fachstandards in § 35 SGB I, §§ 67 bis 85a SGB X sowie §§ 61 bis 68 SGB VIII stellen berechtigte Interessen der Sorgeberechtigten dar, die im Rahmen der vertraglich geschuldeten Betreuungsarbeit zu schützen sind (§ 241 Abs. 2 BGB). Bei Verletzung dieser Pflicht können vertragliche (§§ 280, 282 BGB) oder deliktische Schadenersatzpflichten (§ 823 BGB) wegen Verletzung des Grundrechts auf informationelle Selbstbestimmung entstehen.

Die sonstigen DSGVO-Bestimmungen sind ergänzend neben Art. 6 Abs. 1 lit. b DSGVO i.V.m. den sozial- und jugendrechtlichen Datenschutzbestimmungen[28] heranzuziehen.

Der **Beschäftigtendatenschutz** – der keine soziale Aufgabe der Sozialleistungsträger im Sinne des § 67 Abs. 2 SGB X ist – wird für freie Träger in § 26 BDSG geregelt.

Merke: Datenschutz

Art des Trägers	bei Betreuung der Kinder	bei fiskalischem Handeln (Beschaffung)[29] des Trägers/ der Einrichtung und Beschäftigtendatenschutz
Kitas freier Träger	Primär **§ 35 SGB I, §§ 67 bis 85a SGB X** sowie **§§ 61 bis 68 SGB VIII** ergänzt durch DSGVO	DSGVO + BDSG

Kitas kirchlicher Träger

Unter Berufung auf ihr verfassungsrechtlich verbürgtes Selbstbestimmungsrecht[30] sowie legitimiert durch Art. 91 DSGVO, der den Kirchen grundsätzlich die weitere Anwendung ihrer Datenschutzgesetze erlaubt, haben die evangelische und die katholische Kirche eigene Datenschutzgesetze in Kraft gesetzt.[31]

---

28 Siehe Fn. 19 und 20 (Kapitel 1).
29 Hinweise zum fiskalischen Handeln weiter unten und in Abschnitt 11, Lieferanten- und Dienstleisterdaten.
30 Art. 3, 4, 7, 33, 140, 141 GG.
31 Ob DSG-EKD und KDG den von Art 91 DSGVO eingeforderten Anspruch, den strukturellen Leitideen und Grundsätzen der DSGVO zu genügen (Sydow, in: ders. Kirchliches Datenschutzrecht, 2021, Einführung Rdn. 21), nachkommen, kann bezweifelt werden. Kerngehalt der DSGVO ist das Recht des Einzelnen auf Schutz seiner psbD (Sydow aaO Rdn. 18), d.h. heißt im Lichte des Art. 8 GrC, Art. 16 AEUV, dass der Wesensgehalt seines informationellen Selbstbestimmungsrechts uneingeschränkt anerkannt werden muss. Das aber gewährleisten weder das DSG-EKD noch das

Für Kitas in **katholischer Trägerschaft** (einschließlich Caritas) scheint daher auf den ersten Blick das Kirchliche Datenschutzgesetz (KDG) für die katholischen Bistümern zu gelten. Die Träger der öffentlichen Jugendhilfe haben jedoch nach § 61 Abs. 3 SGB VIII auch bei ihnen sicherzustellen, dass der Schutz der psbD dem für sie geltenden Datenschutzstandard entsprechen. Dies ist auch nötig, weil das Datenschutzrecht der Kirchen nach wie vor die spezifischen Erfordernisse der sozialen Arbeit nicht berücksichtigt.[32]

Daher haben die Deutsche Bischöfe in einer »**Anordnung über den Sozialdatenschutz in den Einrichtungen der freien Jugendhilfe**« erklärt: »*In der freien Jugendhilfe in kirchlicher Trägerschaft sind für die erhobenen, verarbeiteten und genutzten Sozialdaten das Sozialgeheimnis und dessen Sozialdatenschutzvorschriften (Sozialgesetzbuch I § 35 Abs. 1, Abs. 3 und 4, VIII §§ 62–68, X §§ 67–80, §§ 83 und 84) entsprechend anzuwenden. Im Übrigen gilt die Anordnung zum kirchlichen Datenschutz (KDO).*«[33]

§ 2 Abs. 2 KDG ordnet an, dass diese Anordnung als besondere kirchliche Rechtsvorschrift für die kirchliche Jugendhilfe dem unspezifischen KDG vorgeht.

Für die von katholischen Kindertageseinrichtungen einschließlich der Caritas verarbeiteten Sozialdaten gelten somit primär die Sozialdatenschutzvorschriften und nur ergänzend ist das Kirchliche Datenschutzgesetz (KDG) heranzuziehen. Für den Beschäftigtendatenschutz bleibt es dagegen allein bei der Geltung des KDG.

Für die **Evangelische Kirche** in Deutschland (EKD) gilt das Kirchengesetz über den Datenschutz (DSG-EKD). Für Jugendhilfeeinrichtungen der evangelischen Kirche einschließlich der Diakonie fehlt eine der katholischen Anordnung vergleichbare allgemeine Erklärung zur Anwendung der Sozialdatenschutzvorschriften. Daher ist hier wie bei freien Trägern jeweils abzuklären, ob **Sicherstellungsvereinbarungen** oder Vereinbarungen nach § 8a SGB VIII mit dem öffentlichen Träger abgeschlossen bzw. Zusicherungen oder Selbstverpflichtungserklärungen vor Ort abgegeben wurden. Im Übrigen führt der Schutz der Vertrauensbeziehung zwischen Sorgeberechtigten und Fachkräften als Voraussetzung fachlicher Zusammenarbeit durch das Sozialgeheimnis sowie die Einhaltung der sozialdatenschutzrechtlichen Fachstandards[34] dazu, dass Kitas der evangelischen Kirche einschließlich der Diakonie den Sozialdatenschutz bei der Erfüllung der Betreuungsverträge mit den Sorgeberechtigten zu wahren haben (§ 241 Abs. 2 BGB).

KDG. § 6 Nr. 4 DSG-EKD, § 6 Abs. 1 lit. f KDG erlauben den uneingeschränkten Zugriff auf die psbD des Betroffenen, wenn dies zur »Wahrnehmung einer sonstigen Aufgabe erforderlich, die im kirchlichen Interesse liegt«. Die kirchlichen Datenschutzgesetze anerkennen damit kein im Kern unantastbares Grundrecht des Betroffenen, sondern gewähren nur einen jederzeit beseitigbaren Rechtsvorteil. Ob und inwieweit kirchliches Datenschutzrecht, seine weitere Rechtsgeltung unterstellt, auf Einrichtungen bzw. Dienste der Kinder- und Jugendhilfe anwendbar ist, kann hier nicht vertieft werden. Die katholischen und evangelischen Träger werden ja in Rechtsformen staatlichen Rechts tätig, schließen Kinderbetreuungsverträge nach § 22 SGB VIII und den Ausführungsgesetzen der Länder (vgl. § 26 SGB VIII) ab und führen sie durch. Viel spricht dafür, dass sich wie im Arbeitsrecht die Anwendung kirchlichen Datenschutzrechts auf den Bereich der innerkirchlichen Organisation sowie die für den pastoralen Dienst notwendigen Tätigkeiten beschränkt, vgl. auch Palsherm, in: Papenheim u.a., Verwaltungsrecht für die soziale Praxis, [26]2018, S. 264.

32 Vgl. Papenheim, in: Rechtsinformationsdienst Caritas NRW 3/18 S. 37, 42 f.
33 Siehe Merkblatt zur »Anordnung über den Sozialdatenschutz …« in Arbeitshilfe Nr. 206 des Sekretariats der Deutschen Bischofskonferenz, 2006/2018, Seite 114, Abschnitt 4 und Seite 117 Abschnitt 7 b). Die Anordnungen wurden als Rechtsakte in den Amtsblättern der jeweiligen Bistümer veröffentlicht, siehe z.B. die Amtsblätter: des Erzbistums Köln 2004, Nr. 92; des Erzbistums Bamberg vom 19. Mai 2004; des Bistums Limburg vom 14.1.2004, des Erzbistums Hamburg vom 15. März 2005; für die Bayerischen (Erz-) Diözesen siehe das Merkblatt deren Datenschutzbeauftragten vom März 2004. Ob die Anwendung des KDG auch für die in GmbH's zusammengefassten kirchlichen Kitas gilt und nicht vielmehr die DSGVO, ist str., siehe Preuß, ZD 2015, 217 (222).
34 § 35 SGB I, §§ 67 bis 85a SGB X sowie §§ 61 bis 68 SGB VIII.

Für den **Beschäftigtendatenschutz** bleibt es dagegen bei der Geltung der DSG-EK.

> **Merke: Datenschutz**
>
> | Art des Trägers | bei Betreuung der Kinder | bei fiskalischem Handeln (Beschaffung)[35] des Trägers/ der Einrichtung und Beschäftigtendatenschutz |
> |---|---|---|
> | Kirchliche Kitas | Primär **§ 35 SGB I, §§ 67 bis 85a SGB X** sowie **§§ 61 bis 68 SGB VIII** ergänzt durch DSG-EK, KDG | DSG-EK, KDG |

Datenschutz von Vertragspartnern der Kitas (fiskalisches Handeln)

Die Verarbeitung von Daten der Vertrags- und Kooperationspartner von Kitas (Referenten, Logopäden, Caterer, Reinigungsfirmen, …) richtet sich grundsätzlich nach der DSGVO und dem jeweiligen LDSG, soweit es sich um kommunale Kitas handelt, DSGVO und BDSG, soweit es sich um Kitas freier Träger handelt, und nach DSG-EK bzw. KDG, soweit es sich um kirchliche Kitas handelt[36].

> **Merke: Datenschutz**
>
> | Art des Trägers | bei Betreuung der Kinder | bei fiskalischem Handeln (Beschaffung)[37] des Trägers/ der Einrichtung und Beschäftigtendatenschutz |
> |---|---|---|
> | Kommunale Kitas | primär **§ 35 SGB I, §§ 67 bis 85a SGB X** sowie **§§ 61 bis 68 SGB VIII** ergänzt durch DSGVO | DSGVO + LDSG |
> | Kitas freier Träger | Primär **§ 35 SGB I, §§ 67 bis 85a SGB X** sowie **§§ 61 bis 68 SGB VIII** ergänzt durch DSGVO | DSGVO + BDSG |
> | Kirchliche Kitas | Primär **§ 35 SGB I, §§ 67 bis 85a SGB X** sowie **§§ 61 bis 68 SGB VIII** ergänzt durch DSG-EK, KDG | DSG-EK, KDG |

---

35 Hinweise zum fiskalischen Handeln nachfolgend und in Abschnitt 11, Lieferanten- und Dienstleisterdaten.
36 Berechtigte Zweifel an der h.M. bei Palsherm, in: Papenheim u.a.; Verwaltungsrecht für die soziale Praxis, [26]2018, S. 264; Herbst, in: Kühling/Buchner, DSGVO/BDSG, [2]2018, Art. 91 Rdn. 23.
37 Hinweise zum fiskalischen Handeln in Abschnitt 11, Lieferanten- und Dienstleisterdaten.

1.3 Was sind personenbezogene Daten?

Nach der **Begriffsbestimmung** in Art. 4 Nr. 1 DSGVO[38] sind »personenbezogene Daten« alle Informationen, die sich auf eine identifizierte oder identifizierbare natürliche Person (im Folgenden »betroffene Person«) beziehen.

Geschützt werden demnach »Einzelangaben über eine **natürliche Person**« und nicht solche über Vereine, Personengruppen, wie z.B. eine Wohngemeinschaft und juristische Personen. Was aber ist unter personenbezogenen Informationen und was unter einer identifizierten oder identifizierbaren Person zu verstehen? Zudem gibt es besonders geschützte Datenkategorien wie Gesundheitsdaten sowie die schon wiederholt genannten Sozialdaten.

Personenbezogene Informationen

Da Art. 4 Nr. 1 DSGVO *»alle Informationen«* erfasst, sind der Umfang der Information, ihr Geheimnischarakter oder ihre Sensibilität für die Person irrelevant. Es gibt danach kein belangloses Datum, da auch offensichtliche Angaben, wie die im örtlichen Telefonverzeichnis zu findende Telefonnummer oder Adresse, Informationen sind. Auch auf Herkunft und Form der Information wird nicht abgestellt, sodass sprachliche, schriftliche, zeichenhafte, bildliche etc. Informationen, sei es digital oder analog, umfasst sind.[39]

Die Information muss jedoch inhaltlich einen **persönlichen Bezug** aufweisen (*»Einzelangabe über persönliche oder sachliche Verhältnisse einer natürlichen Person«*). Darunter fallen sowohl **Identifikationsmerkmale** der Person (z.B. Name, Anschrift und Geburtsdatum), wie **äußere Merkmale** der Person (wie Geschlecht, Augenfarbe, Größe und Gewicht) oder ihre **inneren Zustände** (z.B. Meinungen, Motive, Wünsche, Überzeugungen und Werturteile). Aber auch sachliche **Informationen über Beziehungen der betroffenen Person zu Dritten und ihrer Umwelt,** wie etwa Vermögens- und Eigentumsverhältnisse, Kommunikations- und Vertragsbeziehungen, gehören dazu.[40]

> **Beispiel 10: Personenbezogene Einzelangaben**
> - Name (einschließlich Vor-, Geburtsname), Anschrift, Telefonnummer, E-Mail-Adresse,
> - Familienstand, (z.B. »geschieden«), Ehegatte und Ehe (z.B. »getrennt lebend«), Kinder (z.B. »nicht eheliches Kind«, »Adoptivkind« oder »Pflegekind«), eheähnliche Verhältnisse, Verletzung der Unterhaltspflicht, Anschrift des zuständigen Jugend- oder Sozialamtes,
> - Staatsangehörigkeit, Aufenthaltsberechtigung,
> - Geburtsort, Größe, Gewicht, Haarfarbe, Gesichtsausdruck,
> - Gesundheitliche Daten, wie Krankheiten, Unfälle (Art, Ursache, Behandlung) und ihre Folgen; Infektions- und Suchtkrankheiten, psychosoziale Daten wie psychische Störungen, Schwangerschaft, Empfängnisverhütung, Schwangerschaftsabbruch, Name und Anschrift der behandelnden oder begutachtenden Ärzte,

---

38 Gleichlautend § 4 Nr. 1 KDG, § 4 Nr. 1 DSG-EKD. Der besseren Lesbarkeit wegen, werden die entsprechenden KDG/DSG-EKD Vorschriften in der Regel in den Fußnoten ausgewiesen.
39 Vgl. Klar/Kühling, in: Kühling/Buchner, DSGVO/BDSG, ²2018, Art. 4 Nr. 1 DSGVO Rdn. 8.
40 Nach Klar/Kühling, in: Kühling/Buchner, DSGVO/BDSG, ²2018, Art. 4 Nr. 1 DSGVO Rdn. 14.

- Ethnische Herkunft, religiöses Bekenntnis, politische Anschauungen, Freiheitsstrafen; Kennzeichnung als heimatloser Ausländer, Flüchtling oder Asylberechtigter,
- Schul- und Berufsausbildung, Beruf, Erwerbstätigkeit, Erwerbslosigkeit, Name und Anschrift des Arbeitgebers,
- Einkommen und Geldleistungen nach dem Sozialgesetzbuch, Ausgaben, besondere Belastungen,
- Sozialversicherungen, Versicherungsnummern,
- Vertragsbeziehungen (Caterer, Putzfirma, Gartenbaufirma…),
- Tatsache der Beziehung zum Träger (Termine in Beratungsstellen, Antragstellung oder Inanspruchnahme von Leistungen),
- Wünsche, Verhaltensweisen, Äußerungen.

Anmerkung: Der Geburtsort oder -tag eines Kindergartenkindes ist ein psbD des Kindes und nicht der sorgeberechtigten Eltern. Sie nehmen als **gesetzliche Vertreter** (§ 1629 BGB) die Datenschutzrechte ihres minderjährigen Kindes (= Betroffener) wahr.

Wichtig ist, auch **Meinungen und Wertungen Dritter** über die betroffene Person sind Angaben über diese Person.[41] Dies gilt z.B. für Aussagen wie »aggressiv« oder »schwierig in der Beratung«, »gut mitarbeitender Klient«, »diskriminiert Ausländer«. Hierzu gehören auch Arbeitszeugnisse, Abmahnungen, Leistungsbeurteilungen etc. Ein Werturteil **bewertet das Verhalten, die Einstellung etc. der betroffenen Person, selbst wenn sich in ihm zugleich die Subjektivität des Urteilenden ausdrückt**. Es beansprucht auf der Grundlage von Erkenntnissen und Erfahrungen Aussagen über das Verhalten, die Einstellung etc. der betroffenen Person zu machen. Sie werden bei Personalbeurteilungen und in vielen Bereichen der Sozialen Arbeit wie objektive Sachdaten behandelt (eine dem Wohl des Kindes entsprechende Erziehung ist nicht gewährleistet; die Hilfe ist geeignet und notwendig; …) Gerade solche Einschätzungen sind mit besonders hohen Risiken für die beurteilte Person verbunden.

Beispiel 11[42]: Sind folgende Informationen einer Einrichtungsleitung personenbezogene Daten?

Die Einrichtungsleitung schilderte der neuen Gruppenleitung das Verhalten eines Vaters gegenüber der Einrichtung wie folgt: Er sei rechthaberisch, habe sich z.B. zu Unrecht mit dem Jugendamt und der Elternvertretung des Kindergartens in Verbindung gesetzt, um einen Ganztageskindergartenplatz für sein Kind zu erhalten und habe mit seinem »Hyperaktivismus« eine große Unruhe im Team der Erzieherinnen verursacht. Er sei dabei halsstarrig gewesen und habe den Kindergärtnerinnen das Wort im Mund herumgedreht.

Die mit der Einrichtung kooperierende Logopädin habe mit ihm anhaltende Streitgespräche gehabt. So habe er ohne ersichtlichen Grund nach ihrer Haftpflichtversicherungsnummer gefragt. Das Kind spiegele das Verhalten seines Vaters und sei sehr unruhig.

---

41 Siehe hierzu Gola, in: ders., DSGVO, ²2018, Art. 4 Rdn. 13.
42 In Anlehnung an OLG Zweibrücken, JA 2013, 414–417.

> Schließlich schildert sie noch, dass ein im Oktober begonnenes Beratungsgespräch in der Erziehungsberatungsstelle im darauffolgenden März beendet worden sei, da der Kläger wenig Kompromissbereitschaft gezeigt habe und sich in allen Punkten habe durchsetzen wollen.
>
> psbD sind auch Angaben, die die Charakterisierung des Betroffenen ermöglichen, wie z.B. **Charaktereigenschaften oder Überzeugungen** oder Angaben über einen auf den Betroffenen beziehbaren Sachverhalt. In diesem Sinne hat die Einrichtungsleitung der neuen Gruppenleitung **Sozialdaten weitergegeben.** Hierzu zählen die **Angaben der Leitung** über
> - das Verhalten des Vaters der Einrichtung gegenüber. Sie ermöglichen eine Charakterisierung. Dazu gehört auch die Information, er habe sich mit allen möglichen Institutionen wie Jugendamt und Elternvertretung des Kindergartens in Verbindung gesetzt, um einen Ganztageskindergartenplatz für sein Kind zu erhalten.
> - die Mitteilung, die behandelnde Logopädin habe anhaltende Streitgespräche mit ihm und der Kläger habe sich für deren Haftpflichtversicherungsnummer interessiert.
> - Gleiches gilt über die mit dem Kläger in der **Erziehungsberatungsstelle** geführten Beratungsgespräche und sein dortiges Verhalten.

Einer identifizierten oder identifizierbaren Person

Eine Information bezieht »sich auf eine **identifizierte natürliche Person**« (Art. 4 Nr. 1 DSGVO), »wenn die Identität der Person **unmittelbar aus der Information selbst** hervorgeht«, also klar ist, dass sich die Angabe auf diese Person und niemand anderen bezieht. Das »ist der Fall, wenn die Information ein Identifikationsmerkmal der natürlichen Person – i.d.R. ihren Namen – beinhaltet« (die Bildungsdokumentation/psychosoziale Diagnose trägt oder enthält den Namen des Kindes) oder »der Inhalt bzw. der Kontext der Information (z.B. durch Zeigen auf eine Person oder ein Bild), eine eindeutige Identifikation erlaubt, **ohne** dass auf weitere Informationen zurückgegriffen werden muss.«[43]

Eine Person **ist identifizierbar**, wenn sich »die betroffene Person nicht unmittelbar aus der Information selbst identifizieren lässt, sie aber **mittels zusätzlicher Informationen** bestimmt werden kann.«[44] Der **Personenbezug der Information** (»*über*« eine Person) kann sich daher auch aus dem **Zweck** der Information (sie dient dazu, eine Person zu beurteilen [z.B. Entwicklungsbeobachtungen, Leistungs- oder Verhaltenskontrollen], eine Person zu fördern [Feststellung des Sprachstands als Grundlage der logopädischen Förderung] oder sie in ihrem Verhalten zu beeinflussen [Daten der Schuleingangsuntersuchung, der U-Untersuchungen, des Impfstatus um den Eltern eine Zurückstellung zu empfehlen etc.]); oder aus der **Verknüpfung mehrerer Daten** ergeben (Angabe, der Vater des Vorschulkindes ist Vorsitzender des Elternrates). Hier kommt es also darauf an, ob der Bezug zur Person **über zusätzliche Angaben** herstellbar ist.

---

43 Zitiert nach: Klar/Kühling, in: Kühling/Buchner, DSGVO/BDSG, ²2018, Art. 4 Nr. 1 DSGVO Rdn. 18; F. Moos; J. Schezig, M. Arning, Die neue Datenschutz-Grundverordnung, Kapitel 2 Rdn. 47 m.w.N.
44 Zitat: Schmitz, In. F. Moos u.a., Die neue Datenschutz-Grundverordnung, 2018, Kapitel 2 Rdn. 48 m.w.N.

Grundlagen des Datenschutzes in Kindertageseinrichtungen

> **Beispiel 12**
> So kann ein Ansprechpartner im Jugendamt, von dem in einer Gesprächsnotiz nur dessen Telefonnummer angegeben wurde, über das Telefonverzeichnis der Stadt identifiziert werden.

Der EuGH geht bei der Frage, ob die verantwortliche datenverarbeitende Stelle einen Personenbezug herstellen kann, recht weit, und lässt den Bezug nur entfallen, wenn der Aufwand an Zeit, Kosten und Arbeitskraft unverhältnismäßig hoch ist.[45]

> **Beispiel 13**
> Daher ist die (statische) IP-Adresse des Besuchers einer Kitawebsite, die zur Aufrechterhaltung der Verbindung automatisch erfasst wird, nach EuGH ein psbD.

Personenbezogene Einzelangaben liegen **nicht** vor, wenn Informationen so zusammengefasst oder aggregiert worden sind, dass es sich um **statistische Werte oder Sammelangaben von Personengruppen** handelt. Vorausgesetzt ist dabei, dass aus den Informationen nicht mehr oder nur noch unter unverhältnismäßig großem Aufwand auf den Einzelnen zurückgeschlossen werden kann.[46]

> **Beispiel 14**
> In den letzten beiden Jahren hatten wir 15 Fälle von Kopfläusen und 23 Fälle von Novovireninfektionen.

Ein solcher Rückschluss auf die einzelne Person ist jedoch bei mehreren kombinierten Daten oder über zusätzlich verfügbare Informationen häufig möglich.

> **Beispiel 15**
> Der Junge ist zurzeit Vorschulkind und der Vater im Vorstand des örtlichen Turnvereins.

Besondere Kategorien personenbezogener Daten

Art 9 DSGVO[47] sieht für »**besondere Kategorien personenbezogener Daten**« einen erhöhten Schutz vor. Hierbei handelt es sich um »personenbezogene Daten, aus denen die rassische und ethnische Herkunft, politische Meinungen, religiöse oder weltanschauliche Überzeugungen oder die Gewerkschaftszugehörigkeit hervorgehen, sowie die Verarbeitung von genetischen Daten, biometrischen Daten zur eindeutigen Identifizierung einer natürlichen Person, Gesundheitsdaten oder Daten zum Sexualleben oder der sexuellen Orientierung einer natürlichen Person« (Art. 9 Abs. 1 DSGVO). Abs. 1 verbietet grundsätzlich deren Verarbeitung und erlaubt sie nur in den in Abs. 2[48] abschließend aufgelisteten Ausnahmefällen. Die wichtigsten sind in Art. 9 Abs. 2 lit. a DSGVO die ausdrückliche

---

45 Nach: Schmitz, in: F. Moos u.a., Die neue Datenschutz-Grundverordnung, 2018, Kapitel 2 Rdn. 52.
46 Ebenso Klar/Kühling, in: Kühling/Buchner, DSGVO/BDSG, ²2018, Art. 4 Nr. 1 DSGVO Rdn. 15.
47 § 11 KDG, § 13 DSG-EKD.
48 Ebenso § 11 Abs. 1 und 2 KDG, § 13 Abs. 1 und 2 DSG-EKD.

Einwilligung und in Art. 9 Abs. 2 lit. b DSGVO, die Erforderlichkeit der Verarbeitung, damit der Verantwortliche oder die betroffene Person, die ihm bzw. ihr aus dem Arbeitsrecht und dem Recht der sozialen Sicherheit und des Sozialschutzes erwachsenden Rechte ausüben und seinen bzw. ihren diesbezüglichen Pflichten nachkommen kann. Nach § 4 Nr. 2 Satz 2 KDG und § 4 Nr. 2 Buchstabe a DSG-EKD zählen »die **Zugehörigkeit zu einer Kirche** oder sonstigen Religionsgemeinschaft« dort nicht zu den »besonderen Kategorien personenbezogener Daten«.

Sozialdaten

Werden personenbezogene Daten von einem Träger der öffentlichen oder freien Jugendhilfe[49] für Aufgaben der Jugendhilfe (§ 2 SGB VIII) verarbeitet, handelt es sich um **Sozialdaten** (§ 67 Abs. 2 SGB X), für die die bereichsspezifischen Datenschutzbestimmungen in §§ 61 ff. SGB VIII zu beachten sind (§ 61 Abs. 1 S. 2 SGB VIII). Zu den Aufgaben der Jugendhilfe zählen

- die Angebote zur Förderung von Kindern in Tageseinrichtungen und in Tagespflege nach § 2 Abs. 2 Nr. 3 SGB VIII,
- der Schutzauftrag bei Kindeswohlgefährdung des Jugendamtes nach § 8a SGB VIII und
- die Aufgaben, die sich aus den landesrechtlichen Ausführungsgesetzen zum SGB VIII ergeben (z.B. Kindergartengesetze, Jugendbildungsgesetze, Kinderschutzgesetze).[50]

Die weitergehenden Leistungen der **Familienzentren in NRW** zählen dagegen nicht zu den Aufgaben der Jugendhilfe (§ 2 SGB VIII). Denn § 16 Abs. 1 KiBiz bestimmt, dass Familienzentren Kindertageseinrichtungen sind, die über die Aufgaben nach diesem Gesetz [KiBiz] hinaus, die dort aufgelisteten weiteren Angebote erbringen. Im Zusammenhang mit diesen Leistungen erhobene Daten sind somit keine Sozialdaten und unterfallen damit nur der DSGVO bzw. KDG oder DSG-EK.

Personenbezogene Daten, aber keine Sozialdaten, sind auch Informationen im Zusammenhang mit dem sog. **fiskalischen Handeln des Trägers** der öffentlichen oder freien Jugendhilfe und seiner Einrichtungen.[51] Unter fiskalischem Handeln versteht man die Beschaffung der erforderlichen Sachgüter und die Beschäftigung von Mitarbeitern, also zum Beispiel der Kauf von Büromaterial, Kopierern, Heizöl, Außenspielgeräten, (Bilder) Büchern, Spielzeug etc., oder die Anmietung oder der Kauf von Grundstücken und Gebäuden für die Einrichtung sowie das Einstellen und Entlassen von Mitarbeitern oder die Verwaltung des eigenen Vermögens.

Beispiel 16
Personenbezogene Daten aus Geschäftsbeziehungen zu Serviceunternehmern wie Gärtner, Reinigungsfirmen oder Mitarbeiterdaten (Fachkräfte wie staatlich anerkannte Erzieherinnen, staatlich anerkannte Heilpädagoginnen, Ergänzungskräfte,

---

49 Bei entsprechender Anwendung auf freie Kita-Träger, siehe hierzu Abschnitt 1.2.
50 So Kunkel, in: ders., LPK-SGB VIII, [7]2018, § 61 Rdn. 38. Eine Übersicht auf https://bage.de/service/links-zu-den-kita-gesetzen-der-einzelnen-bundeslaender/
51 Betriebs- und Geschäftsgeheimnisse bezieht § 35 Abs. 4 SGB I dagegen in das Sozialgeheimnis mit ein. In Kitas betrifft dies wohl nur Personalangelegenheiten.

Grundlagen des Datenschutzes in Kindertageseinrichtungen

Berufspraktikantinnen; Bufdis, die eigene Küchenkraft etc.) werden nicht zur Förderung der Kinder verarbeitet. Sie unterliegen daher nicht dem Sozialdatenschutz, sondern nur dem BDSG (Kitas freier Träger), dem jeweiligen LDSG (kommunale Kitas), dem DSG-EK (Kitas der evangelischen Kirche bzw. der Diakonie) oder dem KDG (Kitas der katholischen Kirche bzw. der Caritas).

Beispiel 17
Die Videoüberwachung von Bereichen des Außengeländes oder des Eingangsbereichs einer Kita etc. dient der Wahrnehmung des Hausrechts der jeweiligen Einrichtung. Zur Aufgabenerfüllung – Förderung der Kinder – kann die Videokamera nicht beitragen, da der Träger deren Bilder (Informationen) hierfür nicht braucht.

Personenbezogene Daten (Art. 4 Nr. 1 DSGVO)	Personenbezug	Verantwortlicher	Zweck
alle Informationen mit Personenbezug	einer identifizierten oder identifizierbaren Person		
Besondere Kategorien (Art. 9 DSGVO)			
nur Daten zur rassischen/ethnischen Herkunft; politische Meinungen, religiöse/weltanschauliche Überzeugungen; Gewerkschaftszugehörigkeit; genetische, biometrischen Daten; Gesundheitsdaten; Daten zum Sexualleben/sexuellen Orientierung[52]	einer identifizierten oder identifizierbaren Person		
Sozialdaten (§ 67 Abs. 2 SGB X)			
alle Informationen mit Personenbezug	einer identifizierten oder identifizierbaren Person	von einem Träger der öffentlichen oder freien Jugendhilfe[53] verarbeitet	für Aufgaben der Jugendhilfe (§ 2 SGB VIII)

---

52 Nach § 4 Nr. 2 S. 2 KDG und § 4 Nr. 2 Buchstabe a DSG-EKD zählen dort »die Zugehörigkeit zu einer Kirche oder sonstigen Religionsgemeinschaft« nicht zu den sensitiven Daten.
53 Bei entsprechender Anwendung auf freie Kita-Träger, siehe hierzu Abschnitt 1.2.

1.4 Wer trägt die Verantwortung zur Sicherstellung und Einhaltung des Datenschutzes?

Wer ist Verantwortlicher?

Als »**Verantwortlichen**« bestimmt Art. 4 Ziffer 7 DSGVO[54] »die natürliche oder juristische Person, Behörde, Einrichtung oder andere Stelle, die allein oder gemeinsam mit anderen über die Zwecke und Mittel der Verarbeitung von personenbezogenen Daten entscheidet«. In den Kita-Gesetzen der einzelnen Bundesländer[55] wird der **Träger der Einrichtung** als derjenige beschrieben, der die Verantwortung für die Einhaltung aller für den Betrieb der Kita geltenden Rechtsvorschriften, für die inhaltliche und organisatorische Arbeit in der Kita sowie als Arbeitgeber trägt. Zum Teil finden sich sogar spezifische Zuweisungen bezüglich des Datenschutzes, wie z.B. in § 12 Abs. 2 KiBiz NRW »Der Träger ist berechtigt und verpflichtet, die Daten nach Absatz 1 sowie die weiteren kindbezogenen Daten, die zur Erfüllung seiner Aufgaben nach diesem Gesetz erforderlich sind, zu erheben und zu speichern. Gespeicherte Daten dürfen nur denjenigen Personen zugänglich gemacht werden, die diese zur Erfüllung der Aufgaben nach diesem Gesetz benötigen.«

Somit sind die **Träger der freien und kirchlichen Einrichtungen** die Verantwortlichen für den Datenschutz.

> **Beispiel 18**
> Die Kirchengemeinde xy, vertreten durch den Pfarrer, die Elterninitiative xy e.V., vertreten durch den Vorstand.

Für **kommunale Kitas** präzisiert § 67 Abs. 4 SGB X, dass wenn eine Gebietskörperschaft personenbezogene Daten als Leistungsträger verarbeitet, der Verantwortliche der Organisationseinheit, die die Aufgabe nach dem SGB VIII funktional durchführt, Verantwortlicher ist.

> **Beispiel 19**
> Für kommunale Kitas ist das Jugendamt der Stadt, des Gemeindeverbands, des Kreises, vertreten durch den Bürgermeister (Landrat), die verantwortliche Stelle im datenschutzrechtlichen Sinne.[56]

Zu beachten ist, dass sich diese Verantwortung nicht auf den Datenschutzbeauftragten (DSB) übertragen lässt.

---

54 § 4 Nr. 9 KDG, § 4 Nr. 9 DSG-EKD.
55 Übersicht auf https://bage.de/service/links-zu-den-kita-gesetzen-der-einzelnen-bundeslaender/
56 Nach LfDI Baden-Württemberg, Unsere Freiheiten: Daten nützen – Daten schützen, Datenschutz bei Gemeinden, 2019, S. 7.

Was heißt Verantwortung organisatorisch?

Nach Art. 24 Abs. 1 DSGVO[57] muss der »Verantwortliche« die **geeigneten technischen und organisatorischen Maßnahmen** ergreifen, um sicherzustellen und nachweisen zu können, dass die durch ihn vorgenommenen Datenverarbeitungen den Anforderungen der DSGVO (siehe Art. 5 Abs. 1 DSGVO) genügen.[58]

Hier interessieren uns zunächst nur die Maßnahmen, die der Verantwortliche hinsichtlich der Organisation seiner Einrichtung (der sog. **Aufbauorganisation**) ergreifen muss.

- Als erstes ist eine **klare interne Zuteilung der Verantwortlichkeiten** vorzunehmen (EG 79). Datenschutz ist nur zu gewährleisten, wenn er systematisch und gut strukturiert gehandhabt wird. Die interne Zuteilung von Verantwortung an Einrichtungsleitung und Mitarbeiter ändert nichts daran, dass nach außen die Verantwortung für die Einhaltung der Datenschutzvorschriften unverrückbar allein beim Träger liegt.
- Weiter hat der Verantwortliche für entsprechende **Sensibilisierungen und Schulungen** seiner Mitarbeiter zu sorgen und
- **Verpflichtungserklärungen** von ihnen unterschreiben zu lassen. Er hat sodann
- eine **ordnungsgemäße Überwachung** der Datenschutzprozesse durch geeignete Kontrollmechanismen sicherzustellen und schließlich
- einen Datenschutzbeauftragten zu bestellen.

Wichtig ist, dass mit Einführung der sog. **»Rechenschaftspflicht«** (Art. 5 Abs. 2 DSGVO)[59] der Verantwortliche jederzeit in der Lage sein muss, die Einhaltung der datenschutzrechtlichen Regelungen nachweisen zu können (so auch Art. 24 Abs. 1 DSGVO). Dies führt zu weitreichenden Dokumentationspflichten über die o.g. Verpflichtung der Mitarbeiter zur Vertraulichkeit und der Benennung eines betrieblichen Datenschutzbeauftragten (Art. 37 DSGVO) hinaus hinsichtlich:

- der erteilten Einwilligungen einschließlich der Information des Betroffenen über sein Widerrufsrecht (Abschnitt 3.7),
- der Einhaltung der Informationspflichten bei Datenerhebungen und der Information über die Betroffenenrechte (Abschnitt 2.3),
- der Verarbeitungsprozesse (z.B. Verzeichnis der Verarbeitungstätigkeiten, Art. 30 DSGVO),[60]
- der berechtigten Interessen bei Datenerhebung, wenn sie auf dieser Grundlage erfolgt (Abschnitt 7.2–7.4).
- der technisch-organisatorischen Maßnahmen zum Schutz personenbezogener Daten (Abschnitte 12/13)
- abgeschlossener Auftragsverarbeitung-Verträge (Art. 28 DSGVO)[61] (Abschnitt 13.2–13.5)

---

57 § 26 Abs. 1 KDG, § 27 Abs. 1 DSG-EKD.
58 Zu den »Verantwortlichkeiten und Aufgaben nach der Datenschutz-Grundverordnung«, siehe GDD-Praxishilfen in Datenschutz Jahrbuch 2020, S. 354.
59 § 7 Abs. 2 KDG, § 5 Abs. 2 DSG-EKD.
60 Muster nach Art. 30 DSGVO unter https://www.ldi.nrw.de/mainmenu_Datenschutz/submenu_Verzeichnis-Verarbeitungstaetigkeiten/Inhalt/Verarbeitungstaetigkeiten/Muster-Verarbeitungsverzeichnis-Verantwortlicher.pdf.
61 Ein Muster nach Art. 28 DSGVO unter: https://www.gdd.de/downloads/praxishilfen/gdd-praxishilfe_4_muster_auftragsverarbeitung.

- der Meldung von Datenpannen (Abschnitt 14.6)
- von Datenschutz-Folgenabschätzungen (Abschnitt 12.4).

Die **Einrichtungsleitung** trägt die Verantwortung für:[62]
- die Umsetzung des Datenschutzes bei den Datenverarbeitungsvorgängen in der Einrichtung (inkl. diesbezüglicher Anweisungen des Trägers) und für die Erfüllung der ihr zugewiesenen Dokumentationspflichten (z.B. Nachweis der Einwilligungen),
- die Vermeidung datenschutzrechtlicher Risiken durch entsprechende arbeitsplatzbezogene Anweisungen für die Mitarbeiter wie z.B. Passwortregeln für Laptops, Wegschließen der Bildungsdokumentationen, Löschkonzepte usw.,
- die Erfüllung der Transparenz- und Informationspflichten sowie der Gewährleistung der Betroffenenrechte (wie Information, Auskunft, Löschung, Berichtigung, sowie bei Widerspruch).

Kurz gesagt hat die Einrichtungsleitung im Kita-Alltag darauf zu achten, dass ihre Mitarbeiterinnen die gesetzlichen Vorgaben und die entsprechenden Anweisungen ihres Trägers zum Datenschutz einhalten.

Die **Mitarbeiter** tragen die Verantwortung dafür:[63]
- psbD in ihrem Arbeitsbereich nur befugt, d.h. unter Beachtung aller datenschutzrechtlichen Vorgaben (gesetzliche Vorschriften wie interne Regelungen) zu verarbeiten,
- psbD im Rahmen ihrer beruflichen Tätigkeit vertraulich zu behandeln, d.h. sie nur im Rahmen ihrer Aufgabenstellung zu verarbeiten und zu nutzen sowie sie vor unberechtigtem Zugriff zu schützen,
- in datenschutzrechtlichen Zweifelsfällen die Einrichtungsleitung bzw. den Datenschutzbeauftragten zurate zu ziehen.

Für alle Mitarbeiter in Kitas besteht eine **persönliche** Schweigepflicht hinsichtlich der Sozialdaten, die ihnen zum Zweck persönlicher und erzieherischer Hilfe anvertraut werden (§ 65 SGB VIII).[64] Auch arbeitsrechtlich sind alle Mitarbeiter verpflichtet, *»über Angelegenheiten, deren Geheimhaltung durch gesetzliche Vorschriften vorgesehen oder vom Arbeitgeber angeordnet ist, Verschwiegenheit zu wahren; dies gilt auch über die Beendigung des Arbeitsverhältnisses hinaus«* (§ 3 TVöD, § 8 KAVO; § 3 AVR Diakonie, § 3 DVO.EKD).

Das heißt: Letztlich trägt die Einrichtungsleitung mit ihrem Team die Verantwortung. Denn sie müssen im Einzelfall hier und heute entscheiden, wie sie mit Daten und Informationen umgehen.

---

62 In Anlehnung an »Verantwortlichkeiten und Aufgaben nach der Datenschutz-Grundverordnung«, siehe GDD-Praxishilfen in Datenschutz Jahrbuch 2020, S. 354.
63 Vgl. »Verantwortlichkeiten und Aufgaben nach der Datenschutz-Grundverordnung«, siehe GDD-Praxishilfen in Datenschutz Jahrbuch 2020, S. 354 f.
64 Der strafrechtlichen Geheimhaltungsverpflichtung aus § 203 StGB unterliegen Erzieherinnen und Kinderpflegerinnen nicht, sondern nach dessen Abs. 1 Nr. 6 nur staatlich anerkannte Sozialarbeiter und Sozialpädagogen.

Grundlagen des Datenschutzes in Kindertageseinrichtungen

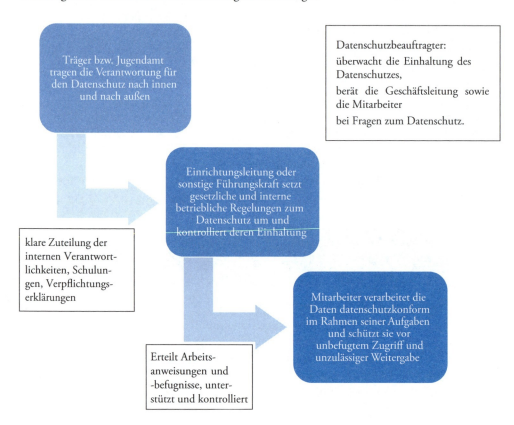

Was heißt Verantwortung hinsichtlich der Verarbeitungsvorgänge?

Es genügt nicht, dass der Verantwortliche die Organisation seiner Einrichtung (die sog. Aufbauorganisation) datenschutzkonform geordnet hat. Er muss auch sicherstellen, dass die Verarbeitungsprozesse datenschutzkonform ablaufen (Ablauforganisation). Dafür muss der **Verantwortliche die Datenschutzgrundsätze** der Art. 5 Abs. 1 und Art. 24 Abs. 1 DSGVO[65] (Rechtmäßigkeit der Verarbeitung; Verhältnismäßigkeit; Transparenz der Erhebung; Zweckbindung; Datenminimierung; Richtigkeit der Daten; Speicherbegrenzung; Schutz der Sicherheit der Daten; Rechenschaftspflicht) erfüllen.[66]

---

65 §§ 7, 26 KDG; §§ 5, 27 DSG-EKD.
66 Die dort auch genannte Sicherstellung des Schutzniveaus bei der Übermittlung personenbezogener Daten in Drittländer (Art. 44), dürfte aufgrund § 80 Abs. 2 SGB X für den Kitabereich eine eher untergeordnete Rolle spielen (siehe Abschnitt 13.3).

> **Merke**
>
> Diese Vielzahl abstrakter Grundsätze lässt sich für Kindertagesstätten in folgende **grundlegende Prozesse zusammenfassen**:
> - **Datenschutzkonforme Datenverarbeitung:** Der Verantwortliche muss die Grundsätze der Verarbeitung (Art. 5 Abs. 1 DSGVO) einhalten. Wir werden zunächst die Grundsätze der Rechtmäßigkeit (Rechtsgrundlage), Transparenz (Information des Betroffenen), Zweckbindung und Datenminimierung (Erforderlichkeit) getrennt für folgende Bereiche darstellen: **die Betreuung der Kinder** (gesetzliche Befugnis der Datenerhebung; Einwilligung; Befugnis zum Nutzen, Verändern und Speichern der Daten; Befugnisse der Datenübermittlung) in den Abschnitten 2–5, **das Fotografieren** in seinen verschiedenen Gestaltungsformen in den Abschnitten 6–8, **den Beschäftigtendatenschutz** inkl. der Anfertigung und Veröffentlichung von Mitarbeiterfotos in den Abschnitten 9 und 10 sowie Hinweise zum **Lieferanten- und Dienstleisterdatenschutz** im Abschnitt 11.
> - **Datensicherheit:** Die DSGVO legt großen Wert darauf, dass personenbezogene Daten »in einer Weise verarbeitet werden [sollen], die eine angemessene Sicherheit der personenbezogenen Daten gewährleistet« (Art. 5 Abs. 1 lit. f; 24, 32 DSGVO). Die vom Verantwortlichen hierfür zu ergreifenden »technische und organisatorische Maßnahme« werden in Abschnitt 12 erläutert. Heute werden in Kitas zunehmend Webanwendungen (Kita-Apps, Soziale Medien, Einrichtungswebsites) eingesetzt. Deren Besonderheiten werden in Abschnitt 13 erörtert.
> - **Sicherstellung der Betroffenenrechte:** Der Betroffene hat Anspruch auf bestimmte Informationen bei Erhebung seiner Daten (Art. 13, 14 DSGVO), sie werden, da sie bei der Erhebung zur Verfügung zu stellen sind, in Abschnitt 2.2 dargestellt, und Rechte auf Auskunft, Widerspruch, Berichtigung, Löschung etc. Diese werden im Abschnitt 14 erörtert. Diese Rechte werden durch Melde- und Benachrichtigungspflichten (Art. 33, 34 DSGVO) bei Datenschutzverletzungen abgesichert.

Was sind dann die Aufgaben des Datenschutzbeauftragten?

Datenschutzbeauftragte haben nach Art. 39 DSGVO[67] im Wesentlichen **beratende und kontrollierende Aufgaben** zu erfüllen. Sie haben den Verantwortlichen und dessen Beschäftigte hinsichtlich ihrer Pflichten nach DSGVO sowie sonstigen Datenschutzvorschriften zu **unterrichten und zu beraten,** die Einhaltung der DSGVO und anderer Datenschutzvorschriften zu überwachen und sind **Ansprechpartner** für Betroffene in Fragen der Verarbeitung ihrer psbD.

1.5 Für welche Arbeitsvorgänge muss ich den Datenschutz beachten?

Bevor wir uns der Frage zuwenden, welche Anforderungen eine Einrichtung erfüllen muss, damit die Verarbeitung psbD in Übereinstimmung mit den Sozialdatenschutzvorschriften und der DSGVO bzw. dem KDG, DSG-EK erfolgt, ist zu klären, was unter Verarbeitung eigentlich zu verstehen ist.

---

67 § 38 KDG, § 38 DSG-EKD.

Der weiten Definition in Art. 4 Nr. 2 DSGVO[68] ist zu entnehmen, dass bei **jedem Umgang mit personenbezogenen Daten** von einer Datenverarbeitung auszugehen ist. Denn *»jeder mit oder ohne Hilfe automatisierter Verfahren ausgeführter Vorgang oder jede solche Vorgangsreihe im Zusammenhang mit personenbezogenen Daten wie das Erheben, das Erfassen, die Organisation, das Ordnen, die Speicherung, die Anpassung oder Veränderung, das Auslesen, das Abfragen, die Verwendung, die Offenlegung durch Übermittlung, Verbreitung oder eine andere Form der Bereitstellung, den Abgleich oder die Verknüpfung, die Einschränkung, das Löschen oder die Vernichtung«* wird dort als Verarbeitung definiert. Die technische Art der Datenverarbeitung – automatisiert oder nicht – ist für die Datenverarbeitung bei der Betreuung von Kindern unbeachtlich, da der Sozialdatenschutz die Einschränkung auf (teil-) automatisierte Datenverarbeitungen bzw. die Speicherung in einem Dateisystem (vgl. Art. 2 DSGVO) nicht kennt.[69]

> **Merke**
>
> Man kann die Verarbeitungsvorgänge[70] intuitiv als einen Lebenszyklus darstellen.

»Geburt« Erhebung	»Leben« Verwendung			»Tod« Vernichtung
	Nutzen z.B.	Archivieren z.B.:	Weitergeben/ Offenlegen z.B.	
Erheben: das gezielte Beschaffen von Daten **Erfassen:** das Aufschreiben oder Aufnehmen von Daten **Auslesen** und **Abfragen** von Datensätzen	**Organisation** und **Ordnen** von Daten **inhaltliche Veränderung** oder **Anpassung** von Daten **Verwendung:** der zweckgerichtete Gebrauch oder die interne Nutzung von Daten **Abgleich** oder **Verknüpfung** von verschiedenen Dateien	**Speicherung:** Erfassen, Aufnehmen oder Aufbewahren von Daten auf einem Datenträger	**Übermittlung:** Weitergabe der Daten an einen anderen (nicht notwendig einen Dritten) **Verbreitung** (Veröffentlichung): Weitergabe an eine unbestimmte Zahl von Empfängern **andere Form der Bereitstellung,** d.h. des Zugänglichmachens	**Löschen:** Unkenntlich machen gespeicherter Daten **Vernichtung:** physische Zerstörung des Datenträgers.

---

68 § 4 Nr. 3 KDG, § 4 Nr. 3 DSG-EKD.
69 So auch Hoffmann, in: Münder u.a., Frankfurter Kommentar SGB VIII, [8]2019, § 61 Rdn. 9.
70 Definitionen in Anlehnung an Herbst, in: Büchner/Kühling, DSGVO/BDSG, [2]2018, Art. 4 Nr. 2 Rdn. 21–37.

Beispiel 20
Alle diese Datenverarbeitungsvorgänge kommen in Kindertageseinrichtungen vor.

So werden bei der Aufnahme eines Kindes Daten des Kindes und seiner Eltern zur Entscheidung über die Platzvergabe und zum Abschluss des Betreuungsvertrages, meist auch eines Verpflegungsvertrags, erhoben. Bei der Betreuung des Kindes werden laufend Daten zu dessen Förderung (§ 22 SGB VIII) oder zur Einschätzung eines Gefährdungsrisikos (gewichtige Anhaltspunkte für die Gefährdung des Wohls eines Kindes, § 8a SGB VIII) erhoben und gespeichert (z.B. Bildungsdokumentation, Gruppentagebuch, Sprachstandsbeobachtung und -dokumentation). Hierzu werden Gespräche mit Eltern über familiäre Hintergründe etc. geführt. Eltern werden auch zu Öffnungszeiten, Angeboten etc. befragt (§ 22a Abs. 3 SGB VIII).

Die erhobenen Daten werden von den Fachkräften zur Betreuung des Kindes oder zur Einschätzung eines Gefährdungsrisikos selbst genutzt und einrichtungsintern an andere Mitarbeiter der Kita (pädagogische Kräfte, Praktikanten, Bufdis, Küchen-, Reinigungskräfte, …) weitergegeben, soweit diese sie zur Betreuung des Kindes benötigen. Daten werden auch an externe Dritte übermittelt, z.B. die Anmeldung des Kindes an die Stadt, zur Einschätzung eines Gefährdungsrisikos an die hinzugezogene insoweit erfahrene Fachkraft bzw. das Jugendamt (§ 8a SGB VIII), bei ansteckenden Krankheiten nach Infektionsschutzgesetz (IfSG) an das Gesundheitsamt etc. Es werden auch laufend zahlreiche statistische Daten (z.B. Bedarfsabfragen zur Angebotsstruktur der Kindertageseinrichtung) an verschiedenste Institutionen übermittelt.

Schließlich werden Daten, insbesondere Fotos, für weitere Kita Belange erhoben und verarbeitet. Fotos, Ton- und Videoaufnahmen der Kinder werden bei der Betreuung der Kinder und bei Veranstaltungen (z.B. Sommerfesten), für Aushänge im Gruppenraum oder dem Kitaflur, als Erinnerungen für die Eltern oder für die Öffentlichkeitsarbeit der Einrichtung (Zeitungen, Website…) gefertigt.

Gespeicherte Daten werden entweder, wenn das Kind die Einrichtung verlässt, den Eltern mitgegeben (z.B. die Bildungsdokumentation, ein Portfolio) oder nach angemessener Zeit gelöscht.

Parallel werden in der Einrichtung auch Mitarbeiterdaten verarbeitet, selbst wenn der Träger letztlich die Einstellungen vornimmt und die Personalakte führt sowie die Gehaltsabrechnungen vornimmt: von der Beteiligung an der Einstellung über die Erfassung der Arbeitszeiten bis hin zu Mitarbeiterfotos.

2 Gesetzliche Befugnis zur Datenerhebung (§ 62 SGB VIII)

Bei der Betreuungsarbeit in Kindertageseinrichtungen werden in erheblichem Umfang Daten erhoben, genutzt, gespeichert, weitergegeben und gelöscht. *Da »jeder ... Anspruch darauf [hat], dass die ihn betreffenden Sozialdaten ... von den Leistungsträgern nicht unbefugt verarbeitet werden (Sozialgeheimnis),«* was auch die Verpflichtung beinhaltet, *»innerhalb des Leistungsträgers sicherzustellen, dass die Sozialdaten nur Befugten zugänglich sind oder nur an diese weitergegeben werden«* (§ 35 SGB I), benötigen Kitas für ihre Datenverarbeitung eine gesetzliche Befugnis oder eine Einwilligung (**Verbot mit Erlaubnisvorbehalt**).

§ 62 SGB VIII liefert die **Befugnis zur Erhebung** von psbD für die **Förderung des Kindes** (§ 22 SGB VIII) oder die Abklärung von Anhaltspunkten einer **Kindeswohlgefährdung** (§ 8a SGB VIII).

Die **Einwilligung** (Art. 6 Abs. 1 lit. a DSGVO bzw. § 6 Abs. 1 lit. b KDG, § 6 Abs. 1 Nr. 2 DSG-EKD für kirchliche Kitas) erlaubt die Datenerhebung und ihre Verarbeitung für sonstige **Zwecke im Zusammenhang mit der Betreuung**, wie insbesondere das Fotografieren der Kinder, zahnärztliche Untersuchungen, Befragungen der Eltern etc. (siehe Abschnitt 3).

Für **weitere Zwecke** wie dem Betrieb einer Einrichtungswebsite und Fotos bei öffentlichen Veranstaltungen kann auch auf die **Wahrung berechtigter Interessen** (Art. 6 Abs. 1 lit. f DSGVO; § 6 Abs. 1 lit g KDG, § 6 Nr. 4 DSG EKD) zurückgegriffen werden (Abschnitt 7).

Befugnisse für die weiteren Verarbeitungsschritte:
- das **Nutzen, Speichern und Verändern** der Daten, werden im Abschnitt 4,
- die **Datenübermittlung**, im Abschnitt 5, und schließlich
- das **Löschen** der Daten, im Abschnitt 14.3 dargestellt.

Für die **Erhebung von psbD** nach § 62 SGB VIII sind folgende Fragen **zu klären:**
1) **wofür** dürfen Daten erhoben werden? – Abschnitt 2.1
2) **bei wem** dürfen die Daten erhoben werden? – Abschnitt 2.2
3) **wie** sind die Daten zu erheben? – Abschnitt 2.3

2.1 Materielle Voraussetzung: Zur Aufgabenerfüllung erforderlich

Nach **§ 62 Abs. 1 SGB VIII** ist das Erheben von psbD nur zulässig, wenn ihre Kenntnis erforderlich ist, damit die Kita eine Aufgabe nach dem SGB VIII erfüllen kann. Unter den Voraussetzungen erlaubt § 67a Abs. 1 Satz 2 SGB X auch das **Erheben sensitiver Daten** i.S.d Art. 9 Abs. 1 DSGVO, also Daten zur ethnischen Herkunft, religiösen[1] oder weltanschauliche Überzeugungen; Gesundheitsdaten etc.[2]

---

[1] Nach § 4 Nr. 2 S. 2 KDG und § 4 Nr. 2 Buchstabe a DSG-EKD zählen dort »die Zugehörigkeit zu einer Kirche oder sonstigen Religionsgemeinschaft« nicht zu den sensitiven Daten.

[2] § 11 Abs. 1 und 2 KDG, § 13 Abs. 1 und 2 DSG-EKD. Abweichend von Art. 9 DSGVO ist hier also keine Einwilligung erforderlich. Zum strittigen Verhältnis von § 62 SGB VIII zu § 67 a SGB X siehe Hoffmann,

Gesetzliche Befugnis zur Datenerhebung

Voraussetzungen der Datenerhebung (§ 62 Abs. 1 SGB VIII) sind:	
a) eine Aufgabe nach dem SGB VIII und b) die Erforderlichkeit der Daten zu deren Erfüllung	gilt nach § 67a Abs. 1 Satz 2 SGB X auch für das Erheben sensitiver Daten (Art. 9 Abs. 1 DSGVO)

Wir haben demnach folgende Fragen zu klären:
1) Was versteht man unter **Erheben**?
2) Was sind die sozialgesetzlichen **Aufgaben** der Kitas?
3) Welche Daten sind zur Erfüllung dieser Aufgaben **erforderlich**?

Was versteht man unter Erheben?

Das **Erheben** wird als eine Verarbeitungsform in Art. 4 Nr. 2 DSGVO zwar genannt, aber nicht definiert. Der Sache nach ist hierunter »*das Beschaffen von Daten über den Betroffenen*«[3] zu verstehen. Dies impliziert eine Aktivität seitens des Leistungsträgers, mit der er sich Kenntnis von Sozialdaten verschafft.

> **Beispiel 1**
> Eine Kita beschafft sich Daten typischerweise durch Fragen in Gesprächen, in Antragsformularen, durch Anfordern von Unterlagen beim Sorgeberechtigten, durch Beobachten, Filmen und Fotografieren.[4]

Keine Erhebung liegt vor, wenn die Kita Informationen ohne eigenes Zutun erhält, sei es, dass sie diese zufällig erlangt oder sie ihr aufgedrängt oder sie ihr einfach zugespielt werden.[5]

> **Beispiel 2**
> Berichte über Kindergarteneltern oder deren Kinder in der morgendlichen Zeitung, anonyme Mitteilungen über eine Kindesmisshandlung oder Informationen, die man am Rande einer anderen Tätigkeit zur Kenntnis nimmt.

> **Beispiel 3**
> Ein Elternteil erzählt in der Abholphase einer anderen Mutter familiäre Vorkommnisse, die eine in der Nähe stehende Erzieherin mitbekommt.

> **Beispiel 4**
> Auch ein von einem Elternteil in der Kita aus eigenem Bedürfnis begonnenes Gespräch über Dinge, die für die Förderung des Kindes nicht relevant sind, gehört hierhin.

---

in: Münder u.a., Frankfurter Kommentar SGB VIII, [8]2019, § 62 Rdn. 3 f.; Kunkel in: ders., LPK-SGB VIII, [7]2018, § 61 Rdn. 78.
3 Zitat; Fleming, in: F. Moos u.a., Die neue Datenschutz-Grundverordnung, 2018, Kapitel 2 Rdn. 64.
4 So Hoffmann, in: Münder u.a., Frankfurter Kommentar SGB VIII, [8]2019, § 62 Rdn. 3 f.
5 Vgl. Strothmann, in: Krahmer, Sozialdatenschutzrecht, [4]2020, § 67 a SGB X Rdn. 6.

> **Beispiel 5**
> Schließlich ist auch eine eigeninitiative Bewerbung um einen Kitaplatz als solche noch keine Datenerhebung durch die Kita. Eltern wenden sich z.B. bei der Suche nach einem geeigneten Kitaplatz per E-Mail an eine Kita und übermitteln hierbei schon Daten des Kindes oder zu ihrer Lebenssituation. Anders, wenn dann durch Nachfrage weitere Informationen nachgefragt werden, z.B. ein Antragsformular zugeschickt wird, verbunden mit der Aufforderung es auszufüllen.

> **Beispiel 6**[6]
> Ist die Anzeige oder **Mitteilung eines Dritten**, z.B. eines Nachbarn über Fälle häuslicher Gewalt oder über sonstige Anhaltpunkte einer Kindeswohlgefährdung etc., ein unzulässiges »Erheben«? Mit »Erheben« im § 67 Abs. 2 S. 1 SGB X ist das aktive »Beschaffen« von Daten gemeint und nicht die zufällige oder unverlangte Kenntnisnahme. Allerdings benötigt die empfangende Stelle dann eine Rechtsgrundlage für die weitere Verarbeitung und Nutzung der erhaltenen Daten.

Eine Weiterverarbeitung der zur Kenntnis genommenen aber nicht selbst erhobenen Daten hängt davon ab, ob hierfür eine Rechtsgrundlage existiert (siehe Abschnitt 4). Ansonsten sind sie wie rechtswidrig erhobene zu behandeln und zu löschen.[7]

Was sind die sozialgesetzlichen Aufgaben der Kitas?

Nach § 22 Abs. 2 SGB VIII ist es Aufgabe der Tageseinrichtungen für Kinder
1. die Entwicklung des Kindes zu einer eigenverantwortlichen und gemeinschaftsfähigen Persönlichkeit zu fördern,
2. die Erziehung und Bildung in der Familie zu unterstützen und zu ergänzen,
3. den Eltern dabei zu helfen, Erwerbstätigkeit und Kindererziehung besser miteinander vereinbaren zu können.

Nach Abs. 4 sollen Kinder mit und ohne Behinderung, sofern der Hilfebedarf dies zulässt, in Gruppen gemeinsam gefördert werden.

Zu den Aufgaben der Kitas gehört auch der **Schutzauftrag bei Kindeswohlgefährdung nach § 8a Abs. 1 und 4 SGB VIII**.[8] Dieser umfasst die Erhebung von gewichtigen Anhaltspunkten für die Gefährdung des Wohls eines Kindes oder Jugendlichen als Grundlage einer Einschätzung des Gefährdungsrisikos im Zusammenwirken mehrerer Fachkräfte und die Einbeziehung der Erziehungsberechtigten sowie des Kindes oder Jugendlichen in die Gefährdungseinschätzung, soweit der wirksame Schutz dieses Kindes oder dieses Jugendlichen nicht infrage gestellt wird.

Zu ihren Aufgaben gehören nach § 26 SGB VIII auch die in den **landesrechtlichen Ausführungsgesetzen zum SGB VIII** (z.B. Kinderbildungsgesetze, Kindertagesbetreu-

---

6 Nach Krätschmer, in: Gierschmann u.a, Systematischer Praxiskommentar Datenschutzrecht, [1]2014, Kap. 4 Rdn. 23 m.w.N.
7 Ebenso Strothmann, in: Krahmer, Sozialdatenschutzrecht, [4]2020, § 67 a SGB X Rdn. 6.
8 Vgl. Kunkel in: ders., LPK-SGB VIII, [7]2018, § 62 Rdn. 3, § 61 Rdn. 38.

ungsgesetze etc., siehe zur Bildungsbeobachtung Abschnitt 2.4). Dies gilt auch für die aufgrund dieser Ausführungsgesetze ergangenen Verordnungen der Länder.[9]

> **Beispiel 7**
> So beschreibt § 19 KiBiz NRW die Aufgabe der alltagsintegrierten Förderung sprachlicher Bildung, ihrer Verankerung in einer pädagogischen Konzeption sowie die Beobachtung und Dokumentation der sprachlichen Entwicklung.

> **Beispiel 8**
> In der Verordnung zur Ausführung des Bayerischen Kinderbildungs- und -betreuungsgesetzes (AVBayKiBiG) wird in § 5 Abs. 2 die Sprachstandserhebung von Kindern, deren Eltern beide nichtdeutschsprachiger Herkunft sind, ist in der ersten Hälfte des vorletzten Kindergartenjahres anhand des zweiten Teils des Bogens »Sprachverhalten und Interesse an Sprache bei Migrantenkindern in Kindertageseinrichtungen (SISMIK) – Sprachliche Kompetenz im engeren Sinn (deutsch)« vorgeschrieben. In § 5 Abs. 3 AVBayKiBiG wird die Sprachstanderhebung von Kindern, bei denen zumindest ein Elternteil deutschsprachiger Herkunft ist, ab der ersten Hälfte des vorletzten Kindergartenjahres vor der Einschulung anhand des Beobachtungsbogens »Sprachentwicklung und Literacy bei deutschsprachig aufwachsenden Kindern (SELDAK)« vorgegeben. Nach § 1 Abs. 2 AVBayKiBiG ist schließlich auch der Bildungs- und Entwicklungsverlauf anhand des Beobachtungsbogens »Positive Entwicklung und Resilienz im Kindergartenalltag (PERIK)« oder eines gleichermaßen geeigneten Beobachtungsbogens zu begleiten und zu dokumentieren.

> **Beispiel 9**
> Art. 19 Nr. 2 BayKiBiG enthält als fachspezifische Aufgabenzuweisung an bayerische Kitas als Qualitätssicherungsmaßnahme eine Elternbefragung jährlich durchzuführen. Auch § 4 Abs. 2 KiBiz NRW sieht »gerade im Hinblick auf benötigte Öffnungs- und Betreuungszeiten, turnusmäßig Befragungen von Eltern« vor. In beiden Fällen dürfte eine anonymisierte Datenerhebung ausreichen und den Eltern die Entscheidung, ob sie an der Befragung teilnehmen, freistehen.

Welche Daten sind zur Erfüllung dieser Aufgaben erforderlich?

Erforderlich ist die Erhebung von Daten durch Kitas, wenn ihnen die Wahrnehmung dieser Aufgaben in einem konkreten Einzelfall ohne die Erhebung nicht, nicht vollständig oder nicht rechtmäßig möglich ist.[10] Die Kita muss also das Datum im jeweiligen Einzelfall für die konkrete Aufgabe **benötigen,** eine bloße Erleichterung der Aufgabenwahrnehmung reicht ebenso wenig wie der Umstand, dass die Datenverarbeitung für den angestrebten Zweck dienlich oder förderlich wäre. Notwendige Voraussetzung ist vielmehr, dass es

---

9 So auch Kunkel in: ders., LPK-SGB VIII, [7]2018, § 61 Rdn. 38 mit Zusammenstellung der Landesgesetze in Anhang 3.
10 Vgl. Kunkel, in: ders., LPK-SGB VIII, [7]2018, § 61 Rdn. 80; Hoffmann, in: Münder u.a., Frankfurter Kommentar SGB VIII, [8]2019, § 62 Rdn. 9.

zu dieser Datenverarbeitung **keine sinnvolle und zumutbare Alternative** gibt, um den verfolgten Zweck zu erreichen.[11] Entscheidend für die Beantwortung der Frage der Erforderlichkeit ist der Zeitpunkt des Erhebens.[12]

> **Beispiel 10**
> Die Kita braucht aufgrund auffälliger Sprachdefizite Daten eben dieses Kindes zu seiner Sprachentwicklung, um seinen Bedarf an persönlicher Förderung ermitteln zu können.

> **Beispiel 11**
> Die Kita braucht Daten eines am Mittagstisch teilnehmenden Kindes über Unverträglichkeiten dieses Kindes für seine Verpflegung.

Die Kita muss das Datum im jeweiligen Einzelfall **für die konkrete Aufgabe** benötigen. Der Begriff Aufgabe ist **funktional** zu verstehen und umfasst die gesamte Aufgabenerledigung von der Feststellung der gesetzlichen Voraussetzungen der Leistungsbewilligung, über die anschließende Bewilligung und Erbringung der Leistung, bis hin zur Kostenfestsetzung und Statistik.[13] Alle Daten, die zur Erledigung der funktional verstandenen Aufgabe erforderlich sind, sind daher nach § 62 Abs. 1 SGB VIII zu erheben.

> **Beispiel 12**
> In Datenschutzerklärungen, die Jugendämter und Kitas im Internet veröffentlicht haben, wird als Rechtsgrundlage der Datenerhebung zur Betreuung von Kindern in Kitas meist Art. 6 Abs. 1 lit. b DSGVO (Verarbeitung für die Erfüllung eines Vertrages) genannt (bei kirchlichen Trägern entsprechend § 6 Abs. 1 lit. c KDG, § 6 Nr. 5 DSG-EKD). Hier wird fälschlich auf die Bewilligungsform des **Betreuungsvertrages** abgestellt. Die Prüfung der Voraussetzungen und die Schaffung der Rechtsgrundlage für die Betreuung der Kinder in Kitas sind funktional Teil der Aufgabenerfüllung nach § 22 Abs. 2 SGB VIII. Es ist irrelevant, ob eine Jugendhilfeleistung nach § 2 Abs. 2 SGB VIII in der Rechtsform eines Bewilligungsbescheides oder eines Betreuungsvertrages gewährt wird. In beiden Fällen werden die Daten zur Klärung der Leistungsvoraussetzungen und ihrer Bewilligung sowie zur anschließenden Leistungsgewährung nach § 62 SGB VIII erhoben.
> Anders ist es nur bezüglich des **Verpflegungsvertrages**. Die Verpflegung wird als Sonderleistung und nicht als Bestandteil der Förderung nach § 22 Abs. 2 SGB VIII angesehen.[14] Die Daten zum Abschluss und zur Durchführung des Verpflegungsvertrages inkl. der Abrechnung sind daher nach Art. 6 Abs. 1 lit. b DSGVO (§ 6 Abs. 1 lit. c KDG, § 6 Nr. 5 DSG-EKD) zu erheben.

---

11 Vgl. Buchner/Petri, in: Kühling/Buchner, DSGVO/BDSG, ²2018, Art. 6 Rdn. 15 m.w.N.
12 Nach Hoffmann, in: Münder u.a., Frankfurter Kommentar SGB VIII, ⁸2019, § 62 Rdn. 11.
13 Ebenso Hoffmann, in: Münder u.a., Frankfurter Kommentar SGB VIII, ⁸2019, § 62 Rdn. 8 f.
14 Daher enthält z.B. § 26 Abs. 4 KiBiz auch nur die Verpflichtung, einem Kind mit einer wöchentlichen Betreuungszeit von mindestens 35 Stunden die Teilnahme zu ermöglichen, sofern ein Mittagessen angeboten wird.

Das Erheben von Daten kann **nicht** mit dem in der Sozialen Arbeit verbreiteten »**Gesamtfallgrundsatz**« begründet werden, nach dem ohne konkret-individuellen Sachbezug grundsätzlich eine Kompletterhebung der gesamten Familie und möglichst auch noch der Biografien ihrer Mitglieder vorgenommen werden soll.[15] Gleiches gilt für die verbreitete Verwendung von **Frage- und Erhebungsbögen**, die oft umfangreiche Fragebatterien enthalten, die im Einzelfall irrelevant sind, zur missverständlichen Isolierung der Informationen aus ihrem jeweiligen Kontext und zu verkürzter, nicht nachprüfbarer Charakterisierung verleiten.[16] Auch **pädagogische Wertungen** sind nur dann und insoweit zulässig, soweit sie für die konkrete Aufgabe notwendig sind. Der Erforderlichkeitsgrundsatz schließt die Erhebung von Daten, die für die konkret anstehende Kita-Aufgabe unerheblich sind oder die nur für künftige Fälle beschafft werden sollen (**Vorratshaltung**) aus.[17]

Die gesetzlichen Vorschriften in § 22 Abs. 2 SGB VIII zu **den Unterstützungsaufgaben** und vor allem in den Ausführungsgesetzen der Länder zu **den Beratungsaufgaben** der Kita (z.B. § 3 Abs. 2 KiBiz NRW) beschreiben diese selbst nicht, sondern geben nur Ziele (*die Erziehung und Bildung in der Familie unterstützen und ergänzen*) oder den Gegenstand (*den Eltern dabei helfen, Erwerbstätigkeit und Kindererziehung besser miteinander vereinbaren zu können bzw. die Beratung und Information der Eltern insbesondere in Fragen der Bildung und Erziehung*) an. Welche Sozialdaten zur Erfüllung dieser Aufgaben erforderlich sind, ist durch die Aufgabennorm somit nicht konkret vorgegeben. **Die Kita muss nach fachlichen Kriterien beurteilen**, welche Informationen bei angemessener Beratung und Unterstützung zur Erreichung der Beratungs- und Unterstützungsziele oder im Rahmen des festgelegten Leistungsgegenstandes erforderlich sind.[18]

Beratungen sowie sonstige Aufgaben der Kita setzen voraus, dass die Fachkräfte und Mitarbeiter der Kita sich um eine persönliche Beziehung zu Eltern und Kindern bemühen und mit ihnen **höflich umgehen**. Die moderne Kommunikationspsychologie hat die Bedeutung der Beziehungsebene im Verhältnis zu Sachebene herausgearbeitet. Es dürfen zur Anbahnung und Pflege einer Gesprächsbasis sowie zur Wahrung der üblichen Höflichkeitsregeln Fragen gestellt werden, um in Kontakt zu treten und ein Gespräch überhaupt erst in Gang zu bringen. Dazu gehören Fragen wie z.B. nach dem Wohlbefinden, nach der neuen Arbeitsstelle, nach dem vorangegangenen Urlaub. Ein solcher »**Smalltalk**« gehört zu den zivilisierten Umgangsgepflogenheiten und jeder Beteiligte weiß, dass er freiwillig ist und wie er ausweichend antworten kann. Allerdings wird der Bereich des zivilisierten Umgangs verlassen, wenn ein Elternteil oder Kind zu einer Antwort oder näheren Erläuterung gedrängt wird.[19]

Auch eine Erhebung **besondere Kategorien personenbezogener Daten** (Art. 9 Abs. 1 DSGVO) wie religiöse Überzeugung oder Gesundheitsdaten ist für die Wahrnehmung von Aufgaben nach dem SGB VIII zulässig, sofern sie erforderlich sind.[20] Es bedarf aufgrund

---

15 So auch Kunkel in: ders., LPK-SGB VIII, [7]2018, § 61 Rdn. 80.
16 Nach Maas, Soziale Arbeit als Verwaltungshandeln, 1996, S. 124 f.
17 So auch Kunkel in: ders., LPK-SGB VIII, [7]2018, § 61 Rdn. 80.
18 Vgl. Kirchhoff in: Schlegel/Voelzke, jurisPK-SGB VIII, [2]2018, § 62 SGB VIII Rdn. 19.
19 Ebenso Kirchhoff in: Schlegel/Voelzke, jurisPK-SGB VIII, [2]2018, § 62 SGB VIII Rdn. 20.
20 So auch Hoffmann: Einwilligung der betroffenen Person als Legitimationsgrundlage eines datenverarbeitenden Vorgangs im Sozialrecht nach dem Inkrafttreten der DSGVO, NZS 2017, 807 (810); Hoffmann, in: Münder u.a., Frankfurter Kommentar SGB VIII, [8]2019, § 62 Rdn. 13, dort auch zum Folgenden.

der Regelung in § 67a Abs. 1 Satz 2 SGB X hierfür keiner Einwilligung der betroffenen Person nach Art. 9 Abs. 2 lit. a DSGVO.

> **Beispiel 13**
> So ist es also durchaus zulässig, dass im Aufnahmegespräch nach Geschlecht, Familiensprache, Schlafgewohnheiten, Vorlieben beim Essen oder aus gegebenem Anlass im Entwicklungsgespräch von Erzieherinnen nach Allergien etc. gefragt wird.

> **Beispiel 14**
> Unzulässig wäre dagegen eine Frage nach einer HIV-Infektion des Kindes. Im alltäglichen Umgang soll weder für Spielkameraden noch für Erzieherinnen eine Ansteckungsgefahr bestehen.[21]

Daneben kann auch auf die weiteren Ausnahmen in Art. 9 Abs. 2 DSGVO (§ 11 Abs. 2 KDG, § 13 Abs. 2 DSG-EKD) zurückgegriffen werden, sodass es z.B. einer Einwilligung auch dann nicht Bedarf, wenn besondere Kategorien personenbezogener Daten erhoben werden sollen, »die die betroffene Person offensichtlich [selbst] öffentlich gemacht hat« (Art. 9 Abs. 2 lit. e DSGVO, § 11 Abs. 2 lit. e KDG, § 13 Abs. 2 Nr. 5 DSG-EKD). So z.B., wenn sie diese selbst in der Elternversammlung angesprochen hat.

Die **Art der Erhebung** liegt grundsätzlich im Ermessen der verantwortlichen Stelle (§ 20 Abs. 1 SGB X).

> **Beispiel 15**
> Da sich Greta morgens in der Gruppe unentwegt in den Haaren kratzt, kommt bei ihrer Erzieherin der **Verdacht auf**, sie könnte **Läuse** haben. In der Einrichtung werden Kinder im Verdachtsfall von den Erzieherinnen diskret mit einem Läusekamm kontrolliert, womit man die Läuse zuverlässig erkennen kann. Ist ein Kind, wie hier Greta, betroffen, werden umgehend deren Eltern informiert, um das Kind abzuholen. Die Eltern von Greta sind der Meinung, die Einrichtung hätte bei Greta nicht den Läusebefall prüfen dürfen. Zu Recht?
> Der Förderauftrag der Kita umfasst nach § 22 Abs. 2 SGB VIII »*Erziehung, Bildung und Betreuung des Kindes und bezieht sich auf die soziale, emotionale, körperliche und geistige Entwicklung des Kindes.*« Er beinhaltet also im Unterschied zur Schule ausdrücklich auch die **körperliche Betreuung des Kindes**, was angesichts von Säuglingen und Kleinstkindern (Windelwechsel, Füttern, …) in der Kita unumgänglich ist. Zur Betreuung der körperlichen Entwicklung gehört es auch, **auf Krankheitsanzeichen zu achten** und das Kind selbst sowie die anderen vor gegenseitiger Ansteckung zu schützen.

---

21 So Deutschen AIDS-Hilfe e.V. in ihrem Flyer Kinder mit HIV/AIDS in Krippe, Kindergarten, Hort und Schule, link: https://www.aidshilfe.de/shop/pdf/3741. Anders Kunkel, Sozialdatenschutz in Kindergärten, https://www.kindergartenpaedagogik.de/fachartikel/recht/1064, Abschnitt 6, »weil bei einer Rauferei oder einem Biss eine Übertragung nicht auszuschließen« sei.

Kopflausbefall **schließt** nach § 34 Abs. 1 IfSG **eine Betreuung in einer Kita**, bei der Kontakt zu den Betreuten besteht, zunächst **aus**. Wenn der Kopflausbefall während des Aufenthalts in einer Kindertageseinrichtung festgestellt wird und das betroffene Kind nicht anderweitig betreut werden kann, kann dem Verbleiben in der Einrichtung bis zum Ende des regulären Aufenthalts zugestimmt werden, wenn enge Kontakte in den folgenden Stunden vermieden werden können.[22]

Ein **Läuse- und Nissenkamm** eignet sich in Verdachtssituationen zum Identifizieren von Larven und Nissen von Kopfläusen. Die Untersuchung des Kopfhaares mit einem solchen Kamm ist schneller und effektiver als eine rein visuelle Inspektion. Eine solche Augenscheinnahme ist von der Aufgabe der körperlichen Betreuung abgedeckt, da es sich nur um eine äußerliche Feststellung und nicht um einen körperlichen Eingriff oder eine medizinische Diagnostik handelt.

Grundsätzliche Voraussetzung dafür, dass die **Kita wieder besucht werden kann**, ist, dass Maßnahmen durchgeführt wurden, die eine Weiterverbreitung mit hoher Sicherheit ausschließen, d. h., dass mit einem zur Tilgung des Kopflausbefalls geeigneten Mittel korrekt behandelt wurde (Erstbehandlung). Einrichtungsleitungen sind verpflichtet, das Gesundheitsamt über einen mitgeteilten oder selbst festgestellten Kopflausbefall namentlich zu benachrichtigen (§ 34 Abs. 6 IfSG) und eigenverantwortlich die geeigneten Maßnahmen einzuleiten, um eine Weiterverbreitung des Kopflausbefalls in der Einrichtung zu verhindern.[23]

Beispiel 16

Immer wieder kommt es vor allem in den Herbst- und Wintermonaten vor, dass ein Kind in der Kindertageseinrichtung den Anschein erweckt, erhöhte Temperatur oder gar **Fieber zu haben**. Dürfen pädagogische Kräfte in einem solchen Fall die Körpertemperatur des Kindes messen?

Das Fiebermessen gehört zu der körperlichen Betreuung (Pflege im Sinne der Personensorge), die die Eltern mit der Betreuung ihres Kindes der Kindertageseinrichtung übertragen, soweit es sich um keine pflegerischen Aufgaben im medizinischen Sinne handelt. Eine pädagogische Kraft muss Krankheitsanzeichen bei einem Kind ernstnehmen und bei entsprechenden Anzeichen das Fieber messen. Zulässig sind moderne **Ohr- und Stirnthermometer**, da sie keinen körperlichen Eingriff beinhalten und bei richtiger Handhabung zuverlässige Werte liefern.

In Kitas unzulässige Erhebungsformen, da nicht in den Aufgabenbereich einer Kita fallend bzw. unverhältnismäßig, sind körperliche Eingriffe, medizinische oder psychologische Begutachtungen, die Erstellung von Persönlichkeitsprofilen[24] oder die Menschenwürde verletzende Beweismittel.[25]

---

22 Absatz zitiert aus RKI Ratgeber Kopflausbefall https://www.rki.de/DE/Content/Infekt/EpidBull/Merkblaetter/Ratgeber_Kopflausbefall.html
23 Absatz zitiert aus RKI Ratgeber Kopflausbefall https://www.rki.de/DE/Content/Infekt/EpidBull/Merkblaetter/Ratgeber_Kopflausbefall.html
24 BVerfGE NJW 1984, 419–428 – juris Rdn. 171; vgl. auch Kunkel in: ders., LPK-SGB VIII, 72018, § 61 Rdn. 80; Maas, Soziale Arbeit als Verwaltungshandeln, 1996, S. 124 f.
25 EuGH: Zur Auslegung des Art. 4 EGRL 83/2004, Urt. v. 02.12.2014 – C-148/13 – juris.

Merke

Es muss also jeweils fachlich begründet werden können, dass	
die erhobenen Daten	zur Wahrnehmung nachstehender Aufgabe erforderlich sind
bei Aufnahme eines Kindes	zur Entscheidung über die Platzvergabe und zum Abschluss eines Betreuungs- bzw. Verpflegungsvertrags
bei der Betreuung des Kindes in der Einrichtung: erweiterte Datenerhebung über das Kind,	zu dessen Förderung, § 22 SGB VIII inkl. der Aufgabendetaillierungen in den landesrechtlichen Ausführungsgesetzen zum SGB VIII sowie den auf ihrer Basis ergangenen Verordnungen
	zur Einschätzung des Gefährdungsrisikos (§ 8a SGB VIII)
in Gesprächen mit Eltern über familiäre Hintergründe etc.,	zur Betreuung des Kindes (§ 22 SGB VIII) inkl. der Aufgabendetaillierungen in den landesrechtlichen Ausführungsgesetzen zum SGB VIII sowie den auf ihrer Basis ergangenen Verordnungen sowie
	zur Gefährdungseinschätzung (§ 8a SGB VIII)

Beispiel 17

Die **Leitung einer städtischen Tageseinrichtung** oder die eines freien Trägers fragt: Welche Daten sie von den Eltern eines Kindes erheben darf, die ihr **Kind anmelden** wollen?

Aufgabe: Die Kita hat die Aufgabe der Förderung eines Kindes (§ 22 SGB VIII), die Entscheidung über den Rechtsanspruch auf einen Kitaplatz (§ 24 SGB VIII) ist dagegen die Aufgabe der Jugendhilfe (§ 2 Abs. 2 Nr. 4 SGB VIII) und zwar des Trägers der öffentlichen Jugendhilfe (§ 3 Abs. 2 S. 2 SGB VIII). Die Städtische Kita darf nach § 35 Abs. 1 S. 2 SGB I nicht für die Stadt insoweit datenerhebend tätig werden, denn »die Wahrung des Sozialgeheimnisses umfasst die Verpflichtung, auch innerhalb des Leistungsträgers sicherzustellen, dass die Sozialdaten nur Befugten zugänglich sind oder nur an diese weitergegeben werden.«

Erforderlichkeit: Die Erforderlichkeit der Datenerhebung (§ 62 SGB VII) hängt daher nur von der Frage ab, welche Daten bei Aufnahme für die Förderung des Kindes in der Kita erforderlich sind (§ 22 SGB VIII) und nicht von den Voraussetzungen des Rechtsanspruchs auf einen Kitaplatz (§ 24 SGB VIII).

Benötigt werden Name, Vorname und Anschrift des **Kindes** sowie der **Personensorgeberechtigten** (als Vertragspartner des Betreuungsvertrages), zur direkten und zeitnahen Kommunikation auch die E-Mail-Adresse der Personenberechtigten sowie Telefonnummern, unter denen diese im Notfall erreichbar sind[26], das Geburtsdatum des Kindes (hiervon hängt die Zuordnung zu den Gruppenformen ab). In konfessionell ausgerichteten Tageseinrichtungen darf auch die **Konfession** (z.B. Taufe) erfragt werden. Nach **Krankheiten** (z.B. Diabetes, Unverträglichkeiten, Asthma), die den Erzieherinnen oder Hauswirtschaftskräften (Frühstück, Mittagessen) bekannt sein sollten, und das Datum von Tetanusimpfungen (relevant für Unfälle in der Kita) sowie dem Nachweis eines Impfschutzes bzw. ab Vollendung des ersten Lebensjahres einer Immunität gegen Masern (§ 20 Abs. 8 IfSG) ist zu fragen. Weiter ist der **individuelle Bedarf** hinsichtlich des zeitlichen Umfangs der täglichen Förderung zu erheben (in NRW z.B. 25, 35 oder 45 Wochenstunden). Es kann auch gefragt werden, ob ein besonderer Förderbedarf (Beeinträchtigungen, Sprachschwierigkeiten) besteht. Nach Landesrecht können aufgrund der Öffnungsklausel in § 24 Abs. 6 SGB VII weitere Daten erforderlich werden.

Bei jedem **weiteren Datum** ist ansonsten zu klären, ob seine Erhebung zur Förderung des Kindes nach § 22 SGB VIII in der Kita erforderlich ist. Die Begründung der Erforderlichkeit kann auch nicht mit dem Argument »freiwillige Angabe« überspielt werden. **Begründungsbedürftig,** da in der Regel nicht erforderlich, sind daher:

- Zahl und Alter von Geschwistern im Haushalt (mitunter werden bei freien Trägern Geschwisterkinder bevorzugt aufgenommen, was zulässig ist).
- Anschrift und Telefonnummer des Hausarztes
- Angabe der Krankenkasse der Personensorgeberechtigten.
- Staatsangehörigkeit von Kindern und deren Personensorgeberechtigten (soweit deren Erhebung nicht in Kinderbildungsgesetzen, wie § 12 Abs. 1 Nr. 4 KiBiz vorgeschrieben ist).
- Beruf und Bildungsstand der Personensorgeberechtigten.

Dagegen sind das **Geschlecht** für eine pädagogisch ausgewogene Gruppenzusammensetzung und die **Familiensprache** für die Sprachförderung wichtig (§ 12 Abs. 1 Nr. 5 KiBiz).

Auch nach **U-Untersuchungen** darf nur gefragt werden, wenn das Gesetz (z.B. § 10 Abs. 1 KiBiz) dies ausdrücklich verlangt, ansonsten sind diese Informationen für die Förderung des Kindes in der Kita irrelevant.

Beispiel 18

Sind in einer Kita **diagnostische Erhebungen** medizinischer oder verhaltenspsychologischer Art zulässig?

Aufgabe: Der Förderauftrag von Tageseinrichtungen umfasst nach § 22 Abs. 1 SGB VIII die soziale, emotionale, körperliche und geistige Erziehung, Bildung und Betreuung des Kindes und schließt die Vermittlung orientierender Werte und Regeln ein (§ 22 Abs. 3 SGB VIII). Detaillierungen finden sich im Landesrecht, z.B. § 13b Abs. 1 KiBiz NW.

---

26 Eine Einwilligung ist für die Aufnahme von Notfallnummern entgegen manchen Praxishandreichungen nicht notwendig.

> **Erforderlichkeit:** Eine Datenerhebung ist nach § 62 SGB VII zulässig, soweit sie für die Erfüllung des Förderauftrags nach § 22 SGB VIII notwendig ist. Grundlage der individuellen stärkenorientierten ganzheitlichen Förderung des Kindes, ist eine regelmäßige alltagsintegrierte wahrnehmende Beobachtung des Kindes, also seines Verhaltens, seines Spiels, seiner Bewegung, seiner Sprache. Zur individuellen stärkenorientierten ganzheitlichen Förderung des Kindes (**§ 22 SGB VIII**) gehören der Blick auf Interessen, Stärken und Talente der Kinder bzw. auf eventuelle Entwicklungsdefizite. Der pädagogische Förderzweck rechtfertigt aber nicht Entwicklungsbeobachtungen, die in Umfang und Detaillierung den Charakter eines **Persönlichkeitsprofils**, eines »umfassenden und detaillierten Bildes der jeweiligen Person«, annehmen. Dies wäre verfassungsrechtlich ein unzulässiger Eingriff in das Persönlichkeitsrecht des Kindes.[27] Vollends unzulässig sind **diagnostische Erhebungen medizinischer oder verhaltenspsychologischer Art**, da diese von dem pädagogischen Förderauftrag in § 22 SGB VIII nicht mehr gedeckt sind.

Rechtswidrig erhobene Sozialdaten, d.h. Daten, die für die Erfüllung der jeweiligen Aufgaben nicht erforderlich sind, dürfen nicht weiterverarbeitet werden (**Verwertungsverbot**). Der Betroffene hat das Recht, von dem Verantwortlichen zu verlangen, dass die ihn betreffenden Daten unverzüglich gelöscht werden, der Verantwortliche ist verpflichtet, seinerseits die Daten unverzüglich zu löschen (Art. 17 Abs. 1 lit. a und d DSGVO), soweit nicht § 84 SGB X eingreift (siehe Abschnitt 14.3).[28]

Daten, die nicht zur Erfüllung der Aufgaben nach §§ 8a, 22 ff. SGB VIII (Förderung der Kinder, Zusammenarbeit mit den Eltern, Anhaltspunkte einer Kindeswohlgefährdung) einschließlich der in den landesrechtlichen Ausführungsgesetzen zum SGB VIII sowie den auf ihrer Basis ergangenen Verordnungen erforderlich sind oder kitaeigenen Belangen dienen, können **nicht** nach § 62 SGB VIII erhoben werden. Für ihre Erhebung und weitere Verarbeitung ist eine Einwilligung erforderlich, die in Abschnitt 3 besprochen wird.

2.2 Formelle Voraussetzung: Bei wem dürfen die Daten erhoben werden?

Als Leitung einer Tageseinrichtung fragen sie sich nun, bei wem sie denn die Daten erheben dürfen, nur bei dem betroffenen Kind selbst oder auch bei den sorgeberechtigten Eltern? Dürfen sie bei den Eltern auch Daten über Dritte (z.B. Geschwister, Großeltern, …) erheben und wie sieht es mit der Erhebung von Daten des Kindes oder der Eltern bei Dritten (Großeltern, Tante, Nachbarn,…) aus?

---

27 Vgl. BVerfGE NJW 1984, 419–428 – juris Rdn. 171; BVerfG, stattgebender Kammerbeschluss v. 20.05.2003 – 1 BvR 2222/01 –, FPR 2003, 569–570.
28 So auch Kirchhoff in: Schlegel/Voelzke, jurisPK-SGB VIII, ²2018, § 62 SGB VIII Rdn. 65.

Gesetzliche Befugnis zur Datenerhebung

> **Merke**
>
> | Bei wem sind Daten zu erheben (§ 62 Abs. 2 – 4 SGB VIII): | |
> |---|---|
> | **Abs. 2: Vorrang der Betroffenenerhebung** | Sozialdaten sind grundsätzlich bei dem **Betroffenen selbst** zu beschaffen |
> | Abs. 4: Ausnahme: Erhebung **Daten Dritter** bei Leistungsbeteiligten | |
> | Abs. 3: Ausnahme: Erhebung **Daten Leistungsbeteiligter** bei Dritten | |

Betroffenenerhebung (§ 62 Abs. 2 S. 1 SGB VIII und § 67a Abs. 1 S. 2 SGB X)

Sozialdaten sind grundsätzlich beim Betroffenen zu erheben (**Vorrang der Betroffenenerhebung**), so § 62 Abs. 2 S. 1 SGB VIII und § 67a Abs. 2 S. 1 SGB X (für besondere Kategorien von Daten). Durch die Erhebung beim Betroffenen wird diesem im Sinne der informationellen Selbstbestimmung transparent, dass und für welchen Zweck die Kita von ihm welche Daten braucht. Das setzt voraus, dass die Daten bei ihm offen und nicht verdeckt erhoben werden.[29]

> **Beispiel 19**[30]
>
> Genügt eine Kita dem Grundsatz der Betroffenenerhebung, wenn sie beim Betroffenen **heimlich** Daten erhebt? Darf sie also geplant verdeckt Daten erheben, z.B. ein Anhörungsgespräch heimlich von einer Kinderschutzfachkraft oder einem Psychologen mithören und den Angehörigen begutachten lassen, ein Kind heimlich fotografieren? Darf sie Daten so erheben, dass der Betroffene die Erhebung zwar erkennen könnte, aber ersichtlich nicht damit rechnet? Letzteres wäre z.B. der Fall, wenn ein Begrüßungsbesuch für junge Eltern angekündigt wird, der in Wirklichkeit jedoch der Kontrolle des Wohnumfeldes des Kindes bezüglich Kindeswohlgefährdung dient. Betroffenenerhebung meint eine Erhebung **mit Kenntnis** des Betroffenen.

Wer ist bei einer Förderung in Tageseinrichtungen **Betroffener**? Betroffener ist nach Art. 4 Ziffer 1 DSGVO grundsätzlich die natürliche Person auf die sich die psbD beziehen. Betroffener im datenschutzrechtlichen Sinne ist also immer die Person, **deren Daten erhoben werden**. Das können bei einer Förderung in Tageseinrichtungen unterschiedliche Personen sein:

- der **Leistungsberechtigte,** also nach §§ 22, ff SGB VIII das **Kind**, das in der Tageseinrichtung gefördert werden soll und dem auch der Rechtsanspruch auf einen Kitaplatz zusteht. Es ist Betroffener, wenn Informationen über es benötigt werden, um die Förderleistung in der Tageseinrichtung erbringen zu können.

---

29 So auch Kirchhoff in: Schlegel/Voelzke, jurisPK-SGB VIII, ²2018, § 62 SGB VIII Rdn. 26 f.
30 Vgl. Krätschmer, in: Gierschmann u.a, Systematischer Praxiskommentar Datenschutzrecht, ¹2014, Kap. 4 Rdn. 23 m.w.N.

- die **leistungsbegünstigte** Person, in deren Interesse die Förderleistung der Kita erbracht wird. Leistungsbegünstigt sind die **Personensorgeberechtigten** der Kinder. Die Förderung in einer Tageseinrichtung dient ihrem Interessen an der Förderung des Kindes (§ 1626 Abs. 1 BGB, § 22 Abs. 2 Nr. 1 SGB VIII), an der Unterstützung und Ergänzung ihrer familiären Erziehung (§ 22 Abs. 2 Nr. 1 SGB VIII) sowie an der Vereinbarkeit von Familie und Beruf (§ 22 Abs. 2 Nr. 3 SGB VIII). Sie sind Betroffene, wenn Informationen über sie eingeholt werden, um die Leistung erbringen zu können.
- **Dritte**, also z.B. ein **nicht sorgeberechtigter Elternteil** und **andere Bezugspersonen** wie ein Lebenspartner, mit dem ein allein erziehender Elternteil zusammenlebt, Geschwister oder die Großeltern des Kindes. Sie sind Betroffene, wenn im Zusammenhang mit der Förderung des Kindes in der Tageseinrichtung Daten über sie erhoben werden sollen.

§ 62 Abs. 2 S. 1 SGB VIII und § 67a Abs. 2 S. 1 SGB X (für besondere Kategorien von Daten) ordnen mit dem **Vorrang der Betroffenenerhebung** an, dass die für die Förderung des Kindes erforderlichen psbD des Kindes beim **leistungsberechtigten Kind** und die des Personensorgeberechtigten beim **leistungsbegünstigten Personensorgeberechtigten** zu erheben sind. Aufgrund des Personensorgerechts der Eltern (§ 1626 Abs. 1 BGB) können Daten des Kindes auch bei den Personensorgeberechtigten erhoben werden.

Beispiel 20
Wenn jemand einen Kindertagesstättenplatz in Anspruch nimmt, benötigt das Jugendamt zur Kostenberechnung in aller Regel Angaben zum Einkommen der Personensorgeberechtigten mit entsprechenden Belegen (§ 24 Abs. 1 SGB VIII). Ein Jugendamt darf diese Einkommensangaben nicht unmittelbar selbst beim Arbeitgeber oder dem Finanzamt nachfragen. Der Grundsatz der Ersterhebung beim Betroffenen kann nicht mit dem Argument unterlaufen werden, die Erhebung bei einem Dritten mache weniger Arbeit.[31]

Erhebung von Daten Dritter bei Leistungsbeteiligten (§ 62 Abs. 4)

Wenn im Zusammenhang mit der Förderung des Kindes in der Tageseinrichtung auch über **Dritte** gesprochen wird, etwa den nicht sorgeberechtigten Elternteil, Geschwister, Großeltern, Lebenspartner oder Personen aus dem sozialen Umfeld wie Nachbarn, Musiklehrer, sind auch diese Personen datenschutzrechtlich gesehen Betroffene. Es werden Informationen über diese Dritte Person erhoben (Art. 4 Nr. 1 DSGVO)[32]. Wollte man die Daten jeweils bei diesen Betroffenen erheben, würde dies die Datenerhebung in der Praxis so verkomplizieren, dass die Leistungsgewährung zumindest verzögert, wahrscheinlich aber erheblich beeinträchtigt würde. In solchen Fällen, in denen der Betroffene nicht zugleich Leistungsberechtigter oder sonst an der Leistung beteiligt ist, erlaubt § 62 Abs. 4 S. 1 SGB VIII diese beim »Leistungsberechtigten oder einer anderen Person, die sonst an der Leistung beteiligt ist« zu erheben. Damit können die erforderlichen Daten

---
31   Kirchhoff in: Schlegel/Voelzke, jurisPK-SGB VIII, ²2018, § 62 SGB VIII, Rdn. 26.
32   § 4 Nr. 1 KDG, § 4 Nr. 1 DSG-EKD.

für die Förderung **bei dem Leistungsberechtigten und sonstigen Leistungsbeteiligten** erhoben werden.

> **Beispiel 21**
>
> Eine Mutter berät sich mit der Einrichtungsleitung über die Probleme bei der Erziehung ihrer Tochter, die auch durch das Verhalten des getrennt lebenden Vaters des Kindes verursacht werden. Dann sind die Tochter bezüglich der Erziehungsprobleme und der Vater bezüglich seines mitursächlichen Verhaltens Betroffene. Eine Befragung der Mutter zu diesen beiden Problemfeldern ist bzgl. des Verhaltens des Vaters eine Erhebung von Sozialdaten ohne Mitwirkung des jeweils Betroffenen nach § 62 Abs. 2 SGB VIII. Die Datenerhebung über das Verhalten des Vaters erlaubt § 62 Abs. 4 SGB VIII. Danach können Daten von Personen, die (zunächst oder dauerhaft) nicht an dem Leistungsverhältnis mit der Kita beteiligt sind, bei dem Leistungsbeteiligten (hier: der Mutter) erhoben werden, wenn die Daten des Betroffenen für die Leistungserbringung notwendig sind.[33] Aufgrund des Personensorgerechts der Mutter (§ 1626 Abs. 1 BGB) können Daten der Tochter auch bei der Mutter erhoben werden.

Unter dem Gesichtspunkt des informationellen Selbstbestimmungsrechts ist diese Form der Datenerhebung vielfach **problematisch**. Dies zeigt exemplarisch die als Praxisbeispiel gewählte Trennungssituation. Der betroffene Vater hat keine Kontrolle darüber, welche Daten über ihn gegenüber wem offengelegt werden, er kann nicht sicherstellen, dass die Daten, authentisch und richtig sind, und ihm werden ggf. seine Rechte auf Auskunft, Berichtigung und Löschung abgeschnitten. Aus Gründen des informationellen Selbstbestimmungsrechts kann diese Form der Dritterhebung nur angewandt werden, **wenn das Kriterium der Notwendigkeit strikt angewandt wird und dabei sichergestellt ist, dass keine rechtlichen, wirtschaftlichen oder ideellen Interessen des Dritten betroffen sind**. Ideelle Interessen wären in dem Beispiel beim Vater betroffen, wenn sein Verhältnis zu seiner Tochter durch die Darstellung seines Verhaltens belastet wird.

§ 62 Abs. 4 SGB VIII erlaubt **nicht den umgekehrten Weg** der Datenerhebung bei Unbeteiligten Dritten über Personen, die an der Leistung oder der anderen Aufgabe beteiligt sind. Dies ermöglicht nur der gleich zu besprechende § 62 Abs. 3 SGB VIII. So könnten im obigen Beispiel der Erziehungsberatung nicht Daten über die sorgeberechtigte Mutter oder das betroffene Kindes bei dem getrennt lebenden Vater, den schon selbstständig lebenden Geschwistern, anderen Verwandten oder gar bei Personen im weiteren sozialen Umfeld wie Schule oder Kindergarten erhoben werden.[34]

---

33 Nach Kirchhoff in: Schlegel/Voelzke, jurisPK-SGB VIII, ²2018, § 62 SGB VIII Rdn. 62.
34 So Kunkel in: ders., LPK-SGB VIII, ⁷2018, § 62 Rdn. 22.

> **Beispiel 22**[35]
> Ist es zulässig, dass ein Elternteil z.B. in einem Erhebungsbogen bei der Anmeldung Fragen zu seinem Ehe-/Lebenspartner oder zu nicht in der Kita angemeldeten Geschwisterkindern ausfüllt?
> **Lebenspartner und Geschwisterkinder** sind nicht leistungsbeteiligt. Die gilt auch für den Ehepartner, wenn er nicht sorgeberechtigt ist. Die Datenerhebung ist jedoch nach § 62 Abs. 4 SGB VIII beim leistungsbeteiligten Elternteil zulässig, wenn die Kenntnis der Daten notwendig ist.
> Wenn der **Ehepartner mit Sorgeberechtigt** ist, ist er selbst leistungsbeteiligter Betroffener. Soweit es sich nicht um Formulare handelt, die, wie bei der Steuererklärung, von allen Betroffenen – also auch vom Ehepartner – mitunterzeichnet werden, darf ein Ehepartner bei Routineentscheidungen des täglichen Lebens allein entscheiden. Bei Angelegenheiten von erheblicher Bedeutung, wie es eine Anmeldung zur Kita darstellt, verlangt § 1687 Abs. 1 BGB jedoch die Einwilligung beider Sorgerechtsberechtigten. Diese Fälle sind außer durch Mitunterzeichnung nur über eine **Bevollmächtigung** durch den Betroffenen zu lösen, von der bei einem Familienangehörigen aber nicht einfach stillschweigend ausgegangen werden kann.
> Der sogleich noch zu erörternde **§ 62 Abs. 3 Nr. 3 SGB VIII** hilft hier auch nicht weiter. Danach wären Fragen nach dem Ehepartner in Fragebögen über **§ 62 Abs. 3 Nr. 3 SGB VIII** in Fällen unverhältnismäßigen Aufwands der Direkterhebung beim Betroffenen abgedeckt, aber nur soweit dem nicht Interessen des betroffenen Ehepartners entgegenstehen. Das ist aber bei Angelegenheiten von erheblicher Bedeutung, wie der Anmeldung, nach § 1687 Abs. 1 BGB anzunehmen.

Erhebung von Daten Leistungsbeteiligter bei Dritten (§ 62 Abs. 3 SGB VIII)

Mitunter kommen in der Kita **Situationen vor, in denen Sozialdaten auch ohne Mitwirkung des betroffenen Leistungsbeteiligten bei Dritten erhoben** werden müssen. Eine solche Datenerhebung bei Dritten bedeutet, dass der betroffene Leistungsbeteiligte weder selbst um die Daten gebeten wurde noch die Einwilligung dazu gegeben hat, die Daten direkt bei Dritten zu erheben. Es ist auch unerheblich, ob er davon weiß oder nicht. Die Voraussetzungen einer solchen »**Dritterhebung**« regelt § 62 Abs. 3 SGB VIII.[36]

---

[35] Vgl. zum Beispiel Krätschmer, in: Gierschmann u.a, Systematischer Praxiskommentar Datenschutzrecht, ¹2014, Kap. 4 Rdn. 24 m.w.N. nach dem alten BDSG.
[36] Der abschließende Charakter des § 62 Abs. 3 SGB VIII, d.h. der Ausschluss eines Rückgriffs auf § 67a Abs. 2 SGB X, ergibt sich auch aus dem Wortlaut (»dürfen... nur erhoben werden«), vgl. Kunkel in: ders., LPK-SGB VIII, ⁷2018, § 62 Rdn. 12.

Gesetzliche Befugnis zur Datenerhebung

Diese indirekte Art der Informationsbeschaffung kommt in der Kitapraxis nur in zwei Fällen[37] in Betracht:

- Eine **Unabweisbarkeit anderweitiger Erhebung** (§ 62 Abs. 3 Nr. 2 SGB VIII) kann für Kindertageseinrichtungen im Fall **des Schutzauftrags bei Kindeswohlgefährdung nach § 8a SGB VIII** relevant werden (Nr. 2 Buchstabe d). Die Gefährdungseinschätzung in der Kindertageseinrichtung erfolgt normalerweise durch Wahrnehmung und Einschätzung von Anhaltspunkten bei der Betreuung in der Einrichtung, durch Betroffenenerhebung beim Kind oder im Gespräch mit den Leistungsbeteiligten Eltern, also nach § 62 Abs. 2 S. 1 SGB VIII. Eine Datenerhebung bei Dritten kommt in einer stationären Einrichtung nur vor, wenn ein Dritter (z.B. ein Nachbar oder ein Großelternteil des Kindes) von sich aus in die Einrichtung zukommt, um gewichtige Anhaltspunkte für ein Gefährdungsrisiko des Kindes (§ 8 a Abs. 1 SGB VIII) zu berichten. § 62 Abs. 3 Nr. d) SGB VIII erlaubt für die Gefährdungseinschätzung nach § 8a Abs. 1 Satz 1 SGB VIII grundsätzlich auch eine solche Fremderhebung von Informationen über Personen, die einer Kindeswohlgefährdung zumindest verdächtigt werden, – also in der Kita über Sorgeberechtigte – allerdings nur, wenn und soweit dies zur Einschätzung der Kindeswohlgefährdung erforderlich ist.[38] Dies ist nicht schon bei vagen Verdachtsmomenten der Fall. Vielmehr müssen die Anhaltspunkte so gewichtig sein, dass sie gegenüber dem Recht des Betroffenen auf informationelle Selbstbestimmung überwiegen. Das ist insbesondere dann anzunehmen, »wenn eine Gefahr für eine Verletzung von Grundrechten eines Kindes, etwa des Rechts auf körperliche Unversehrtheit, konkret als bestehend oder zumindest wahrscheinlich angesehen werden kann, und zu deren Abwehr die Fremderhebung von Sozialdaten erforderlich ist«. Mögliche negative Rückwirkungen auf das Vertrauensverhältnis zu den Sorgeberechtigten durch die Kontaktaufnahme mit Dritten[39] sind bei solch gravierenden Verdachtsmomenten hinzunehmen.
- Eine »*Erhebung bei anderen Personen oder Stellen*« ist zudem möglich, »*wenn die Erhebung beim Betroffenen einen* **unverhältnismäßigen Aufwand** *erfordern würde*« *und* »*keine Anhaltspunkte dafür bestehen, dass schutzwürdige Interessen des Betroffenen beeinträchtigt werden*« (§ 62 Abs. 3 Nr. 3 SGB VIII). Auf die Regelung kann für die Erhebung von Daten aus **allgemein zugänglichen Quellen** wie dem Internet oder der Zeitung zurückgegriffen werden. Das geht jedoch nur, wenn dem kein überwiegend schutzwürdiges Interesse des Betroffenen entgegensteht. Dies dürfte bei Daten, die der Betroffen selbst ins Internet gestellt hat, in der Regel nicht anzunehmen sein, im Gegensatz zu Daten, die gegen oder ohne seinen Willen eingestellt wurden.

---

37 Führungszeugnisse nach § 30 Abs. 5 bzw. § 30 a Abs. 1 Bundeszentralregistergesetz, die sich die Einrichtungen nach § 72a SGB VIII »bei der Einstellung oder Vermittlung und in regelmäßigen Abständen von den betroffenen Personen vorlegen lassen sollen«, sind direkt beim Betroffenen anzufordern, Kirchhoff in: Schlegel/Voelzke, jurisPK-SGB VIII, ²2018, § 62 SGB VIII Rdn. 44.
38 Vgl. VGH Kassel v. 16.09.2014 – 10 A 500/13 – juris Rn. 44, dort auch das nachfolgende Zitat; siehe auch Kirchhoff in: Schlegel/Voelzke, jurisPK-SGB VIII, ²2018, § 62 SGB VIII Rdn. 54.
39 So Hoffmann, in: Münder u.a., Frankfurter Kommentar SGB VIII, ⁸2019, § 62 Rdn. 38, dort auch das Zitat.

Formelle Voraussetzung: Bei wem dürfen die Daten erhoben werden?

> **Beispiel 23**
> Die Datenerhebung im Internet beginnt im Kitaalltag bei so trivialen Vorgängen wie dem, dass die Telefonnummer eines Elternteils nicht zu finden ist und deshalb dort im Telefonbuch nachgeschaut wird.
>
> Durch die Nutzung von Suchmaschinen, soziale Medien oder den Aufruf von Webseiten können sich z. B. Erkenntnisse über Aktivitäten von Kinder oder ihren Sorgeberechtigten ergeben. Sind diese Datenerhebungen bei Dritten erlaubt?
>
> Wenn eine Person jedermann die Möglichkeit eröffnet, sich den Zugang zu ihren persönlichen Daten im Internet zu verschaffen, etwa durch Einstellen auf eine eigene Homepage, liegt hierin eine konkludente Einwilligung in das Nutzen dieser persönlichen Daten durch »jedermann« oder technisch gesprochen der Erhebung dieser Daten.[40] Entscheidend ist, dass der Zugang letztlich jedermann möglich ist. Das ist auch dann der Fall, wenn eine Internetplattform wie Facebook zwar kennwortgeschützt ist, aber letztlich jeder eine Zugangsberechtigung erhalten kann. Anders ist der Sachverhalt zu beurteilen, wenn Netzwerke nur für Mitglieder zugänglich sind, d.h. nur für eindeutig identifizierbare Personen mit entsprechenden Zugangsdaten.

Bei wem dürfen Daten in der Kita erhoben werden			
beim betroffenen Kind (§ 62 Abs. 2 SGB VIII) zulässig, wenn:	bei Eltern (= Sorgeberechtigte des betroffenen Kindes) deren eigene Daten und die des Kindes (§ 62 Abs. 2 SGB VIII, § 1626 Abs. 1 BGB) zulässig, wenn:	bei Eltern oder Kind Daten Dritter (§ 62 Abs. 4 SGB VIII) zulässig, wenn:	bei Dritten Daten der Sorgeberechtigten (§ 62 Abs. 3 SGB VIII) zulässig, wenn:
erforderlich (§ 62 Abs. 1 SGB VIII) + zur Förderung des Kindes in der Kita (§ 22 SGB VIII) oder zur Gefährdungseinschätzung (§ 8a SGB VIII)	erforderlich (§ 62 Abs. 1 SGB VIII) + zur Förderung in Kita (§ 22 SGB VIII) oder zur Gefährdungseinschätzung (§ 8a SGB VIII)	notwendig (§ 62 Abs. 4 SGB VIII) + zur Förderung in Kita (§ 22 SGB VIII) oder zur Gefährdungseinschätzung (§ 8a SGB VIII)	Unabweisbarkeit der Erhebung (§ 62 Abs. 3 Nr. 2 d) SGB VIII) bei Kindeswohlgefährdung (§ 8a SGB VIII) unverhältnismäßiger Aufwand + keine Anhaltspunkte für Beeinträchtigung schutzwürdiger Interessen des Betroffenen (§ 62 Abs. 3 Nr. 3 SGB VIII) bei Datenerhebung aus allgemein zugänglichen Quellen

---

40 Nach Hoffmann, in: Münder u.a., Frankfurter Kommentar SGB VIII, [8]2019, § 62 Rdn. 19, dort auch zum Folgenden; Bieresborn: Surfen als Amtsermittlung – Welche Grenzen bestehen bei der Internetrecherche für Sozialleistungsträger?, NZS 2016, 531.

2.3 Wie sind die Daten zu erheben? Informationspflichten bei Erhebung von Daten

Wenn Daten beim Betroffenen selbst erhoben werden (§ 62 Abs. 2 S. 1 SGB VIII und § 67a Abs. 1 S. 2 SGB X)

Dann ist dieser nach Art. 13 Abs. 1 bis 3 DSGVO[41] über folgende Punkte aufzuklären:[42]

- Namen und Kontaktdaten des **Verantwortlichen**[43],
- Kontaktdaten des **Datenschutzbeauftragten**, sofern ein solcher ernannt wurde (namentliche Nennung nicht erforderlich),
- **Zweck** der Datenverarbeitung und die **Rechtsgrundlage** der Erhebung (§ 62 SGB VIII in Verbindung mit der jeweiligen Aufgabennorm des SGB VIII oder eine Einwilligung, wenn sie als Rechtsgrundlage dient[44]),
- **Kategorien** personenbezogener Daten, die verarbeitet werden (Art. 14 Abs. 1 Buchst. d DSGVO)[45],
- **Quellen**, aus denen die Daten stammen (Art. 14 Abs. 2 Buchst. f DSGVO),[46]
- **Empfänger** der personenbezogenen Daten, sofern eine Übermittlung vorgesehen ist,
- **Dauer der Speicherung** der personenbezogenen Daten. Sofern dies nicht möglich ist, sind die Kriterien zu nennen, nach denen die Speicherdauer festgelegt wird.
- **Betroffenenrechte** hinsichtlich Auskunft, Berichtigung, Löschung, Einschränkung der Verarbeitung, Widerspruchsrecht und Datenübertragbarkeit,
- **Widerrufsmöglichkeit** der Einwilligung.[47] Ergänzend muss eine Information darüber erfolgen, dass der Widerruf die Rechtmäßigkeit der bis zum Zeitpunkt des Widerrufs bereits erfolgten Verarbeitung nicht berührt.
- **Beschwerderecht bei einer Aufsichtsbehörde** nach Art. 77 Abs. I DSGVO.

Eine Aufklärung bei Erhebung entfällt, »*wenn und soweit die betroffene Person bereits über die Informationen verfügt*« (Art. 13 Abs. 4 DSGVO),[48] z.B. weil bei ihr schon vorher Daten erhoben worden sind und sie hierbei aufgeklärt worden ist.[49]

---

41   Der dem § 62 Abs. 2 Satz 2 SGB VIII vorgeht.
42   Eine Umsetzungshilfe des ldi nrw findet sich unter: https://www.ldi.nrw.de/mainmenu_Aktuelles/Inhalt/Informationspflichten-nach-der-Datenschutz-Grundverordnung/Umsetzungshilfe-Datenschutzinformationen_Stand-01_2019.pdf.
43   Der Vertreter nach Art. 27 DSGVO ist für Kitas nicht relevant.
44   Siehe hierzu Abschnitt 3.
45   Nur im Fall der Erhebung von Daten Dritter bei Leistungsbeteiligten (§ 62 Abs. 4) bzw. bei Dritterhebung (§ 62 Abs. 3 SGB VIII) sowie bei Erhebung aufgrund einer Einwilligung erforderlich. Sie sind in Art. 13 DSGVO zwar nicht aufgeführt, aber eine Einwilligung impliziert deren Kenntnis, zudem führt EG 42 sie auf.
46   Nur im Fall der Erhebung von Daten Dritter bei Leistungsbeteiligten (§ 62 Abs. 4) bzw. bei Dritterhebung (§ 62 Abs. 3 SGB VIII) erforderlich.
47   Nur im Fall einer Erhebung auf Grundlage einer Einwilligung erforderlich, siehe hierzu Abschnitt 3.
48   Ausnahmen hiervon finden sich in § 82 SGB X, die für den Kitaalltag wenig relevant sein dürften.
49   So Hoffmann, in: Münder u.a., Frankfurter Kommentar SGB VIII, [8]2019, § 62 Rdn. 24.

> **Tipp**
>
> Daher empfiehlt es sich, schon bei Abschluss des Betreuungsvertrages eine umfassende Information der Sorgeberechtigten vorzunehmen, die dann nur noch in Einzelfällen ergänzt werden muss (Muster Abschnitt 2.5).

Unterbleibt die Aufklärung oder ist sie unvollständig, ist die Datenerhebung rechtswidrig. Sie kann allerdings entsprechend § 41 Abs. 2 SGB X **nachgeholt** werden. Wurde sie nicht nachgeholt, besteht bei bewusstem Verstoß gegen die die Datenerhebung regelnden Vorschriften, etwa aus Bequemlichkeit oder um den Betroffenen von einer Anfechtung der Maßnahme abzuhalten, ein Verwertungsverbot, andernfalls nicht (vgl. § 42 SGB X). Kein Verwertungsverbot besteht z.B., wenn die »Aufklärung lediglich irrtümlich ganz oder teilweise unterblieben ist oder in der nachvollziehbaren Erwartung nicht erfolgt ist, dass die Rechtsgrundlage und Zweckbestimmung für den Betroffenen offenkundig sind.« Hier genügt es, die Aufklärung nachzuholen.[50]
Die Aufklärung kann nicht gegenüber dem minderjährigen Betroffenen Kitakind erfolgen, da es noch nicht die notwendige Einsichtsfähigkeit besitzt. Sie hat gegenüber den Personensorgeberechtigten Eltern (§ 1626 Abs. 1 BGB) zu erfolgen.
Art. 13 DSGVO schreibt **keine bestimmte Form der Information** vor, sodass sie z.B. schriftlich oder in anderer Form, gegebenenfalls auch elektronisch, vorgenommen werden kann. Sie muss nach Art. 12 Abs. 1 Satz 1 DSGVO in präziser, transparenter, verständlicher und leicht zugänglicher Art und Weise sowie in einer klaren und einfachen Sprache erfolgen. Falls von der betroffenen Person verlangt, kann sie nach Art. 12 Abs. 1 Satz 3 DSGVO auch mündlich erteilt werden. Um die Aufklärung gegebenenfalls nachweisen zu können (Art. 5 Abs. 2 DSGVO) empfiehlt sich eine Dokumentation der Information oder deren Bestätigung durch eine Unterschrift der betroffenen Person.

Informationspflichten bei Erhebung von Daten Dritter bei Leistungsbeteiligten (§ 62 Abs. 4) und bei Dritterhebung (§ 62 Abs. 3 SGB VIII)

Die Informationspflichten gegenüber der betroffenen Person bei einer Datenerhebung ohne ihre Mitwirkung ergeben sich aus Art. 14 Abs. 1, 2 DSGVO.[51] Es bestehen, ergänzt um

- die Kategorien personenbezogener Daten, die verarbeitet werden (Art. 14 Abs. 1 Buchst. d DSGVO) und
- die Quellen, aus denen die Daten stammen (Art. 14 Abs. 2 Buchst. f DSGVO),

die gleichen Informationspflichten wie in den Fällen der Betroffenenerhebung nach Art. 13 Abs. 1 bis 3 SDGVO.

Die Information sind innerhalb einer **angemessenen Frist** nach Erlangung der personenbezogenen Daten, längstens jedoch innerhalb eines Monats (Art. 14 Abs. 3 Nr. 1 DSGVO), zum Zeitpunkt der ersten Kommunikation mit der betroffenen Person (Art. 14 Abs. 3 Nr. 3 DSGVO) oder zum Zeitpunkt der ersten Offenlegung der Daten an einen Dritten (Art. 14 Abs. 3 Nr. 2 DSGVO) zu erteilen.

---

50 Nach Kirchhoff in: Schlegel/Voelzke, jurisPK-SGB VIII, ²2018, § 62 SGB VIII (Stand: 27.01.2020) Rdn. 65, dort auch das Zitat.
51 So auch Hoffmann, in: Münder u.a., Frankfurter Kommentar SGB VIII, ⁸2019, § 62 Rdn. 46–51, dort auch zum Folgenden; Bieresborn, NZS 2018, 10 (12).

Gesetzliche Befugnis zur Datenerhebung

Informationspflichten bestehen nach Art. 14 Abs. 5 DSGVO u.a. **nicht, wenn** und soweit die betroffene Person schon über sie verfügt, die Erteilung der Informationen unmöglich ist oder einen **unverhältnismäßigen Aufwand**[52] erfordern würde. Diese letzte Möglichkeit ist für Kitas bedeutsam, soweit sie Daten Dritter bei Leistungsbeteiligten (§ 62 Abs. 4 SGB VIII) erhebt, da hier das Erheben bei der betroffenen Person einen unverhältnismäßigen Aufwand erfordern würde. Wenn in dem Fall keine Anhaltspunkte dafür bestehen, dass schutzwürdige Interessen der betroffenen Person beeinträchtigt werden, kann auf die Information der betroffenen Person über die Dritterhebung verzichtet werden. Gleiches gilt im Fall der Erhebung von Daten **aus allgemein zugänglichen Quellen** wie dem Internet oder der Zeitung (§ 62 Abs. 3 Nr. 3 SGB VIII). Sie geht ohnehin nur, wenn dem kein überwiegend schutzwürdiges Interesse des Betroffenen entgegensteht. Dies trifft bei Daten zu, die der Betroffen selbst ins Internet gestellt hat, im Gegensatz zu Daten, die gegen oder ohne seinen Willen eingestellt wurden.

Weiter entfällt nach **§ 82a Abs. 1 Nr. 1a SGB X** die Informationspflicht nach Art. 14 Abs. 1, 2, 4 DSGVO, wenn die Erteilung der Information die ordnungsgemäße Erfüllung einer Aufgabe des Verantwortlichen **gefährden würde**. Dies ist in der oben geschilderten Situation der Fremderhebung zur Gefährdungseinschätzung bei Kindeswohlgefährdung (§ 8a SGB VIII) ohne Mitwirkung der Sorgeberechtigten nach **§ 62 Abs. 3 Nr. 2d SGB VIII der Fall.** Denn eine Fremderhebung erlaubt § 62 Abs. 3 Nr. 2 d SGB VIII nur bei so gewichtigen Anhaltspunkten, dass sie gegenüber dem Recht des Betroffenen auf informationelle Selbstbestimmung überwiegen. Zudem kann in diesen Fällen auch **§ 82a Abs. 1 Nr. 2 SGB X** herangezogen werden, wonach dann keine Verpflichtung zur Information besteht, wenn die Daten oder die Tatsache ihrer Speicherung wegen des überwiegenden Interesses eines Dritten, geheim gehalten werden müssen und deswegen das Interesse der betroffenen Person an der Auskunftserteilung zurücktreten muss. Bei den für die Fremderhebung erforderlichen gewichtigen Verdachtsmomenten ist ein überwiegendes Interesse des Kindes anzunehmen.

Die Form der Information richtet sich wie bei einer Betroffenenerhebung nach Art. 12 Abs. 1 DSGVO (s.o.). Wenn eine Information nach § 82a Abs. 1 SGB X entfällt, hat der Verantwortliche geeignete Maßnahmen zum Schutz der berechtigten Interessen der betroffenen Person zu treffen (§ 82a Abs. 3 Satz 1 SGB X) und die Gründe schriftlich festzuhalten, aus denen er von einer Information abgesehen hat (§ 82a Abs. 3 Satz 2 SGB X).

2.4 Landesgesetzliche Befugnis zur Bildungsbeobachtung und -dokumentation.

Systematische Beobachtung wird heute in der Frühpädagogik als eine **wesentliche Grundlage** für die Erfüllung des Bildungs- und Erziehungsauftrags und entsprechend als eine zentrale Aufgabe der Fachkräfte angesehen. Die Entwicklungs-, Lebens- und Lernbedingungen der Kinder sollen regelmäßig, systematisch und strukturiert, von Anfang an, alltagsintegriert beobachtet und dokumentiert werden. Er soll zielgerichtet und planmäßig in unterschiedlichen Alltagssituationen einer Kindertageseinrichtung, z.B. im Freispiel oder in Projekten stattfinden, um die Interessen des Kindes, das emotionale Befinden, seine Interaktion und seinen Entwicklungsstand besser kennen zu lernen und es in seiner

---

52 Siehe hierzu Bäcker in: Buchner/Kühling, DSGVO/BDSG, ²2018, Art. 14 Rdn. 55.

Entwicklung besser begleiten und individuell fördern zu können. Dies sei eine wichtige Grundlage für das pädagogische Handeln der Fachkräfte und ein wesentliches Instrument, um mit den Eltern die Entwicklungs- und Bildungsprozesse ihres Kindes zu reflektieren. Sie soll von Anfang der Aufnahme des Kindes an für jedes Kind kontinuierlich erfolgen. Die Beobachtung soll ganzheitlich und zu allen Bildungsbereichen erfolgen.[53]

Ein so weitgehender Eingriff in das **Informationelle Selbstbestimmungsrecht** des beobachteten Kindes (Art 8 GrC; Art. 16 Abs. 1 AEUV, Art. 2 Abs. 1 GG i.V.m. Art 1 Abs. 1 GG) ist durch § 62 SGB VIII materiell und formell nicht zu legitimieren. **Materiell** scheitert er an dem Grundsatz der **Erforderlichkeit** (siehe neben § 62 Abs. 1 SGB VIII auch Art. 52 Abs. 1 S. 2 GrC). Die Beobachtung und Dokumentation soll anlasslos und kontinuierlich vorgenommen werden, d.h. ohne jeden Anhaltspunkt dafür, dass bei dem betroffenen Kind ein nicht innerhalb der üblichen Bandbreiten liegender Entwicklungsverlauf vorliegt. Eine Datenverarbeitung ist aber nicht schon dann zulässig, wenn sie pädagogisch zur Beobachtung und Dokumentation der kindlichen Bildungs- und Lernprozesse dienlich oder förderlich sein könnte. Notwendige Voraussetzung ist vielmehr, dass es zu dieser Datenverarbeitung keine sinnvolle und zumutbare Alternative gibt, um den verfolgten Zweck zu erreichen.[54] Eine solche Alternative wäre eine **anlassbezogene** Beobachtung und Dokumentation bei mangelhafter oder verzögert einsetzender Ausbildung alterstypischer Kompetenzen, die sich auch umfangmäßig hierauf beschränkt.

Eine regelmäßige alle Entwicklungs-, Lebens- und Lernbedingungen des Kindes umfassende Beobachtung und Dokumentation während der gesamten Kitazeit (d.h. mitunter über 5 Jahre) ist auch **unverhältnismäßig**, da sie zu einem **vollständigen Persönlichkeitsprofil** des Kindes[55] führt. Die Vielzahl der erhobenen Beobachtungsdaten und ihre Zusammenführung (siehe das Beispiel 24 weiter unten im Text) erhöht aufgrund der damit verbundenen umfassenden und detaillierten Aussagekraft des Gesamtbildes die Schwere des Eingriffs in das informationelle Selbstbestimmungsrecht der betroffenen Kinder.[56] Insbesondere gilt dies hier, weil die systematische Beobachtung praktisch aller Lebensbereiche des Kindes[57], ein »mehr oder weniger detailliertes Profil« des jeweiligen Kindes ergibt[58], das zudem über mehrere Jahre fortgeschrieben wird. Obwohl Kindern nach EG 38 S. 2 besonderen Schutz insbesondere »für die Erstellung von Persönlichkeits- oder Nutzerprofilen«, bleibt hier vom Wesensgehalt ihres Grundrechts auf informationelle Selbstbestimmung nichts mehr übrig (Art. 52 Abs. 1 S. 1 GrC).

Formell erfordert eine solch umfassende Datenerhebung eine spezifische Grundlage und kann nicht über die Generalbefugnis des § 62 SGB VIII gedeckt werden.[59] Ein solcher Grundrechtseingriff erfordert ein Gesetz, dass zur Beurteilung der Angemessenheit zu-

---

53 So exemplarisch die Gesetzesbegründung des Landes NRW vom 18.03.2014 zum Kinderbildungsgesetz, Drucksache 16/5293 S. 82 f.
54 Vgl. Buchner/Petri, in: Kühling/Buchner, DSGVO/BDSG, ²2018, Art. 6 Rdn. 15 m.w.N.
55 Vgl. BVerfGE NJW 1984, 419–428 – juris Rdn. 171; BVerfG, stattgebender Kammerbeschluss v. 20.05.2003 – 1 BvR 2222/01 –, FPR 2003, 569–570.
56 Zum Folgenden siehe Simitis/Hornung/Spiecker, Datenschutzrecht ¹2019, Art. 6 Rdn. 106; Vgl. EuGH C-291/22, ZD 2013, 608 Rn. 49 – Schwarz./. Stadt Bochum.
57 Vgl. Art.-29-Gruppe, WP 251, S. 21.
58 EuGH C-131/12, NJW 2014, 2257 Rn. 80 – Google Spain.
59 Ein Beispiel findet sich in § 11 Abs. 2 Fahrerlaubnis-Verordnung; hierzu Rebler, Das medizinisch-psychologische Gutachten zur Klärung von Eignungszweifeln, SVR 2015, 281–290.

Gesetzliche Befugnis zur Datenerhebung

mindest deutlich und genau bestimmt[60], wer welche Daten zu welchem Zweck verarbeiten darf (vgl. Art. 6 Abs. 3 S. 3 DSGVO). Dem § 62 SGB VIII ist jedoch nicht einmal zu entnehmen, welche Daten zur Bildungsbeobachtung entnommen werden sollen.

Zu den Aufgaben der Kitas gehören nach § 26 SGB VIII auch die in den **landesrechtlichen Ausführungsgesetzen** zum SGB VIII. In diesen Kinderbildungs- und Kindertagesbetreuungsgesetzen der Länder werden durchweg Rahmenbedingungen für Beobachtung und Dokumentation in der Kindertagesbetreuung geregelt. Diese spezialgesetzlichen Bestimmungen gehen § 62 SGB VIII für die Bildungsbeobachtung und Dokumentation vor.

Ob diese den **verfassungsrechtlichen Anforderungen** materiell und formell genügen, darf bezweifelt werden. Die Regelungstechnik variiert von gesetzlichen Vorschriften wie § 19 Abs. 7 Kindertagesstättengesetz Schleswig Holstein oder § 2 Abs. 2 S. 2 Kindertagesstättengesetz Rheinland Pfalz, wo nur bestimmt wird, dass »die Beobachtung und Dokumentation der kindlichen Entwicklungsprozesse … von den pädagogischen Fachkräften unter Berücksichtigung der Konzeption der Einrichtung sowie den Vorgaben des Datenschutzes sichergestellt« werden soll und die Details den »Leitlinien zum Bildungsauftrag von Kindertageseinrichtungen in Schleswig-Holstein« überlassen wird, über die »Verordnung zur Ausführung des Bayerischen Kinderbildungs- und -betreuungsgesetzes (AVBayKiBiG)« die in § 1 und § 5 namentlich genannte Beobachtungsbögen vorschreibt, bis hin zu §§ 18 f. KiBiz NRW, die die Beobachtung und Dokumentation von einer Einwilligung der Eltern abhängig macht (Muster in Abschnitt 3.8). Man wird diese Bestimmungen zum Schutz des Wesensgehalts des in Art. 8 GrC und Art. 16 Abs. 1 AEUV verbürgten informationellen Selbstbestimmungsrechts des Kindes dahin auslegen müssen, dass eine Beobachtung und Dokumentation eines Kindes auf Grundlage und im Rahmen dieser landesrechtlichen Vorschriften **nur anlassbezogen und nur soweit hierfür Anlass besteht** für zulässig zu erachten ist.

Datenschutzrechtliche Grundlage der anlassbezogenen Beobachtung und Dokumentation kann nur eine gesetzliche Grundlage oder die **Einwilligung** der Erziehungsberechtigten sein (so z.B. explizit § 13b Abs. 1 KiBiz). Ein entsprechender Hinweis auf diese Form der pädagogischen Arbeit im **Betreuungsvertrag** zwischen der Kita und den Eltern reicht hierfür nicht aus.[61] Angesichts der Angewiesenheit der Eltern auf einen Kitaplatz wäre bei dieser Koppelung mit dem Betreuungsvertrag die Freiwilligkeit nicht mehr gegeben.

Die ausgefüllten Beobachtungsbögen dürfen ausschließlich

- zur darauf basierenden Förderung der frühkindlichen Entwicklung des Kindes durch die pädagogischen Mitarbeiter der Kindertageseinrichtung,
- für Entwicklungsgespräche mit den Eltern über die Entwicklungsprozesse ihres Kindes,
- zur Dokumentation der Entwicklungsprozesse des Kindes,
- und zur Reflektion der eigenen pädagogischen Arbeit anhand konkreter Situationen im Team

---

60 Zur Parallelproblematik Art. 8 Abs. 2 EMRK siehe Kühling/Raab, in: Kühling/Buchner, DSGVO/BDSG, ²2018, Einführung Rdn. 20.
61 Unklar insoweit, ohne jedoch auf das Problem der Freiwilligkeit einzugehen, https://www.datenschutz.rlp.de/de/themenfelder-themen/recht-am-eigenen-bild/dort unter »Fotografieren und Veröffentlichen von Bildern durch Kindertagesstätten« der Abschnitt »Bilder und Videoaufnahmen zum Zwecke der Dokumentation der Entwicklung«.

verwendet werden. Beobachtungsbögen, die nicht für die vorstehenden Zwecke benötigt werden, sind unverzüglich zu löschen. Die Dokumentation des kindlichen Entwicklungsprozesses verbleibt in der Einrichtung, bis das Kind die KiTa verlässt, und wird beim Verlassen den Erziehungsberechtigen ausgehändigt (siehe z.B. § 13b Abs. 2 KiBiz).

Eine Weitergabe der Dokumentation **an externe Dritte** ist nur mit Einwilligung der Sorgerechtsberechtigten zulässig. Sie müssen genau informiert werden, wer zukünftig über die Dokumentation neben der Einrichtung verfügt. Das bedeutet, dass die Eltern in Kenntnisse der Inhalte zeitnah schriftlich zustimmen müssen, wenn die Entwicklungsdokumentation ihres Kindes Lehrkräften einer Grundschule zur Einsichtnahme zur Verfügung gestellt werden soll (siehe § 13b Abs. 2 KiBiz). Die Eltern sind dabei ausdrücklich auf ihre jederzeitige Widerspruchsmöglichkeit hinzuweisen.

In **einzelnen begründeten Ausnahmefällen**, in denen die anlassbezogene schriftliche Beobachtung der kindlichen Entwicklungsprozesse nicht ausreichen sollte, kann sie durch Fotos oder Videoaufnahmen ergänzt werden. Solche Fotos bzw. Videoaufnahmen zeigen meist nicht nur ein, sondern **mehrere Kinder in gemeinsamen Spiel- oder Beschäftigungssituationen**. Die Eltern sind darauf hinzuweisen, dass Fotos oder Videosequenzen ihres Kindes in solchen Fällen auch in den Dokumentationen der anderen Kinder enthalten sein können. Nach Übergabe der Dokumentation beim Verlassen der KiTa können sich daher noch Aufnahmen des Kindes in Dokumentationen anderer Kinder befinden.

Widerrufen Eltern ihre Einwilligung, eine Möglichkeit auf die sie extra hinzuweisen sind (Art. 7 Abs. 3 DSGVO)[62], sind nicht nur die Aufnahmen und Videosequenzen ihres eigenen Kindes in der Dokumentation zu **löschen**, sondern auch die Aufnahmen ihres Kindes in den Dokumentationen der anderen Kinder.

Ohne Bezug zu § 2 Abs. 2 S. 2 Kindertagesstättengesetz Rheinland-Pfalz und ohne nähere Begründung wird in einem Flyer der **Landesregierung Rheinland-Pfalz** behauptet: Zur »*Beobachtung und Dokumentation der Bildungs- und Lernprozesse des Kindes*« … gehöre auch, »*dass im Rahmen der pädagogischen Arbeit Fotos und Videoaufnahmen des Kindes gemacht und gemeinsame Aktivitäten dokumentiert werden.*«[63] Mal abgesehen davon, dass Erinnerungsfotos an gemeinsame Aktivitäten sicher keine pädagogische Aufgabe einer Kita sind, und die grundsätzliche Ausdehnung der Beobachtung sowie Dokumentation auch noch auf Fotos und Videos das Grundrecht des Kindes auf Informationelle Selbstbestimmung völlig aushöhlt, verstößt diese Ansicht offensichtlich gegen das alle Erlaubnistatbestände übergreifende »**Erforderlichkeitsprinzip**«. Eine Datenverarbeitung ist nicht schon zulässig, wenn sie für den pädagogischen Zweck dienlich oder förderlich wäre. Notwendige Voraussetzung ist vielmehr, dass es zu dieser Datenverarbeitung **keine sinnvolle und zumutbare Alternative** gibt, um den verfolgten Zweck zu erreichen.[64] Diesen Nachweis führt die Landesregierung Rheinland-Pfalz in dem besagten Flyer nicht. Er dürfte abgesehen von Ausnahmefällen auch **schwerlich zu führen** sein. Denn die Eltern und Erzieherinnen kennen ihr eigenes bzw. das von ihnen betreute Kind, sodass es hier um Hinweise geht, wie den Eltern/Erzieherinnen ohnehin bekannte oder bisher nur nicht recht beachtete Entwicklungen oder Verhaltensweisen pädagogisch richtig einzuschätzen

---

62 § 8 Abs. 6 KDG; § 11 Abs. 3 DSG-EKG.
63 Flyer – Praxisleitfaden für Kitas zum Thema Datenschutz auf: https://kita.rlp.de/de/service/datenschutz-in-kindertagesstaetten/.
64 Vgl. Buchner/Petri, in: Kühling/Buchner, DSGVO/BDSG, ²2018, Art. 6 Rdn. 15 m.w.N.

sind oder um ihr Gesamtbild ergänzende Informationen. Da diese Beobachtungen keinerlei spezifisches Fachwissen voraussetzen reicht es durchweg aus, die Eltern/Erziehrinnen zu bitten, auf bisher nicht zureichend beachtete Aspekte des Verhaltens und der Entwicklung ihres Kindes zu Hause zu achten.

> **Beispiel 24**
> Dass die Beobachtungen kein spezifisches Fachwissen voraussetzen, wird deutlich, wenn man sich exemplarische Fragen (hier zum Übergang von der Kindertageseinrichtung in die Grundschule) anschaut:[65]
> **Selbstständigkeit:** Das Kind traut sich etwas zu; ... beschäftigt sich für eine Zeit alleine; ... kann mit Lob und Kritik konstruktiv umgehen, **Emotionalität:** Das Kind zeigt Empfindungen wie Staunen, Trauer, Freude, Ärger, Angst, ... kann Gefühle ausdrücken, ... kann Gründe hierfür benennen, ... hat ein positives Selbstwertgefühl, **Sozialkompetenz:** Das Kind kann sich in andere einfühlen/anderen helfen, ... ist in der Gruppe tolerant, ... kann Konflikte aushalten und mit anderen an Lösungen arbeiten, **Lernkompetenz:** Das Kind spielt ausdauernd und einfallsreich, ... führt Aufgaben selbstständig aus, ... startet neue Versuche, wenn eine Aufgabe misslingt, ... ist neugierig, stellt Fragen, probiert Neues aus und hat Freude am Lernen; ... unterscheidet hoch – tief, laut – leise, hell – dunkel bei Stimme und Tönen, ... singt einfache Melodien nach, klatscht Rhythmen nach, **Grobmotorik:** Das Kind steigt Treppen im Wechselschritt, sicher rauf und runter, ... fährt Roller, Fahrrad, ... balanciert, ... klettert, ... fängt einen Ball, ... kann rückwärtsgehen, **Feinmotorik:** Das Kind ahmt Bewegungen nach, ... kleidet sich selbstständig aus und an, ... greift kleine Gegenstände sicher, ... schneidet einfache Formen aus, ... hält einen Stift im Dreifingergriff und malt damit, **Auditive Wahrnehmung:** Das Kind nimmt mündliche Anweisungen auf und setzt sie um, unterscheidet ähnlich klingende Wörter, **Körperwahrnehmung:** Das Kind schätzt seine Kraft im Spiel ein, ... ist sich seiner Körperhaltung bewusst, **Taktile Wahrnehmung:** Das Kind unterscheidet Temperaturen, **Orientierung im Raum:** Das Kind findet Räume in seiner vertrauten Umgebung wieder, ... unterscheidet Raumlagen (links, rechts, oben, unten, vorn, hinten, neben..), **Gesundheit:** Das Kind wäscht sich selbstständig die Hände, ... putzt sich die Zähne, ... regelt selbstständig den Toilettengang, **Artikulationsfähigkeit:** Das Kind spricht alle Laute deutlich, ... artikuliert richtig; **Sprechen:** Das Kind übernimmt die Sprecherrolle/die Zuhörerrolle, **Wortschatz:** Das Kind verfügt über einen differenzierten Wortschatz (z.B. Namen für Dinge der Umwelt, Körperteile, einfache abstrakte Begriffe), ... spricht über sich in der »Ich-Form«, ... erzählt eine kurze Geschichte treffend ...).

Die zu beobachtenden Aspekte der Entwicklung und des Verhaltens lassen sich zudem in aller Regel auch **nicht durch Foto- oder Videoaufnahmen** dokumentieren. Die Beobachtungsgesichtspunkte sind durchweg das richtige Verstehen und Einordnen von Verhaltensweisen oder Fähigkeiten (um nur ein paar Fälle herauszugreifen: ... unterscheidet

---

65 Beispiele aus: Ministerium für Bildung und Frauen des Landes Schleswig-Holstein, Beobachtungsbogen zur Erstellung eines Entwicklungsprofils zum Übergang von der Kindertageseinrichtung in die Grundschule, 2006.

hoch – tief, laut – leise, hell – dunkel bei Stimme und Tönen, ... unterscheidet ähnlich klingende Wörter, aber auch Körper und Bewegung: ... schätzt seine Kraft im Spiel ein, ... ist sich seiner Körperhaltung bewusst, ... findet Räume in seiner vertrauten Umgebung wieder, ... unterscheidet Raumlagen (links, rechts, oben, unten, vorn, hinten, neben) ... kennt verschiedene Verwendungssituationen von Zahlen (Alter, Hausnummern, Telefon), ... ordnet persönlich bedeutsamen Zahlsymbolen das richtige Zahlwort zu, ... vergleicht Objekte: Was ist größer, kleiner, dicker, dünner, höher, niedriger?, ... Wo sind die meisten, die wenigsten).[66] Zudem ist festzustellen, ob sich man die richtig interpretierten Verhaltensweisen des Kindes zurzeit beobachten kann oder nicht bzw. ob man sie regelmäßig beobachten kann. Regelmäßiges Geschehen und bestimmte noch nicht gezeigte Verhaltensweisen können aber nicht bildlich in einem Foto dargestellt werden.

Für die pädagogische Beobachtung und Dokumentation der kindlichen Bildungs- und Lernprozesse gibt es also sinnvollere und zumutbare Alternativen als das hierfür ohnehin weithin ungeeignete Medium Fotografie bzw. Film, sodass eine **Erforderlichkeit nicht nachweisbar** ist. Nur ergänzend sei daher darauf hingewiesen, dass die Ergänzung der Beobachtung und Dokumentation der Bildungs- und Lernprozesse der Kinder durch unnötige Fotos und Videoaufnahmen auch gegen den Grundsatz der Datensparsamkeit Art. 5 Abs. 1 lit. c DSGVO verstößt, denn sie bleibt so nicht mehr »*auf das für die Zwecke der Verarbeitung notwendige Maß beschränkt [...] (*»**Datenminimierung**«*)*«.

2.5 Muster einer Datenschutzerklärung zum Betreuungsvertrag einer kommunalen Kita[67]

Informationen nach Artikel 13 Datenschutz-Grundverordnung (DSGVO) zur Erhebung personenbezogener Daten bei der betroffenen Person:

Kontaktdaten

Name und Kontaktdaten des für die Verarbeitung Verantwortlichen sowie des betrieblichen Datenschutzbeauftragten:

- **Verantwortlich** für die Datenerhebung ist das Jugendamt der Stadt/des Gemeindeverbands/des Kreises, [Name], vertreten durch den Bürgermeister/den Landrat, [Name und Kontaktdaten].
- **Fachliche Ansprechperson** für die Datenerhebung und -verarbeitung im Anmeldebogen/Anmeldesystem und den Abschluss des Betreuungsvertrages sowie für die Erhebung von Elternbeiträgen bzw. ein Essensgeld: Fachbereich Kinder und Jugend, Herr/Frau ... (Abteilungsleitung); Telefon: ... E-Mail:..
- **Fachliche Ansprechperson** für die Datenerhebung und -verarbeitung in der Kindertagesstätte ist die Einrichtungsleitung: Herr/Frau ...; Telefon: ..., E-Mail: ....

---

66 Beispiele aus: Ministerium für Bildung und Frauen des Landes Schleswig-Holstein, Beobachtungsbogen zur Erstellung eines Entwicklungsprofils zum Übergang von der Kindertageseinrichtung in die Grundschule, 2006.
67 Die Mustererklärung lehnt sich denen verschiedener Städte, hier der Stadt Hürth, https://www.huerth.de/datenschutz-jugendamt-kita-betreuung.php, und der Stadt Bottrop, https://www.bottrop.de/vv/downloads/Informationspflichten_51.3_Kindertagesstaetten.pdf, an (Stand: 15.03.2021). Gravierende Abweichungen bestehen insbesondere bei den dort fehlerhaften Rechtsgrundlagen.

Gesetzliche Befugnis zur Datenerhebung

- **Datenschutzbeauftragter:** Die Stadt [Name] hat zum gesetzlich vorgeschriebenen Datenschutzbeauftragten bestellt [Name ist nicht notwendig, aber die Kontaktdaten sind anzugeben].

Zweck der Datenverarbeitung

Zweck der Datenverarbeitung ist:

- der Abschluss eines Betreuungsvertrags zur Betreuung ihres Kindes in unserer Kindertageseinrichtung und
- die Erfüllung der daraus resultierenden sozialgesetzlichen Förder- und Unterstützungsaufgaben der Kita nach § 22 Abs. 2 und 4 SGB VIII,
- die Wahrnehmung des Schutzauftrags bei Kindeswohlgefährdung durch die Kita nach § 8a Abs. 1 und 4 SGB VIII und
- die Erfüllung ihrer Aufgaben aus den landesrechtlichen Ausführungsgesetzen zum SGB VIII (z.B. Kinderbildungsgesetze, Kindertagesbetreuungsgesetze etc.). Dies Schließt gilt auch für die aufgrund dieser Ausführungsgesetze ergangenen Verordnungen der Länder (§ 26 SGB VIII).

Umfang der Verarbeitung personenbezogener Daten

Personenbezogene Daten werden bei Ihnen bei der Anmeldung und während der Betreuungszeit ihres Kindes erhoben und verarbeitet.

Durch das Jugendamt der Stadt/des Gemeindeverbands/des Kreises [Name]: Daten aus dem Anmeldebogen/elektronischen Anmeldesystem

- **Angaben zum Kind:** Name, Vorname, Geburtsdatum, Geschlecht, Staatsangehörigkeit,[68] Muttersprache, Anschrift, gewünschter Aufnahmetermin, gewünschter Betreuungsumfang, Information zu bereits bestehender Betreuung, erhöhter Förderbedarf*
- **Angaben zu den Sorgeberechtigten:** Name, Vorname, Geburtsdatum*, Anschrift, Kontaktdaten wie Telefonnummer oder E-Mail*, Berufstätigkeit, Alleinerziehend

Betreuungsvertrag (Die Angaben aus dem Anmeldebogen/elektronischen Anmeldesystem werden übernommen)

- **Angaben zum Kind:** Name, Vorname, Geburtsdatum, Staatsangehörigkeit, Anschrift, Aufnahmetermin, wöchentlicher Betreuungsumfang
- **Angaben zu den Sorgeberechtigten**: Name, Vorname, Anschrift

---

[68] Die Staatsangehörigkeit von Kindern und deren Personensorgeberechtigten ist, soweit deren Erhebung nicht in Kinderbildungsgesetzen wie § 12 Abs. 1 Nr. 4 KiBiz, Art. 27 Nr. 4 BayKiBiG vorgeschrieben ist, zur Betreuung der Kinder nicht erforderlich (§ 62 SGB VIII).

In der Kindertagesstätte werden erhoben:

- **Grundsätzlich:**
Betreuungsvertrag (Kopie), Vermerk der Kita-Leitung über Einsichtnahme in das U-Heft (oder Kopie), Nachweis der Masernschutzimpfung (Kopie des Impfausweises oder ärztliche Impfbescheinigung oder ärztliches Zeugnis, das Immunität vorliegt), weitere Angaben zu Impfungen*, Protokolle der Elterngespräche, Übertragung der Abholberechtigung an andere Personen (Namen und Telefonnummern der abholberechtigten Personen) *, Kontaktdaten für den Notfall,[69] Belehrung zu § 34 IfSG, alle weiteren amtlichen Unterlagen in Bezug auf das Wohl des Kindes (z.B. Anträge und Dokumentationen bei besonderem Förderbedarf*), Einverständniserklärungen zur Bildungsdokumentation nach § 18 KiBiz*, Bildungsdokumentationen (diese werden den Eltern nach Verlassen der Kita ausgehändigt), Sprachstanderhebungen, Einverständniserklärungen zu Mailverteilern*, Einverständniserklärungen zu Foto- oder Filmaufnahmen* (z.B. Aushängen der Fotos in der Kita, z.B. Geburtstagskalender, Vorstellung Projektarbeit etc.), Fotos zur Kennzeichnung persönlicher Gegenstände* (Garderobe), Gruppentagebuch,[70] Listen für Essensbestellung, Namen von Kindern an ihren selbstgefertigten Kunstwerken*

- **Anlassbezogen:**
Einverständniserklärungen für Teilnahmen an besonderen Veranstaltungen/Ausflügen*, ggf. Weiterleitung Daten an Dritte (z.B. Veranstalter), Schweigepflichtentbindungen*, Dokumentationen zu Kindeswohlgefährdungen gem. § 8 a SGB VIII und § 8b SGB VIII, Nachweise bzgl. des Sorgerechts bei Sorgerechtsänderungen (z.B. bei Umgangseinschränkungen), Einverständniserklärungen bei medizinisch indizierter Medikamentenvergabe und die damit zusammenhängenden ärztlichen Dokumente*,[71] Dokumente/Anträge/Diagnostik in Zusammenhang mit der Beantragung zusätzlicher Mittel aufgrund von (drohender) Behinderung*, Einträge in das Verbandsbuch bei Unfällen, Dokumentation von Beschwerden gem.- § 24 Nr. 6 DGUV.

Wesentliche Rechtsgrundlagen

Die zur Betreuung der Kinder in der kommunalen Kindertageseinrichtung verarbeiteten personenbezogenen Daten werden als Sozialdaten (§ 67 Abs. 2 SGB X) nach den für deren Verarbeitung geltenden allgemeinen sozialrechtlichen Datenschutzbestimmungen in § 35 SGB I, §§ 67 bis 85a SGB X und den jugendhilfespezifischen in §§ 61 bis 68 SGB VIII

---

[69] Es ist nicht ersichtlich, wofür eine Kita die oft mit erhobenen Daten des Kinderarztes benötigen sollte, zumal er ohne Schweigepflichtentbindung der Sorgeberechtigten ohnehin keine Auskunft erteilen dürfte.

[70] Eine rechtliche Verpflichtung zur Führung eines Gruppentagebuches besteht z.B. in NRW nicht mehr. Früher diente es dort als Beleg der Belegung im Rahmen des Verwendungsnachweises. Heute werden die staatlichen Zuschüsse allein aufgrund der abgeschlossenen Betreuungsverträge gezahlt. Zu rechtfertigen ist, da Gruppenbücher auch für die pädagogische Arbeit nicht erforderlich sind, nur unter Aufsichtsgesichtspunkten eine tägliche Anwesenheitsliste der in der Betreuung befindlichen Kinder. Eine solche rechtfertigt sich bei wechselndem Aufsichtspersonal zur Sicherstellung der Übergabe aller Kinder. Zudem ist sie als Nachweis der an den fraglichen Tagen beaufsichtigten oder eben nicht beaufsichtigten Kinder für Haftungsfragen relevant. Die in manchen elektronischen Systemen zu findenden Möglichkeiten, die Anwesenheit der einzelnen Kinder stundengenau und zudem Krankheiten oder Abwesenheitsentschuldigungen zu dokumentieren dürfte datenschutzrechtlich nicht zu rechtfertigen sein.

[71] Zur Notfallmedikamentation siehe den gleichnamigen Aufsatz des Autors in Kita aktuell 2/2021.

(§ 61 Abs. 1 S. 2 SGB VIII) verarbeitet. Auf die DSGVO wird immer nur dann zurückgegriffen, wenn die Sozialdatenschutzbestimmungen keine einschlägige Regelung enthalten.

- Die Erhebung der zur Erfüllung der Aufgaben der Kita erforderlichen Daten richtet sich nach § 62 Abs. 1 SGB VIII bzw. § 67a Abs. 1 S. 2 SGB X für sensitive Daten i.S.v. Art. 9 Abs. 1 DSGVO.
- Die Erhebung und Verarbeitung von Daten die für die Erfüllung der Aufgaben, der Betreuung der Kinder oder dem Schutz vor Kindeswohlgefährdung, nicht erforderlich sind, oder anderen Zwecken dienen als den Aufgaben nach §§ 22, 8a SGB VIII wie der Außendarstellung der Einrichtung (Öffentlichkeitsarbeit) oder als Erinnerung für Eltern und Kinder, findet seine Grundlage in einer Einwilligung nach Art. 6 Abs. 1 Buchst. a) sowie für besondere Kategorien nach Art. 9 Abs. 2 Buchst. a) DSGVO.
- Befugnis zum Speichern, Verändern und Nutzen von Daten zur Erfüllung von Kitaaufgaben findet sich in § 67c Abs. 1 S. 1 SGB X.
- Die gesetzliche Grundlage zur Übermittlung von Sozialdaten (§ 67b Abs. 1 S. 1 SGB X) findet sich in §§ 67d bis 77 SGB X und § 68 SGB VIII oder sie stützt sich auf einer Einwilligung des Betroffenen (Art. 6 Abs. 1 lit. a DSGVO). Aufgrund der genannten gesetzlichen Übermittlungsbefugnisse dürfen auch besondere Daten nach Art. 9 Abs. 1 DSGVO übermittelt werden (§ 67b Abs. 1 S. 2 SGB X); biometrische, genetische und Gesundheitsdaten jedoch nur nach §§ 68–77 SGB X (§ 67b Abs. 1 S. 3 SGB X).
- Das Anfertigung von Bildern bei größeren Veranstaltungen kann der Wahrung berechtigter Interessen dienen (Art. 6 Abs. 1 lit. f DSGVO).
- Mitarbeitern anvertraute Daten werden nur im Rahmen des § 65 SGB VIII verarbeitet.

Empfänger und Kategorien von Empfängern der Daten

Die Stadt [Name] verarbeitet alle erforderlichen Vertragsdaten intern weiter. Zugriff auf die Vertragsdaten haben ausschließlich Personen, die dies zur Erfüllung ihrer Aufgabe im Zusammenhang mit dem Betreuungsvertrag benötigen: Leitung, stellvertretende Leitung, ggf. zuständige Erzieherinnen, Rechnungswesen zur Erhebung und Abrechnung der Elternbeiträge bzw. der Verpflegungskosten.

Die Mitarbeiter in der Kindertageseinrichtung erheben und verarbeiten alle Daten, die zur Betreuung ihres Kindes ………. erforderlich sind, oder in deren Erhebung sie eingewilligt haben.

In anonymisierter Form werden Daten zur Planung und Statistik gem. § 12 Abs. 3 KiBiz an den Landesbetrieb Information und Technik NRW, die oberste Landesjugendbehörden und an den überörtlichen Träger der öffentlichen Jugendhilfe übermittelt.

Folgende Stellen können anlassbezogen Daten erhalten:

- Gesundheitsamt …-Kreis: Bei Meldungen gem. Infektionsschutzgesetz, zahnärztlicher Dienst
- Schulverwaltungsamt: Bei fehlender Einverständniserklärung zur Dokumentation der Sprachbildung ist die Kita gem. § 30 Abs. 4 KiBiz verpflichtet, die personenbezogenen Daten an vorgenanntes Amt weiterzuleiten
- Jobcenter: Angabe der Verpflegung im Rahmen des BuT

- Unfallversicherung des Trägers: Bei Unfallanzeige
- Landesjugendamt (LVR) bei Anträgen auf Ausnahmegenehmigungen zur Gruppengröße, Beantragung von zusätzlichen Mitteln zur Förderung der Inklusion in Kindertageseinrichtungen gem. § 8 KiBiz, Gefährdungen innerhalb der Kindertageseinrichtung gem. § 47 SGB VIII
- Jugendamt der Stadt [Name]: bei Kindeswohlgefährdungen gem. § 8a und b SGB VIII

Dauer der Speicherung und Aufbewahrungsfristen

Daten werden immer sofort gelöscht, wenn sie nicht mehr zur Betreuung des Kindes benötigt werden, d.h. spätestens mit seinem Verlassen der Kindertageseinrichtung, es sei denn die Daten sind aus besonderen Gründen wie z.B. einer Kindeswohlgefährdung (§ 8a SGB VIII), als Buchungsunterlage (10 Jahre), aus steuerlichen Gründen (6 Jahre), Rechtsvorschriften wie § 24 Nr. 6 DGUV für das Verbandbuch oder wegen eines sich abzeichnenden Haftungsfalls (Zivilrecht 3 bzw. 30 Jahre) länger zu verwahren. Die Bildungsdokumentationen und Sprachstanderhebungen werden den Eltern bei Austritt des Kindes aus der Kindertageseinrichtung ausgehändigt.

Bereitstellung der Daten

Ohne Angabe der personenbezogenen Daten, die zum Abschluss und zur Durchführung des Betreuungsvertrags erforderlich sind, kann dieser nicht abgeschlossen werden. Gleiches gilt für Daten, die auf einer gesetzlichen Grundlage zwingend zu erheben sind oder zu deren Mitteilung sie nach § 20 Abs. 1 KiBiz verpflichtet sind.

Alle anderen Angaben sind freiwillig und mit einem Sternchen (*) gekennzeichnet.

Rechte der betroffenen Person

Betroffene Personen haben folgende Rechte, wenn die gesetzlichen und persönlichen Voraussetzungen erfüllt sind:

- Recht auf Auskunft über die verarbeiteten personenbezogenen Daten
- Recht auf Berichtigung unrichtiger Daten
- Recht auf Löschung oder Einschränkung der Datenverarbeitung
- Recht auf Widerspruch gegen die Datenverarbeitung wegen besonderer Umstände
- Recht auf Beschwerde an die Aufsichtsbehörde bei Datenschutzverstößen
- Recht auf Widerruf einer erteilten Einwilligung

Zuständige Aufsichtsbehörde

Landesbeauftragte für Datenschutz und
Informationsfreiheit Nordrhein-Westfalen
Kavalleriestraße 2–4
40213 Düsseldorf

Telefon 0211/38424–0
Fax 0211/38424–10
E-Mail: poststelle@ldi.nrw.de

Gesetzliche Befugnis zur Datenerhebung

2.6 Muster einer Abholliste einer kirchlichen Kita mit Datenschutzerklärung

Muster: Abholliste für Mia Marx

Name der Abholperson	Anschrift und Telefonnummer
Erna Marx-Schmidt	XXXXX-XXXXXX
Jürgen Schmidt	XXX-XXXXXXX
Ephraim Marx	
Claudia Besenroth	

Die oben genannten Personen sind berechtigt, unsere Tochter Mia Marx zur Kindertagesstätte Sonnenschein zu bringen und von dort abzuholen. Wir bestätigen zudem, dass die benannten weiteren Abholberechtigten darüber informiert und damit einverstanden sind, dass ihr Name, ihre Anschrift und ihre Telefonnummer in die Abholliste aufgenommen werden.

☐ Die auf der Rückseite aufgeführten Datenschutzhinweise habe ich zur Kenntnis genommen und stimme ihnen zu. Ich bestätige zudem, abholberechtigte Dritte vor Abgabe der Einwilligung von ihrer Widerrufsmöglichkeit in Kenntnis gesetzt zu haben.

Erna Marx-Schmidt   *Jürgen Schmidt*

_____   _____

Unterschriften der Sorgeberechtigten

| **Verantwortlicher**
 Verantwortlich gemäß Art. 4 Nr. 7 DSGVO bzw. § 4 Nr. 9 KDG ist
 Katholischer Kirchengemeindeverband/Kirchengemeinde Sankt [Name]
 [Straße und Hausnummer]
 [PLZ und Ort]
 Vertreten durch: Pfarrer [Name]
 Kontakt:
 Telefon: ....
 Telefax: ....
 E-Mail: .... | Namen und Kontaktdaten des **Verantwortlichen**[72] |

---

72   Der Vertreter nach Art. 27 DSGVO ist für Kitas nicht relevant.

Kontaktdaten des Datenschutzbeauftragten Unseren betrieblichen Datenschutzbeauftragten erreichen Sie unter der E-Mail-Adresse:	Kontaktdaten des **Datenschutzbeauftragten**, sofern ein solcher ernannt wurde (namentliche Nennung nicht erforderlich)
Zweck und Rechtsgrundlage der Datenverarbeitung sowie Kategorien und Quellen der verarbeiteten Daten Die Namen und Telefonnummern der Abholpersonen werden aufgrund Angaben der Sorgeberechtigten kraft Einwilligung nach § 6 Abs. 1 lit. b und § 11 Abs. 2 lit. a KDG erhoben, um feststellen zu können, wer berechtigt ist, das in unserer Einrichtung betreute Kind zur Kindertagesstätte Sonnenschein zu bringen und von dort abzuholen.	**Zweck** der Datenverarbeitung und die **Rechtsgrundlage** der Erhebung (§ 6 Abs. 1 lit. b und § 11 Abs. 2 lit. a KDG)
Übermittlung an Dritte Eine Übermittlung an Dritte ist nicht vorgesehen.	**Empfänger** der personenbezogenen Daten, sofern eine Übermittlung vorgesehen ist
Dauer der Speicherung Die Daten werden solange gespeichert, bis die Sorgeberechtigten eine Aktualisierung vornehmen, abholberechtigte Dritte einer Speicherung ihrer Daten widersprechen oder die Betreuung des Kindes in unserer Einrichtung endet.	**Dauer der Speicherung** der personenbezogenen Daten. Sofern dies nicht möglich ist, sind die Kriterien zu nennen, nach denen die Speicherdauer festgelegt wird.
Betroffenenrechte Sie haben nach dem KDG (§§ 17 ff. KDG) folgende Rechte hinsichtlich der Sie betreffenden personenbezogenen Daten: Recht auf Auskunft, Recht auf Berichtigung, Recht auf Löschung, Recht auf Einschränkung der Verarbeitung, Recht auf Widerspruch gegen die Verarbeitung, Recht auf Datenübertragbarkeit.	Betroffenenrechte hinsichtlich Auskunft, Berichtigung, Löschung, Einschränkung der Verarbeitung, Widerspruchsrecht und Datenübertragbarkeit

Widerrufsmöglichkeit Die betroffene Person hat das Recht, ihre Einwilligung jederzeit zu widerrufen. Durch den Widerruf der Einwilligung wird die Rechtmäßigkeit der aufgrund der Einwilligung bis zum Widerruf erfolgten Verarbeitung nicht berührt. Die Sorgeberechtigten haben abholberechtigte Dritte vor Abgabe der Einwilligung hiervon in Kenntnis gesetzt.	Widerrufsmöglichkeit der Einwilligung.[73] Ergänzend muss eine Information darüber erfolgen, dass der Widerruf die Rechtmäßigkeit der bis zum Zeitpunkt des Widerrufs bereits erfolgten Verarbeitung nicht berührt.
Sie haben zudem das Recht, sich bei einer Datenschutz-Aufsichtsbehörde bzw. der Datenschutzaufsicht (§§ 42 ff. KDG) über die Verarbeitung Ihrer personenbezogenen Daten zu beschweren.	Beschwerderecht bei einer Aufsichtsbehörde nach Art. 77 Abs. I DSGVO.

---

[73] Dieser, hier nur der Vollständigkeit halber mit aufgenommene, Punkt ist natürlich nur für eine Einwilligung aufzunehmen, siehe hierzu Abschnitt 3.

3 Die Einwilligung als Befugnis zur Datenerhebung und -verarbeitung

In der alltäglichen Arbeit der Kindertageseinrichtungen werden in einem erheblichen Maß Einwilligungen zur Verarbeitung von psbD der Kinder, Eltern oder Dritter eingeholt. Die **Situationen und Zwecke** für die Einwilligungen erteilt werden, sind vielfältig:

- Fotos, von der pädagogischen Arbeit für Portfolios[1], für Aushänge in Gruppenräumen und Fluren, von Veranstaltungen wie z.B. einem Sommerfest für die Pressearbeit oder für Eltern und Kinder als Erinnerungen an die Kitazeit,
- für die Erstellung von Bildungsdokumentationen,[2]
- für zahnärztliche Untersuchungen der Gesundheitsämter,[3]
- für Gespräche mit Lehrern der Grundschulen zur Einschulung, deren Hospitation in der Kindertageseinrichtung oder für die Weitergabe der Bildungsdokumentation an die Schule,[4]
- für Elternbefragungen zu Öffnungszeiten und Angeboten der Kita,
- für Ausflüge und Fahrten der Kita,
- für die Mitnahme von Kindern im PKW,
- für die Medikamentengabe,
- für die Entfernung von Zecken,
- für Gespräche mit Logopäden, Ergotherapeuten, Ärzten oder Psychotherapeuten zur Entwicklung des Kindes,
- …

Einwilligungen sind in diesen Fällen **nötig**, da die Erhebung dieser Daten nicht über die Befugnis nach § 62 Abs. 1 SGB VIII gerechtfertigt werden kann. Zum Teil sind die Daten für die Erfüllung der Aufgaben, der Betreuung der Kinder oder dem Schutz vor Kindeswohlgefährdung, **nicht erforderlich**, zum Teil dienen sie **anderen Zwecken** als den Aufgaben nach §§ 22, 8a SGB VIII wie der Außendarstellung der Einrichtung (Öffentlichkeitsarbeit) oder als Erinnerung für Eltern und Kinder.

---

1   Unter dem Begriff Portfolio werden in dieser Schrift individuell angelegte Sammlungen von Produkten eines Kita-Kindes verstanden. Das Kind ist aktiv in seine Zusammenstellung einbezogen, d.h. es bestimmt selbst welche Werke, Produkte und »Schätze« in das Portfolio gehören. Das Portfolio dient in Abgrenzung zur Bildungsdokumentation nicht dazu, die Entwicklung eines Kindes zu bewerten oder seine Leistungen mit anderen zu vergleichen. Im Fokus stehen wertschätzend sein Charakter, seine Ideen und seine individuellen Kompetenzen und Lernfortschritte. Das Portfolio ist nicht defizitorientiert. Vgl. https://www.erzieherin-ausbildung.de/praxis/fachpraktische-hilfe-leitfaeden-vorschulkinder-u3/portfolios-kindergarten-und-krippe-die-8; https://www.kindergartenpaedagogik.de/fachartikel/beobachtung-und-dokumentation/2180.
2   Nach § 18 Abs. 1 S. 6 KiBiz erfordert die Dokumentation in NRW eine schriftliche Zustimmung der Eltern.
3   So sieht § 13 Gesetz über den öffentlichen Gesundheitsdienst des Landes Nordrhein-Westfalen vor, dass im Rahmen eines Kinder- und Jugendzahngesundheitsdienstes die untere Gesundheitsbehörde Kinder, Jugendliche und ihre Sorgeberechtigten, Erzieherinnen und Erzieher sowie Lehrerinnen und Lehrer in Fragen der Gesunderhaltung des Zahn-, Mund- und Kieferbereiches berät und, soweit erforderlich, dazu regelmäßig zahnärztliche Untersuchungen durchführt, um Krankheiten und Fehlentwicklungen zu verhüten und zu mildern. Im Unterschied zu Schülern (§ 54 Abs. 3 Schulgesetz) besteht für Kindergartenkinder keine Verpflichtung, sich in Reihenuntersuchungen schulärztlich untersuchen zu lassen. Ähnlich ist die Rechtslage in den anderen Bundesländern.
4   Nach § 18 Abs. 2 S. 2 KiBiz erfordert die Weitergabe der Dokumentation an die Schule in NRW die schriftliche Zustimmung der Eltern.

Die Einwilligung als Befugnis zur Datenerhebung und -verarbeitung

Im Folgenden werden nach der Klärung der Zulässigkeit der Einwilligung als Rechtsgrundlage (3.1) nacheinander die zu beachtenden Voraussetzungen der einer Einwilligung (3.2–3.7) dargestellt. Weiter werden nach einer Checkliste zwei Muster (Bildungsdokumentation und Anmeldebogen in Abschnitt 3.8) vorgestellt. In den Abschnitten 6–8 und 10 (für Mitarbeiterfotos) wird dann genau erklärt, was sie beim Fotografieren in der Einrichtung zu beachten haben.

3.1 Ist eine Einwilligung als Verarbeitungsgrundlage zulässig?

Die DSGVO sieht die Zulässigkeit von Datenverarbeitungsvorgängen auf Grundlage einer Einwilligung in Art. 6 Abs. 1 Buchst. a) sowie für besondere Kategorien in Art. 9 Abs. 2 Buchst. a) vor. Die entsprechenden Normen für die kirchlichen Einrichtungen finden sich in § 6 Abs. 1 lit. b und § 11 Abs. 2 lit. a KDG bzw. § 6 Nr. 2 und § 13 Abs. 2 Nr. 1 DSG-EKD.[5] Der Sozialdatenschutz enthält keine Regelungen zur Einwilligung, sodass allein die DSGVO bzw. KDG, DSG-EKD anzuwenden sind (§ 35 Abs. 2 S. 1 SGB I).[6]

Art. 4 Nr. 11 DSGVO[7] definiert die Einwilligung als: »*jede freiwillig für den bestimmten Fall, in informierter Weise und unmissverständlich abgegebene Willensbekundung in Form einer Erklärung oder einer sonstigen eindeutig bestätigenden Handlung, mit der die betroffene Person zu verstehen gibt, dass sie mit der Verarbeitung der sie betreffenden personenbezogenen Daten einverstanden ist*«.

Die Voraussetzungen, welche eine wirksame Einwilligung erfüllen muss, gilt es nun zu erläutern.

3.2 Einwilligungsfähigkeit der betroffenen Person

Eine wirksame Einwilligung setzt voraus, dass die betroffene Person bezüglich des konkreten Eingriffs in ihr informationelles Selbstbestimmungsrecht einsichts- und urteilsfähig ist.[8] Kindergartenkinder sind nicht selbst einwilligungsfähig. Es besteht weitgehender Konsens, dass dies erst für einen durchschnittlich entwickelten Minderjährigen in etwa mit Vollendung des 14. Lebensjahrs anzunehmen ist.[9] Zur Entscheidung über Eingriffe in ihr informationelles Selbstbestimmungsrecht sind ihre gesetzlichen Vertreter, d.h. ihre personensorgeberechtigten Eltern (§ 1629 Abs. 1 S. 1 BGB), befugt. Bei **allein sorgerechtsberechtigten** Eltern muss (nur) der sorgerechtsberechtigte Elternteil einwilligen. Sind die Eltern **gemeinsam sorgerechtsberechtigt**, müssen sie im gegenseitigen Einvernehmen für das Kind entscheiden (§ 1627 BGB). Bei Routineentscheidungen des täglichen Lebens bedarf es lediglich der Einwilligung eines Elternteiles. Bei Angelegenheiten von erheblicher Bedeutung verlangt § 1687 Abs. 1 BGB jedoch die Einwilligung beider Sorgerechtsberechtigten.

---

5 Der besseren Lesbarkeit wegen werden im Folgenden die in aller Regel zur DSGVO gleichlautenden Normen des KDG und des DSG-EKD jeweils in Fußnoten genannt.
6 So Hoffmann, Notwendige Praxisumstellung bei Einwilligung in datenverarbeitende Vorgänge, JAmt 2018, 2 (2).
7 § 4 Nr. 13 KDG und § 4 Nr. 13 DSG-EKD.
8 Datenschutzrechtlich kommt es nicht auf die Geschäftsfähigkeit einer Person i.S. von §§ 104 ff. BGB an.
9 Vgl. Hoffmann, Einwilligung der betroffenen Person als Legitimationsgrundlage eines datenverarbeitenden Vorgangs im Sozialrecht nach dem Inkrafttreten der DSGVO, NZS 2017, 807 (808) mit Nachweis des Meinungsstands in Fn. 9 (Kapitel 1).

Beispiel 1
Überblick über Routineentscheidungen des täglichen Lebens und Angelegenheit von erheblicher Bedeutung:[10]

Angelegenheit	Routineentscheidungen	Angelegenheit von erheblicher Bedeutung
Kita	Entschuldigung im Krankheitsfall Teilnahme an Sonderveranstaltungen (Ausflüge, Konzerte) regelmäßige Erziehergespräche zur Entwicklung Teilnahme an Elternabenden unbedeutende Wahlmöglichkeiten (z.B. Kinderchor) Auswahl der Begleitperson zum Kindergarten	Wahl der Kindertagesstätte Wahl der Kindertagespflegestelle
Gesundheit	Behandlung leichterer Erkrankungen üblicher Art (z.B. Erkältungen, Kinderkrankheiten, Zahnbehandlungen) und die zugehörige Medikamentengabe alltägliche Gesundheitsvorsorge krankheitsbedingt notwendige Arztbesuche übliche Vorsorgeuntersuchungen	planbare Operationen medizinische Behandlungen mit erheblichen Risiken (z.B. Narkosen, Ritalin-Behandlung) kosmetische Eingriffe (z.B. Ohrringe, Piercings, Tätowierung) Grundsatzentscheidung zu Impfungen nach Empfehlungen des Arztes und der STIKO
Aufenthalt	Teilnahme am Ferienlager (im Inland) mehrtägige Besuche bei Verwandten und Freunden	Beschaffung von Identitätspapieren, Ausweis- und Reisedokumenten Wahl des Wohnsitzes/Einrichtung Auslandsaufenthalte
Umgang	Einzelentscheidungen im täglichen Umgang Beispiele: Kontakte des Kindes zu Nachbarn und Freunden Unterbinden von unerwünschten Kontakten zu Nachbarn, Freunden, etc. Auswahl der Begleitperson zu Freizeitaktivitäten (Wer darf das Kind zum Turnen befördern und abholen?)	Grundentscheidung des Umgangs gem. §§ 1632 Abs. 2, 1684, 1685 BGB

---

10 Auszug nach Hennemann, Münchener Kommentar zum BGB, [8]2020, § 1687 Rn. 11–15 und der gemeinsamen Vereinbarung der AG '78 für die Region Fulda, https://www.fulda.de/fd/51_Amt_fuer_Jugend__Familie_und_Senioren/51.4_Service_fuer_Kooperationspartner/AG_78_erzieherische_Hilfen/Arbeitshilfe_In_Angelegenheiten_des_taeglichen_Lebens_17.3.2015.pdf.

Die Einwilligung als Befugnis zur Datenerhebung und -verarbeitung

Angelegenheit	Routineentscheidungen	Angelegenheit von erheblicher Bedeutung
Religion	Religionsausübung und Unterstützung des Kindes im Rahmen der getroffenen Religionswahl, wie z.B. Vorbereitung auf die Kommunion oder Konfirmation	grundlegende Entscheidung der Religionswahl und Religionsausübung Taufe, Kommunion Religionswechsel/Kirchenaustritt
Sport/Hobbys	Teilnahme an Freizeitaktivitäten Teilnahme an gefahrgeneigten Freizeitaktivitäten, nur sofern das Kind die notwendigen Fertigkeiten besitzt oder unter fachkundiger Anleitung erwerben kann und eine Aufsicht sichergestellt ist (z.B. Schwimmen, Klettern) Kontrolle und Entscheidung über Internet- und Smartphone-Nutzung und sonstige Spielekonsolennutzung	Teilnahme an gefahrträchtigen Freizeitaktivitäten z.B. bei • Fliegen (z.B. Segel, Motor, Drachen, Gleitschirm etc.) • Reiten (z.B. Springen, Rennen etc.) • Kampfsportarten (z.B. Boxen, Kendo etc.) Teilnahme an zeitintensiven Freizeitaktivitäten, die eine erhebliche Rückwirkung auf das Leben des Kindes insgesamt haben können, wenn sie z.B. in Vorbereitung einer Profisport-Karriere oder einer Musikerkarriere betrieben werden (Eiskunstlauf, Tennis, Erlernen eines Instruments etc.) Zustimmung zur Veröffentlichung von Foto-/Filmaufnahmen in Medien wie Zeitung, Internet o.ä.

3.3 Formale Wirksamkeitsvoraussetzungen

Erklärung vor Beginn der Datenverarbeitung

»Einwilligung« bedeutet, dass die zustimmende Erklärung vor dem Eingriff in das informationelle Selbstbestimmungsrecht der betroffenen Person, also **vor Beginn der Datenverarbeitung**, abgegeben worden sein muss.[11] Eine nachträgliche Erklärung (**Genehmigung**) kann die dann bereits erfolgte Verletzung des informationellen Selbstbestimmungsrechts der betroffenen Person nicht mehr rechtfertigen.

Form der Erklärung

Die DSGVO schreibt **keine bestimmte Form** für das Erteilen einer Einwilligung vor. Auch die Regelungen in Art. 7 Abs. 2 S. 1 DSGVO zur schriftlichen Einwilligung sind nicht als grundsätzliche Formvorschrift zu verstehen.[12] Allerdings ist zu beachten, dass der für die Datenverarbeitung Verantwortliche seiner **Nachweispflicht** für das Vorliegen einer wirksamen Einwilligung (vgl. Art. 7 Abs. 1 DSGVO) nachkommen können muss.

---

[11] So auch Hoffmann, Einwilligung der betroffenen Person als Legitimationsgrundlage eines datenverarbeitenden Vorgangs im Sozialrecht nach dem Inkrafttreten der DSGVO, NZS 2017, 807 (808).
[12] Ebenso Buchner/Kühling, in: Buchner/Kühling, DSGVO/BDSG, ²2018, Art. 7 Rdn. 27.

Da nationales Recht keine strengere Anforderungen an die Form vorsehen kann als die DSGVO, schreibt § 67 b Abs. 2 Satz 1 SGB X nicht zwingend die Schriftform vor, sondern ordnet nur an, dass eine Einwilligung schriftlich oder elektronisch erfolgen soll.[13] Das bedeutet, dass die Einwilligung regelmäßig schriftlich oder elektronisch erfolgen soll, aber bei Bestehen besonderer Umstände auch andere Formen der Einwilligungserklärung, z.B. in mündlich protokollierter Form zulässig sind.[14]

Eine Einwilligung kann daher nach Art. 4 Nr. 11 DSGVO[15] auch durch eine »*eindeutig bestätigende Handlung, mit der die betroffene Person zu verstehen gibt, dass sie mit der Verarbeitung der sie betreffenden personenbezogenen Daten einverstanden ist*« erklärt werden (sog. **konkludente** Einwilligung durch »schlüssiges Verhalten«). »*Stillschweigen, bereits angekreuzte Kästchen oder Untätigkeit der betroffenen Person*« kommen nach EG 32 ausdrücklich nicht als eindeutig bestätigendende Handlungen infrage. Eine konkludente Einwilligung hat damit zwei Voraussetzungen, die sie in vielen Fällen **unpraktikabel** machen. Zum einen muss den Betroffenen der Gegenstand der Einwilligung bekannt sein, er also darüber aufgeklärt werden, welcher Verantwortliche welche seiner Daten für welche Zwecke verarbeiten darf, zum anderen muss seine konkludente Einwilligung nach Art. 7 Abs. 1 DSGVO nachgewiesen werden können.[16] Letzteres erfordert »zu dokumentieren, auf welche »sonstige eindeutig bestätigende Handlung« i.S.d. Art. 4 Nr. 11 DSGVO[17] sich die Annahme der konkludenten Zustimmung bezieht.[18]

Aufgrund des Erfordernisses einer eindeutig bestätigenden Handlung (Art. 4 Nr. 11 DSGVO) scheidet eine sog. **mutmaßliche Einwilligung** aus. Bei ihr bringt der Betroffene tatsächlich keine Einwilligung zum Ausdruck, vielmehr leitet man sie aus seinem mutmaßlichen Willen in der aktuellen Situation ab.

Beispiel 2

Klassisches Beispiel ist der bewusstlose Notfallpatient, der nicht in der Lage ist, in die notwendige Operation einzuwilligen. Hier leitet man eine mutmaßliche Einwilligung zur OP aus seinem hypothetischen Willen, d.h. eventuell bekannten früheren Äußerungen und seiner aktuellen Interessenlage (z.B. gute Überlebenschancen) ab. Im Datenschutzrecht scheidet dieses Vorgehen aus.

Transparenz

Eine Einwilligung muss nach Art. 7 Abs. 2 S. 1 DSGVO »in verständlicher und leicht zugänglicher Form in einer klaren und einfachen Sprache« und »so erfolgen, dass [sie] von den anderen Sachverhalten klar zu unterscheiden ist.«[19]

Damit der Betroffene klar erkennen kann, dass er in die Verarbeitung seiner Daten einwilligt, muss die Einwilligungserklärung so hervorgehoben werden, etwa durch Fettstellung, Rahmung, farbliche Hervorhebung etc., dass sie »von den anderen Sachverhalten klar zu

---

13 § 8 Abs. 2 S. 1 KDG; § 11 Abs. 2 DSG-EKG.
14 Vgl. Rombach in: Hauck/Noftz, SGB, 10/18, § 67b SGB X Rdn. 156.
15 § 4 Nr. 13 KDG und § 4 Nr. 13 DSG-EKD.
16 § 8 Abs. 5 KDG; § 11 Abs. 1 DSG-EKG.
17 § 4 Nr. 13 KDG und § 4 Nr. 13 DSG-EKD.
18 So auch Hoffmann, in: Münder u.a., Frankfurter Kommentar SGB VIII, [8]2019, § 62 Rdn. 32 f.
19 § 8 Abs. 2 S. 2 KDG; § 11 Abs. 2 S. 1 DSG-EKG

Die Einwilligung als Befugnis zur Datenerhebung und -verarbeitung

unterscheiden« ist (Art. 7 Abs. 2 S. 1 DSGVO, **Trennungsprinzip**). Sie darf sich also nicht in größeren Textkonvoluten, insbes. AGB, verstecken.

> **Beispiel 3**[20]
> Hier empfiehlt sich, wenn die Erklärung in einem größeren Text enthalten ist, eine separate Unterschrift oder ein weiteres anzukreuzendes Kästchen vorzusehen (vgl. EG 32), mit denen der Betroffene seine Einwilligung erklärt.

Die Einwilligung muss auch inhaltlich »*in verständlicher und leicht zugänglicher Form in einer klaren und einfachen Sprache (…) erfolgen*« (Art. 7 Abs. 2 S. 1 DSGVO). Dies erfordert, dass eine **Einwilligungserklärung auch als solche bezeichnet und formuliert ist** und nicht etwa als »Datenschutzerklärung«, wodurch suggeriert wird, dass der Betroffene lediglich über feststehende Umstände einer Verarbeitung informiert wird. Dem Betroffenen muss durch Bezeichnung und Formulierung deutlich werden, dass er hier selbst zu entscheiden hat.[21]

3.4 Widerrufbarkeit (Art. 7 Abs. 3 DSGVO)

Der Betroffene kann nach Art. 7 Abs. 3 S. 1 DSGVO seine Einwilligung jederzeit widerrufen. Der Widerruf wirkt nur für die Zukunft, denn »*durch den Widerruf der Einwilligung wird die Rechtmäßigkeit der aufgrund der Einwilligung bis zum Widerruf erfolgten Verarbeitung nicht berührt*« (Art. 7 Abs. 3 S. 2 DSGVO)[22]. »Da jedoch auch die weitere Speicherung der Daten des Betroffenen eine Verarbeitung ist, die auf eine Rechtsgrundlage gestützt werden muss, führt der Widerruf – wie ein Widerspruch – zum Ende der Verarbeitung der betroffenen Daten und deren Löschung (vgl. Art. 17 Abs. 1 lit. b DSGVO).«[23]

Dem Betroffenen steht es auch frei, den Umfang des Widerrufs festzulegen, d.h. er kann seine Einwilligung auch nur für bestimmte Daten oder für bestimmte Verarbeitungsvorgänge widerrufen.[24]

Der Betroffene muss gem. Art. 7 Abs. 3 DSGVO[25] auf die Möglichkeit und die Folgen eines Widerrufs seiner Einwilligung hingewiesen werden.

3.5 Freiwillige Erklärung

Da Art. 4 Nr. 11 DSGVO die Einwilligung, als eine »*freiwillig abgegebene Willensbekundung*« definiert, ist sie nur wirksam, wenn sie auf der freien Entscheidung der betroffenen Person beruht.

Freiwilligkeit fehlt nach EG 43 immer schon dann, wenn zwischen dem Einwilligenden und dem verantwortlichen Datenverarbeiter ein »**klares Ungleichgewicht**« besteht und es daher »in Anbetracht aller Umstände in dem speziellen Fall unwahrscheinlich ist«,

---

20 Vgl. Wolff, in: Schantz/Wolff, Das neue Datenschutzrecht, [1]2017, Rn. 521.
21 Nach Wolff, in: Schantz/Wolff, Das neue Datenschutzrecht, [1]2017, Rn. 522.
22 § 8 Abs. 6 KDG; § 11 Abs. 3 DSG-EKG.
23 Zitat: Wolff, in: Schantz/Wolff, Das neue Datenschutzrecht [1]2017, Rn. 531; § 19 Abs. 1 lit. b KDG; § 21 Abs. 1 Nr. 3 DSG-EKG.
24 So Buchner/Kühling, in: Buchner/Kühling, DSGVO/BDSG, [2]2018, Art. 7 Rdn. 35.
25 § 11 Abs. 3 S. 3 KDG; § 8 Abs. 6 S. 3 DSG-EKG.

dass die Einwilligung freiwillig erteilt wurde. Insbesondere ist es zur Sicherstellung der Freiwilligkeit nach Art. 7 Abs. 4 DSGVO[26] erforderlich, das sog. **Koppelungsverbot** zu berücksichtigen, d.h. die Erfüllung eines Vertrags darf nicht von der Einwilligung zu der Verarbeitung personenbezogener Daten abhängig gemacht werden, die für die Erfüllung des Vertrags selbst nicht erforderlich sind.

Beispiel 4

Wir integrieren alle erforderlichen Einwilligungen für Fotos, Anmeldeliste etc. in den Betreuungsvertrag und lassen sie alle zusammen mit dem Vertrag unterschreiben. Ist das zulässig?

Es ist wegen des Kopplungsverbots strikt darauf zu achten, dass vorgelegte Einwilligungen unabhängig vom Abschluss des Betreuungsvertrages gegeben oder verweigert werden können. Denn nach EG 43 Satz 1 DSGVO ist davon auszugehen, dass zwischen den Sorgeberechtigten und dem Verantwortlichen Träger insofern ein Ungleichgewicht besteht, als die Sorgeberechtigten vielfach auf den Kitaplatz angewiesen sind. Daher muss im Rahmen der Nachweispflicht des Art. 7 Abs. 1 DSGVO[27] begründet werden können, dass ungeachtet dieses Ungleichgewichts trotzdem Freiwilligkeit bei den Einwilligungserklärungen der Sorgerechtsberechtigten anzunehmen ist. Dass ist nur der Fall, wenn diese unabhängig vom Abschluss des Betreuungsvertrages die uneingeschränkte Möglichkeit hatten, frei zu bestimmen, ob sie Einwilligungserklärungen für weitergehende Datenverarbeitungen abgeben oder nicht.[28]

Nach EG 43 Satz 2 sind zudem **Einwilligungen soweit sinnvoll zu differenzieren.**[29] In der Praxis werden einem häufig Globaleinwilligungen vorgelegt, mit denen man in die Verarbeitung verschiedenster Kategorien von Daten zu einer Vielzahl von Zwecken einwilligen soll. Als Betroffener kann man dann die vorgelegte Einwilligungserklärung nur als Ganzes annehmen oder ablehnen. EG 43 S. 2 DSGVO schränkt diese Praxis nun ein. Denn »*die Einwilligung gilt nicht als freiwillig erteilt, wenn zu verschiedenen Verarbeitungsvorgängen von personenbezogenen Daten nicht gesondert eine Einwilligung erteilt werden kann, obwohl dies im Einzelfall angebracht ist.*« Mit dieser Regelung soll erreicht werden, dem Betroffenen »differenzierte Einwilligungen« zu ermöglichen und so seine Entscheidungsmöglichkeiten zu erweitern.

Beispiel 5

Einfach Umsetzen kann man das Gebot der differenzierten Einwilligung durch je ein Kästchen für die den jeweiligen Verarbeitungsvorgang, sodass man durch Ankreuzen sein Einverständnis differenziert ausrücken kann.

---

26 § 8 Abs. 7 KDG; § 11 Abs. 4 DSG-EKG.
27 § 8 Abs. 5 KDG und § 11 Abs. 1 DSG-EKD.
28 Vgl. Hoffmann: Einwilligung der betroffenen Person als Legitimationsgrundlage eines datenverarbeitenden Vorgangs im Sozialrecht nach dem Inkrafttreten der DSGVO, NZS 2017, 807 (810) m.w.N.
29 Zum Folgenden siehe Wolff, in: Schantz/Wolff, Das neue Datenschutzrecht, ¹2017, Rn. 517.

Die Fotos dienen ausschließlich **folgenden Zwecken** (Zutreffendes bitte ankreuzen):
- für die Portfolios ihres Kindes bzw. bei Fotos mehrerer Kinder auch den Portfolios der anderen Kinder
- um sie in der Einrichtung auszulegen bzw. aufzuhängen
- [Verwendungszwecke benennen] ……………

3.6 Sonstige Wirksamkeitsvoraussetzungen

Informierte Erklärung

Eine wirksame Einwilligung setzt nach Art. 4 Nr. 11 DSGVO[30] voraus, dass sie »**in informierter Weise**« erfolgt. Das bedeutet über die erforderliche »Freiwilligkeit« hinaus, dass sie »**für den bestimmten Fall**« und »**in Kenntnis der Sachlage**« abgegeben wird (vgl. auch EG 32). Die betroffene Person muss wissen, welche Auswirkungen die Erteilung einer Einwilligung für sie hat, d.h., was mit ihren Daten geschehen soll. Sie muss konkret darüber informiert sein, **auf welche personenbezogenen Daten sich die Einwilligung bezieht,**[31] **zu welchem Zweck sie verarbeitet werden, wer die verantwortliche datenverarbeitende Stelle ist, wie diese zu erreichen ist und an welche Dritten die Daten im Fall der Übermittlung weitergegeben werden sollen.**[32] Keine Erklärung für einen »konkreten Fall« ist eine pauschale Einwilligung, bei der die betroffene Person Inhalt und Tragweite ihrer Erklärung nicht kennt, oder eine Blankoeinwilligung.[33]

Die Kenntnis der zu verarbeitenden Daten kann durch Angabe in der Erklärung selbst oder durch konkrete Bezugnahme erfolgen.

Beispiel 6

»die auf der Vorderseite dieser Erklärung …; die im Auftrag vom … unter Nr. 1 bis 12 genannten…; im Schreiben vom … aufgeführten Daten«[34].

Derartige Bezugnahme implizieren natürlich, dass der Erklärende die in Bezug genommenen Dokumente kennt bzw. zur Kenntnis nehmen kann und kein Zweifel hinsichtlich des Umfangs der in Bezug genommenen Daten besteht. Diesbezügliche Unklarheiten gehen zulasten des Verantwortlichen.

Beispiel 7

Die Übersendung eines umfangreichen Entwicklungsberichts oder die Weitergabe einer Bildungsdokumentation z.B. an die Grundschule aufgrund Einwilligung setzt voraus, dass der Einwilligende weiß, was der Bericht bzw. die Bildungsdokumentation enthalten.

---

30 § 4 Nr. 13 KDG und § 4 Nr. 13 DSG-EKD.
31 Das Folgende nach Schulz, in: Gola, DSGVO, ²2018, Art. 7 Rdn. 34.
32 Vgl. Wolff, in: Schantz/Wolff, Das neue Datenschutzrecht, ¹2017 Rn. 527 m.w.N.
33 Nach Hoffmann, in: Münder u.a., Frankfurter Kommentar SGB VIII, ⁸2019, Vor Kap. 4 Rdn. 29.
34 Zitat: Schulz, in: Gola, DSGVO, ²2018, DSGVO Art. 7 Rdn. 34.

Für den Fall, dass **besondere Kategorien personenbezogener Daten i.S.d. Art. 9 Abs. 1 DSGVO**[35] verarbeitet werden, muss die betroffene Person hierauf ausdrücklich hingewiesen werden, schon weil sie gem. Art. 9 Abs. 2 lit. a DSGVO[36] »ausdrücklich« in deren Verarbeitung einwilligen muss.

Art. 13 DSGVO[37] regelt mit Einschränkungen für besondere Situationen in § 82 SGB X **weitere Informationspflichten** für die Datenverarbeitung (siehe hierzu Zusammenstellung in Abschnitt 2.3).

Die Informationen müssen **rechtzeitig**, d.h. vor Beginn der Datenerhebung zur Verfügung gestellt werden. Dies kann nach Art. 12 Abs. 7 DSGVO auch »in Kombination mit standardisierten Bildsymbolen« erfolgen.[38]

Ein **Verstoß** gegen diese Informationspflichten führt nicht automatisch zu einer uninformierten und damit unwirksamen Einwilligung.[39] In Übereinstimmung mit EG 42 **setzt eine informierte Einwilligung zumindest voraus**, dass der Einwilligende über die Identität des für die Verarbeitung Verantwortlichen, die Art der verarbeiteten Daten, die Zwecke der Verarbeitung und der Hinweis auf das Widerrufsrecht sowie die Folgen eines Widerrufs zu informieren ist, andernfalls eine Unwirksamkeit der erteilten Einwilligung anzunehmen ist.

Bestimmtheit der Einwilligung (Art. 5 Abs. 1 lit. b, Art. 6 Abs. 1 lit. a)

Zentrale Voraussetzung für eine wirksame Einwilligung ist der **Zweckbindungsgrundsatz**, d.h. die Einwilligung muss sich auf die Verarbeitung »*für einen oder mehrere bestimmte Zwecke*« beziehen (Art. 6 Abs. 1 lit. a DSGVO)[40]. Personenbezogene Daten dürfen nur »*für festgelegte, eindeutige und legitime Zwecke erhoben werden und … nicht in einer mit diesen Zwecken nicht zu vereinbarenden Weise weiterverarbeitet werden*« (Art. 5 Abs. 1 lit. b DSGVO).[41] Praktisch bedeutet das, dass die Zwecke in der Einwilligungserteilung so präzise wie möglich angegeben werden müssen.[42] Eine Einwilligungsklausel, die die Datenverarbeitungszwecke nicht benennt, ist unwirksam.

3.7 Nachweis der Einwilligung (Art. 7 Abs. 1 DSGVO)

»Beruht die Verarbeitung auf einer Einwilligung, muss der Verantwortliche nachweisen können, dass die betroffene Person in die Verarbeitung ihrer personenbezogenen Daten eingewilligt hat« (Art. 7 Abs. 1 DSGVO)[43]. Er muss sowohl nachweisen können, dass die betroffene Person eine eindeutige oder als Einwilligung zu interpretierende Handlung vorgenommen hat, als auch das Vorliegen der formellen und materiellen Wirksamkeits-

---

35 § 4 Nr. 2 KDG und § 4 Nr. 2 DSG-EKD.
36 § 11 Abs. 2 lit. a KDG und § 13 Abs. 2 Nr. 2 DSG-EKD.
37 § 15 KDG und § 17 DSG-EKD.
38 § 14 Abs. 1 KDG.
39 Hierzu und zum Folgenden Schulz, in: Gola, DSGVO, ²2018, Art. 7 Rdn. 36 m.w.N.; Buchner/Kühling, in: Buchner/Kühling, DSGVO/BDSG, ²2018, Art. 7 Rdn. 59; Hoffmann, in: Münder u.a., Frankfurter Kommentar SGB VIII, ⁸2019, § 62 Rdn. 27 f.
40 § 6 Abs. 1 lit. b KDG und § 6 Nr. 2 DSG-EKD.
41 § 7 Abs. 1 lit. b KDG und § 5 Abs. 1 Nr. 2 DSG-EKD.
42 So auch Buchner/Kühling, in: Buchner/Kühling, DSGVO/BDSG, ²2018, Art. 7 Rdn. 35.
43 § 8 Abs. 5 KDG und § 11 Abs. 1 DSG-EKD.

Die Einwilligung als Befugnis zur Datenerhebung und -verarbeitung

voraussetzungen der Einwilligung. Dem kann der Verantwortliche nur gerecht werden, wenn er die Einwilligungen dokumentiert bzw. elektronische in einem speicherfähigen Format protokolliert. Das bedeutet nicht, dass Einwilligungen, die in anderer Form als der Schriftform eingeholt wurden, schriftlich bestätigt werden müssten.[44]

> **Beispiel 8**
>
> Ein Psychotherapeut (Arzt etc.), der ein Kind der Einrichtung behandelt, ruft in der Kita an und will sich mit der Einrichtungsleitung oder einer das Kind betreuenden Kraft über dessen Verhalten oder Entwicklung unterhalten. Er behauptet, die Eltern hätten eine Schweigepflichtentbindung unterschrieben.
>
> Es gibt **keine gesetzliche Befugnis** dafür, dass Sie personenbezogene Daten des Kindes an den Therapeuten (Arzt etc.) übermitteln dürften. Sie wird auch nicht durch § 69 SGB X erlaubt, da die Übermittlung nicht zur besseren Förderung durch die Kita (also zur Erfüllung eigener Aufgaben), sondern fremdnützig zur besseren Behandlung durch den Therapeuten (Arzt etc.) erfolgen soll (siehe Abschnitt 5.2).
>
> Ein Austausch zwischen Ihnen und dem Therapeuten (Arzt etc.) ist also nur möglich, wenn die Eltern hierin ausdrücklich **eingewilligt** haben. Lassen Sie sich mündliche Anfragen per Telefon immer schriftlich auf dem Briefpapier der Praxis (bei Behördenanfragen der Behörde) mit der behaupteten Einwilligung der Eltern zukommen. Dies geht als gescannter pdf-Anhang mit Unterschrift per E-Mail schnell. Eine Kopie der Einwilligung brauchen sie schon wegen der **Nachweispflicht** des Art. 5 Abs. 2 DSGVO. Überprüfen Sie bei unbekannten Therapeuten (Ärzten etc.) die Identität des Anrufers im Internet.
>
> Wichtig ist nun zu klären, **worin die Eltern eingewilligt haben**. Wenn die Eltern den Arzt oder Therapeuten von **seiner** Schweigepflicht entbunden haben, heißt das nur, dass er Sie über seine ärztlichen Diagnosen und Befunde informieren darf. Dann sind Sie aber noch nicht befugt, **Ihrerseits** dem Arzt oder Therapeuten Informationen über das Kind oder die Eltern weiterzugeben. Sie dürfen solche Informationen nur dann an den Therapeuten (Arzt etc.) übermitteln, wenn die Eltern auch hierin ausdrücklich eingewilligt haben. Der Text ist also mit Blick darauf – wer, wem was übermitteln darf – sorgfältig zu lesen. Wichtig ist außerdem zu beachten, ob Ihnen die Einwilligung Grenzen für Ihre Auskünften setzt, d.h. welche Daten (sachlich, zeitlich) die Eltern »freigegeben« haben oder, ob sie z.B. die Bedingung gesetzt haben, an den Gesprächen selbst teilnehmen zu wollen.

---

44 Vgl. hierzu Schulz, in: Gola, DSGVO, ²2018, Art. 7 Rdn. 63.

> **Merke: Checkliste Einwilligung**
>
> ### 3.2 Einwilligungsfähigkeit
> Einwilligung eines, bei nicht alltäglichen Angelegenheiten, beider Eltern erforderlich.
>
> ### 3.3 Formale Wirksamkeitsvoraussetzungen
> - Einwilligung vor der Datenerhebung einholen (schriftlich, mündlich, elektronisch).
> - Eindeutig bestätigend Handlung = klares Einverständnis des Betroffenen bekundet? Stillschweigen genügt nicht.
> - Einwilligung klar als solche und einfach formuliert und in größerem Dokument optisch hervorgehoben?
> - Verschiedene Verarbeitungsvorgänge: Soweit möglich, für verschiedene Verarbeitungsvorgänge jeweils gesonderte Einwilligung (z.B. Ankreuzkästchen) erteilt?
>
> ### 3.4 Widerrufbarkeit
> - Wird auf den jederzeit möglichen Widerruf der Einwilligung hingewiesen und darauf, dass er nur für danach erfolgende Verarbeitungen gilt?
> - Gibt es einen (verständlichen) Hinweis auf die Folgen des Widerrufs?
>
> ### 3.5 Freiwilligkeit
> - Ohne Zwang: Hat der Betroffene eine echte Wahl zwischen Zustimmung und Ablehnung?
> - Kopplungsverbot: Keine Koppelung der Einwilligung mit dem Betreuungsvertrag.
> - Für verschiedene Verarbeitungsvorgänge jeweils gesonderte Einwilligungen.
>
> ### 3.6 Sonstige Wirksamkeitsvoraussetzungen
> Informierte Erklärung:
> - Wird sie für den konkreten Fall und in Kenntnis der Sachlage abgegeben? Pauschaleinwilligungen sind unwirksam.
> - Bezieht sich bei der Verarbeitung besonderen Kategorien von Daten (Art. 9 DSGVO) die Einwilligungserklärung ausdrücklich auch auf diese Daten?
> - Hat der Betroffene alle erforderlichen Informationen nach Art. 13 DSGVO zur Datenverarbeitung inkl. der Widerrufsmöglichkeit erhalten?
>
> **Bestimmtheit:** Bezieht sich die Einwilligung auf die Verarbeitung für einen oder mehrere bestimmte Zwecke? Bei mehreren Zwecken muss jeder Verarbeitungszweck benannt werden.
>
> ### 3.7 Nachweisbarkeit
> - Kann der Nachweis geführt werden, dass die Einwilligung vom Betroffenen abgegeben wurde? – Dokumentation oder bei elektronischen Einwilligungen Protokollierung.
> - Sind erteilte Einwilligungen jederzeit abrufbar?

3.8 Muster für Einwilligungen zur Bildungsdokumentation sowie zum Anmeldebogen

Es würde den Rahmen dieser Schrift sprengen, für alle eingangs genannten Situationen nun Einwilligungserklärungen als Muster beizufügen. Es sollen im Folgenden je eine Einwilligung zur Bildungsdokumentation nach KiBiz NRW und zum Anmeldebogen vorgestellt werden.

Muster: Erklärung der Erziehungsberechtigten nach § 18 Abs. 1 S. 6 und Abs. 2 S. 2 KiBiz NRW zur Bildungsdokumentation

gegenüber der

[Stempel der Einrichtung mit Anschrift]

von

Name der Mutter: _____

Name des Vaters: _____

Anschrift: _____

Telefon: _____

Erklärung:
Ihr Kind soll sich in unserer Kindertageseinrichtung wohlfühlen und sich entsprechend seinen Fähigkeiten gut entwickeln. Die Förderung der Entwicklung Ihres Kindes zu einer eigenverantwortlichen und gemeinschaftsfähigen Persönlichkeit ist wesentliches Ziel unserer Arbeit. Grundlage der erfolgreichen Erfüllung unseres Bildungs- und Erziehungsauftrages, insbesondere der individuellen stärkenorientierten ganzheitlichen Förderung Ihres Kindes, ist eine **regelmäßige alltagsintegrierte wahrnehmende Beobachtung des Kindes auf der Grundlage von § 62 SGB VIII**. Wir beobachten – wenn und soweit seine Entwicklung aufgrund mangelhafter oder verzögert einsetzender Ausbildung alterstypischer Kompetenzen hierzu Anlass gibt – Ihr Kind gezielt, sein Verhalten, seine Handlung und sein Spiel, seine Bewegung und seine Sprache usw. Diese Beobachtungen sind auch auf seine Möglichkeiten und auf die individuelle Vielfalt seiner Handlungen, Vorstellungen, Ideen, Werke und Problemlösungen gerichtet.

Die Beobachtung und Auswertung **münden** entsprechend § 18 Abs. 1 S. 6 KiBiz **in die regelmäßige Dokumentation** des Entwicklungs- und Bildungsprozesses ihres Kindes (**Bildungsdokumentation**). Nach einem umfassenden Aufnahmegespräch mit Ihnen, und einer Eingewöhnungsphase, spätestens aber sechs Monate nach Aufnahme ihres Kindes in die Kindertageseinrichtung, erfolgt eine erste Dokumentation.

Zur Erfüllung des Bildungs- und Erziehungsauftrages gehört auch die kontinuierliche Förderung der **sprachlichen Entwicklung** Ihres Kindes nach § 19 KiBiz. Sprachbildung ist ein alltagsintegrierter, wesentlicher Bestandteil der frühkindlichen Bildung. Die sprachliche Entwicklung Ihres Kindes wird – wenn und soweit hierzu aufgrund mangelhafter oder verzögert einsetzender Ausbildung alterstypischer Kompetenzen Anlass besteht – regelmäßig und beginnend mit der Beobachtung sechs Monate nach seiner Aufnahme in die Kindertageseinrichtung unter Verwendung geeigneter Verfahren beobachtet und dokumentiert. Sie wird im Rahmen der bestehenden Möglichkeiten auch in anderen Muttersprachen beobachtet und gefördert.

Die Bildungsdokumentation ist **nicht** mit dem **Portfolio ihres Kindes** zu verwechseln. In der finden Sie all das, was für die Lebenswelt und den Bildungsweg Ihres Kindes bemerkenswert ist. Hier finden Sie zum Beispiel Arbeiten und Werke Ihres Kindes, Fotos hierzu, Zitate und Gesprächsnotizen sowie Beschreibungen, wie sie entstanden sind.

Die Bildungsdokumentation ist für Eltern und Erzieherinnen hilfreich. Sie ist auch Gegenstand von **Entwicklungsgesprächen** mit Ihnen über die Entwicklung Ihres Kindes in der Kindertageseinrichtung und kann hier eine wichtige Orientierung bieten. Die ausgefüllten Beobachtungsbögen werden ausschließlich
- zur darauf basierenden Förderung der frühkindlichen Entwicklung des Kindes durch die pädagogischen Mitarbeiter der Kindertageseinrichtung,
- für Entwicklungsgespräche mit Ihnen über die Entwicklungsprozesse Ihres Kindes,
- zur Dokumentation der Entwicklungsprozesse Ihres Kindes,
- und zur Reflektion der eigenen pädagogischen Arbeit anhand konkreter Situationen im Team verwendet.

Die Bildungsdokumentation setzt nach § 18 Abs. 1 S. 6 KiBiz Ihre schriftliche Zustimmung als Eltern voraus.

Wenn Sie als Eltern in zeitlicher Nähe zur Einschulung schriftlich zustimmen, wird sie nach § 18 Abs. 2 S. 2 KiBiz den Grundschulen zur Einsichtnahme zur Verfügung gestellt und von den Lehrkräften des Primarbereichs in die weitere individuelle Förderung einbezogen.

Endet die Betreuung Ihres Kindes in der Tageseinrichtung, wird Ihnen die Bildungsdokumentation ausgehändigt.

☐ Wir sind/Ich bin mit der Dokumentation der Beobachtung der Bildungsentwicklung unseres/meines Kindes einverstanden.

☐ Wir lehnen/Ich lehne eine Dokumentation der Beobachtung der Bildungsentwicklung unseres/meines Kindes ab.

Sie können die Dokumentation jederzeit ablehnen oder die einmal erteilte Einwilligung **widerrufen**. Ihrem Kind entstehen durch die Ablehnung oder den Widerruf der Einwilligung keine Nachteile. Die regelmäßige alltagsintegrierte wahrnehmende Beobachtung des Kindes als Grundlage unseres Bildungs- und Erziehungsauftrages wird dann nicht dokumentiert.

Sie können die Dokumentation jederzeit einsehen und ihre Herausgabe verlangen.

Ohne Ihre ausdrückliche Zustimmung dürfen Informationen in der Dokumentation nicht an Dritte weitergegeben werden.

Wenn Ihr Kind die Kindertageseinrichtung verlässt, wird Ihnen die Dokumentation ausgehändigt.

Die Einwilligung als Befugnis zur Datenerhebung und -verarbeitung

Sie können dann entscheiden, ob Sie die Dokumentation an Erzieherinnen einer anderen Kindertageseinrichtung oder an die Lehrkräfte der Grundschule weitergeben, wenn das Kind in eine andere Kindertageseinrichtung wechselt oder eingeschult wird.

☐ Die auf der Rückseite aufgeführten Datenschutzhinweise habe ich zur Kenntnis genommen und stimme ihnen zu.

Ort, den _____

_____

(Unterschrift des/der Erziehungs-   (Leitung der Kindertageseinrichtung)
berechtigten)

Datenschutzhinweise nach Artikel 13 der EU-Datenschutzgrundverordnung (DGSVO)

Diese Datenschutzerklärung unterrichtet Sie gemäß Art. 13 DSGVO über die Art und Weise und die Hintergründe der Verarbeitung Ihrer personenbezogenen Daten im Rahmen der Bildungsdokumentation für Ihr Kind und über die Ihnen zustehenden Rechte.

Personenbezogene Daten sind alle Informationen, die sich auf eine identifizierte oder identifizierbare natürliche Person beziehen.

Verantwortlicher gemäß Art. 4 Nr. 7 DSGVO ist

Jugendamt der Stadt ....
vertreten durch den Bürgermeister
[Name]
Rathaus, [Straße, Nr.]
[PLZ, Ort]
Deutschland
Tel.: ....
E-Mail: ....

Datenschutzbeauftragter
Herr/Frau ....
Rathaus, [Straße, Nr.]
[PLZ, Ort]
Deutschland
Tel.: ....
E-Mail: ....

Sollten Sie Fragen zum Datenschutz haben, so wenden Sie sich bitte per E-Mail oder telefonisch an das Büro der Datenschutzbeauftragten (...................), Telefon: ....

Umfang und Zweck der Verarbeitung

Die ausgefüllte Erklärung zur Bildungsdokumentation dient der Wahrung Ihrer Rechte nach § 18 Abs. 1 S. 6 KiBiz NRW, ob eine Dokumentation der Beobachtung der Bildungsentwicklung Ihres Kindes stattfinden soll oder nicht. Die in dieser Einwilligung angegebenen Namen und Kontaktdaten werden ausschließlich von der Einrichtungsleitung und den für die Betreuung ihres Kindes persönlich zuständigen Fachkräften verarbeitet. Es werden keine Daten an Dritte übermittelt.

Rechtsgrundlage für die Verarbeitung personenbezogener Daten

Die Datenerhebung erfolgt nach Art. 6 Abs. 1 lit a DSGVO (Einwilligung) i.V.m. § 18 KiBiz.

Datenlöschung und Speicherdauer

Die Daten werden gelöscht, sobald sie für die Erreichung des Zwecks Ihrer Erhebung nicht mehr erforderlich sind und keine gesetzlichen Aufbewahrungspflichten einer Löschung entgegenstehen. Dies ist der Fall, wenn die Betreuung Ihres Kindes in der Tageseinrichtung endet. Ihnen wird dann die Bildungsdokumentation ausgehändigt.

Auskunftsrecht

Datenschutzrechte sind in Kapitel 3 (Art. 12 ff.) der DSVGO geregelt. Nach diesen gesetzlichen Regelungen haben Nutzerinnen und Nutzer ein Recht darauf, Auskunft über gespeicherte personenbezogene Daten, über die Zwecke der Verarbeitung, über eventuelle Übermittlung an andere Stellen sowie die Dauer der Speicherung zu erhalten. Zur Wahrnehmung des Auskunftsrechts können Auszüge oder Kopien zur Verfügung gestellt werden.

Recht auf Berichtigung

Nach Art. 16 DSGVO haben Nutzerinnen und Nutzer das Recht, Berichtigung sie betreffender unrichtiger personenbezogener Daten zu verlangen.

Recht auf Löschung

Unter Erfüllung der Merkmale der Art. 17 Abs. 1 lit. a-f DSGVO haben Nutzerinnen und Nutzer das Recht, dass sie betreffende personenbezogene Daten gelöscht werden.

Recht auf Einschränkung der Verarbeitung

Unter Erfüllung der Merkmale der Art. 18 Abs 1 lit. a-d DSGVO haben Nutzerinnen und Nutzer das Recht die Einschränkung der Verarbeitung zu verlangen.

Recht auf Datenübertragbarkeit

Nach Art. 20 DSGVO haben Nutzerinnen und Nutzer das Recht, die sie betreffenden personenbezogenen Daten in einem strukturierten, gängigen und maschinenlesbaren Format zu erhalten. Ferner können die personenbezogenen Daten der Nutzerinnen und Nutzer an weitere Verantwortliche übertragen werden, sofern sie im Sinne des Art. 6 Abs. 1 lit. a DSGVO erhoben wurden und die Weiterverarbeitung elektronisch erfolgt.

Widerspruchsrecht

Nutzerinnen und Nutzer haben nach Art. 21 DSGVO das Recht, aus Gründen, die sich aus ihrer besonderen Situation ergeben, jederzeit gegen die Verarbeitung sie betreffender personenbezogener Daten, die aufgrund von Art. 6 Abs. 1 lit. e erfolgten, Widerspruch einzulegen. Eine Verarbeitung der personenbezogenen Daten erfolgt dann nur, wenn zwingende schutzwürdige Gründe für die Verarbeitung nachgewiesen werden, die die Interessen, Rechte und Freiheiten der Nutzerinnen und Nutzer überwiegen oder der Geltendmachung, Ausübung oder Verteidigung von Rechtsansprüchen dient.

Aufsichtsbehörde

Landesbeauftragte für Datenschutz und Informationsfreiheit NRW
Kavalleriestr. 2-4
40213 Düsseldorf
Tel.: 0211 / 38424-0
Fax: 0211 / 38424-10
E-Mail: poststelle@ldi.nrw.de
Internet: www.ldi.nrw.de

Muster: Einwilligung Anmeldebogen

[Kopf: Name und Kontaktdaten
der Kindertageseinrichtung]

....
Eingangsdatum

Anmeldebogen

Name des Kindes: ....

Geburtsdatum: ....

Geschlecht: ....

Familiensprache: ....

Gewünschte Betreuungszeit: ....

Namen der Personensorgeberechtigten:

Name	Name
Anschrift	Anschrift
....	....
Straße/HausNr.:	Straße/HausNr.:
....	....
PLZ, Ort	PLZ, Ort
Telefonnummer	Telefonnummer
Mail-Adresse	Mail-Adresse

Zu welchem Zeitpunkt wird die Aufnahme gewünscht?
Betreuung vor dem 3. Lebensjahr (Krippe/U3)
   ☐ Ja ☐ Nein

Zum Aufnahmezeitpunkt befindet sich ein Geschwisterkind in der Kindertagesstätte?
   ☐ Ja ☐ Nein

Besondere Gründe für die Aufnahme (z.B. Beeinträchtigungen, Sprachschwierigkeiten usw.):
....
....

☐ Die auf der Rückseite aufgeführten Datenschutz- und Organisationshinweise habe/n ich/wir zur Kenntnis genommen und stimme ihnen zu.

☐ Ich/Wir habe/n eine Kopie der Anmeldung inkl. Datenschutzerklärung erhalten.

Ort, den ....

Organisatorische Hinweise:

Wenn Sie weitere **Fragen zum Anmeldeverfahren** oder zur Vergabe der Plätze haben, wenden Sie sich bitte an die Kindertagesstättenleitung [Name, Tel.Nr.].

Datenschutzhinweise nach Artikel 13 der EU-Datenschutzgrundverordnung (DGSVO):

Diese Datenschutzerklärung unterrichtet Sie gemäß Art. 13 DSGVO über Art und Weise und die Hintergründe der Verarbeitung Ihrer personenbezogenen Daten im Rahmen des Anmeldeverfahrens und über die Ihnen zustehenden Rechte.

Personenbezogene Daten sind alle Informationen, die sich auf eine identifizierte oder identifizierbare natürliche Person beziehen.

Verantwortlicher gemäß Art. 4 Nr. 7 DSGVO ist

Jugendamt der Stadt ....
vertreten durch den Bürgermeister
[Name]
Rathaus, [Straße, Nr.]
[PLZ, Ort]
Deutschland
Tel.: ....
E-Mail: ....

Datenschutzbeauftragter

Herr/Frau ....
Rathaus, [Straße, Nr.]
[PLZ, Ort]
Deutschland
Tel.: ....
E-Mail: ....

Sollten Sie Fragen zum Datenschutz haben, so wenden Sie sich bitte per E-Mail oder telefonisch an das Büro der Datenschutzbeauftragten (...................), Telefon: ....

Umfang und Zweck der Verarbeitung

Der ausgefüllte Anmeldebogen dient der Vergabe der zur Verfügung stehenden Betreuungsplätze. Die mit dieser Anmeldung angegebenen Namen, Kontaktdaten und berufliche Beschäftigung werden ausschließlich vom Jugendamt der Stadt [Name] einschließlich unserer jeweiligen Kindertageseinrichtung verarbeitet. Es werden keine Daten an Dritte übermittelt.

Rechtsgrundlage für die Verarbeitung personenbezogener Daten

Die Datenerhebung erfolgt nach § 62 SGB VIII i.V.m. § 20 KiBiz NRW und dient dem Ziel, einen Vertrag zur Betreuung ihres Kindes in einer unserer Kindertagesstätten abzuschließen.

Datenlöschung und Speicherdauer

Die Daten werden gelöscht, sobald sie für die Erreichung des Zwecks ihrer Erhebung nicht mehr erforderlich sind und keine gesetzlichen Aufbewahrungspflichten einer Löschung entgegenstehen. Wenn ein Betreuungsvertrag zustande kommt, werden die Daten zur Betreuung ihres Kindes und zur Vertragsdurchführung verwandt. Wenn kein Betreuungsvertrag zustande kommt, werden sie zu dem Zeitpunkt gelöscht, wie das Aufnahmeverfahren für das jeweilige Kindergartenjahr abgeschlossen ist.

Auskunftsrecht

Datenschutzrechte sind in Kapitel 3 (Art. 12 ff.) der DSVGO geregelt. Nach diesen gesetzlichen Regelungen haben Nutzerinnen und Nutzer ein Recht darauf, Auskunft über gespeicherte personenbezogene Daten, über die Zwecke der Verarbeitung, über eventuelle Übermittlung an andere Stellen sowie die Dauer der Speicherung zu erhalten. Zur Wahrnehmung des Auskunftsrechts können Auszüge oder Kopien zur Verfügung gestellt werden.

Recht auf Berichtigung

Nach Art. 16 DSGVO haben Nutzerinnen und Nutzer das Recht, Berichtigung sie betreffender unrichtiger personenbezogener Daten zu verlangen.

Recht auf Löschung

Unter Erfüllung der Merkmale der Art. 17 Abs. 1 lit. a-f DSGVO haben Nutzerinnen und Nutzer das Recht, dass sie betreffende personenbezogene Daten gelöscht werden.

Recht auf Einschränkung der Verarbeitung

Unter Erfüllung der Merkmale der Art. 18 Abs 1 lit. a-d DSGVO haben Nutzerinnen und Nutzer das Recht die Einschränkung der Verarbeitung zu verlangen.

Recht auf Datenübertragbarkeit

Nach Art. 20 DSGVO haben Nutzerinnen und Nutzer das Recht, die sie betreffenden personenbezogenen Daten in einem strukturierten, gängigen und maschinenlesbaren Format zu erhalten. Ferner können die personenbezogenen Daten der Nutzerinnen und Nutzer an weitere Verantwortliche übertragen werden, sofern sie im Sinne des Art. 6 Abs. 1 lit. a DSGVO erhoben wurden und die Weiterverarbeitung elektronisch erfolgt.

Widerspruchsrecht

Nutzerinnen und Nutzer haben nach Art. 21 DSGVO das Recht, aus Gründen, die sich aus ihrer besonderen Situation ergeben, jederzeit gegen die Verarbeitung sie betreffender personenbezogener Daten, die aufgrund von Art. 6 Abs. 1 lit. e erfolgten, Widerspruch einzulegen. Eine Verarbeitung der personenbezogenen Daten erfolgt dann nur, wenn zwingende schutzwürdige Gründe für die Verarbeitung nachgewiesen werden, die die Interessen, Rechte und Freiheiten der Nutzerinnen und Nutzer überwiegen oder der Geltendmachung, Ausübung oder Verteidigung von Rechtsansprüchen dient.

Die Einwilligung als Befugnis zur Datenerhebung und -verarbeitung

Aufsichtsbehörde
Landesbeauftragte für Datenschutz und Informationsfreiheit NRW
Kavalleriestr. 2-4
40213 Düsseldorf
Tel.: 0211 / 38424-0
Fax: 0211 / 38424-10
E-Mail: poststelle@ldi.nrw.de
Internet: www.ldi.nrw.de

4 Befugnis zum Speichern, Verändern und Nutzen von Daten

Die erhobenen Daten wollen die Kitamitarbeiter nun natürlich auch **zur Erfüllung ihrer Aufgaben verwenden**, also nach § 22 Abs. 2 SGB VIII
1. zur Förderung der Entwicklung der Kinder zu eigenverantwortlichen und gemeinschaftsfähigen Persönlichkeiten,
2. zur Unterstützung und Ergänzung der Erziehung und Bildung in der Familie,
3. zur Unterstützung der Eltern bei der besseren Vereinbarkeit von Erwerbstätigkeit und Kindererziehung besser.

Oder nach § 8a Abs. 4 SGB VIII
4. zur Vornahme einer Gefährdungseinschätzung aufgrund gewichtiger Anhaltspunkte für die Gefährdung eines von Ihnen betreuten Kindes,
5. zur Hinwirkung bei den Erziehungsberechtigten auf die Inanspruchnahme von Hilfen, wenn Sie diese für erforderlich halten.

Oder für ihre Aufgaben nach den landesrechtlichen Ausführungsgesetzen zum SGB VIII[1].

Das Gesetz beschreibt in § 67c Abs. 1 S. 1 SGB X diese alltägliche Datenverwendung mit den Begriffen: »**Speicherung, Veränderung oder Nutzung von Sozialdaten**«.

Daraus ergeben sich drei zu klärende Fragen:
1) Was ist unter Speichern, Verändern oder Nutzen von Sozialdaten zu verstehen?
2) Was sind die Rechtsgrundlagen für das Speichern, Verändern oder Nutzen von Sozialdaten durch Kitamitarbeiter?
3) Was bedeutet das für die Arbeit in der Kita?

4.1 Was unter Speichern, Verändern oder Nutzen von Sozialdaten zu verstehen ist

»**Speichern**« ist das Erfassen, Aufnehmen oder Aufbewahren von Sozialdaten auf einem Datenträger zum Zwecke ihrer weiteren Verarbeitung oder Nutzung. Daten können elektronisch (auf einem Laptop, PC, Smartphone, Stick, elektronischen Bilderrahmen, einer DVD, in der Cloud etc.) oder physisch (Akte, Karteikarte, Notizzettel, Erhebungsbogen, Antragsformular, Foto etc.) gespeichert werden. Es geht also um das dauerhafte Fixieren personenbezogener Daten auf einem Datenträger zum Zweck weiterer Verarbeitung.[2]

> **Beispiel 1**
> Da der Mensch kein Datenträger ist, sind sein Wahrnehmen, Denken und sich Merken kein Speichern, d.h. datenschutzrechtlich unbeachtlich.

---
1 Siehe hierzu Fn. 69 (Kapitel 1).
2 Vgl. Hoffmann, in: Münder u.a., Frankfurter Kommentar SGB VIII, [8]2019, § 61 Rdn. 12; Kunkel, in: ders., LPK-SGB VIII, [7]2018, § 61 Rdn. 60.

> **Beispiel 2**
> Erheben und Speichern von Daten fallen zusammen, wenn Eltern einen Aufnahmeantrag ausfüllen.

Unter »**Verändern**« von Daten versteht man eine inhaltliche Änderung der Dateninformation, im Gegensatz zu einer rein formalen Umgestaltung oder dem Hinzufügen ergänzender Informationen, die die bisherige aber inhaltlich nicht modifiziert. Auch das vollständige Löschen der Daten ist kein Verändern, im Gegensatz zum teilweisen Löschen, wenn dadurch die Information inhaltlich geändert wird. Es muss also der Informationsgehalt geändert und nicht nur der Datensatz neu geordnet, formatiert oder um zusätzliche Informationen ergänzt oder gekürzt werden.[3]

Beispiele 3–6 einer inhaltlichen Änderung wären:
- die Ergänzung der Beobachtungen eines Kindes zu seiner psychomotorischen Entwicklung um weitere Beobachtungen, wodurch sich die Gesamteinschätzung des psychomotorischen Entwicklungsstandes positiv oder negativ verändert oder ausdifferenziert;
  - die inhaltliche Bearbeitung eines Fotos mit Photoshop;
  - die Änderung der Angabe Mitsorgeberechtigt in allein Sorgeberechtigt.

Beispiele 7–8 einer Ergänzung ohne inhaltliche Veränderung der vorhandenen Daten wären die Aufnahme
- des Berufs des Vaters in der bisher freigelassenen Sparte »Beruf« im Aufnahmeantrag oder
- der Notiz »Allergisch gegen Kernobst« bei einem Kind, das bisher solche gesundheitlichen Einschränkungen nicht hatte.

Eine »**Nutzung**« von Sozialdaten liegt vor, wenn Daten (ohne sie zu verändern oder zu speichern) innerhalb einer verantwortlichen Stelle wie einer Kindertageseinrichtung (vgl. Art. 4 Nr. 7 DSGVO) von den Mitarbeitern zur Erfüllung ihrer Aufgaben verwendet werden oder sie innerhalb dieser verantwortlichen Stelle von einem Mitarbeiter zur Aufgabenwahrnehmung an einen anderen Mitarbeiter weitergegeben werden.[4] Dieser Vorgang der internen Weitergabe ist sorgfältig von einer Übermittlung zu unterscheiden, die zum Schutz des Sozialgeheimnisses höheren gesetzlichen Anforderungen unterliegt.

Eine »**Übermittlung**« liegt vor, wenn Sozialdaten an einen externen Dritten (Art. 4 Nr. 10 DSGVO) weitergegeben werden, also z.B. von der Kita an eine Schule, dem Jugendamt, dem Träger, dem Elternrat (siehe hierzu Abschnitt 5).

Gemeinsam ist der internen Weitergabe wie der externen Übermittlung, dass durch sie die Dateninformation bewusst einer anderen Person offengelegt wird.

---

3   Nach Herbst, in: Kühling/Buchner, DSGVO/BDSG, ²2018, Art. 4 Nr. 2 Rdn. 25; Kunkel, in: ders., LPK-SGB VIII, ⁷2018, § 61 Rdn. 61.
4   So auch Hoffmann, in: Münder u.a., Frankfurter Kommentar SGB VIII, ⁸2019, § 64 Rdn. 17; Kirchhoff, in: Schlegel/Voelzke, jurisPK-SGB VIII, ²2018, § 64 Rdn. 15, dort auch zum Folgenden.

> **Beispiele 9 und 10**
> - Weitergabe bzw. Übermittlung können im direkten Gespräch, durch Übergabe eines Datenträgers, telefonisch oder per E-Mail, Kopfnicken oder bewusstes Einsehen lassen einer anderen Person in eine Unterlage bzw. eine Datei erfolgen.
> - Es ist unerheblich, ob es sich um gespeicherte oder nicht gespeicherte Daten handelt, also z.B. eine Fachkraft aus ihrer Erinnerung an ein Gespräch mit Eltern heraus Daten an Kollegen weitergibt oder sie einer anderen Kitamutter erzählt (»übermittelt«).

Versehentliches Liegenlassen einer Unterlage oder allgemeiner eines Datenträgers ist dagegen keine Weitergabe, aber ein Verstoß gegen die Datensicherheitspflicht (§ 35 Abs. 1 S. 2 SGB I).[5]

Für den Kitaalltag ist **wichtig,** dass **keine Übermittlung** von Daten an einen Dritten vorliegt, wenn personenbezogene Daten eines Kindes an seine gesetzlichen Vertreter, also seine **Sorgeberechtigten,** weitergegeben werden. Die Rechte von Kitakindern werden durch deren Personensorgeberechtigte als ihre gesetzlichen Vertreter wahrgenommen.[6] Die Weitergabe von Daten an den gesetzlichen Vertreter ist daher wie die Weitergabe der Daten an die betroffene Person selbst anzusehen. **Nicht personensorgeberechtigte Eltern oder andere Familienangehörige des Kindes** und deren Ehepartner (also Großeltern, Onkel und Tante) oder Lebenspartner sind dagegen Dritte, sodass die Weitergabe von Daten an sie einer Einwilligung der gesetzlichen Vertreter des Kindes bedarf (Art. 6 Abs. 1 Satz 1 lit. a DSGVO).

Kein datenschutzrelevantes Nutzen liegt vor, wenn in einer Datenbank die Datensätze rechnerintern **statistisch so ausgewertet** werden, dass die statistischen Ergebnisse keinen Personenbezug aufweisen.[7]

4.2 Was sind die Rechtsgrundlagen für das Speichern, Verändern oder Nutzen von Sozialdaten durch Kitamitarbeiter?

Da sie recht abstrakt geraten sind, sollen die fünf einschlägigen Rechtsvorschriften in diesem Abschnitt nur kurz vorgestellt werden, um im Folgenden dann konkret zu erörtern, was sie für die Arbeit in der Kita praktisch bedeuten.

a. Das Speichern, Verändern und Nutzen von Sozialdaten ist nach **§ 67c Abs. 1 Satz 1 SGB X zulässig,**[8] wenn es zur Erfüllung einer gesetzlichen Aufgabe des verantwortlichen Sozialleistungsträgers nach dem SGB erforderlich ist. Die Daten dürfen nach Abs. 1 nur für die Zwecke gespeichert, verändert oder genutzt werden, für die sie erhoben worden sind. Ist keine Erhebung vorausgegangen, die Daten sind also von dem Betroffenen oder von einem Dritten dem Verantwortlichen ohne Beschaffungsvorgang zugeleitet worden,

---

5 Vgl. Kunkel, in: ders., LPK-SGB VIII, [7]2018, § 61 Rdn. 62.
6 Ebenso Hoffmann, in: Münder u.a., Frankfurter Kommentar SGB VIII, [8]2019, § 64 Rdn. 16.
7 So auch Schmitz, in: Gierschmann u.a, Systematischer Praxiskommentar Datenschutzrecht, [1]2014, Kap. 3 Rdn. 100 m.w.N.
8 Auch § 63 SGB VIII regelt die Datenspeicherung und § 64 Abs. 1 SGB VIII die Datennutzung. Die Regelung in § 67c Abs. 1 SGB X ist jedoch umfassender, sodass die beiden SGB VIII Normen insoweit überflüssig sind. So auch Kunkel, in: ders., LPK-SGB VIII, [7]2018, Rdn. 79, 90.

dürfen die Daten gem. Absatz 1 Satz 2 nur für die Zwecke geändert oder genutzt werden, für die sie gespeichert worden sind (**Prinzip der Zweckbindung**).

b. § 67c Abs. 2 SGB X erlaubt ein Speichern, Verändern und Nutzen von Sozialdaten zu **anderen als den ursprünglichen Erhebungszwecken**, wenn dieser Zweck sich aus einer **Aufgabe des SGB** ergibt und die Speicherung für die Erfüllung dieses Zwecks **erforderlich** ist.

c. Ein Speichern, Verändern und Nutzen von Sozialdaten kann auch aufgrund einer **Einwilligung** des Betroffenen vorgenommen werden (§ 67b Abs. 1 S. 1 SGB X i.V.m. § 35 Abs. 2 SGB I, Art. 6 Abs. 1 lit. a DSGVO[9]).

d. Nach § 67b Abs. 1 Satz 2 SGB X gelten die vorstehenden Befugnisse auch für die Datenverarbeitung **besonderer Kategorien personenbezogener Daten**.

e. § 67c Absatz 3 S. 1 SGB X eröffnet weiter die Möglichkeit, die Sozialdaten für **Aufsichts-, Kontroll- und Disziplinarmaßnahmen, der Rechnungsprüfung oder Organisationsuntersuchungen** sowie unter bestimmten Bedingungen, auch für **Ausbildungs- und Prüfungszwecke** der verantwortlichen Stelle weiter zu verarbeiten. § 67c Absatz 5 GB X ermöglicht schließlich noch bestimmte wissenschaftliche Forschungs- oder Planungsvorhaben. § 67c Abs. 4 SGB X verbietet **Datenschutzkontrolldaten** anderweitig zu verarbeiten.

4.3 Was bedeutet das nun für die Arbeit in der Kita?

a. **Mitarbeiterinnen einer Kita** dürfen die Daten, die sie für die Aufgabe der Förderung der Kinder (§ 22 SGB VIII) erhoben oder von den Betroffenen (d.h. den Sorgeberechtigten) bzw. Dritten (d.h. Verwandte, Nachbarn etc.) erhalten haben, für diesen Zweck (siehe 4.2.a.) und für die Gefährdungseinschätzung nach § 8a SGB VIII (siehe 4.2.b.) **selbst** speichern, verändern und nutzen. Das Gleiche gilt auch umgekehrt für das Speichern, Verändern und Nutzen von Daten der Gefährdungseinschätzung zur Förderung der Kinder.

Dies gilt für alle Sozialdaten einschließlich der **besonderen Kategorien** personenbezogener Daten (siehe 4.2.d.).

> **Beispiele 11 und 12**
> - Eine Mitarbeiterin beobachtet bei einem Kind Defizite in der Sprachentwicklung (»Erheben«), dokumentiert sie in der Bildungsdokumentation (»Speichern«) und ergreift entsprechende Fördermaßnahmen (»Nutzen«).
> - Beim Gang der Kinder auf die Toilette entdeckt eine Erzieherin auf dem Po eines Jungen einen blauen Fleck, der wohl einem Handabdruck ähnelt (»Erheben«). Sie fragt sich, ob das nun schon ein Anhaltspunkt für eine Kindeswohlgefährdung ist und wie sie reagieren soll? Sie kommt zu dem Schluss, dass ein blauer Fleck in der Form wohl eher nicht beim Spielen entstanden sein dürfte und entschließt sich der Sache weiter nachzugehen (»Nutzen«). Sie fragt den Jungen unverfänglich: »Was ist dir denn passiert?« und schaut ihn dabei an. Der Junge senkt den Kopf und antwortet: »Böse gewesen« (»Erheben«).[10]

---

9   § 6 Abs. 1 lit. b und § 11 Abs. 2 lit. a KDG, § 6 Nr. 2 und § 13 Abs. 2 Nr. 1 DSG-EKD.
10 Fall in Anlehnung an Jörg Maywald, Kindeswohlgefährdung erkennen, einschätzen, handeln, 2009, S 56.

b. **Eine Mitarbeiterin in der Kita** darf die Daten, die sie für die Aufgabe der Förderung der Kinder (§ 22 SGB VIII) erhoben oder von den Betroffenen bzw. Dritten erhalten hat, **an ihre Kolleginnen in der Kita** für diesen Zweck (siehe 4.2.a.) und für die Gefährdungseinschätzung nach § 8a SGB VIII (siehe 4.2.b.) zum Speichern, Verändern und Nutzen weitergeben. Das Gleiche gilt auch umgekehrt für Daten der Gefährdungseinschätzung zur Förderung der Kinder. Dies gilt auch für die besonderen Kategorien personenbezogener Daten. Eine Einschränkung ist bei der internen Weitergabe an Kolleginnen nur für solche Daten zu machen, die einer Mitarbeiterin **nach § 65 SGB VIII anvertraut** worden sind. Hier müssen die zusätzlichen Voraussetzungen des § 65 Abs. 1 Satz 1 Nr. 1–5 SGB VIII vorliegen (siehe Abschnitt 5.6 unter Weitergabe- und Übermittlungsbefugnisse).

> **Beispiele 13 und 14**
> - Eine Gruppenleitung beobachtet bei einem Kind Defizite in der Sprachentwicklung (»Erheben«), dokumentiert sie in der Bildungsdokumentation (»Speichern«) und bittet ihre Zweitkraft, mit der sie die Bildungsbeobachtung durchspricht (»Weitergabe«), entsprechende Fördermaßnahmen zu ergreifen (»Nutzen«).
> - In obigem Fall »blauer Fleck auf dem Po« spricht die Erzieherin nach der Frage an den Jungen, was ihm denn passiert sei, mit der Gruppenleitung über ihre Anhaltspunkte (»Weitergabe«).

c. **Voraussetzung** ist, dass das zu speichernde, zu verändernde oder zu nutzende Datum für die konkrete Aufgabenerfüllung **erforderlich** ist, d.h. für die Förderung oder Gefährdungseinschätzung in einem **konkreten Einzelfall** benötigt wird:

- Daten dürfen somit **nicht ohne fachliche Begründung** auf Vorrat für künftige Fälle gespeichert werden. Denn von Erforderlichkeit eines Datums spricht man, wenn die Aufgabe ohne das Datum fachlich nicht, nicht vollständig oder nicht rechtmäßig erfüllt werden kann.

> **Beispiel 15**
> Eine bequemere Aufgabenerfüllung reicht nicht. Die Speicherung von Daten nach dem ominösen »Gesamtfallgrundsatz«, nach dem man sich erst einmal ein möglichst vollständiges Bild von einer Familie verschafft, ist ein massiver Eingriff in das informationelle Selbstbestimmungsrecht der Familienmitglieder und nur bei einer klaren gesetzlichen Grundlage zulässig.[11]

- Daten dürfen nur an die **Kolleginnen** intern weitergegeben werden, die sie für ihre Aufgabenerledigung benötigen. Das bedeutet, die Kollegin muss in die Betreuung des fraglichen Kindes oder dessen Gefährdungseinschätzung beteiligt sein und hierfür das betreffende Datum benötigen.

---

11 Vgl. Kunkel in: ders., LPK-SGB VIII, [7]2018, § 61 Rdn. 80.

> **Beispiel 16**
> Die Einrichtungsleitung informiert die Küchenkraft **zulässigerweise** darüber, dass vier namentlich benannte Kinder eine Lebensmittelunverträglichkeit haben und bittet sie, dies bei der Essenplanung zu berücksichtigen. Die Einrichtungsleitung erzählt der Küchenkraft, mit der sie befreundet ist, bei der Gelegenheit **unzulässigerweise**, dass sie im Elterngespräch gerade erfahren habe, dass eine ihnen bekannte Familie in Scheidung lebt.

- Eine solche interne Datenweitergabe ist auch für eine **Teambesprechung oder Supervision** zulässig, wenn die Aufgabe es erfordert. Das bedeutet, die in die Besprechungen einbezogenen Kollegen müssen entweder in die Betreuung des Kindes eingebunden oder aufgrund ihrer spezifischen Fachkompetenz für das Gespräch erforderlich sein. Eine Anonymisierung oder Pseudonymisierung des personenbezogenen Datums ist in einer Kita nicht möglich, da sich aus der Fallschilderung für alle Mitarbeiter schnell ergibt, welches Kind gemeint ist.

> **Beispiel 17**
> Die Gruppenleitung hat mit ihrer Zweitkraft gerade festgestellt, dass ein Kind erheblich feinmotorische Probleme hat. Sie ziehen eine andere Fachkraft der Einrichtung hinzu, die eine spezielle psychomotorische Fortbildung gemacht hat, sprechen die Beobachtungen mit ihr durch und lassen sich von ihr bei den Fördermaßnahmen beraten.

- Daten für die Gefährdungseinschätzung und Daten zur Förderung des Kindes sollen **getrennt gespeichert** werden (§ 63 Abs. 2 SGB VIII), es sei denn, sie werden konkret für beide Aufgaben gebraucht, sodass eine Trennung fachlich nicht sinnvoll wäre.

d. Die Daten dürfen auch für die **Organisation, Kontrolle oder Planung der Aufgabenwahrnehmung** in der Kita verwendet werden (sog. »Annexe« der Aufgabenerfüllung).

> **Beispiel 18**
> Die Einrichtungsleitung wertet die Ergebnisse der Bildungsdokumentationen ihrer Kita dahin aus, dass sie eine Gruppe Kinder mit besonderem psychomotorischem Förderbedarf zusammenstellt.

e. Die Daten dürfen schließlich auch **für Ausbildungszwecke** weitergeben und genutzt werden,[12] z.B. an Praktikanten oder PIAs, es sei denn, überwiegende schutzwürdige Interessen des Betroffenen stehen dem entgegen.

---

12 Dass im Gesetzestext hier die Speicherung fehlt, dürft ein offensichtliches Versehen sein, da eine Verwendung für Ausbildungszwecke ohne Speicherung kaum möglich ist. So auch die Vermutung bei Kunkel, in: ders., LPK-SGB VIII, [7]2018, 61 Rdn. 81.

> **Beispiel 19**
> Ein Fall unzulässiger Weitergabe wäre es, wenn ein Auszubildender (z.B. der Praktikant) ehrenrührige, peinliche Informationen über Personen seines sozialen Umfelds (Freunde der Eltern, Nachbarn, Mitschüler) erfahren würde.

f. Datenweitergabe **an Trägervertreter einer Kindertageseinrichtung:** Jede trägerinterne Weitergabe von psbD der Kinder, ihrer Sorgeberechtigten, der Erzieherinnen bzw. der Leiterin erfordert die Prüfung und Feststellung ihrer Erforderlichkeit. Erforderlich ist die Weitergabe von Daten an Trägervertreter, wenn dem Träger die Wahrnehmung seiner Aufgaben im konkreten Einzelfall ohne die Weitergabe nicht, nicht vollständig oder nicht rechtmäßig möglich ist. Eine bloße Erleichterung seiner Aufgabenwahrnehmung reicht nicht. Die Aufgaben eines Trägers liegen im **organisatorischen, arbeitsrechtlichen und betreuungs- bzw. verpflegungsvertraglichen Bereich**. Sie erfordern mit Ausnahme der Anmelde-, Kontakt- und Bankdaten für den Betreuungs- und Verpflegungsvertrag keine Kenntnis psbD bestimmter Kinder oder Sorgeberechtigter, insbesondere nicht von Beobachtungsbögen oder Entwicklungsberichten. Einem Verlangen des Trägers nach Weitergabe von psbD von Kindern oder deren Sorgeberechtigten darf die Kita daher nur nachkommen, wenn offensichtlich ist, dass sie für die Wahrnehmung der dem Träger obliegender Aufgaben erforderlich ist. Andernfalls hat sie sich an den zuständigen Datenschutzbeauftragten zwecks Überprüfung der Rechtmäßigkeit des Verlangens zu wenden.[13]

> **Beispiel 20**
> Darf die Kitaleitung mit Mitgliedern des Pastoralteams über Kinder bzw. Eltern reden? Nein. Diese sind, mit Ausnahme des leitenden Pfarrers, keine Trägervertreter, sodass hier eine Übermittlung an externe Dritte vorläge, die nur mit Einwilligung möglich ist (Abschnitt 3).

---

13 So auch Gutenkunst, Fachet, Merkblatt über den Datenschutz in evangelischen und katholischen Kindertageseinrichtungen, April 2009, S. 10, https://www.kdsa-nord.de/sites/default/files/file/NEU/Infothek/Dokumentensammlung_sonstiges/AH_510_extern_DS_in_Kindertageseinrichtungen_04_2009.pdf.

Merke: Speichern, Verändern und Nutzen von Daten

durch wen	erhebende pädagogische Kraft selbst	durch andere pädagogische Mitarbeiter der Kita (interne Weitergabe)
wofür	§§ 22, 8a SGB VIII, sog. Annexaufgaben	§§ 22, 8a SGB VIII, sog. Annexaufgaben
welche Daten	alle, auch besondere Kategorien	alle, auch besondere Kategorien
Einschränkungen	Erforderlichkeit	Erforderlichkeit Weitergabe anvertrauter Daten (§ 65 SGB VIII) nur mit Einwilligung des Anvertrauenden § 76 SGB X
Anm.:	getrennt speichern	getrennt speichern

5 Befugnisse zur Datenübermittlung

Sozialdaten muss man trotz des anzuerkennenden Vertrauensschutzes als Voraussetzung gelingender Zusammenarbeit mit Eltern unter bestimmten Voraussetzungen anderen Verwaltungsstellen zugänglich machen können. Mitteilungen von ansteckenden Krankheiten an das Gesundheitsamt, der Anmeldedaten der Eltern an die Stadt und vielfältige statistische Mitteilungen sind daher Kitaalltag.

5.1 Systematik der Befugnisse und Übermittlungsgrundsätze

Die Übermittlung von Sozialdaten verlangt eine **gesetzliche Übermittlungsbefugnis** (§ 67b Abs. 1 S. 1 SGB X). Die finden sich in §§ 67d bis 77 SGB X und § 68 SGB VIII[1]. Abgesehen von der **Einwilligung** des Betroffenen (Art. 6 Abs. 1 lit. a DSGVO)[2] schließt § 67b SGB X andere Übermittlungstatbestände aus (»**Enumerationsprinzip**«). Aufgrund der genannten gesetzlichen Übermittlungsbefugnisse dürfen auch **besondere Daten nach Art. 9 Abs. 1 DSGVO** übermittelt werden (§ 67b Abs. 1 S. 2 SGB X);[3] biometrische, genetische und Gesundheitsdaten jedoch nur nach §§ 68–77 SGB X (§ 67b Abs. 1 S. 3 SGB X).

Von diesen Übermittlungsbefugnissen sind im Kitaalltag folgende von **praktischer Bedeutung**:

I. Datenübermittlung zur Erfüllung von eigenen Aufgaben
   1. Zur Erfüllung der Aufgabe, für die die Daten erhoben wurden (§ 69 Abs. 1 Nr. 1 Alt. 1 SGB X)
   2. Zur Erfüllung einer eigenen, anderen Aufgabe (§ 69 Abs. 1 Nr. 1 Alt. 2 SGB X)
   3. Zur Durchführung eines Gerichts- oder Strafverfahrens (§ 69 Abs. 1 Nr. 2 SGB X)
II. Datenübermittlung zur Erfüllung besonderer gesetzlicher Mitteilungspflichten (§ 71 Abs. 1 SGB X)

In seltenen Fällen mag noch eine Übermittlung nach § 69 Abs. 1 Nr. 3 SGB X zur Abwehr unwahrer Behauptungen und nach § 75 SGB X für Forschung und Planung vorkommen (für die auf die Fachliteratur verwiesen wird).

Die Fachkräfte haben drei **Einschränkungen ihrer Übermittlungsbefugnisse** zu beachten. Bei den oben unter I. genannten Übermittlungsbefugnissen nach § 69 SGB X darf durch die Übermittlung der Leistungserfolg nicht gefährdet werden (§ 64 Abs. 2 SGB VIII). Für alle oben genannten Übermittlungsbefugnisse gelten zudem die Einschränkungen nach § 65 SGB VIII bezüglich der einer Fachkraft im Rahmen einer persönlichen oder erzieherischen Hilfe anvertrauten Daten, also den ihr von den Sorgeberechtigten anvertrauten Daten, und nach § 76 SGB X bezüglich der ihr durch eine nach § 203 Abs. 1, 4 StGB schweigepflichtige Person, also z.B. einem Arzt oder Psychotherapeuten, bekannt gewordenen Daten.

---

1 § 64 Abs. 1 SGB VIII wiederholt im Wesentlichen nur die Regelungen in § 67b Abs. 1 S. 1 und 2 SGB X.
2 In Verbindung mit § 67b Abs. 1 S. 1 SGB X und § 35 Abs. 2 SGB I. Bei kirchlichen Trägern § 6 Abs. 1 lit. b und § 11 Abs. 2 lit. a KDG, § 6 Nr. 2 und § 13 Abs. 2 Nr. 1 DSG-EKD.
3 Für deren Übermittlung kommt natürlich auch eine Einwilligung infrage, sowie die weiteren Übermittlungsbefugnisse in Art. 9 Abs. 2 lit. b-j DSGVO, § 11 Abs. 2 KDG, § 13 Abs. 2 DSG-EKD.

»*Die Verantwortung für die Zulässigkeit*« der Übermittlung »*trägt die übermittelnde Stelle*« (§ 67d Abs. 1 S. 1 SGB X). Eine Kita muss also vor der Übermittlung prüfen, ob eine gesetzliche Übermittlungsbefugnis besteht oder eine Einwilligung vorliegt, die ihr die Übermittlung der Sozialdaten erlaubt. In Fällen der »*Übermittlung auf Ersuchen [eines] Dritten, an den die Daten übermittelt werden, trägt dieser die Verantwortung für die Richtigkeit der Angaben in seinem Ersuchen*« (§ 67d Abs. 1 S. 2 SGB X).

Die Übermittlung ist auf die für den jeweiligen Zweck der ersuchenden Stelle notwendigen Sozialdaten beschränkt (»**Erforderlichkeits- und Verhältnismäßigkeitsprinzip**«).[4] Deswegen sind bei der Hinzuziehung einer insoweit erfahrenen externen Fachkraft bei der Abschätzung des Gefährdungsrisikos nach § 8a SGB VIII die Sozialdaten zu anonymisieren oder zu pseudonymisieren, soweit die Aufgabenerfüllung dies zulässt (§ 64 Abs. 2a SGB VIII).[5]

Soweit eine gesetzliche Weitergabe- bzw. Übermittlungspflicht nach §§ 68 ff. SGB X besteht, greift das **Widerspruchsrecht** der betroffenen Person nach Art. 21 Abs. 1 Satz 1 DSGVO **nicht** (§ 84 Abs. 5 SGB X).

5.2 Übermittlung von Daten für die Erfüllung sozialer Aufgaben (§ 69 Abs. 1 Nr. 1 SGB X).

§ 69 Abs. 1 **Nr. 1** SGB X ist mit den gesetzlichen Mitteilungspflichten nach § 71 SGB X die in der Praxis bedeutendste Übermittlungsvorschrift. Sie unterscheidet **drei Fallgestaltungen**, von denen für Kindertageseinrichtungen nur die ersten beiden eigennützigen von Bedeutung sind.

Erste Fallgestaltung: Eigennützige Datenübermittlung der Einrichtung für den Zweck, für den die Daten erhoben wurden (§ 69 Abs. 1 Nr. 1 Alt. 1 SGB X).

Eine Kita darf als verantwortliche Organisationseinheit (Art. 4 Nr. 7 DSGVO)

- Sozialdaten, die sie für einen zulässigen Zweck erhoben hat, also für § 22 oder § 8a SGB VIII,
- an einen »Dritten« übermitteln, d.h. an eine natürliche[6] oder juristische Person, Behörde, Einrichtung oder andere Stelle außerhalb des Kitaträgers weitergeben oder offenlegen,[7] also z.B. an ein JA,
- wenn diese Übermittlung zur Erfüllung desselben Zwecks, für die diese Daten erhoben worden sind, dient (fortgesetzte Zweckbindung) und
- die Datenübermittlung zur Wahrnehmung dieser sozialen Aufgabe erforderlich ist.

Zusätzlich ist zu prüfen,

- ob § 64 Abs. 2 SGB VIII einer Übermittlung im Einzelfall entgegensteht, da sie den Erfolg einer zu gewährenden Leistung der Kinder- und Jugendhilfe infrage stellen würde,

---

4 Ebenso Hoffmann, in: Münder u.a., Frankfurter Kommentar SGB VIII, [8]2019, § 64 Rdn. 7.
5 Zum Problem miteinander verzahnter Daten siehe § 67d Abs. 2 SGB X.
6 Der Betroffenen selbst ist natürlich kein Dritter.
7 Vgl. Sommer, in: Krahmer, Sozialdatenschutzrecht, [4]2020, § 71 SGB X Rdn. 5.

Übermittlung von Daten für die Erfüllung sozialer Aufgaben

- zudem sind die Einschränkungen bei Weitergabe besonders schutzwürdiger Daten nach § 65 SGB VIII bzw. § 76 SGB X zu beachten (siehe hierzu Abschnitt 5.6 und das Muster in Abschnitt 5.7).

Beispiele

1. Kitas arbeiten im Rahmen ihrer Förderaufgabe (§ 22 SGB VIII) mit Dritten zusammen, denen sie die für die Zusammenarbeit notwendigen Informationen über die Kinder weitergeben. § 69 Abs. 1 Nr. 1 Alt. 1 SGB X ist hier Rechtsgrundlage des Übermittelns von Daten der Kinder oder ihrer Sorgeberechtigten an solche privaten Personen oder Organisationen, die am Erbringen der Förderleistung der Kindertageseinrichtung beteiligt sind. Da das Übermitteln in dieser Konstellation Voraussetzung für den Erfolg der Leistung ist, steht § 64 Abs. 2 SGB VIII einer Übermittlung meist nicht entgegen.

> **Beispiel 1**
> Eine Kita arbeitet mit einer freiberuflich tätigen Theaterpädagogin im musisch-kreativen Bereich zusammen und will eine Aufführung vorbereiten. Die Theaterpädagogin benötigt hierfür Anzahl und Namen der beteiligten Kinder sowie eventuell bei der Arbeit zu beachtende Eigenheiten der Kinder. Die Theaterpädagogin ist im Verhältnis zur Kita Dritte. Die Daten soll sie zur Erfüllung der Förderaufgabe (§ 22 SGB VIII) der Kita erhalten, an der sie mit dem Projekt beteiligt ist. Da die Daten für § 22 SGB VIII erhoben wurden, liegt Zweckidentität vor. Die Daten sind für ihre Mitarbeit auf das erforderliche Maß zu begrenzen, was hier der Fall ist.

Auch wenn die Eltern dem Theaterprojekt und der Beteiligung ihres Kindes hieran zugestimmt haben, kann nicht von einer konkludenten Einwilligung der Eltern in die Weitergabe der einer Fachkraft **persönlich anvertrauten** Daten i.S.d. § 65 Abs. 1 Satz 1 Nr. 1 SGB VIII an einen Dritten ausgegangen werden. Die Weitergabe dieser Daten bedarf vielmehr einer ausdrücklichen Einwilligung. Zudem ist die Nachweispflicht für das Vorliegen einer wirksamen Einwilligung nach Art. 7 Abs. 1 DSGVO, § 67b Abs. 2 SGB X zu beachten.

> **Beispiel 2**
> Das Beispiel 1 lässt sich auf alle Fälle verallgemeinern, in denen Kitas im Rahmen ihrer Förderarbeit Dritte einbinden:
> - Frühmusikalische Förderung der Kinder mithilfe einer Musikpädagogin,
> - Waldtag mithilfe eines Biologen,
> - Vater-Kind-Turnen oder Sportfest mithilfe der Trainer eines Turnvereins, …

> **Beispiel 3**
> Die Übermittlung psbD von Kindern, ihren Sorgeberechtigten oder Mitarbeitern an einen Förderverein ist dagegen nur mit Einwilligung der Betroffenen zulässig. Ein Förderverein unterstützt die Kita materiell und ideell, wirkt aber nicht direkt an der Förderaufgabe nach § 22 SGB VIII zur Erziehung, Bildung und Betreuung des Kindes mit.

> **Beispiel 4**
> Kontaktdaten oder andere psbD von Kindern und ihren Eltern darf die Kita nur mit Einwilligung an andere Eltern weitergeben. Dem verständlichen Wunsch der Eltern nach einer Liste mit Namen und Anschriften anderer Eltern/Kinder der Kitagruppe kann man auf freiwilliger Basis im Rahmen eines Elternabends erfüllen, indem man eine Liste auslegt, in die sich Eltern eintragen können, die einen Austausch der Kontaktdaten wünschen. Der Verwendungszweck sollte deutlich im Kopfbereich der Liste benannt werden. Man kann eine solche Liste in der Kindertageseinrichtung auch so auslegen, dass sich Eltern bzw. Personensorgeberechtigte der jeweiligen Gruppe beim Holen oder Abgeben ihrer Kinder eintragen können. Die Liste darf nur an Sorgeberechtigte weitergegeben werden.

2. Eine Kita stellt bei einem Kind Anhaltspunkte einer Kindeswohlgefährdung fest und informiert angesichts der fehlenden Bereitschaft oder Fähigkeit der Eltern zur Gefahrenabwehr das Jugendamt (§ 8a Abs. 4 SGB VIII).

> **Beispiel 5**
> Ein Kind kommt des Öfteren mit blutunterlaufenen Striemen in die Tageseinrichtung, ohne ihre Herkunft plausibel erklären zu können.
>
> Hier besteht ein begründeter Verdacht auf Kindesmisshandlung aufgrund der Verletzungsstelle, ihrer Häufigkeit (»öfter«) und ihre Formen. Lässt sich dieser begründete Verdacht in einem Gespräch mit den Eltern nicht ausräumen, und sind sie nicht bereit, entsprechende Hilfen in Anspruch zu nehmen (z.B. eine Erziehungsberatung), hat die Einrichtung das Jugendamt hierüber informieren (§ 8a Abs. 4 S. 2 SGB VIII).
>
> Da es sich um keine anvertrauten Daten handelt, ist die Datenweitergabe nach § 69 Abs. 1 Nr. 1 Alt. 1 SGB X zulässig, weil die Daten zu dem Zweck übermittelt werden, zu dem sie erhoben wurden, nämlich der gesetzlichen Aufgabe nach § 8a Abs. SGB VIII (Schutz vor Kindeswohlgefährdung durch Einschätzung, Gespräch mit Erziehungsberechtigten, ggf. Einschaltung des Familiengerichts). Wenn Daten zunächst zur Förderung des Kindes erhoben wurden (§ 22 SGB VIII), dürften auch sie nach § 69 Abs. 1 Nr. 1 Alt. 2 SGB X übermittelt werden, da sie dann zur Erfüllung einer anderen Aufgabe der Kita (§ 8a SGB VIII) übermittelt werden.
>
> Eine Anzeige bei der Polizei wäre erst zulässig, wenn das Jugendamt dem Hinweis nicht nachginge (Datenweitergabe nach § 69 Abs. 1 Nr. 1 SGB X).

Auch Kindertageseinrichtungen haben nach § 64 Abs. 2 SGB VIII die mögliche Wirkung einer Datenübermittlung daraufhin einzuschätzen, ob der Erfolg einer zu gewährenden Leistung – hier die Betreuung in der Kindertageseinrichtung – wegen der Weitergabe der Daten nicht oder nicht mehr erbracht wird werden kann, weil z.B. die Sorgeberechtigten bei Weitergabe von Daten an das JA ihre Kooperation mit der Kita aufgeben und den Betreuungsplatz kündigen.[8] § 64 Abs. 2 SGB VIII setzt jedoch voraus, dass die fragliche Hilfe nach Einschätzung der Einrichtungsfachkräfte zur Abwendung der Kindeswohl-

---

8 Vgl. Kirchhoff, in: Schlegel/Voelzke, jurisPK-SGB VIII, ²2018, § 64 Rdn. 24.

Übermittlung von Daten für die Erfüllung sozialer Aufgaben

gefährdung geeignet ist. Denn nach § 8a Abs. 4 S. 2 SGB VIII sollen sie bei den Erziehungsberechtigten auf die Inanspruchnahme der zur Abwendung einer Kindeswohlgefährdung geeigneter Hilfen hinwirken, wenn sie die für erforderlich halten, und das JA informieren, wenn die Gefahr ohne dessen Information nicht abgewendet werden kann.[9]

Beispiel 6
Im obigen Fall einer Kindesmisshandlung steht einer Information des JA gem. § 69 Abs. 1 Nr. 1 SGB X der § 64 Abs. 2 SGB VIII nicht entgegen, da die Betreuung in der Kita allein nicht geeignet ist, die massive Kindesmisshandlung auszuräumen.

3. Die Kita eines freien Trägers stellt »Ereignisse oder Entwicklungen [fest], die geeignet sind, das Wohl der Kinder und Jugendlichen zu beeinträchtigen, und informiert unverzüglich die zuständige Behörde« (§ 47 Nr. 2 SGB VIII).

Beispiel 7
Wer meldet nach § 47 Nr. 2 SGB VIII der zuständigen Behörde Ereignisse oder Entwicklungen in einer Kita eines freien Trägers, die geeignet sind, das Wohl der Kinder und Jugendlichen zu beeinträchtigen?
§ 47 Nr. 2 SGB VIII ordnet zwar eine Meldepflicht der freien Träger für die genannten Ereignisse an (SGB-Aufgabe), bestimmt aber nicht, wer sie für diesen festzustellen und sie dann an die zuständige Behörde zu melden hat. Diese hat vielmehr nach § 4 Abs. 1 S. 2 SGB VIII die Organisation des freien Trägers als dessen eigene Angelegenheit zu respektieren.
Die verbindliche **Feststellungsbefugnis** für Kindeswohl gefährdende Ereignisse oder Entwicklungen unterliegt gesetzlich aufgrund der Art der Aufgabe nach § 72 Abs. 1 S. 3 SGB VIII dem Fachkräftegebot. Dies ergibt sich aus § 8a Abs. 4 Nr. 1 SGB VIII. Die Befugnis, die erforderlichen Daten zur Erledigung der SGB-Aufgabe aus § 47 Nr. 2 SGB VIII zu **erheben**, folgt aus § 62 SGB VIII.
Das Fachkraftgebot gilt auch für **Meldungen** von Kindeswohlgefährdungen, wie sich aus § 8a Abs. 4 S. 2 SGB VIII für Meldungen an das JA ergibt bzw. § 8a Abs. 5 SGB VIII für Meldungen zwischen JAer beim Wechsel des Jugendamtes resp. zwischen Kitas bei entsprechender Anwendung. Damit unterliegt auch im Fall des § 47 Nr. 2 SGB VIII die Meldung kindeswohlgefährdender Ereignisse dem Fachkräftegebot und ist durch die Einrichtungsleitung zu erledigen. Die Erledigung kann durch eine arbeitsrechtliche Weisung des Trägers an die Leitung zur Meldung solcher Fälle an die Aufsichtsbehörde unterlegt werden. Die datenschutzrechtliche **Übermittlungsbefugnis** ergibt sich aus § 69 Abs. 1 Nr. 1 SGB X (Erfüllung einer SGB Aufgabe).
Dem kann nicht entgegengehalten werden, dass der Träger, wenn er die Meldung nicht selbst wahrnimmt, seiner **organisatorischen und arbeitsrechtlichen Trägerverantwortung** nicht nachkommen könne. Mal abgesehen davon, dass der Träger, die Feststellungs- und Übermittlungsaufgabe fachlich gar nicht wahrnehmen kann, genügt es, dass die Leitung den Träger über das »das« eines Vorkommnisses

---
[9] Siehe auch Bringewat, in: Kunkel, LPK-SGB VIII, [7]2018, § 8a, Rdn. 107 f.

(anonymisiert) unterrichtet und in Fällen involvierter Fachkräfte oder organisatorischer/baulicher Defizite auch so weit über zusätzliche Einzelheiten in Kenntnis setzt, dass der Träger seiner arbeitsrechtlichen und organisatorischen Verantwortung nachkommen kann. Die Befugnis der Einrichtungsleitung hierfür ergibt sich aus § 67c Abs. 3 SGB X: zur »Wahrnehmung von Aufsichts-, Kontroll- und Disziplinarbefugnissen«. Im Übrigen ist auch trägerintern das Sozialgeheimnis sicherzustellen (§ 35 Abs. 1 S. 2 SGB I).

Aus **Sicht der zuständigen Behörde** stellt sich die Befugnis zur Datenerhebung wie folgt dar. Die gemeldeten psbD dürfen von der zuständigen Behörde zur Erfüllung der ihr nach § 85 Abs. 2 Nr. 6 SGB VIII zugewiesenen **Aufgabe** des Schutzes von Kindern und Jugendlichen in Einrichtungen (§§ 45 bis 48a) erhoben werden. Die **Befugnis** ergibt sich aus § 62 Abs. 1 SGB VIII. Dass die mitgeteilten Daten ohne Mitwirkung der Betroffenen erhoben werden, erlauben § 62 Abs. 3 Nr. 1 und 2c i.V.m. § 47 Nr. 2 SGB VIII (Meldepflichten von Trägern). Für nachfolgende, ergänzende Datenerhebungen wäre § 62 Abs. 2 SGB VIII zu beachten. Die Kenntnis der erhobenen Daten muss erforderlich sein, damit die zuständige Behörde prüfen kann, ob und wenn ja, welche Maßnahmen zur Sicherung des Kindeswohls erforderlich sind.

4. Bestandteil einer rechtmäßigen Aufgabenerfüllung ist auch die Kontrolle ihrer Rechtmäßigkeit. Wird bei einem Verwaltungsgericht Klage gegen das JA auf einen Kitaplatz oder gegen einen Kostenbeitrag erhoben, übermittelt das JA daher Daten an das zuständige Verwaltungsgericht im Kontext einer Aufgabe der Kinder- und Jugendhilfe nach § 69 Abs. 1 Nr. 1 SGB X.[10] Zu übermitteln sind im Prinzip alle Daten, die das Verwaltungsgericht benötigt, um das Handeln des JA zu überprüfen, d.h. etwa bei einem Kitaplatz alle Daten, die für die Auswahlentscheidung bei der Platzvergabe erforderlich sind. Kitas freier Träger sind hiervon nicht betroffen, da sie keine Kostenbeiträge nach SGB VIII erheben und nicht zur Erfüllung des Rechtsanspruchs auf einen Kitaplatz verpflichtet sind.

> **Beispiel 8: Anspruch auf einen Kindergartenplatz**[11]
> Ein Kind begehrt nach § 24 I 1 SGB VIII im Eilverfahren die Aufnahme in seinen städtischen Wunschkindergarten. Muss das JA dem Verwaltungsgericht eine Liste der für die Aufnahme in einer städtischen Kita ausgewählten Kinder einschließlich der familienbezogenen Aufnahmegründe vorlegen?
> Nach Auffassung des VG lagen die Voraussetzungen des § 69 I Nr. 2 SGB X vor, da die Datenübermittlung für das Gerichtsverfahren erforderlich sei. Deren Erforderlichkeit ergebe sich aus der Konkurrenzsituation bei der Vergabe von Kindergartenplätzen. Das Kind als Antragsteller habe ein aus Art. 19 IV GG resultierendes Recht auf gerichtliche Überprüfung der von ihm beanstandeten Vergabepraxis. Hierzu gehöre auch, ob die Vergabekriterien im Einzelfall eingehalten worden seien. Hierfür seien

---

10 Vgl. Hoffmann, in: Münder u.a., Frankfurter Kommentar SGB VIII, [8]2019, § 64 Rdn. 24; Kunkel, in: ders., LPK-SGB VIII, [7]2018, § 61 Rdn. 126, 139.
11 Nach VG Gelsenkirchen: NVwZ-RR 1998, 437–439.

nachvollziehbare, d.h. unter Umständen nachprüfbare Darlegungen erforderlich. Dazu zähle zumindest eine Namensliste der dem Antragsteller vorgezogenen Kinder einschließlich der Geburtsdaten dieser Kinder sowie – je nach Vergabekriterien – Hinweise, ob es sich bei diesen Kindern um Geschwisterkinder, Kinder aus Teilfamilien, solche von Spätaussiedlern etc. handele bzw. wann der Antrag eingegangen sei.[12]
Sollte die Vergabe eines Platzes aus Gründen erfolgt sein, die zu einer Anwendung des gesteigerten Sozialdatenschutzes führt (z.B. dem Jugendamt durch Ärzte anvertraute Daten, siehe § 65 KJHG) so müsste der Ag. ggf. durch geeignete Maßnahmen wie schwärzen oder Ähnliches, eine Offenbarung geschützter Daten ausschließen.

Zweite Fallgestaltung: Eigennützige Übermittlung von Sozialdaten für die Erfüllung einer (anderen) gesetzlichen Aufgabe der übermittelnden Stelle als der, für die sie die Daten erhoben hat (§ 69 Abs. 1 Nr. 1 Alt. 2 SGB X).
Eine Kita darf als verantwortliche Organisationseinheit
- Sozialdaten, egal ob selbst erhoben oder von Dritten erhalten,[13]
- an einen »Dritten« übermitteln, d.h. eine natürliche oder juristische Person, Behörde, Einrichtung oder andere Stelle, außerhalb des Kitaträgers weitergeben oder offenlegen,
- wenn diese Datenübermittlung der Erfüllung einer anderen Aufgabe als der dient, für die sie diese Daten erhoben hat (**geänderte Zwecksetzung**), also für die Förderung des Kindes (§ 22 SGB VIII) erhobene Daten werden zur Gefährdungseinschätzung (§ 8a SGB VIII) genutzt und umgekehrt, und
- die Übermittlung zur Wahrnehmung dieser sozialen Aufgabe erforderlich ist.

Zusätzlich ist zu prüfen,
- ob § 64 Abs. 2 SGB VIII dem Übermitteln im Einzelfall entgegensteht, da das Übermitteln den Erfolg einer zu gewährenden Leistung der Kinder- und Jugendhilfe infrage stellen würde.
- Zudem sind die Einschränkungen der Weitergabe besonders schutzwürdiger Daten nach § 65 SGB VIII bzw. § 76 SGB X zu beachten.

Die Datenweitergabe erlaubt dem übermittelnden Leistungsträger die Erfüllung aller ihm im Sozialgesetzbuch (I-XII) zugewiesenen **Aufgaben** (§ 67 Abs. 2 SGB X). Zu den eigenen Aufgaben nach dem SGB (Definition in § 67 Abs. 2 SGB X) gehören **nicht** die allgemeinen Verwaltungsfunktionen der Leistungsträger als Arbeitgeber oder als Verwaltungsträger (**fiskalischer Bereich**: Beschaffung etc.).[14] Ebenfalls keine spezifische eigene Aufgabe, die eine Übermittlung von Sozialdaten an freie Träger, Schule, Polizei etc. rechtfertigen könnten, beinhalten die **allgemeinen Gebote der Zusammenarbeit** nach §§ 4 SGB VIII, 81 SGB VIII, 17 Abs. 3 SGB I oder in den Landesgesetzen zur **Kooperation mit den Grundschulen** (z.B. § 14b KiBiz NRW). Diese Kooperationsgebote sind zu allgemein gefasst.[15]

---
12 Ähnlich VG Hannover, Beschl. v. 12.7.1996 – 9 B 3364/96; bestätigt durch OVG Lüneburg – 27.11.1996 – 4 M 4787/96.
13 So auch Kunkel, in: ders., LPK-SGB VIII, [7]2018, 61 Rdn. 112.
14 Fromm in: Schlegel/Voelzke, jurisPK-SGB X, 2. Aufl., § 69 SGB X 1. Überarbeitung (Stand: 02.05.2018), Rdn. 25.
15 Vgl. Kunkel, in: ders., LPK-SGB VIII, [7]2018, 61 Rdn. 113.

> **Beispiel 9**
> Rebecca ist ein sehr verhaltensauffälliges Kind. Sie reagiert schnell körperlich aggressiv, hält sich kaum an Regeln und kann sich nicht länger konzentrieren. Die Probleme finden sich auch in ihrer Bildungsdokumentation und waren regelmäßiges Thema der Elterngespräche. Im Sommer soll sie in die Schule kommen. Nun erfahren ihre Eltern, dass die Gruppenleitung gegenüber der zukünftigen Klassenlehrerin bei einer Hospitation Andeutungen zu der Problematik gemacht hat. Die Eltern sind wütend, da sie auf einen Neubeginn ohne Vorbelastung gehofft hatten.
>
> Die Kita-Landesgesetze sehen eine **Kooperation der Kitas mit den Grundschulen** vor. Als Bestandteile der Kooperation werden typischerweise (siehe § 14b Abs. 2 KiBiz NRW) gegenseitige Informationsaustausche über Bildungsinhalte, -methoden und -konzepte, die Kontinuität bei der Förderung der Entwicklung der Kinder, regelmäßige gegenseitige Hospitationen, die Benennung fester Ansprechpersonen in beiden Institutionen, gemeinsame (Informations-) Veranstaltungen für Eltern, gemeinsame Konferenzen zur Gestaltung des Übergangs in die Grundschule und gemeinsame Fort- und Weiterbildungsmaßnahmen genannt.
>
> Die Kooperationsvorschriften in den Kita-Landesgesetzen mit ihrem allgemeinen Gebot der Zusammenarbeit mit den Grundschulen sind **keine Ermächtigungsgrundlage** für eine Datenübermittlung zwischen Kita und Grundschule. Sie berechtigen Kitamitarbeiter nicht, der Schule
> - Unterlagen mit personenbezogenen Informationen über die einzuschulenden Kinder weiterzugeben oder offenzulegen,
> - die Bildungsdokumentationen der Kinder weiterzugeben oder offenzulegen,
> - in Gesprächen mit Lehrern personenbezogenen Informationen über die einzuschulenden Kinder offenzulegen,
> - es Lehrern zu ermöglichen, sich in der Kita selbst einen »Eindruck« von den Kindern zu verschaffen.
>
> Das Verhalten der Gruppenleitung war daher **rechtswidrig**. Ein solcher Austausch wäre nur zulässig, wenn die Eltern ihre Einwilligung gegeben hätten. Diese sollten sie dokumentieren (Nachweisbarkeit, Art. 5 Abs. 2 DSGVO). Wenn die Schulleitung oder Lehrer versichern, die Eltern hätten in einen Datenaustausch eingewilligt, sollten die Kitamitarbeiter sich vorher eine Kopie der Einwilligung geben lassen, prüfen, ob die Einwilligung auch sie befugt, ihrerseits Daten an die Schule zu übermitteln, und die Einwilligung sodann dokumentieren (Nachweisbarkeit, Art. 5 Abs. 2 DSGVO).

§ 69 Abs. 1 Nr. 1 Alt. 2 SGB X erlaubt Kindertageseinrichtungen das Übermitteln von für die Förderung der Kinder erhobener Daten (§ 22 SGB VIII) an Dritte, wenn zur Abwendung einer Gefährdung des Wohls eines Kindes das Tätigwerden des JA, der Einrichtungen der Gesundheitshilfe, des Familiengerichts oder der Polizei notwendig erscheint (§ 8a Abs. 3, § 65 Abs. 1 Satz 1 Nr. 2, § 42 Abs. 6).[16] In dem Fall erlaubt § 65 Abs. 1 S. 1 Nr. 2 SGB VIII auch die Weitergabe anvertrauter Daten an das JA, der Einrichtungen der Gesundheitshilfe, des Familiengerichts oder der Polizei.

---

16 Hoffmann, in: Münder u.a., Frankfurter Kommentar SGB VIII, 8/2019, § 64 Rdn. 27.

> **Beispiel 10: Betrunkene holt Sohn von der Kita ab**
> OLDENBURG (dpa). Eine betrunkene Frau hat in Oldenburg mit dem Auto ihren fünfjährigen Sohn von der Kita abgeholt. Im Wagen der 27-Jährigen saßen noch ein zwei Monate altes Baby und die siebenjährige Tochter, teilte die Polizei am Freitag mit. Angestellte der Kita bemerkten den fahruntüchtigen Zustand der Mutter und alarmierten die Polizei, nachdem die Frau mit den drei Kindern davongefahren war. Beamte trafen die Frau kurz danach in der Wohnung der Familie an und stellten einen Alkoholwert von mehr als zwei Promille fest. Zudem hatte die 27-Jährige weder einen Führerschein, noch war das Auto zugelassen. Die Polizei schaltete das Jugendamt ein und leitete ein Ermittlungsverfahren gegen die Mutter ein.
> Die Datenweitergabe (Name und Anschrift der Mutter) direkt an die Polizei ist nach § 69 Abs. 1 Nr. 2 SGB X zulässig, weil das Jugendamt im Straßenverkehr nicht eingreifen und keinen Führerschein einkassieren kann. Die Daten wurden für die Förderaufgabe der Kita erhoben und nun zum Schutz des Kindes vor zukünftiger Kindeswohlgefährdung (§ 8a Abs. 1 und 2 SGB VIII) durch Trunkenheit im Verkehr (§ 316 StGB) verwandt. Die Tatsache der Trunkenheit kann nach § 69 Abs. 1 Nr. 1 SGB X weitergegeben werden, da sie direkt im Zusammenhang mit dem Kindesschutz erhoben wurde und nun dafür weiterverwandt wird.

Die **Dritte Fallgestaltung** (§ 69 Abs. 1 Nr. 1 Alt. 3 SGB X) ist für Kindertageseinrichtungen nicht relevant. In ihr unterstützt ein Leistungsträger eine andere Behörde durch Erteilen von Auskünften bzw. Übersenden von Akten(teilen), damit **diese ihre Aufgaben** erfüllen kann. Freie Träger und ihre Einrichtungen, also auch ihre Kitas, sind – entgegen der Annahme vieler Jugendämter – grundsätzlich nicht zur Amtshilfe verpflichtet.[17] Einrichtungen eines Trägers der öffentlichen Jugendhilfe sind zwar im Grundsatz zur Amtshilfe verpflichtet,[18] allerdings wäre sie nur möglich, wenn die Datenübermittlung nicht gegen die aus dem Betreuungsvertrag resultierende zivilrechtliche Nebenpflicht (§ 241 BGB) zum Schutz der Daten der betroffenen Person verstoßen würde.[19] Daher kommt eine Datenübermittlung hier nur mit Einwilligung der betroffenen Person in Betracht.

Anders ist die Sachlage bei den weiter unten zu besprechenden gesetzlichen Mitteilungspflichten nach § 71 SGB VII.[20]

5.3 Datenübermittlung zur Durchführung eines Gerichts- oder Strafverfahrens (§ 69 Abs. 1 Nr. 2 SGB X)

Die Übermittlung von Sozialdaten ist nach § 69 Abs. 1 **Nr. 2** SGB X zulässig, soweit sie für die **Durchführung eines gerichtlichen Verfahrens** einschließlich eines Strafverfahrens erforderlich ist. Das Verfahren muss mit der »Erfüllung einer gesetzlichen Aufgabe« nach dem SGB (§ 69 Abs. 1 Nr. 1 SGB X) zusammenhängen.

---

[17] Vgl. Kunkel, in: ders., LPK-SGB VIII, [7]2018, § 61 Rdn. 100.
[18] So auch Hoffmann, in: Münder u.a., Frankfurter Kommentar SGB VIII, [8]2019, § 64 Rdn. 36 m.w.N.
[19] Siehe hierzu Abschnitt 1.2; ebenso Hoffmann, in: Münder u.a., Frankfurter Kommentar SGB VIII, [8]2019, § 64 Rdn. 36 m.w.N.
[20] Vgl. Hoffmann, in: Münder u.a., Frankfurter Kommentar SGB VIII, [8]2019, § 64 Rdn. 36 m.w.N.

Befugnisse zur Datenübermittlung

In einer Kindertageseinrichtung kann dies einmal in dem Fall relevant werden, wo eine Strafanzeige notwendig wird, um eine **weitere Gefährdung eines Kindes zu verhindern**.[21] Allerdings sind die Einschaltung des JA und des FamG als Fachbehörde bzw. -gericht näherliegend, sodass sich die Notwendigkeit einer Strafanzeige, die zudem nicht der akuten Gefahrenbeseitigung, sondern der späteren Bestrafung dient,[22] nur ausnahmsweise begründen lässt. Für anvertraute Daten kann sich die Befugnis zur Anzeige aus § 65 Abs. 1 S. 1 Nr. 5 SGB VIII ergeben.

Zum anderen kann eine Strafanzeige wegen einer Beleidigung eines Mitarbeiters oder wegen einer Körperverletzung gegen einen Mitarbeiter relevant werden.[23] § 69 Abs. 1 **Nr. 2** SGB X erlaubt dann die Datenübermittlung an die Staatsanwaltschaft oder die Polizei.[24] Allerdings ist die Einschränkung des § 64 Abs. 2 SGB VIII zu beachten.

Beispiel 11

Bei einem Gespräch über Verhaltensprobleme eines Kindes und der mangelnden Struktur in der Familie (tagsüber ununterbrochen laufender Fernseher, keine geregelten Essenszeiten, keine Rituale beim Zubettgehen, etc.) kommt es im Büro der Einrichtungsleitung zu Beleidigungen seitens des Lebenspartners der allein sorgeberechtigten Mutter. Gegen den Lebenspartner könnte grundsätzlich eine Datenübermittlung zwecks Strafanzeige an die Staatsanwaltschaft nach 69 Abs. 1 Nr. 2 SGB X erfolgen. Sie steht im Zusammenhang mit der eigenen Aufgabenwahrnehmung (Förderung des Kindes, § 22 SGB VIII). Aber die Strafanzeige darf nach § 64 Abs. 2 SGB VIII den Hilfeerfolg nicht gefährden. Das Vertrauensverhältnis zwischen der Einrichtung und der Mutter, welches für die Erbringung der Jugendhilfeleistung (Betreuung und Förderung des Kindes sowie beratende Unterstützung der Erziehungsfähigkeit der Mutter, § 22 Abs. 2 Nr. 2 SGB VIII) unabdingbar ist, würde nachhaltig gestört, wenn gegen den Lebenspartner strafrechtlich ermittelt würde. Es müsste damit gerechnet werden, dass die Mutter wohl das Kind nach einer Strafanzeige gegen ihren Lebenspartner abmelden würde. Das hätte zur Folge, dass der Erfolg der Hilfeleistung gefährdet wird.

5.4 Erfüllung besonderer gesetzlicher Pflichten und Mitteilungsbefugnisse (§ 71 SGB X).

Ein Sozialleistungsträger kann nach § 35 Abs. 3 SGB I einer Mitteilungspflicht nur nachkommen, wenn und soweit für ihn eine Übermittlungsbefugnis besteht. § 71 SGB X listet aus Gründen der Rechtsklarheit abschließend die Fälle auf, in denen besondere gesetzliche Pflichten dem Sozialgeheimnis vorgehen.

Insbesondere sind nach § 87 Abs. 1 AufenthG Schulen sowie Bildungs- und Erziehungseinrichtungen, also auch Kitas, nicht verpflichtet, ihnen bekannt gewordene Umstände den **Ausländerbehörden** mitzuteilen (§ 71 SGB X).

---

[21] Ebenso Kunkel, Kinderschutz und Datenschutz, S. 5 Nr. 8, https://www.hs-kehl.de/fileadmin/hsk/Forschung/Dokumente/PDF/2008–01.pdf.
[22] Hierzu Palsherm, in: Papenheim, Baltes u.a. Verwaltungsrecht für die soziale Praxis, [26]2018, S. 224.
[23] Str. wie hier Kunkel, in: ders., LPK-SGB VIII, [7]2018, § 61 Rdn. 125; mit Nachweisen auch der Gegenmeinung.
[24] Vgl. Kunkel; in: ders., LPK-SGB VIII, [7]2018, § 61 Rdn. 125, der auf die Strafanzeige (§ 160 StPO) abstellt.

Für Kindertageseinrichtungen sind aus dem langen Katalog nur die Nr. 1, 2 und 8 interessant.

Geplante Straftaten nach § 138 StGB (§ 71 Abs. 1 Nr. 1 SGB X).

Sozialdaten dürfen nach § 71 Abs. 1 S. 1 Nr. 1 SGB X an Polizei oder Staatsanwaltschaft übermittelt werden, um die in § 138 Abs. 1 und 2 StGB abschließend aufgeführten Straftaten abzuwenden. Da dort weder Sexualdelikte, einschließlich Kindesmissbrauchs, noch Körperverletzungen, einschließlich Kindesmisshandlung oder -vernachlässigung, aufgeführt sind und auch vollendete Straftaten nicht anzeigepflichtig sind, hat die Vorschrift kaum praktische Bedeutung.[25]

Schutz der öffentlichen Gesundheit (§ 71 Abs. 1 Nr. 2 SGB X).

Sozialdaten sind vom Leistungsträger auch dann zu übermitteln, wenn dies zum Schutz der öffentlichen Gesundheit nach § 8 Infektionsschutzgesetz angezeigt ist. Wer meldepflichtig ist, ergibt sich aus § 8 IfG (u.a. Leitungen von Kindertageseinrichtungen), welche Krankheiten meldepflichtig sind, aus § 6 IfSG. Nach § 34 Abs. 10a IfSG haben die Personensorgeberechtigten »bei der Erstaufnahme in eine Kindertageseinrichtung« einen nach den Empfehlungen der Ständigen Impfkommission ausreichenden Impfschutz hinsichtlich Masern nachzuweisen. »*Wenn der Nachweis nicht erbracht wird, benachrichtigt die Leitung der Kindertageseinrichtung das Gesundheitsamt, in dessen Bezirk sich die Einrichtung befindet, und übermittelt dem Gesundheitsamt personenbezogene Angaben. Das Gesundheitsamt kann die Personensorgeberechtigten zu einer Beratung laden. Weitergehende landesrechtliche Regelungen bleiben unberührt.*«

Erfüllung von Aufgaben der Statistikämter nach § 71 Abs. 1 Satz 1 Nr. 8 SGB X.

Umfangreiche statistische Meldepflichten finden sich in den Ausführungsgesetzen der Bundesländer zur Arbeit der Kindertageseinrichtungen (§ 26 SGB VIII).[26]

5.5 Einschränkung der Übermittlungsbefugnis bei besonders schutzwürdigen Sozialdaten (§ 76 SGB X).

§ 76 SGB X schränkt die Übermittlung besonders schutzwürdiger Sozialdaten, die einer Kindertageseinrichtung von einem Arzt oder einer anderen in § 203 Abs. 1 und 3 StGB genannten Person erhalten hat, ein.

> **Beispiel 12**
> Eine Kitamitarbeiterin erhält vom behandelnden Arzt zur Betreuung eines behinderten Kindes einschlägige Gesundheitsdaten mitgeteilt.

---

25 Zu Einzelheiten siehe Kunkel, in: ders., LPK-SGB VIII, ⁷2018, § 61 Rdn. 143 f.
26 Zu der überbordenden Fülle siehe: Meiner-Teubner, Kopp, Schilling, Träger von Kindertageseinrichtungen im Spiegel der amtlichen Statistik, Dortmund 2015, http://www.akjstat.tu-dortmund.de/fileadmin/user_upload/AKJStat/Analysen/Kita/Traeger_von_Kindertageseinrichtungen_im_Spiegel_der_amtlichen_Statistik.pdf.

Befugnisse zur Datenübermittlung

> **Beispiel 13**
> Kitamitarbeiter erhalten durch einen Arzt bei der Schulung zur Medikamentation eines Kindes notwendige Informationen zu seinem Gesundheitszustand.

> **Beispiel 14**
> Eine Kitamitarbeiterin erhält von einem Psychotherapeuten zur Betreuung eines verhaltensauffälligen Kindes Informationen.

Die der Kita von einem **Arzt** oder anderem Geheimnisträger nach § 203 Abs. 1 und 3 StGB zugänglich gemachten Daten dürfen im Wesentlichen nur mit Einwilligung oder im Fall des rechtfertigenden Notstands übermittelt werden (siehe hierzu Abschnitt 5.6. unter »Weitergabe und Übermittlungsbefugnisse«).

5.6 Einschränkung der Weitergabe- und Übermittlungsbefugnis durch die sozialrechtliche Schweigepflicht (§ 65 SGB VIII)

Bedeutung: Vertrauensschutz als Voraussetzung persönlicher Hilfen

Die Weitergabe und Übermittlung von Informationen, die einer Fachkraft eines öffentlichen bzw. (bei entsprechender Anwendung) eines freien Jugendhilfeträgers für eine persönliche oder erzieherische Hilfe anvertraut werden, darf nur unter den Voraussetzungen des § 65 Abs. 1 Satz 1 Nr. 1–5 SGB VIII erfolgen. Auch gegenüber Auskunftsansprüchen ist § 65 SGB VIII zu beachten.[27]

> **Beispiel 15**
> Eine Mutter vertraut der ihr Kind betreuenden Fachkraft an, dass der Ehemann ausgezogen ist und der Junge wohl deswegen wieder einnässe.

Damit erkennt der Gesetzgeber an, dass es in der persönlichen und erzieherischen Hilfe in der Regel um persönliche Sachverhalte geht, die der Betroffene ohne eine vertrauensvolle, persönliche Beziehung zur Fachkraft ihr nicht geben würde. Ohne ein Übermittlungs- und Weitergabeverbot könnte die für die persönliche und erzieherische Hilfe unverzichtbare Offenheit und Mitwirkungsbereitschaft nicht entstehen.[28] Die Schweigepflicht wird daher dem Mitarbeiter selbst auferlegt, welchem die Sozialdaten anvertraut wurden.

Persönlicher Anwendungsbereich

Zur Verschwiegenheit verpflichtet sind die einzelnen »**Mitarbeiter**« (§ 65 Abs. 1 S. 1 SGB VIII) unabhängig von ihrer Ausbildung, Funktion und Dienststellung. Ob die Mitarbeiter haupt-, neben- oder ehrenamtlich für den Träger tätig sind, ist dabei unerheblich.[29]

---

[27] So auch Kirchhoff, in: Schlegel/Voelzke, jurisPK-SGB VIII, ²2018, Stand: 09.09.2020, § 65 Rdn. 9 m.w.N.
[28] Vgl. Kirchhoff, in: Schlegel/Voelzke, jurisPK-SGB VIII, ²2018, § 65 Rdn. 13, 15.
[29] Ebenso Kirchhoff, in: Schlegel/Voelzke, jurisPK-SGB VIII, ²2018, § 65 Rdn. 24 m.w.N.

Der Leistungsträger wird durch § 65 SGB VIII **mittelbar** verpflichtet, nämlich im Rahmen seiner Fürsorgepflicht durch entsprechende technisch-organisatorische Maßnahmen einschließlich Dienstanweisungen dafür zu sorgen, dass der Mitarbeiter seine Verpflichtung zum Schutz ihm anvertrauter Daten nachkommen kann.[30]

> **Beispiel 16**
> Der Träger ist verpflichtet durch organisatorische Maßnahmen dafür Sorge zu tragen, dass Kitamitarbeiter
> - durch eine adäquate räumliche Gestaltung der Arbeitsplätze oder Einrichtung von geschützten Besprechungsräumen vertrauliche Gespräche führen können,
> - anvertraute Daten separat von den sonstigen Sozialdaten und geschützt gegen Zugriff anderer Mitarbeiter nutzen und speichern können (Datenverwaltung).

Mitarbeiter, die zu den in § 203 Abs. 1 StGB aufgezählten Berufsgruppen gehören, in der Kita also vor allem »**staatlich anerkannte Sozialarbeiter oder staatlich anerkannte Sozialpädagogen**« (§ 203 Abs. 1 Nr. 6 StGB), fallen auch unter § 65 SGB VIII. Dies wird überwiegend so verstanden, dass § 65 SGB VIII eine (an sich überflüssige) klarstellende Regelung zu § 203 StGB ist.[31]

Sachlicher Anwendungsbereich

Der besondere Vertrauensschutz des § 65 SGB VIII kommt nur zum Tragen, wenn dem Mitarbeiter Sozialdaten »zum Zwecke persönlicher und erzieherischer Hilfe anvertraut« werden.

a. Der Begriff »**persönliche und erzieherische Hilfe**« bezeichnet in Abgrenzung zu Sach- und Geldleistungen **alle Formen persönlicher Betreuung, Beratung und Unterstützung** (§ 11 S. 2 SGB I). Der persönliche Bezug fehlt bei rein **wirtschaftlichen oder administrativen** Tätigkeiten, wie dem Erheben von Kostenbeiträgen etc.[32] Sofern hierbei jedoch eine Beratung stattfindet, fallen die in dem Zusammenhang erhaltenen Informationen unter die Regelung des § 65 SGB VIII.

> **Beispiel 17**
> Bei der Berechnung und Erhebung des Essensgeldes berät eine Kitamitarbeiterin eine Mutter zu Eheproblemen, die diese diskret gehandhabt sehen will.

---

30 Vgl. BAG NDV 1987, 333; Hoffmann, in: Münder u.a., Frankfurter Kommentar SGB VIII, [8]2019, § 65 Rdn. 6, dort auch zu den Beispielen; sowie Kirchhoff, in: Schlegel/Voelzke, jurisPK-SGB VIII, [2]2018, § 65 Rdn. 23.
31 So Kunkel in: ders., LPK-SGB VIII, [7]2018, § 65 Rdn. 5.
32 Siehe Hoffmann, in: Münder u.a., Frankfurter Kommentar SGB VIII, [8]2019, § 65 Rdn. 11.

> **Beispiel 18**
> Kein anvertrautes Datum liegt dagegen vor, wenn eine Fachkraft dem JA mitteilt, dass die Eltern eine Hilfe (z.B. Erziehungsberatung) doch nicht wahrnehmen wollen oder sie nicht ausreichend ist.[33]

b. Die Sozialdaten müssen nach dem Gesetzeswortlaut nicht lediglich im Zusammenhang mit einer Leistung, sondern weitergehend dem Mitarbeiter »**zu dem Zweck**« persönlicher und erzieherischer Hilfe anvertraut werden. Teilt ein Dritter (z.B. Onkel, Tante, Großeltern, Nachbarn) Hinweise auf eine Kindesmisshandlung mit, geschieht dies nicht, um persönliche oder erzieherische Hilfen zu erhalten. Die Rechtsprechung und Teile der Literatur sehen in der Identität des anonymen Informationsgebers jedoch ein anvertrautes Datum gem. § 65 SGB VIII, dessen Offenlegung nur mit Einwilligung des Informanten oder nach § 65 Abs. 1 Nr. 5 SGB VIII möglich sei.[34]

c. »**Anvertraut**«. Dem besonderen Schutz des § 65 SGB VIII unterliegen nicht alle zum Zweck persönlicher und erzieherischer Hilfe mitgeteilte Daten. Eine Information ist, ebenso wie in § 203 Abs. 1 StGB, dem Mitarbeiter persönlich anvertraut, wenn sie ihm in innerem Zusammenhang mit der persönlichen Betreuung, Beratung und Unterstützung **mündlich, schriftlich oder auf sonstige Weise** (z.B. Vorzeigen eines Gegenstands, einer Verletzung usw.) **unter Umständen mitgeteilt worden ist, aus denen sich die Erwartung des Geheimhaltens ergibt.**[35] Der Betroffene muss bei der Mitteilung seiner Daten subjektiv von der Verschwiegenheit des Mitarbeiters ausgehen und dies entweder **ausdrücklich signalisieren** oder seine Erwartung der Verschwiegenheit **aus dem Zusammenhang erkennbar** sein. Eine ausdrückliche Bezeichnung der Information als vertraulich (»unter uns«, »können wir mal unter vier Augen sprechen«) ist nicht erforderlich.

> **Beispiel 19**
> Eine alleinerziehende Mutter bespricht in einem Vieraugengespräch mit der Erzieherin ihres Kindes in der städtischen Kindertagesstätte die Frage, ob Sie Erziehungshilfe wegen persönlicher Probleme im Umgang mit ihrem Kind in Anspruch nehmen soll. Bei der Darstellung ihrer persönlichen Lebensverhältnisse ist es ihr sichtlich unangenehm, hierüber Auskünfte zu erteilen. Die Mutter hat nichts weiter zur Vertraulichkeit gesagt. In diesem Fall, wo es in einem **Vieraugengespräch** um eine **sehr persönliche Problematik** geht, deren Mitteilung der Betroffenen **ersichtlich unangenehm** ist, ist auch ohne ausdrücklichen Hinweis der Mutter davon auszugehen, dass sie diese Daten vertraulich behandelt wissen will, sodass der Schutz des § 65 SGB VIII greift.

Informationen, die Sorgeberechtigte im Rahmen eines Gesprächs zur **Gefährdungseinschätzung** nach § 8a einer Kitafachkraft mitteilen, zur Verfügung stellen oder zugänglich machen, sind ihr anvertraut. Für eine Weitergabe dieser Informationen benötigt sie

---

33 Ebenso Kunkel, Kinderschutz und Datenschutz, S. 5 Nr. 6, https://www.hs-kehl.de/fileadmin/hsk/Forschung/Dokumente/PDF/2008–01.pdf.
34 Zum Diskussionsstand siehe Kirchhoff, in: Schlegel/Voelzke, jurisPK-SGB VIII, ²2018, § 65 Rdn. 26 m.w.N; berechtigte Kritik bei Hoffmann, in: Münder u.a., Frankfurter Kommentar SGB VIII, ⁸2019, § 65 Rdn. 14.
35 Nach Hoffmann, in: Münder u.a., Frankfurter Kommentar SGB VIII, ⁸2019, § 65 Rdn. 12; Kirchhoff, in: Schlegel/Voelzke, jurisPK-SGB VIII, ²2018, Stand: 09.09.2020, § 65 Rdn. 27.

daher eine ausdrückliche Einwilligung, sofern nicht die Voraussetzungen des § 65 Abs. 1 Satz 1 Nr. 2 bis 5 SGB VIII gegeben sind.[36]

Anvertraut sind aufgrund von Sinn und Zweck des § 65 SGB VIII auch **Beobachtungen** des Mitarbeiters, die dieser im Rahmen eines vertraulichen Gesprächs macht.[37] Anders ist es, wenn es sich um ein normales Gespräch handelt, selbst wenn hier vereinzelte Informationen vertraulich mitgeteilt werden.

Beispiel 20
Die Mutter bittet eine Erzieherin für ein vertrauliches Gespräch zu sich nach Hause, wo die Erzieherin deren Umgang mit ihren Kindern beobachtet. Diese Beobachtung unterfällt § 65 SGB VIII, weil die Erzieherin die Beobachtung im Rahmen eines erbetenen vertraulichen Gesprächs macht.

Beispiel 21
Im Rahmen eines normalen Tür-und-Angelgesprächs in der Kita, in dem die Mutter nebenbei auch leiser redend kurz ein Eheproblem anspricht, beobachtet die Erzieherin deren Verhalten gegenüber ihren Kindern. Die Beobachtung ist nicht Gegenstand der vertraulichen Übermittlung von Informationen.

Nicht anvertraut sind Informationen, die der Kita aufgrund einer gesetzlichen Mitwirkungspflicht wie § 12 KiBiz mitgeteilt werden. Nicht anvertraut sind Informationen, die ein Mitarbeiter durch einen Dritten oder in einem nicht vertraulichen Gesprächen in größerer Runde oder außerberuflich im gesellschaftlichem Rahmen erhält[38] oder sonst wie zufällig erfährt, z.B. indem er ein Gespräch ungewollt mithört, das zwei Mütter vor der offenen Gruppentüre führen.

Beispiel 22
Erzieherinnen eines freien Trägers, die einem Mitarbeiter des Jugendamtes einen von ihnen verfassten Entwicklungsbericht zusenden, vertrauen ihm keine Daten an.[39]

Umsetzung Kitapraxis: Kitamitarbeiter betreuen Kinder nicht allein. In die Betreuung sind neben der Gruppenleitung die Einrichtungsleitung, als für die Einrichtungsarbeit fachlich Verantwortliche, und die Gruppenzweitkraft sowie oft auch weitere Kräfte eingebunden. So z.B., wenn zwei Gruppen regelmäßig in gemeinsamen Projekten zusammenarbeiten oder eine Fachkraft für mehrere Gruppen die psychomotorische oder musikalische Förderung übernimmt. Das ist den Eltern so auch bekannt. Für sie ist, wenn sie einer Mitarbeiterin Informationen mitteilen, die für die Betreuung ihres Kindes wichtig sind, klar erkennbar, dass die Mitarbeiterin, mit der sie vertraulich sprechen, die

---

36 So Hoffmann, in: Münder u.a., Frankfurter Kommentar SGB VIII, [8]2019, § 65 Rdn. 20.
37 So h.M. vgl. Kirchhoff, in: Schlegel/Voelzke, jurisPK-SGB VIII, [2]2018, § 65 Rdn. 29 m.w.N.; a.A. Kunkel in: ders., LPK-SGB VIII, [7]2018, Rdn. 9, da § 65 SGB VIII anders als § 203 Abs. 1 StGB nicht auch »sonst bekannt gewordene« Daten einbeziht.
38 Vgl. Palsherm, in: Papenheim u.a., Verwaltungsrecht für die soziale Praxis, [26]2018, S. 218.
39 Vgl. VG München 8.12.2011 – M 18 K9 11.5827; Hoffmann, in: Münder u.a., Frankfurter Kommentar SGB VIII, [8]2019, § 65 Rdn. 15.

Befugnisse zur Datenübermittlung

Informationen auch den anderen Kräften weitergeben muss, die das Kind betreuen und hierfür die Information benötigen. Sorgeberechtigte teilen betreuungsrelevante Informationen einem Mitarbeiter daher nicht in Erwartung der Vertraulichkeit mit, wenn sie wissen, dass der Mitarbeiter das Kind nicht allein betreut und sie sie daher den an die Betreuung ihres Kindes beteiligten Kräften weitergeben muss.[40] Der Mitarbeiter sollte in dem Gespräch gleichwohl bei Informationen, die für die Betreuung des Kindes auch durch andere Kitamitarbeiter relevant sind, im Sinne der Transparenz die fachliche Notwendigkeit der internen Weitergabe klarstellen und sich so die Akzeptanz dafür einholen, dass er die Informationen nicht als ihm persönlich anvertraut behandelt.[41]

Transparenzweisung

Weisen Sie ihre Mitarbeiter an, in Gesprächen mit Eltern über Betreuungsrelevante Informationen unmissverständlich klarzustellen, dass sie das Kind nicht allein betreuen, sondern zusammen mit weiteren (bekannten) Personen: Einrichtungsleitung, Gruppenleitung, Zweitkraft etc. Sie sähen betreuungsrelevante Informationen daher nicht als für sie persönlich, sondern zur Betreuung des Kindes bestimmt an. Die Informationen sollten jeweils die Mitarbeiter erhalten, die sie und soweit sie sie für die Betreuung des Kindes benötigen. Wenn das Elternteil damit einverstanden ist, sind die Daten nicht anvertraut.

Weitergabe und Übermittlung

Dem besonderen Vertrauensschutz unterliegt sowohl eine Weitergabe anvertrauter Daten an eine andere Person **innerhalb** der Einrichtung, wie eine Übermittlung an eine Person **außerhalb** der Einrichtung. Es ist daher gleichgültig, ob es eine Person ist, die das Kind in der Einrichtung mit betreut oder eine Person, die es außerhalb der Einrichtung fördert (z.B. ein Logopäde). Es ist auch gleichgültig, ob der Empfänger der Daten ebenfalls zur persönlichen Verschwiegenheit verpflichtet ist (Kinderarzt, Psychotherapeut, Diplomsozialpädagoge in der Erziehungsberatung).

Beispiel 23

Die der Kitamitarbeiterin anvertrauten Daten sind also geschützt vor Kenntnisnahme durch Trägervertreter, Vorgesetzte (Einrichtungs-, Gruppenleitung), weitere Teammitglieder (Fachkräfte, Zweitkräfte, Praktikanten, Bufdis, Küchenkräfte), (Urlaubs-)Vertreter, Supervisoren, etc.[42]

Beispiel 24

Eine Fallbesprechung im Rahmen einer Supervision kann nur mit anonymen oder pseudonymen Daten erfolgen, wenn keine Einwilligung desjenigen vorliegt, der die Daten anvertraut hat.

---

40 Hierzu vgl. Palsherm, in: Papenheim u.a., Verwaltungsrecht für die soziale Praxis, [26]2018, S. 218.
41 Siehe hierzu BGH 11.12.1991 – VIII ZR 4/91 und Palsherm, in: Papenheim u.a., Verwaltungsrecht für die soziale Praxis, [26]2018, S. 218.
42 Vgl. Hoffmann, in: Münder u.a., Frankfurter Kommentar SGB VIII, [8]2019, § 65 Rdn. 22 f.

Eine auf das Erforderliche beschränkte Weitergabe, d.h. mit Stichproben bzw. anonymisierten Daten, ist nach § 65 Abs. 1 Nr. 5 SGB VIII i.V.m. § 76 Abs. 2 Nr. 2 SGB X zum Zweck der **Aufsicht, Kontrolle, oder Rechnungsprüfung** zulässig.[43]

Weitergabe- und Übermittlungsbefugnisse (§ 65 Abs. 1 Nr. 1–5 SGB VIII)

a. Verhältnis zu den Übermittlungsbefugnissen. § 65 SGB VIII fungiert aus Gründen des Vertrauensschutzes als Einschränkung der oben erläuterten Weitergabe- und Übermittlungsbefugnisse. Das bedeutet, ein Mitarbeiter, der Daten an Dritte außerhalb der verantwortlichen Stelle **übermitteln** will, benötigt zusätzlich zu einer sozialrechtlichen Übermittlungsbefugnis gem. §§ 68 bis 75 SGB X noch eine Weitergabebefugnis nach § 65 Abs. 1 S. 1 Nr. 1 bis 5 SGB VIII. Bei einer Übermittlung nach § 69 SGB X ist zudem die Sperre des § 64 Abs. 2, 2 a SGB VIII zu beachten. Auch für eine **Weitergabe** innerhalb der verantwortlichen Stelle braucht er zusätzlich zur Nutzungsbefugnis nach § 67c SGB X noch eine solche nach § 65 Abs. 1 S. 1 Nr. 1 bis 5 SGB VIII.[44]

Weitergabebefugnisse nach § 65 Abs. 1 S. 1 Nr. 1 bis 5 SGB VIII sind:

b. Die Einwilligung des Betroffenen (Nr. 1). Die anvertrauten Daten dürfen »*mit Einwilligung dessen, der die Daten anvertraut hat*« weitergegeben werden (§ 65 Abs. 1 Satz 1 Nr. 1 SGB VIII i.V.m. Art. 6 Abs. 1 Satz 1 lit. a DSGVO[45]). Die Einwilligung muss vom Anvertrauenden erteilt werden, der zugleich der Betroffene sein wird, aber nicht sein muss. So z.B. bei Daten eines Betroffenen, die nach § 62 Abs. 4 SGB VIII beim Leistungsberechtigten erhoben wurden. Auch bei Daten mit Doppelbezug genügt die Einwilligung dessen, der die Daten anvertraut hat.[46]

Die Einwilligung muss die allgemeinen Voraussetzungen nach Art. 4 Nr. 11, 7 DSGVO erfüllen, um **wirksam zu sein** (siehe hierzu 3.3). Die früher gerne herangezogene mutmaßliche Einwilligung scheidet damit auch hier als Rechtsgrundlage aus.[47] Da im Kindergartenalter dem Kind regelmäßig die Einsichtsfähigkeit fehlt, ist die Einwilligung des **Personensorgeberechtigten** notwendig. Ein Muster findet sich unter 5.7.

c. Die Erfüllung der Aufgabe nach § 8a Abs. 2 SGB VIII (Nr. 2). Das JA hat nach § 8a Abs. 1 S. 1 SGB VIII die Pflicht, im Rahmen seines Schutzauftrags helfend aktiv zu werden, wenn ihm gewichtige Anhaltspunkte einer Kindeswohlgefährdung bekannt werden. Mit »Jugendamt« sind neben dessen Sozialen Dienste (§ 8a Abs. 1 Satz 3 SGB VIII) auch die **kommunalen Tageseinrichtungen** gemeint. Die Wahrnehmung des Schutzauftrags erfolgt bei ihnen wegen der betreuungsvertraglichen Bindungen gegenüber den Sorgeberechtigten wie bei den **Kindertageseinrichtungen der freien Träger** nach den Logiken des § 8a Abs. 4 SGB VIII, was verwaltungsintern durch Dienstanweisungen festzulegen und bei denen der freien Träger nach § 8a Abs. 4 SGB VIII zu vereinbaren ist.

---

[43] So auch Hoffmann, in: Münder u.a., Frankfurter Kommentar SGB VIII, [8]2019, § 65 Rdn. 25.
[44] Ebenso Kunkel in: ders., LPK-SGB VIII, [7]2018, § 65 Rdn. 12 f.; Kirchhoff, in: Schlegel/Voelzke, jurisPK-SGB VIII, [2]2018, § 65 Rdn. 18.
[45] Bei kirchlichen Trägern § 6 Abs. 1 lit. b und § 11 Abs. 2 lit. a KDG, § 6 Nr. 2 und § 13 Abs. 2 Nr. 1 DSG-EKD.
[46] Vgl. Kirchhoff, in: Schlegel/Voelzke, jurisPK-SGB VIII, [2]2018, § 65 Rdn. 31; Hoffmann, in: Münder u.a., Frankfurter Kommentar SGB VIII, [8]2019, § 65 Rdn. 26.
[47] Siehe hierzu Hoffmann, in: Münder u.a., Frankfurter Kommentar SGB VIII, [8]2019, § 65 Rdn. 28.

> **Beispiel 25: Bei gewichtigen Anhaltspunkten für die Gefährdung eines Kindes müssen**
> - die Kitafachkräfte das Gefährdungsrisiko **abschätzen**.
> - Bei der Gefährdungseinschätzung haben sie eine insoweit **erfahrene Fachkraft** beratend hinzuzuziehen. Diese darf über die Gefährdungssituation informiert werden, auch wenn insoweit an sich eine Schweigepflicht besteht (§ 65 Abs. 1 Nr. 4 SGB VIII). Die Informationen sind zu anonymisieren oder zu pseudonymisieren, soweit die Aufgabenerfüllung dies zulässt (§ 64 Abs. 2a SGB VIII). Eine Information und Beteiligung von Nicht-Fachkräften ist nicht vorgesehen (§ 65 Abs. 1 Nr. 4 SGB VIII). Erfolgt sie dennoch, wird die Schweigepflicht verletzt.
> - Die Fachkräfte haben die **Erziehungsberechtigten** sowie das **Kind** in die Gefährdungseinschätzung einzubeziehen, soweit hierdurch der wirksame Schutz des Kindes nicht infrage gestellt wird.
> - Zudem haben sie bei den Erziehungsberechtigten auf die **Inanspruchnahme** von Hilfen **hinwirken**, wenn sie diese für erforderlich halten, und das **Jugendamt zu informieren**, falls die Gefährdung nicht anders abgewendet werden kann. Diese Information des Jugendamts ist auch für anvertraute Daten für Kitas kommunaler und freier Träger[48] durch § 65 Abs. 1 S. 1 Nr. 2 SGB VIII legitimiert. Zudem bleibt noch § 64 Abs. 2 SGB VIII zu beachten.

d. Der Zuständigkeitswechsel (Nr. 3). Einem Kitamitarbeiter, der aufgrund eines Wechsels eines Kindes innerhalb einer Einrichtung oder von einer Kindertageseinrichtung in eine andere für dessen Betreuung nunmehr verantwortlich geworden ist, müssen, wenn Anhaltspunkte für eine Gefährdung seines Kindeswohls gegeben sind, diese Daten vom bisher für das Kind zuständigen Mitarbeiter oder der bisher örtlich zuständigen Kindertageseinrichtung mitgeteilt werden. Genau dies ermöglicht § 65 Abs. 1 Nr. 3 SGB VIII kommunalen Tageseinrichtungen und bei entsprechender Vereinbarung nach § 8a SGB VIII Kindertageseinrichtungen freier Träger. Weitergegeben werden können nur die für eine Abschätzung des Gefährdungsrisikos erforderlichen Daten.[49]

e. Die hinzugezogenen Fachkräfte (Nr. 4). Erlaubt ist einer Kita die Weitergabe der Daten an solche Fachkräfte, die sie nach § 8 a Abs. 1 S. 1 SGB VIII zur Abschätzung des Gefährdungsrisikos hinzuzieht. Hierfür ist es erforderlich, dass gewichtige Anhaltspunkte für die Gefährdung des Wohls eines Kindes oder Jugendlichen bekannt geworden sind. Vor einer Übermittlung der Daten an die hinzugezogenen Fachkräfte sind diese zu anonymisieren oder zu pseudonymisieren, soweit die Aufgabenerfüllung dies zulässt (§ 64 Abs. 2 a SGB VIII).

f. Die (fiktive) strafrechtliche Offenbarungsbefugnisse (Nr. 5).

Eine Datenweitergabe oder -übermittlung ist nach § 65 Abs. 1 Satz 1 Nr. 5 SGB VIII unter den Voraussetzungen zulässig, unter denen eine der in § 203 Abs. 1 oder 4 des Strafgesetzbuchs genannten Personen dazu befugt wäre.

---

48 Für Mitarbeiter freier Träger ist § 65 SGB VIII sinngemäß anzuwenden, Kunkel, in: Kinderschutz und Datenschutz, S. 4 Ziffer 6, https://www.hs-kehl.de/fileadmin/hsk/Forschung/Dokumente/PDF/2008–01.pdf.

49 Zum ganzen siehe Hoffmann, in: Münder u.a., Frankfurter Kommentar SGB VIII, [8]2019, § 65 Rdn. 4 und 32 f. m.w.N.; Kirchhoff, in: Schlegel/Voelzke, jurisPK-SGB VIII, [2]2018, § 65 Rdn. 34 f.

Nach § 203 Abs. 3 StGB dürfen diese Personen Geheimnisse den bei ihnen berufsmäßig tätigen **Gehilfen**, den bei ihnen zur **Vorbereitung auf den Beruf** tätigen Personen und **sonstigen Personen**, die an ihrer beruflichen oder dienstlichen Tätigkeit mitwirken, soweit dies für die Inanspruchnahme der Tätigkeit der sonstigen mitwirkenden Personen erforderlich ist, zugänglich machen. Diese Personen sind zuvor zur Geheimhaltung zu verpflichten (§ 203 Abs. 4 Satz 2 Nr. 1 StGB).

Beispiel 26
Somit dürfen Gruppenleitungen ihrer Zweitkraft Geheimnisse weitergeben, soweit dies für ihre Tätigkeit erforderlich ist.

Darüber hinaus ist eine Datenweitergabe nach § 203 Abs. 1 StGB erlaubt, wenn eine **Einwilligung des Betroffenen** oder eine **Rechtsnorm** die Weitergabe der Daten erlaubt.

Beispiel 27
Beispiele sind die Weitergabe oder Übermittlung von Daten zur Erfüllung der gesetzlichen Verpflichtung (§ 71 Abs. 1 SGB X) zur **Anzeige geplanter Straftaten** nach § 138 StGB oder zur **Meldung von Erkrankungen** nach dem Infektionsschutzgesetz §§ 6 i.V.m. 8 IfSG.

Eine Weitergabe bzw. Übermittlung ist weiter nach **§ 34** StGB (rechtfertigender Notstand) gerechtfertigt, wenn

- **eine gegenwärtige** Gefahr für Leben, Gesundheit, Freiheit, sexuelle Selbstbestimmung oder ein anderes wichtiges Rechtsgut einer bestimmten Person besteht (fachliche Prognose erforderlich),
- die **Abwägung** ergibt, dass das zu schützende Interesse wesentlich wichtiger ist als die Wahrung des anvertrauten Geheimnisses,
- der Geheimnisbruch zur Abwendung der Gefahr **erforderlich**
- und die Tat ein angemessenes Mittel zur Gefahrabwendung ist.

In Kindeswohlfällen geht es typischerweise um den Schutz körperlicher Unversehrtheit und Gesundheit bei Vernachlässigung oder körperlicher Misshandlung sowie um sexuelle Selbstbestimmung bei sexuellem Missbrauch in Abwägung mit dem Schutz des Sozialgeheimnisses.

Beispiel 28[50]
Vertraut eine alleinerziehende Frau mit zwei schulpflichtigen Kindern der Sozialarbeiterin an, dass ihr Mann sie und die Kinder häufig misshandelt, so ist abzuwägen, ob die Verhinderung weiterer körperlicher Misshandlung durch die Anzeige in Verbindung mit einer sofortigen Inobhutnahme der Kinder unter Bruch der Schweigepflicht und Zerstörung der Vertrauensbeziehung erforderlich ist, oder ob es verantwortet werden kann, auf der Grundlage der Vertrauensbeziehung mit der Frau kurzfristig andere Problemlösungen zu entwickeln und umzusetzen.

---

50 Aus Papenheim, Schweigepflicht: Datenschutz und Zeugnisverweigerungsrecht im sozial-caritativen Dienst, 2008, S. 95.

Befugnisse zur Datenübermittlung

§ 34 StGB erlaubt nicht die Weitergabe anvertrauter Daten zum Schutz anderer zukünftiger potenzieller Opfer z.B. in Fällen sexuellen Missbrauchs.[51] Man kann auch nicht von vergangenen vereinzelten Fehlhandlungen oder Erziehungsfehlern bei älteren Geschwistern ohne Weiteres auf zukünftige Misshandlungen schließen. Anders bei Wiederholungsgefahr, wenn eine Person unter Alkoholeinfluss regelmäßig gewalttätig wird, wenn bei einer drogensüchtigen Mutter aus langem und wiederholtem Versagen in der Vergangenheit die Besorgnis auch künftigen Fehlverhaltens abgeleitet wird.[52] Gleiches ist bei sexuellem Kindesmissbrauch anzunehmen.

5.7 Muster: Schweigepflichtentbindung

Muster: Schweigepflichtentbindung

Kopf/Stempel der Einrichtung

Wir bitten Sie um unsere Entbindung von der Schweigepflicht, um mit der unten genannten Stelle zur Betreuung ihres Kindes zusammenarbeiten zu können.

Datenschutzrechtlich verantwortliche Stelle ist die Kirchengemeinde/Kirchengemeindeverband ….. vertreten durch den leitenden Pfarrer …. Postanschrift.

Der Datenschutzbeauftragte der Kirchengemeinde/Kirchengemeindeverband …….. ist erreichbar unter der E-Mail-Adresse: …………………………

Rechtsgrundlage für die erbetene Datenweitergabe ist Ihre Einwilligung nach §§ 6 (1) Buchstabe b), 8 Kirchliches Datenschutzgesetz.

Hiermit entbinde(n) ich/wir,

Name: _____   Vorname: _____

Frau/Herrn
Name: _____   Vorname: _____

von der Einrichtung: _____

gegenüber:

Name: _____   Vorname: _____

von der Einrichtung: _____

---

51 Siehe Hoffmann, in: Münder u.a., Frankfurter Kommentar SGB VIII, [8]2019, § 65 Rdn. 37 m.w.N.
52 Nach Götz, in: Palandt, BGB, [80]2021, § 1666 Rdn. 8 m.w.N.

Muster: Schweigepflichtentbindung

von:
☐ dem besonderen Vertrauensschutz nach § 65 SGB VIII (KJHG)
☐ der Schweigepflicht nach § 203 StGB

Dies gilt längstens: _____

Und dies gilt nur für folgende(n) Sachverhalt(e):

_____

_____

Ich/Wir erkläre/n auch ausdrücklich mein/unser Einverständnis in die Schweigepflichtentbindung auch für Daten, die Hinweise auf die ethnische Herkunft, die Religion oder Gesundheit mein/unseres Kind(es) ergeben (z.B. Hautfarbe, Kopfbedeckung, Brille, etc.).
Mir/Uns ist bekannt, dass ich/wir diese Einwilligungserklärung jederzeit ohne Angaben von Gründen mit Wirkung für die Zukunft widerrufen kann/können. Der Widerruf eines Erziehungsberechtigten genügt, auch wenn beide Eltern anfangs zugestimmt haben. Der Widerruf bewirkt, dass zukünftig keinerlei Informationen mehr an die o.g. Einrichtung übermittelt werden dürfen.
Durch den Widerruf Ihrer Einwilligung wird die Rechtmäßigkeit der aufgrund der Einwilligung bis zum Widerruf erfolgten Informationsübermittlungen nicht berührt.
Die Einwilligung ist freiwillig. Aus der Verweigerung der Einwilligung oder Ihrem Widerruf entstehen keine Nachteile.
Ihre Rechte: Sie haben ein Recht auf Auskunft (§ 17 KDG), Berichtigung (§ 18 KDG), Löschung (§ 19 KDG), Einschränkung der Verarbeitung (§ 20 KDG), Datenübertragbarkeit (§ 22 KDG), Widerspruch (§ 23 KDG) und Beschwerde (§ 48 KDG). Als Betroffener können Sie sich zur Ausübung Ihrer Datenschutzrechte an die Kita/das FZ [Kontaktdaten] ……………..
oder an unseren Datenschutzbeauftragten, [Kontaktdaten] ……………… wenden.
Sie haben außerdem das Recht auf Beschwerde bei der Aufsichtsbehörde, wenn Sie der Ansicht sind, dass die Verarbeitung Ihrer personenbezogenen Daten gegen Rechtsvorschriften verstößt. Die zuständige Aufsichtsbehörde nach § 42 Abs. 1 KDG ist der Diözesandatenschutzbeauftragte, ….. [Kontaktdaten].

Ort/Datum: ………………………………..

Unterschrift: _____
(Unterschriften aller Sorgeberechtigten)

Eingang am:

………………………………………………………………………………………………
(Datum) Stempel der Einrichtung

Befugnisse zur Datenübermittlung

> **Merke: Datenübermittlung**
>
> | | | |
> |---|---|---|
> | wofür | **Zur Erfüllung der Aufgabe, für die Daten erhoben wurden:** §§ 22, 8a SGB VIII | **§ 69 Abs. 1 Nr. 1 Alt. 1 SGB X** |
> | | Zur Erfüllung einer eigenen, anderen Aufgabe: §§ 22, 8a SGB VIII | § 69 Abs. 1 Nr. 1 Alt. 2 SGB X |
> | | Zur Durchführung eines Gerichts- oder Strafverfahrens | § 69 Abs. 1 Nr. 2 SGB X |
> | Einschränkung nur für obige Fälle | Der Erfolg der zu gewährenden **Leistung** (Kitabetreuung) darf dadurch **nicht infrage gestellt** werden. | § 64 Abs. 2 SGB VIII |
> | wofür | Zur Erfüllung besonderer **gesetzlicher Mitteilungspflichten**
• Geplante Straftaten (§ 138 StGB)
• Schutz der öffentlichen Gesundheit: §§ 8, 34 Abs. 10a S. 2 IfSG
• Aufgaben der Statistik | § 71 Abs. 1 SGB X |
> | Einschränkungen für alle Fälle | Daten die eine Kindertageseinrichtung, **von einem Arzt** oder einer anderen in § 203 Abs. 1, 3 StGB genannten Person erhielt: zulässig nur, wenn Arzt etc. selbst übermitteln dürfte | § 76 SGB X |
> | | Fachkraft für eine persönliche oder erzieherische Hilfe **anvertraute Daten**: zulässig nur, wenn zusätzlich Einwilligung des Anvertrauenden oder zur Erfüllung der Aufgabe nach § 8a Abs. 2 SGB VIII oder Zuständigkeitswechsel oder Hinzugezogene, insofern erfahrene Fachkraft
Rechtfertigender Notstand (§ 34 StGB) | § 65 SGB VIII |

6 Fotografieren und Veröffentlichen von Bildern durch Kindertagesstätten

Im **Kitaalltag** werden aus unterschiedlichsten Gründen laufend Fotos der Kinder, mitunter auch Ton- und Videoaufnahmen, gefertigt:
- von der pädagogischen Arbeit für Portfolios[1] der Kinder oder für Aushänge im Gruppenraum
- für ihren Garderobenhaken, …
- bei Veranstaltungen wie z.B. einem Sommerfest für Aushänge im Kitaflur oder als Erinnerungen für die Kinder und deren Eltern, …
- für die Öffentlichkeitsarbeit (Zeitungen, …)
- für die Website der Einrichtung, …

Fotografien von lebenden Personen, egal ob analog oder digital, enthalten stets **psbD im Sinne von Art. 4 Nr. 1 DSGVO**[2], wenn hierauf eine Person erkennbar ist. Denn dann ist nach den strengen Regeln des Art. 4 Nr. 1 DSGVO die abgebildete Person »identifizierbar«. Aus dem äußeren **Erscheinungsbild** der Person sind physische (z.B. Kleidung) und physiologische Merkmale (z.B. Körpergröße, Geschlecht, Gesicht) zu entnehmen. Darüber hinaus werden ggf. **Zusatzinformationen** durch das jeweilige Aufnahmegerät generiert (Ort und Zeit der Bildaufnahme). Bei einer weiteren technischen Auswertung der Fotos (Abgleich mit Datenbanken, Gesichtserkennungstechnik) können der Name und andere Informationen über die abgebildete Person ermittelt werden, selbst wenn der Betrachter selbst die abgebildete Person nicht näher kennt. Konsequenz der **Identifizierbarkeit** ist, dass für die Herstellung und die Veröffentlichung des Fotos eine Rechtsgrundlage nach Art. 6 Abs. 1 DSGVO[3] (Erlaubnisvorbehalt) erforderlich ist.

Das Anfertigen von Fotos (als Verarbeitung psbD) ist nach Art. 6 Abs. 1 DSGVO nur zulässig, soweit der Abgebildete **eingewilligt** hat **oder eine der anderen dort aufgeführten Rechtsgrundlagen** die Anfertigung des Fotos erlaubt.

Foto-, Ton- und Videoaufnahmen können in Kitas **nicht über die Befugnis nach § 62 Abs. 1 SGB VIII gerechtfertigt** werden. Die Daten sind für die Erfüllung der Kitaaufgaben, der Förderung und Betreuung der Kinder (§ 22 SGB VIII) oder dem Schutz vor Kindeswohlgefährdung (§ 8a SGB VIII), nicht erforderlich, zum Teil dienen sie auch anderen Zwecken als den Aufgaben nach §§ 22, 8a SGB VIII wie der Außendarstellung der Einrichtung (Öffentlichkeitsarbeit) oder als Erinnerung für Eltern und Kinder. Hiervon auszunehmen ist eine **altersgerechte Medienerziehung,** die heute zur Förderung und Betreuung der Kinder in der Kita (§ 22 SGB VIII) gehört, sodass Kinder »*entsprechend ihrem Entwicklungsstand in Projekten selber Fotos und Videoaufnahmen machen und dabei nicht nur den technischen Umgang mit den Medien, sondern auch den Schutz der Persönlichkeitsrechte einüben*«[4] können.

---

1 Zum Begriff Portfolio in Abgrenzung zur Bildungsdokumentation, siehe Fn. 11 (Kapitel 2).
2 § 4 Nr. 1 KDG, § 4 Nr. 1 DSG-EKD.
3 § 6 Abs. 1 KDG, § 6 DSG-EKD.
4 Zitat: Musterbeispiel: Einwilligung zur Zusammenarbeit bei der Behandlung des Kindes, https://kita.rlp.de/de/service/datenschutz-in-kindertagesstaetten/.

Rechtlich **nicht möglich** ist es, sich durch Regelung des Fotografierens in der Konzeption und dem Betreuungsvertrag eine **Einwilligung** einzuholen. Zur Sicherstellung der Freiwilligkeit nach Art. 7 Abs. 4 DSGVO[5] ist das sog. Koppelungsverbot zu berücksichtigen, d.h. es ist strikt darauf zu achten, dass vorgelegte Einwilligungen unabhängig vom Abschluss des Betreuungsvertrages gegeben oder verweigert werden können (siehe Abschnitt 3.5.)

Für Fotos, die die Kita von Kindern, Eltern etc. fertigt und veröffentlicht, kommen neben der (vom Betreuungsvertrag getrennt eingeholten) **Einwilligung** noch »die Verarbeitung … zur Wahrung der **berechtigten Interessen** des Verantwortlichen« (Art. 6 Abs. 1 lit. f DSGVO)[6] in Betracht (siehe Abschnitt 7). Für Fotos von Beschäftigten (siehe Abschnitt 10) ist noch eine **vertragliche Rechtsgrundlage** nach Art. 6 Abs. 1 lit. b DSGVO[7] heranziehbar. Zudem werden häufig Gruppenfotos und Porträtbilder der Kinder durch **freiberufliche Fotografen** aufgrund eines Vertrages mit den Sorgeberechtigten angefertigt (Art. 6 Abs. 1 lit. b DSGVO, siehe Abschnitt 8.1). Schließlich kommt noch der hier nicht behandelte **Ankauf von Stockfotos** bei Agenturen z.B. für die Website oder gedruckte Flyer bzw. Konzeptionen durch die Kita infrage.

Das früher einschlägige **Kunsturhebergesetz (KUG)** spielt nur noch bei der späteren Veröffentlichung von Fotos eine begrenzte Rolle. Personenfotos, die auf der Rechtsgrundlage einer Einwilligung nach dem KUG **vor dem Inkrafttreten der DSGVO am 25. Mai 2018 angefertigt** und/oder veröffentlicht wurden, müssen bei erneuten Verbreitungen (z.B. Hochladen auf die Website der Kita; Neuauflage eines Flyers, einer Konzeption mit solchen Fotos) den Erfordernissen der Einwilligung entsprechen (Art. 6 Abs. 1 lit. a, Art. 7 DSGVO). In zahlreichen Fällen ist dieses aus der Praxis heraus nicht der Fall, sodass eine aktuelle Einwilligung entsprechend DSGVO einzuholen ist, wenn z.B. ein archiviertes Foto erneut veröffentlicht wird. Waren die Anfertigung und die Veröffentlichung der Bilder nach den Ausnahmeregelungen des KUG (Fotos von Versammlungen, Personen als Beiwerk) ohne eine Einwilligung zulässig, spricht viel dafür, dass diese auch nach Art. 6 Abs. 1 lit. f DSGVO (»berechtigtes Interesse«) weiter zulässig sind. Dies ist jedoch im Einzelfall zu prüfen.

6.1 Anfertigen von Bildern aufgrund einer Einwilligung (Art. 6 Abs. 1 lit. a DSGVO)

Liegt eine Einwilligung des Abgebildeten vor, ist die Aufnahme des Abgebildeten nach Art. 6 Abs. 1 lit. a DSGVO[8] rechtmäßig. Bei der Einwilligung müssen die erläuterten **Wirksamkeitsvoraussetzungen** des Art. 4 Nr. 11 und Art. 7 DSGVO[9] beachtet werden.

Befinden sich **mehrere Personen** auf dem Foto, muss von jedem Einzelnen eine Einwilligung vorliegen.

Für eine wirksame Einwilligung in die Verarbeitung personenbezogener Bilder und somit auch in die Aufnahme und Veröffentlichung von Bildern muss die abgebildete Person nicht volljährig, jedoch **einwilligungsfähig** sein. Dies ist bei Kindergartenkindern nicht

---

5 § 8 Abs. 7 KDG, § 11 Abs. 4 DSG-EKD.
6 § 6 Abs. 1 lit f. KDG, § 6 Nr. 4 DSG-EKD.
7 § 6 Abs. 1 lit. c KDG, § 6 Nr. 5 DSG-EKD.
8 § 6 Abs. 1 lit. b KDG, § 6 Nr. 2 DSG-EKD.
9 § 4 Nr. 13, 8 KDG, § 4 Nr. 13, 11 DSG-EKD.

zu unterstellen. Bei **allein sorgerechtsberechtigten** Eltern muss (nur) dieser sorgerechtsberechtigte Elternteil einwilligen.

Beispiel 1

Der nichteheliche Vater eines Kindes kann daher ohne Einwilligung der allein sorgeberechtigten Mutter nicht das Foto des Kindes ins Internet stellen (AG Menden NJW 2010, 1614).

Sind die Eltern **gemeinsam sorgerechtsberechtigt**, müssen sie im gegenseitigen Einvernehmen für das Kind entscheiden (§ 1627 BGB). Bei Routineentscheidungen des täglichen Lebens bedarf es lediglich der Einwilligung eines Elternteiles. Bei Angelegenheiten von erheblicher Bedeutung verlangt § 1687 Abs. 1 BGB jedoch die Einwilligung beider Sorgerechtsberechtigten. Wann eine Angelegenheit von erheblicher Bedeutung vorliegt, ist auch bei Fotos im Einzelfall zu entscheiden. Die Foto**aufnahme** wird in der Regel keine Angelegenheit von erheblicher Bedeutung sein. Die **Veröffentlichung** des Bildes kann jedoch durchaus von erheblicher Bedeutung sein, wenn dies z.B. im Internet oder zu werblichen Zwecken erfolgt. In diesem Fall muss dann die Einwilligung beider Elternteile vorliegen.

Die erforderliche **Bestimmtheit der Einwilligung** schließt es aus, dass jemand rechtswirksam in Fotoveröffentlichungen und Nutzungen einwilligt, die er nicht kennt. Pauschaleinwilligungen sind nicht möglich. In der Einwilligungserklärung müssen der genaue Zweck und der Umfang der Datenverarbeitung benannt werden.

Beispiel 2

- zum **genauen Verwendungszweck** der Fotos (z.B. »für das Portfolio ihres Kindes«; »… für die Öffentlichkeitsarbeit der Kita«, …),
- zur **Art und zum Umfang der Veröffentlichungen** (»als Aushang in den Gruppenräumen und Fluren der Kita«, »für die elektronische Fotowand der Kita«, »Ausdruck als Erinnerung für die Teilnehmer«, »für die Kita-Website«, …).

Die Wirksamkeitsvoraussetzungen der DSGVO verlangen nicht, dass das konkrete Bild im Zeitpunkt der Einwilligungserklärung vorliegen muss.

Beispiel 3

Was heißt das konkret für Fotoeinwilligungen in der Kita? Es reicht aus, wenn die Einwilligung für konkret benannte Zwecke und Veröffentlichungen bei Beginn des Kitajahres **für das jeweilige Jahr** eingeholt wird.[10] Denn EG 32 Sätze 4 und 5 DSGVO bestimmen, *»Die Einwilligung sollte sich auf alle zu demselben Zweck oder denselben Zwecken vorgenommenen Verarbeitungsvorgänge beziehen. Wenn die Verarbeitung mehreren Zwecken dient, sollte für alle diese Verarbeitungszwecke eine Einwilligung gegeben werden.«* Man kann sie also entweder bei der Anmeldung, allerdings zur

---

10 So jetzt auch der Beschluss der Konferenz der Diözesandatenschutzbeauftragten der Katholischen Kirche Deutschland vom 4. April 2019, https://www.kdsa-nord.de/sites/default/files/file/NEU/Beschluesse_DDSB/2019_04_04_Beschluss_zum_Umgang_mit_Bildern_von_Kindern_und_Jugendlichen.pdf.

> Gewährleistung der Freiwilligkeit sauber getrennt vom Betreuungsvertrag, oder während der Eingewöhnung einholen und muss sie dann jedes Mal zu Beginn des neuen Kitajahres erneuern.

Besonderes Augenmerk ist auf die Einwilligung zur »**Verarbeitung besonderer Kategorien personenbezogener Daten**« zu werfen. Art. 9 Abs. 1 DSGVO[11] untersagt ausdrücklich »die Verarbeitung personenbezogener Daten, aus denen die rassische und ethnische Herkunft, politische Meinungen, religiöse oder weltanschauliche Überzeugungen oder die Gewerkschaftszugehörigkeit hervorgehen, sowie die Verarbeitung von genetischen Daten, biometrischen Daten zur eindeutigen Identifizierung einer natürlichen Person, Gesundheitsdaten oder Daten zum Sexualleben oder der sexuellen Orientierung einer natürlichen Person«. Der Anwendungsbereich dieses Verbots ist weit, da Art. 9 Abs. 1 DSGVO über Daten, welche die aufgeführten Merkmale direkt beschreiben, hinaus auch die Verarbeitung indirekter Hinweise auf diese Merkmale verbietet. Denn es genügt nach dem Wortlaut des Art. 9 DSGVO, dass diese benannten Merkmale aus Daten »**hervorgehen**«. Das könnte z.B. das Bild eines Kindes mit Brille oder dunkler Hautfarbe, die Krücken eines Elternteils auf einem Gruppenfoto oder die Klinikadresse bei Geburtstagswünschen betreffen. Es sollte daher in der Einwilligung standardmäßig eine ausdrückliche Einwilligung der betroffenen Person nach Art. 9 Abs. 2 lit. a DSGVO[12] auch in die Verarbeitung der genannten sensiblen personenbezogenen Daten für die festgelegten Zwecke vorgesehen werden.

Die Einwilligung kann jederzeit ohne die Nennung von Gründen **widerrufen** werden (Art. 7 Abs. 3 DSGVO)[13]. Zu beachten ist, dass bei Angelegenheiten von erheblicher Bedeutung natürlich jeder Elternteil für sich seine Einwilligung widerrufen kann. Damit liegt dann kein gegenseitiges Einvernehmen mehr vor. Durch den Widerruf der Einwilligung wird die Rechtmäßigkeit der aufgrund der Einwilligung bis zum Widerruf erfolgten Verarbeitung nicht berührt. Die Verarbeitung für die Zukunft ist jedoch nicht mehr zulässig. Die Fotos sind in diesem Fall zu löschen oder zu sperren (Art. 17 Abs. 1 lit. b DSGVO).

Die Einwilligungserklärung muss nicht zwingend schriftlich erfolgen. Jedoch muss der Verantwortliche für den Fall, dass die Verarbeitung auf einer Einwilligung beruht, **nachweisen** können, dass der Abgebildete in die Verarbeitung seiner personenbezogenen Daten eingewilligt hat (Art. 7 Abs. 1 DSGVO)[14]. Ferner hat der Verantwortliche den Abgebildeten vor Abgabe der Einwilligung darauf hinzuweisen, dass er das Recht hat, seine Einwilligung jederzeit zu widerrufen (Art. 7 Abs. 3 DSGVO)[15].

Die Einwilligung kann auch durch **schlüssiges Verhalten** (»konkludent«) erfolgen, sofern damit eine aktive bestätigende Handlung einer einwilligungsfähigen Person verbunden ist (EG 32). Schlüssiges Verhalten eines (einwilligungsunfähigen) Kindergartenkindes kommt von vornherein nicht in Betracht. Allein die Anwesenheit des abgebildeten Erwachsenen zum Zeitpunkt einer Aufnahme oder das Betreten einer Veranstaltung durch ihn, bei der

---

11 § 11 Abs. 1 KDG, § 13 Abs. 1 DSG-EKD. Hierzu zählen nach § 4 Abs. 2 S. 2 KDG und § 4 Nr. 2 Buchstabe a DSG-EKD nicht »*die Zugehörigkeit zu einer Kirche oder sonstigen Religionsgemeinschaft*«.
12 § 11 Abs. 2 lit. a KDG, § 13 Abs. 2 Nr. 1 DSG-EKD.
13 § 8 Abs. 6 KDG, § 11 Abs. 3 DSG-EKD.
14 § 8 Abs. 2 KDG, »bedarf der Schriftform, soweit nicht wegen besonderer Umstände eine andere Form angemessen ist«; § 11 Abs. 1 DSG-EKD.
15 § 8 Abs. 6 KDG, § 11 Abs. 3 DSG-EKD.

Fotoaufnahmen erstellt werden sollen, reichen auch nicht für eine solche Einwilligung aus. Das aktive Hinzutreten zum Zweck einer Aufnahme kann jedoch als Einwilligung in das Anfertigen des Fotos gewertet werden.

> **Beispiel 4**
> Eine konkludente Einwilligung kann vorliegen, wenn ein Elternteil ohne Druck oder Überrumpelung bei einer Veranstaltung vor Fotografen posiert. Solche konkludenten (stillschweigenden) Einwilligungen decken allerdings nicht eine kommerzielle Verwertung eines solchen Fotos in der Werbung ab (OLG Hamburg NJW-RR 2005, 479, 480).

> **Beispiel 5**
> Allein die Teilhabe an einer Theateraufführung stellt trotz öffentlichen Interesses keine schlüssige Einwilligung dar (LG Saarbrücken, NJW-RR 2000, 1571).

> **Beispiel 6**
> Wer Personenfotos im Internet auf seine Homepage oder sozialen Netzwerken einstellt, erlaubt nur, dass die Besucher diese Fotos betrachten und nicht, sie für andere Zwecke wie z.B. die eigene Internetseite zu nutzen (OLG München, Urteil vom 26. Juni 2007 – 18 U 2067/07 –, juris).

Die Kita muss im Rahmen ihrer **Informationspflichten** sowohl auf die Anfertigung von Bildern als auch auf die geplante Veröffentlichung der Fotos hinweisen und den Betroffenen bzw. ihren gesetzlichen Vertretern sämtliche Informationen des **Art. 13 DSGVO**[16] mitteilen. Sie muss dabei genau über die Zwecke, für die die Fotos verarbeitet werden, sowie über die Rechtsgrundlage informieren. Auch ist darüber zu informieren, ob die Fotos ggf. an **Dritte weitergegeben** werden (z.B. das Foto eines Kindes wird in sein Portfolio und die seines Spielpartners geheftet, das Gruppenfoto soll für die Pressearbeit genutzt oder auf der Website eingestellt werden). Außerdem ist über die Speicherdauer, das Recht auf Auskunft bzw. Berichtigung und Löschung, auf das Recht, die Einwilligung jederzeit zu widerrufen sowie über das Bestehen eines Beschwerderechts bei einer Aufsichtsbehörde zu informieren.

Die Kita muss im Rahmen ihrer **Dokumentationspflichten** gem. Art. 5 Abs. 2 DSGVO[17] nachweisen können, dass die Verarbeitung der Fotos rechtmäßig erfolgt. Hierbei ist auch zu dokumentieren, dass die Abgabe der Einwilligungen der fotografierten Personen freiwillig stattgefunden hat.

Die Frage, wann ein Bild gelöscht werden muss, beantwortet sich wie für alle anderen in der Kita verarbeiteten psbD nach Art. 17 Abs. 1 DSGVO (siehe Abschnitt 14.3). An diese Löschverpflichtung insbes. bei Widerruf ist zu denken, wenn ein Bild für einen Flyer, eine gedruckte Konzeption genutzt oder auf einer Website veröffentlicht werden soll.

---

16   § 15 KDG, § 17 DSG-EKD.
17   § 7 Abs. 2 KDG, § 5 DSG-EKD.

6.2 Muster einer Einwilligung

Muster: Einwilligungserklärung und Datenschutzhinweise zur Anfertigung und Veröffentlichung von Fotos

[Kopf Ihrer Einrichtung]

Wir bitten Sie hiermit um Ihre Einwilligung zur Fertigung und Veröffentlichung von Fotos Ihrer Kinder für Portfolios, Aushänge in unserer Einrichtung und Öffentlichkeitsarbeit ....

1. Verantwortliche Stelle und Datenschutzbeauftragter

Datenschutzrechtlich verantwortliche Stelle ist die Kirchengemeinde/Kirchengemeindeverband .... vertreten durch den leitenden Pfarrer .... Postanschrift.

Der Datenschutzbeauftragte der Kirchengemeinde/Kirchengemeindeverband .... ist erreichbar unter der E-Mail-Adresse: ....

2. Rechtsgrundlage für die Verarbeitung ist Ihre Einwilligung nach §§ 6 (1) Buchstabe b, 8 Kirchliches Datenschutzgesetz.

3. Daten und Zwecke:

Es handelt sich um **folgende Fotos**:
- Einzelaufnahmen oder Aufnahmen mehrerer Kinder z.B. in Spielsituationen oder ....
- Gruppenfotos der Kinder
- [benötigte Fotos auflisten] ...

Die Fotos dienen ausschließlich **folgenden Zwecken**:
- für das Portfolio[18] ihres Kindes bzw. bei Fotos mehrerer Kinder auch dem der anderen Kinder
- um sie in der Einrichtung auszulegen bzw. aufzuhängen
- [Verwendungszwecke benennen] ...

Darüber hinaus werden folgende personenbezogene Daten im Zusammenhang mit den Fotos gespeichert und verarbeitet:
- Dateiname, unter der das jeweilige Foto im Familienzentrum gespeichert wird
- Ihre Einwilligungserklärung zum Nachweis der Rechtmäßigkeit der Verarbeitung

---

18 Die Einwilligung, in einzelnen begründeten Ausnahmefällen ein Foto in die anlassbezogene Bildungsdokumentation eines Kindes aufzunehmen (siehe hierzu Abschnitt 2.4), sollte im Sachzusammenhang mit der Einwilligung für die Bildungsdokumentation geregelt werden.

4. Fotos werden Sorgeberechtigten und deren Familienangehörigen ausschließlich zum privaten Gebrauch zur Verfügung gestellt. Die Veröffentlichung sowie Verbreitung, gleich welcher Art und in welchem Medium (Printmedien, Digitale, Soziale Medien, etc.), ist nicht gestattet, es sei denn, die auf dem Foto abgebildeten betroffenen Personen bzw. deren Sorgeberechtigten sowie die Fotografen haben vor der geplanten Veröffentlichung oder Verbreitung ausdrücklich ihre schriftliche Zustimmung erteilt. Etwaige urheberrechtliche Vermerke auf den Fotos oder in Metadateien (z.B. Name des Fotografen, Datum/Uhrzeit der Herstellung des Fotos, Herstellungsgrund, etc.) dürfen nicht entfernt werden.

5. Löschungsfristen: [Differenziert nach Bildungsdokumentation, Aushänge, Internet … auflisten]

6. Ihre Rechte: Ihre Einwilligung kann gem. § 8 Abs. 6 KDG jederzeit widerrufen werden. Der Widerruf wirkt für die Zukunft und berührt nicht die Rechtmäßigkeit einer bis zum Widerruf erfolgten Verarbeitung. Ergänzend haben Sie ein Recht auf Auskunft (§ 17 KDG), Berichtigung (§ 18 KDG), Löschung (§ 19 KDG), Einschränkung der Verarbeitung (§ 20 KDG), Datenübertragbarkeit (§ 22 KDG), Widerspruch (§ 23 KDG) und Beschwerde (§ 48 KDG). Als Betroffener können Sie sich zur Ausübung Ihrer Datenschutzrechte an die Kita/das FZ [Kontaktdaten] ………………

oder an unseren Datenschutzbeauftragten, [Kontaktdaten] ……………… wenden.

Sie haben außerdem das Recht auf Beschwerde bei der Aufsichtsbehörde, wenn Sie der Ansicht sind, dass die Verarbeitung Ihrer personenbezogenen Daten gegen Rechtsvorschriften verstößt. Die zuständige Aufsichtsbehörde nach § 42 Abs. 1 KDG ist der Diözesandatenschutzbeauftragte, ……………… [Kontaktdaten].

Ich/Wir, Frau/Herr ………………………………………………
Vorname, Nachname: ………………………………………………
Anschrift: ………………………………………………

erkläre/n mein/unser Einverständnis in die vorstehend beschriebene Anfertigung und Verwendung fotografischer Aufnahmen von mir/uns und/oder meiner/unseren Tochter und/oder meinem/unserem Sohn

Vorname, Nachname: ………………………………………………

sowie der Verarbeitung der o.g. weiteren personenbezogenen Daten.

Ich/Wir erkläre/n auch ausdrücklich mein/unser Einverständnis in die Anfertigung und Verwendung fotografischer Aufnahmen, soweit sich aus den Fotos **Hinweise auf meine/unsere ethnische Herkunft**, Religion oder Gesundheit ergeben (z.B. Hautfarbe, Kopfbedeckung, Brille, etc.).

Die Einwilligung ist freiwillig. Aus ihrer Verweigerung oder ihrem Widerruf entstehen Ihnen keine Nachteile. Ihnen ist bekannt, dass diese Einwilligungserklärung jederzeit mit Wirkung für die Zukunft widerrufen kann. Der Widerruf eines Erziehungsberechtigten genügt, auch wenn beide Eltern anfangs zugestimmt haben. Der Widerruf bewirkt, dass Einzelfotos beim Familienzentrum und in der Bildungsdokumentation ihres Kindes gelöscht werden. Bei Gruppenfotos führt der spätere Widerruf einer einzelnen Person grundsätzlich nicht dazu, dass das Foto entfernt werden muss. Durch den Widerruf Ihrer Einwilligung wird die Rechtmäßigkeit der aufgrund der Einwilligung bis zum Widerruf erfolgten Verarbeitung nicht berührt.

Ort/Datum: ....

Unterschrift: ....
(Unterschriften aller Sorgeberechtigten)

Eingang am:

....
(Datum) Stempel der Einrichtung

6.3 Ergänzende Hinweise zu Einwilligungen in einzelnen Fallsituationen

a) Bilder und Videoaufnahmen zum Zweck der Dokumentation von Entwicklungen

Die anlassbezogene **Beobachtung der kindlichen Entwicklungsprozesse** ist Grundlage einer entwicklungsgemäßen Förderung der Kinder und heute frühpädagogischer Standard. Zur grundrechtlichen Problematik der systematischen und umfassenden Beobachtung von Kindern mithilfe von **strukturierten Beobachtungsbögen**, ihrer schriftlichen **Dokumentation und ergänzender Fotos oder Videoaufnahmen** siehe Abschnitt 2.4.

Soweit es bei der anlassbezogenen Beobachtung der kindlichen Entwicklungsprozesse eines Kindes ausnahmsweise erforderlich sein sollte, auch Fotos oder Videoaufnahmen des Kindes anzufertigen, werden sie meist nicht nur ein, sondern **mehrere Kinder in gemeinsamen Spiel- oder Beschäftigungssituationen** zeigen. Es sind dann Einwilligungen der Eltern aller abgebildeten Kinder von Nöten. Diese sind in ihren Einwilligungen darauf hinzuweisen, dass das Foto oder die Videosequenz ihres Kindes in solchen Fällen in die Dokumentation eines anderen Kindes eingeht. Wenn die Spielkameraden die KiTa verlassen, können sich daher noch Aufnahmen von Ihnen in der Dokumentation des beobachteten Kindes befinden.

Widerrufen Eltern ihre Einwilligung, eine Möglichkeit auf die sie extra hinzuweisen sind (Art. 7 Abs. 3 DSGVO)[19], sind Aufnahmen und Videosequenzen ihres Kindes aus allen Portfolios bzw. Dokumentationen zu **löschen**, in denen sie eingegangen sind.

---

19 § 8 Abs. 6 KDG; § 11 Abs. 3 DSG-EKG.

b) Veröffentlichen von Bildern auf der Internetseite des Kindergartens oder in sozialen Netzwerken

Kitas haben heute in aller Regel eine eigene Website, auf der sie sich, ihre Arbeit sowie ihren pädagogischen Ansatz interessierten Eltern vorstellen und Eltern über Veranstaltungen sowie Termine informieren. In den Webauftritt werden gerne Fotos des Außengeländes oder Spielsituationen mit Kindern zur Verdeutlichung integriert. Es kommt mitunter auch vor, dass Bilder auf sozialen Netzwerken[20] eingestellt werden. Schließlich ist auch zu beobachten, dass auf Wunsch und in Absprache mit Eltern, Kitamitarbeiter Kinder mit ihrem privaten Smartphone fotografieren und anschließend die gefertigten Fotos über WhatsApp an die Eltern versenden.

> **Beispiel 7**
> Erzieher verschicken Fotos vom Ausflug der Kitagruppe oder dem riesigen Bauklotzturm mitsamt seinen kleinen Erbauern an Eltern.

Eine **Veröffentlichung von Bildern im Internet**, auf denen Kinder zu sehen sind, ist nur mit ausdrücklicher Einwilligung der Sorgeberechtigten möglich. Es reicht nicht aus, wenn von zwei sorgeberechtigten Elternteilen nur einer einwilligt. Die Rechtsprechung sieht in dem Einstellen der Fotos Minderjähriger auf einer Internetseite zu Werbezwecken eine »Angelegenheit von erheblicher Bedeutung« in Sinne des § 1687 Abs. 1 Satz 1 BGB. Damit muss die **Einwilligung beider sorgeberechtigten Elternteile gemäß § 1629 BGB vorliegen**.[21]

Die DSGVO setzt voraus, dass der Betroffene **Kenntnis über die Risiken** der geplanten Datenverarbeitung, hier also der Verbreitung eines Fotos im Internet, hat. Die Sorgeberechtigten müssen darüber aufgeklärt werden, dass ein im Internet veröffentlichtes Foto meist nicht mehr vollständig gelöscht und von Dritten missbraucht werden kann. Nach Einstellen und Hochladen eines Fotos hat die Einrichtung sowohl technisch wie auch rechtlich keine Kontrolle mehr über dessen Verbreitung und die Zusammenhänge, in denen das Foto durch Kommentieren und Teilen gezeigt wird.[22] Diese Risiken sind es, die zum Schutz des minderjährigen Kindes die Einwilligung beider Sorgeberechtigten erzwingen.

> **Beispiel 8: Mustertextbaustein**
> **Veröffentlichungen im Internet/Datenschutzrechtlicher Hinweis:** Bei einer Veröffentlichung im Internet können die personenbezogenen Daten (einschließlich Fotos) weltweit abgerufen und gespeichert werden. Die Daten können damit etwa

---

20 Beispiele für soziale Netzwerke sind: Facebook, Flickr, Google+, LinkedIn, Pinterest, Playstation Network, Stayfriends, WhatsApp, Snapchat, Xing, Youtube etc. und viele mehr. Es gibt meist einen zentralen Anbieter wie Facebook oder Xing, der die Plattform für das soziale Netzwerk zur Verfügung stellt. Er hat Zugriff auf sämtliche Daten der Nutzer und regelt deren (auch kommerzielle) Nutzung in seinen AGB. Zu den Datenschutzproblemen sozialer Netzwerke, die ihren regulären Einsatz in der Kita ausschließen, siehe Abschnitt 13 und https://www.datenschutzzentrum.de/uploads/blauereihe/blauereihe-soziale-netzwerke.pdf S. 9 f.
21 So Fricke, in: Wandtke/Bullinger, Urheberrecht, ⁵2019, § 22 KUG Rn. 14; OLG Oldenburg NJW-RR 2018, 1134.
22 Nach Christian W. Eggers, Quick Guide Bildrechte, ²2019, S. 65.

auch über so genannte »Suchmaschinen« aufgefunden werden. Dabei kann nicht ausgeschlossen werden, dass andere Personen oder Unternehmen die Daten mit weiteren im Internet verfügbaren personenbezogenen Daten verknüpfen und damit ein Persönlichkeitsprofil erstellen, die Daten verändern oder zu anderen Zwecken verwenden.

Aufgrund der **Fürsorgepflicht der Kindertageseinrichtungen** für das Wohl der betreuten Kinder (§ 22 Abs. 2 Nr. 1, 3 SGB VIII) ist es trotz rechtskonform eingeholter Einwilligung zweifelhaft, ob das Veröffentlichen von Bildern durch die Kita in **sozialen Netzwerken** überhaupt zulässig ist.[23] Die Einrichtungsleitung muss im Rahmen ihrer Öffentlichkeitsarbeit prüfen, ob sie selbst durch die Verarbeitung von personenbezogenen Daten der Kinder und die Verbreitung von Fotos im Rahmen ihrer Öffentlichkeitsarbeit deren Wohl beeinträchtigt. Dies ist bei der Veröffentlichung von Bildern in sozialen Netzwerken angesichts

- der Weitergabe von Daten an Dritte etwa über Apps, zu Werbezwecken oder bei Verkauf des Dienstes bzw. Insolvenz,
- unklare bis gar keine Möglichkeit zur endgültigen Löschung von Daten und des Accounts,
- der Wahl von Voreinstellungen, die die Freigabe von Daten bewirken, ohne dass man hierin ausdrücklich eingewilligt hat,
- der Verpflichtung zur Nutzung des echten Namens bzw. mangelnde Möglichkeit zur Nutzung von Pseudonymen,
- der Beanspruchung von Rechten an Fotos, Videos etc. durch den Betreiber des sozialen Netzwerkes,

anzunehmen.[24]

Aufgrund ihrer Fürsorgepflicht für das Wohl des Kindes (§ 22 Abs. 2 Nr. 1, 3 SGB VIII) müssen daher Kitas unabhängig vom erklärten Elternwillen von einer Veröffentlichung in sozialen Medien Abstand nehmen.[25]

Beispiel 9
Ist das Anfertigen von Fotos mittels eines Smartphone und das Versenden über WhatsApp durch Kitamitarbeiter auf Wunsch und in Absprache mit den Eltern datenschutzrechtlich zulässig? Nein! WhatsApp ist ein Messaging-Dienst, der Daten außerhalb der EU verarbeitet und speichert und sie damit dem Einflussbereich und insbesondere dem Schutzbereich des europäischen Datenschutzes entzieht. Wer auf diese Daten zugreifen kann, ist unklar und für den Träger nicht beeinflussbar.[26]

---

23 Auch Arbeitgebern wird empfohlen, die Veröffentlichung von Fotos oder Mitarbeiterdaten bei Facebook oder anderen Diensten im Hinblick auf ihre Fürsorgepflicht als Arbeitgeber grundsätzlich zu unterlassen, vgl. Bergt, in: Koreng/Lachenmann, Formularhandbuch Datenschutzrecht, ²2018, S. 809.
24 Diese und weitere Gesichtspunkte in: https://www.datenschutzzentrum.de/uploads/blauereihe/blauereihe-soziale-netzwerke.pdf S. 9 f.
25 Vgl. https://www.datenschutzzentrum.de/uploads/kita/veroeffentlichungen/Fotografie-in-KiTas.pdf S. 2.
26 So https://www.datenschutzzentrum.de/uploads/kita/veroeffentlichungen/Fotografie-in-KiTas.pdf S. 4. Zu Einzelheiten siehe Abschnitt 13.

Beispiel 10
Aus Gründen der Datensicherheit dürfen auch private Smartphones, Handys, Foto- oder Videokameras grundsätzlich nicht eingesetzt werden. Die Einrichtung ist weder in der Lage, die Sicherheit der personenbezogenen Daten auf den privaten Geräten zu gewährleisten, noch die ihr obliegenden Kontrollpflichten wirksam auszuüben.[27] Schließlich lassen sich soziale Netzwerke in den Klauseln ihrer Allgemeinen Geschäftsbedingungen (AGB) weitreichende Verwertungsrechte zur Verbreitung auch außerhalb des Netzwerkes einräumen. Die Nutzung privater Geräte ist daher grundsätzlich zu verbieten und nur der Einsatz einrichtungseigener Technik zu erlauben (siehe zum Thema Abschnitt 12 und 13).

---

27 Ebenso Senatsverwaltung Berlin für Bildung, Jugend und Familie, Datenschutz bei Bild-, Ton- und Videoaufnahmen Was ist in der Kindertageseinrichtung zu beachten?, ²2020, S. 26.

7 Anfertigung von Bildern bei größeren Veranstaltungen zur Wahrung berechtigter Interessen (Art. 6 Abs. 1 lit. f DSGVO)[1]

In Kindertageseinrichtungen werden in **großem Umfang Veranstaltungen durchgeführt**, bei denen fotografiert wird. Es handelt sich einerseits um rein interne Kitaveranstaltungen nur mit den Kindern (z.B. Ausflüge in die nähere Umgebung, …), andererseits aber auch um öffentliche Veranstaltungen, wie Sommerfeste oder Veranstaltungen mit Künstlern (Clowns, …) oder Ausflüge an denen Eltern, Großeltern, Geschwister- oder Besuchskinder, erwachsene Besucher, Künstler oder Personal externer Dienstleister teilnehmen.

7.1 Das Problem der Rechtsgrundlage

Bei **öffentlichen** Veranstaltungen in der Kita (z.B. Sommerfest), aber auch bei **großen »internen«** Veranstaltungen mit Eltern, Großeltern und Verwandten (z.B. Weihnachtsfeier) sowie bei der **Teilnahme an externen öffentlichen Veranstaltungen** wie Martinsumzug, Stadtteil- oder Pfarrfesten, Seniorenfeiern, Konzerten etc. ist es nun aber **meist nicht möglich**, für die Anfertigung und Veröffentlichung von Fotos von jeder einzelnen abgebildeten Person eine **Einwilligung einzuholen**.

Hier stellt sich die **Frage**, auf welcher Rechtsgrundlage die Kindertageseinrichtung auf solchen Veranstaltungen fotografieren darf?

Grundsätzlich kommen für die Veranstaltungsfotografie als Rechtsgrundlage die **Einwilligung** (Art. 6 Abs. 1 lit. a DSGVO), der **Vertrag** (Art. 6 Abs. 1 lit. b DSGVO) sowie das **»berechtigte Interesse«** (Art. 6 Abs. 1 lit. f DSGVO) in Betracht.[2]

Da **Einwilligungen** für solche Veranstaltungen wenig praktikabel sind, ist **zu empfehlen, so weit wie möglich, auf der Rechtsgrundlage des »berechtigten Interesses« zu fotografieren**. Die Einwilligung ist erst dann heranzuziehen, wenn die Fotos für werbliche Nutzungen verwandt werden sollen, da hierfür das »berechtigte Interesse« des Veranstalters nicht ausreicht.

Der gelegentlich zu beobachtende **Versuch, mit Aushängen oder Informationstafeln in Veranstaltungsräumen eine Einwilligung einzuholen**, ist untauglich. Diese Aushänge dürfen nicht mit den reinen Informationstafeln nach § 13 DSGVO verwechselt werden, mit denen beim Fotografieren aufgrund »berechtigten Interesses« dem Betroffenen Name und Kontaktdaten des Verantwortlichen, Kontaktdaten des Datenschutzbeauftragten, Zweck der Datenverarbeitung etc. mitgeteilt werden. In den zu beobachtenden Aushängen wird dem Besucher vielmehr mitgeteilt, dass er mit seinem faktischen Besuch der Veranstaltung in Fotoaufnahmen seiner Person einwilligen würde. Wolle er das nicht, solle er sich bitte an den Veranstalter oder den Fotografen wenden. Von einer *»eindeutig bestätigenden Handlung …, mit der freiwillig, für den konkreten Fall, in informierter Weise*

---
1 § 6 Abs. 1 lit g KDG, § 6 Nr. 4 DSG EKD.
2 Die nachfolgenden Ausführungen des Abschnitts stützen sich auf Christian W. Eggers, Quick Guide Bildrechte, ²2019, S. 66–73, 87 f.

Anfertigung von Bildern bei größeren Veranstaltungen zur Wahrung berechtigter Interessen

und unmissverständlich bekundet wird, dass die betroffene Person mit der Verarbeitung der sie betreffenden personenbezogenen Daten einverstanden ist« (EG 32) kann angesichts solcher Aushänge keine Rede sein. Dies wäre erst dann der Fall, wenn der Veranstaltungsraum mit separaten, klar markierten Zugängen in zwei gleichwertige Flächen geteilt würde, sodass der Besucher sich frei entscheiden kann, welche Fläche er benutzt, die wo fotografiert wird oder die, wo dies nicht der Fall ist. Dies ist bei großen internen Veranstaltungen in Kindertageseinrichtungen oder der Teilnahme an öffentlichen Veranstaltungen in aller Regel nicht darstellbar.

7.2 Die Rechtsgrundlage des berechtigten Interesses

Als **Rechtsgrundlage** kann in solchen Fällen für die fotografische Berichterstattung über diese Veranstaltungen (Öffentlichkeitsarbeit) Art. 6 Abs. 1 lit. f DSGVO[3] herangezogen werden.[4] Danach ist die die Anfertigung und Veröffentlichung von Fotos rechtmäßig, *»wenn die Verarbeitung … zur **Wahrung der berechtigten Interessen des Verantwortlichen** oder eines Dritten erforderlich [ist], sofern nicht die Interessen oder Grundrechte und Grundfreiheiten der betroffenen Person, die den Schutz personenbezogener Daten erfordern, überwiegen, insbesondere dann, wenn es sich bei der betroffenen Person um ein Kind handelt«.* Es ist also eine **Abwägung** zwischen den berechtigten Interessen des Fotografen bzw. seines Auftraggebers und den Interessen der Abgebildeten andererseits vorzunehmen. Hierbei sind sowohl der Verarbeitungsschritt **Anfertigung** wie der der **Veröffentlichung** zu prüfen. Die Anforderungen an die Veröffentlichung von Fotos und Videos sind höher als die des Anfertigens.

Art. 6 Abs. 1 lit. f DSGVO ermöglicht zwar grundsätzlich die Anfertigung und Nutzung von Personenfotos ohne die Einwilligung der zu fotografierenden Personen. Die betroffene Person hat aber das Recht, aus Gründen, die sich aus ihrer besonderen Situation ergeben, jederzeit gegen die Aufnahme von Fotos **Widerspruch** (Art. 21 DSGVO) einzulegen. Der Widerspruch gegen die Datenverarbeitung im »berechtigten Interesse« bedarf anders als der Widerruf der Einwilligung (Art. 7 Abs. 3 DSGVO) eines besonderen Grundes. Der Fotograf darf dann Fotos nicht mehr weiter anfertigen, speichern oder veröffentlichen, es sei denn, er kann zwingende schutzwürdige Gründe nachweisen, welche die Interessen der fotografierten Person überwiegen. Auf dieses Widerspruchsrecht hat der Fotograf ausdrücklich hinzuweisen (Art. 21 Abs. 4 DSGVO)[5].

7.3 Anleitung zur Abwägung

Für eine Kita sieht die Abwägung zwischen ihren berechtigten Interessen und den Interessen der Abgebildeten bei Veranstaltungen wie folgt aus:

---

3 § 6 Abs. 1 lit g KDG, § 6 Nr. 4 DSG-EKD.
4 Die Einschränkung in Art. 6 Abs. 1 S. 2 DSGVO, wonach diese Rechtsgrundlage nicht zur Aufgabenerfüllung von Behörden herangezogen werden darf, greift hier auch bei kommunalen Kitas nicht. Fotos von Veranstaltungen dienen nicht der Aufgabe der Kita nach §§ 22, 8a SGB VIII, sondern werden zu anderen Zwecken gefertigt, wie insbes. der Erinnerung an die Kitazeit für Kinder, Eltern und Verwandte oder der Öffentlichkeitsarbeit.
5 § 23 Abs. 4 KDG, § 17 Abs. 2 Nr. 2 DSG-EKD »nur auf Verlangen«.

1. Zunächst muss sie sich auf ein berechtigtes Interesse an der Anfertigung und Veröffentlichung der Fotos stützen können.

Berechtigt ist ein Interesse, wenn die Verarbeitung der Daten für die Wahrnehmung eines Grundrechts erforderlich ist.[6] Die **Öffentlichkeitsarbeit** als Teil der unternehmerischen Freiheit[7] und die Kommunikationsrechte der Einrichtung sind »berechtigte Interessen«. Die Erstellung und Veröffentlichung von Fotos (teil)öffentlicher Veranstaltungen ohne Einwilligung aufgrund einer Interessenabwägung ist zur Erreichung dieser Interessen der Einrichtung erforderlich. Denn andere sinnvolle oder mildere Möglichkeiten zur Erstellung und Nutzung von Personenfotos sind in diesen Situationen nicht praktikabel.

2. Das berechtigte Interesse ist gegen die Folgen für die betroffenen Personen abzuwägen.

Hier sind folgende Aspekte zu berücksichtigen:

- **die Art der Daten,** hierfür ist der Inhalt der Bilder zu würdigen:
  - Ist dieser für die abgebildete Person nach durchschnittlichem Verständnis als **unvorteilhaft** oder gar **peinlich** zu beurteilen, spricht dies gegen eine Zulässigkeit.
  - Bei Aufnahmen, die in die **Intim- und Privatsphäre** des Betroffenen eingreifen, überwiegt stets das »berechtigte Interesse« der betroffenen Person (z.B. Bilder nackter oder nur spärlich bekleideter Kinder, beim Wickeln, Toilettengang, Umziehen). Derartige Fotos können nur mit ausdrücklicher Zustimmung (Einwilligung oder Model-Vertrag) legitimiert werden.
  - Aufnahmen in der **Sozialsphäre,** d.h. in Bereichen, wo sich ein Mensch bewusst in der Öffentlichkeit bewegt, sind dagegen zulässig. Beispiel ist der Teilnehmer einer auftretenden Musikgruppe auf einer öffentlichen Veranstaltung oder eines Festumzugs. Zur Sozialsphäre gehört auch der alltägliche Austausch mit anderen Menschen in beruflicher, politischer oder ehrenamtlicher Tätigkeit.
  - Ein unzulässiger Eingriff in die Privatsphäre ist auch ein im öffentlichen Raum aufgenommenes Foto, wenn die Person im »**privaten Rückzug**« gezeigt wird.

> **Beispiel 1**
> Besucher einer Großveranstaltung ruht sich etwas abseits auf einer Parkbank aus.

  - Wenn es sich um **sensible Daten** der Betroffenen handelt, überwiegt nach Art. 9 Abs. 1 DSGVO[8] prinzipiell deren Interesse. Betroffen sind Fotos, die einen Rückschluss z.B. auf die Religion (Kreuz am Revers), die Gesundheit (Brillenträger, bewegt sich mit Krücken), die ethnische Herkunft (sehr dunkle Hautfarbe), die politische Meinung (Parteianstecker), das Sexualleben oder die sexuelle Orientierung (LGBQT Tuch) ermöglichen. Denn hinsichtlich dieser sensiblen Datenkategorien genügt es, dass sich die Information über besonders sensible Aspekte mittelbar aus dem Gesamtzusammenhang ergibt.[9] Etwas anderes würde nach Art. 9 Abs. 2 lit. e DSGVO[10] gelten, wenn die betroffene Person Angaben

---

6 WP 217 der ARTIKEL-29-DATENSCHUTZGRUPPE vom 9. April 2014 S. 64.
7 WP 217 der ARTIKEL-29-DATENSCHUTZGRUPPE vom 9. April 2014 S. 44.
8 § 11 Abs. 1 KDG, § 13 Abs. 1 DSG-EKD.
9 So auch Schiff, in: Ehmann/Selmayr, DSGVO, 2017, Art. 9 Rdn. 10.
10 § 11 Abs. 2 lit. e KDG, § 13 Abs. 2 Nr. 5 DSG-EKD.

zu ihrer Religion, Gesundheit oder Sexualleben usw. **bewusst öffentlich zum Ausdruck bringt**, wie bei Beteiligung an einem Christopher-Street-Day-Umzug oder der Fronleichnamsprozession. Allein das sich die betreffende Person im öffentlichen Raum bewegt, kann jedoch noch nicht als ein solches »offensichtliches öffentlich machen« im Sinne von Art. 9 Abs. 2 lit. e DSGVO verstanden werden.[11] Das Verbot der Verarbeitung sensibler Daten in Art. 9 Abs. 1 DSGVO darf jedoch auch nicht statisch angewandt werden. Für die Anwendbarkeit von Art. 9 DSGVO ist erforderlich, dass hinsichtlich solcher kontextbezogenen Informationen auch einer Auswertungsabsicht besteht bzw. der Schutzzweck der Regelung eröffnet ist. Diese Voraussetzung ist insbesondere bei **Mischdatensätzen**, die sowohl aus sensitiven als auch aus nicht-sensitiven Daten bestehen, von Relevanz.[12] Daher sind Fotos zwecks Berichterstattung ohne Weiteres als erlaubt anzusehen, in denen u.a. Personen mit Brille oder LGBTQ-Schal zu sehen sind, wo sich der Elternratsvorsitzende mit Gehhilfe vorstellt, eine auftretende Musikerin eine Bandage am Knie trägt. Denn in all diesen Fällen gemischter Datensätze, spielt das sensible Datum für den Auswertungszweck keine Rolle und ist im Kontext von völlig **untergeordneter Bedeutung (austauschbar)**, sodass auch der Schutzzweck nicht eröffnet ist.

- **Die Art und Weise, in der die Daten verarbeitet werden,** hierfür ist zu beurteilen, wie die Daten gewonnen wurden (musste die abgebildete Person mit einem Foto rechnen oder nicht), ob die Fotos Daten veröffentlicht oder anderweitig für eine große Zahl von Personen zugänglich gemacht werden (Verbreitungsreichweite, Anzahl der Fotos) sowie der Veröffentlichungszusammenhang (kommerzielle Zwecke oder Öffentlichkeitsarbeit) bzw. das Umfeld, in dem das Foto gezeigt wird:
  – Unter Berücksichtigung der **vernünftigen Erwartungen der abgebildeten Personen** (EG 47), muss die betroffene Person nicht damit rechnen, dass Fotos **heimlich** geschossen oder sie **überrumpelt** wird. Solche Fotos sind unzulässig.
  – Hingegen werden Gäste einer **öffentlichen Veranstaltung** oder einer nicht öffentlichen aber mit **größerem Teilnehmerkreis** (z.B. die geladenen Gäste einer Hochzeitsfeier), bei der der Veranstalter ein ersichtliches Interesse daran hat, die Veranstaltung zu dokumentieren, vernünftigerweise damit rechnen, dass Erinnerungsfotos angefertigt werden. **Kriterium** der Abwägungsentscheidung ist, ob die betroffene Person zum Zeitpunkt der Anfertigung des Fotos unter den gegebenen Umständen vernünftigerweise damit rechnen musste, dass möglicherweise Aufnahmen geschossen werden und zu welchem Zweck diese erfolgten (**EG 47**). Bei **größeren Veranstaltungen** geht die Erwartungshaltung der Gäste und der an der Durchführung Beteiligten regelmäßig dahin, dass eine Dokumentation in Form von Fotos stattfinden wird.
  – Die Eingeladenen **geschlossener größerer Veranstaltungen** rechnen meist auch mit einer **internen Verwendung** der Fotos, jedoch gehen ihre vernünftigen Erwartungen nicht dahin, dass die Fotos anschließend veröffentlicht werden. Ebenso wenig muss der Fotografierte mit einer werblichen Verwendung der Fotos rechnen.

---

11 Vgl. Schiff, in: Ehmann/Selmayer, DSGVO, 2017, Art. 9 Rdn. 41.
12 Ebenso Schulz, in: Gola, DSGVO, ²2018, Rdn. 13; Weichert, in: Kühling/Buchner, DSGVO/BDSG, ²2018, Art. 9 Rdn. 23.

– Bei Veranstaltungen, die einer **breiten Öffentlichkeit offenstehen**, müssen die Besucher damit rechnen, dass Fotos angefertigt und diese im Rahmen der Öffentlichkeitsarbeit auch **veröffentlicht** werden. Allerdings dürfte dies nur für Fotos gelten, bei denen die Abbildung der Veranstaltung im Vordergrund steht und nicht für die herausgehobene Darstellung einzelner Teilnehmer. So dürfen Besucher oder sonstige Veranstaltungsteilnehmer im Bildhintergrund oder der Menge erkennbar abgebildet werden. Bei Personen im Bildvordergrund ist hingegen erforderlich, dass sie den Charakter der Veranstaltung mitprägen, z.B. Personen mit einem auffälligen Transparent oder in auffälliger Verkleidung. Auch dann scheidet eine isolierte Abbildung der einzelnen Person aus.[13] Hier ist jedoch sauber zu unterscheiden, ob die Personenfotos zum Zweck der berichterstattenden Öffentlichkeitsarbeit (zulässig) oder zu werblichen Zwecken (unzulässig) eingesetzt werden. Von **Werbung** ist auszugehen, wenn der Veröffentlichungskontext von kommerziellen Aussagen geprägt wird (z.B. Anzeigen).

> **Beispiel 2**
> Ein Personenfoto in einer Anzeigengestaltung zur Bewerbung von Fortbildungsveranstaltungen.

– **Erlaubte personifizierte Öffentlichkeitsarbeit** dient der Information der Öffentlichkeit, Werbung der Vermarktung von Produkten und Dienstleistungen. Kitas betreiben unter Zugrundelegung dieser Kriterien i.d.R. Öffentlichkeitsarbeit.
– Schließlich sind noch **Art und Reichweite der Veröffentlichung** oder Verbreitung der Fotos am Kriterium der Erforderlichkeit, d.h. angemessen zur Zweckerfüllung, zu beurteilen. Die Weitergabe von Fotoabzügen an die Teilnehmer einer **geschlossenen größeren Veranstaltung** ist erwartbar und angemessen. Die Veröffentlichung von Veranstaltungsbildern im Rahmen der Berichterstattung für eine **breitere regionale Öffentlichkeit** im örtlichen Schaukasten, Ortsblatt oder einer regionalen Tageszeitung ist dagegen zumutbar. Die zeitlich (un)begrenzte Veröffentlichung solcher Fotos auf einer überregional erreichbaren Website ist für die abgebildete Person einer geschlossenen Kitaveranstaltung dagegen unzumutbar.[14]

> **Beispiel 3**
> Die stolze Einrichtungsleitung des Familienzentrums »Bullerbü« hat drei Fotos des erfolgreich verlaufenen Vater-Kind-Turnens auf der Kita-Homepage veröffentlicht. Der Vater der auf zwei Bildern deutlich erkennbaren Emma verlangt zwei Tage später aufgebracht eine Erklärung, wie die Leitung dazu komme ohne Einwilligung solche Fotos zu veröffentlichen. Er besteht zu Recht auf der umgehenden Entfernung der Fotos aus dem Internet.

- **die Stellung des für die Verarbeitung der Daten Verantwortlichen und der betroffenen Person**, z.B., ob es sich um ein Kind oder eine Person handelt, die zu einer

---

[13] So Wanckel, Foto- und Bildrecht, ⁴2012, S. 208 f. nach KUG.
[14] Siehe zur Veröffentlichung in social media auch OVG Lüneburg 11. Senat, Beschl. v. 19.01.2021, 11 LA 16/20.

schutzwürdigeren Bevölkerungsgruppe gehört, sowie das Kräfteverhältnis zwischen der betroffenen Person und dem für die Verarbeitung Verantwortlichen:
- Kinder verdienen nach EG 38 bei ihren personenbezogenen Daten besonderen Schutz, da sie »sich der betreffenden Risiken, Folgen und Garantien und ihrer Rechte bei der Verarbeitung personenbezogener Daten möglicherweise weniger bewusst sind. Ein solcher besonderer Schutz sollte insbesondere die Verwendung personenbezogener Daten von Kindern für Werbezwecke oder für die Erstellung von Persönlichkeits- oder Nutzerprofilen und die Erhebung von personenbezogenen Daten von Kindern bei der Nutzung von Diensten, die Kindern direkt angeboten werden, betreffen.«
- Neben den genannten auszuschließenden Zwecken sind auch Aufnahmen auszuschließen, die geeignet sind, die ungestörte Persönlichkeitsentwicklung des Kindes bzw. Jugendlichen zu beeinträchtigen.
- Haben sich allerdings Eltern gemeinsam ihren Kindern als Teilnehmer der Veranstaltung bewusst in die Öffentlichkeit begeben, kann damit bei Ihnen auf das »berechtigte Interesse« des Art. 6 Abs. 1 lit. f DSGVO zurückgegriffen werden.

Beispiel 4: Öffentlichkeit und Sozialsphäre

Werden Mitwirkendende einer Blaskapelle während ihres Auftritts auf dem Sommerfest der Kita von Kitamitarbeitern zur Berichterstattung fotografiert, so ist dies ein Eingriff in die Sozialsphäre der fotografierten Mitglieder der Blaskapelle. Jedoch kann die Kita sich auf das »berechtigte Interesse« zur Öffentlichkeitsarbeit über die von ihr organisierte Veranstaltung berufen. Die »berechtigten Interessen« der fotografierten Mitglieder der Blaskapelle überwiegen hier nicht das »berechtigte Interesse«, da die Personen sich bewusst in der Öffentlichkeit des Sommerfestes bewegen und sie damit rechnen müssen, dass sie fotografiert werden. Zeigt sich ein Mitwirkender ganz besonders durch sein Hervortreten, etwa als Solist, als Träger der besonders kunstvoll geschwungenen Fahne der Kapelle, als besonders geschickt den Taktstock wirbelnder Tambourmajor, kann auch er als für den öffentlichen Auftritt auf dem Sommerfest besonders charakteristisch Mitwirkender als Motiv gewählt werden.

Beispiel 5: Privater Rückzug

Ruhen sich nach dem Auftritt der Solist oder der Tambourmajor etwas abseits der Veranstaltung erschöpft auf einer Parkbank aus, befindet er sich zwar im öffentlichen Raum, aber sein Rückzug gilt der ungestörten Erholung von der körperlichen Anstrengung des Auftritts. Eine Aufnahme von ihnen würde sie in ihrem »privaten Rückzug im öffentlichen Raum« betreffen, sodass dieses Foto nicht aufgenommen werden darf. Sicherlich machen solche Motive vom allzu menschlichen Randereignissen die Bildberichterstattung interessanter. Hierfür bedarf es dann aber einer Einwilligung zur Aufnahme und Nutzung des ausruhenden Solisten oder Tambourmajors. Die Beurteilung der Rechtmäßigkeit solcher Fotos auf der Rechtsgrundlage Art. 6 Abs. 1 lit. f DSGVO würden zudem an dem Merkmal der Erforderlichkeit scheitern, da sie zwar interessant aber für die Bildberichterstattung nicht erforderlich sind.

7.4 Informationspflichten

Hinsichtlich der **Informationspflichten** bei einer unüberschaubaren Menschenmenge wie z.B. bei Fußballspielen, Konzerten, Demonstrationen oder Volksfesten ist es vertretbar, Art. 14 DSGVO heranzuziehen. Nach Art. 14 Abs. 5 lit. b Satz 1 DSGVO[15] entfällt eine Pflicht zur individuellen Information, wenn sich dies als unmöglich erweist oder einen unverhältnismäßigen Aufwand erfordern würde. In diesen Fällen ist nach Art. 14 Abs. 5 lit. b Satz 2 DSGVO[16] die Information für die Öffentlichkeit bereitzustellen. Dies kann z.B. durch Aufstellen von gut sichtbaren **Informationstafeln** oder **Aushängen an den Eingängen** des Veranstaltungsortes, Mitteilungen in Einladungen zu Veranstaltungen oder Handouts beim Empfang der Gäste erfolgen, die die wesentlichen Angaben nach Art. 14 Abs. 1 DSGVO enthalten und insbesondere darüber informieren, an wen man sich wenden kann, wenn man aus besonderen Gründen nicht abgelichtet werden will (Art. 21 DSGVO).

Die Informationspflichten können auch »**gestuft**« erfüllt werden: So können in einem ersten Schritt nur die »Basisinformationen« z.B. in einem Aushang, der Einladung oder Anmeldung zu einer Veranstaltung aufgeführt werden (z.B. Name und Kontaktdaten des Verantwortlichen, Zwecke, für die die Bilder angefertigt werden, Rechtsgrundlage der Verarbeitung, Speicherdauer, Bestehen von Betroffenenrechten, ggf. die Möglichkeit des Widerrufs der Einwilligung). Während weitergehende Informationen in einem nachgelagerten Schritt etwa über eine Webseite oder detailliertere Informationsblätter ausgelegt werden.

---

15 § 16 Abs. 4 lit. b KDG, § 17 Abs. 4 DSG-EKD.
16 § 16 Abs. 4 lit. b KDG.

Anfertigung von Bildern bei größeren Veranstaltungen zur Wahrung berechtigter Interessen

7.5 Muster für die Informationspflicht nach Art. 13 DSGVO[17]

Name und Kontaktdaten des Verantwortlichen:
Name des Trägers
Anschrift: …, Tel-Nr.: …, E-Mail: …

Fachlicher Ansprechpartner vor Ort:
Einrichtungsleitung: Name….
Kontaktdaten….

Kontaktdaten des/der Datenschutzbeauftragten:
Datenschutzbeauftragte(r)@…

Zweck und Rechtsgrundlage der Datenverarbeitung:
Wir möchten Sie darauf hinweisen, dass bei der Veranstaltung …. [Bezeichnung + Datum der Veranstaltung] Fotos gefertigt werden. Rechtsgrundlage für die Datenverarbeitung ist Art. 6 Abs. 1 Satz 1 lit. f DSGVO. Die Fotos werden zum Zweck der Dokumentation der Veranstaltung und im Rahmen unserer Öffentlichkeitsarbeit gespeichert, verarbeitet und veröffentlicht. Diese Zwecke stellen ein berechtigtes Interesse für uns i.S.v. Art. 6 Abs. 1 Satz 1 lit. f DSGVO dar. Wenn Sie nicht fotografiert werden möchten, sprechen Sie dies bitte unmittelbar beim Fotografen an, damit Ihr Wunsch berücksichtigt werden kann.

Empfänger von personenbezogenen Daten:
Im Rahmen unserer Pressearbeit übermitteln wir Fotos an die örtliche Presse und nutzen sie für unsere einrichtungseigene Website.
Zudem können Teilnehmer der Veranstaltung im Anschluss Fotos erwerben.

Speicherdauer:
Die im Anschluss an die Veranstaltung nicht verwendeten Fotos werden spätestens vier Monate nach Ende der Veranstaltung gelöscht bzw. vernichtet; die veröffentlichten Fotos werden nach spätestens einem Jahr aus unserem Internetangebot entfernt und gelöscht.

Ihre Datenschutzrechte gemäß der Datenschutz-Grundverordnung:
Sie haben das Recht jederzeit Auskunft zu verlangen, welche personenbezogenen Daten bei uns über Sie verarbeitet werden. Sie können deren Berichtigung und Löschung verlangen. Sie können weiterhin unter bestimmten Voraussetzungen verlangen, dass die Verarbeitung Ihrer personenbezogenen Daten eingeschränkt wird (z.B. dann, wenn Sie die Richtigkeit Ihrer Daten bestreiten und eine diesbezügliche Klärung nicht möglich ist). Sie können der Datenverarbeitung Ihrer personenbezogenen Daten bei uns (ggf. oder unseren Kooperationspartnern) widersprechen, wenn hierfür Gründe aus Ihrer besonderen Situation vorliegen. Ebenso haben Sie ein Recht auf Herausgabe der von Ihnen bereitgestellten Daten in einem strukturierten, gängigen und maschinenlesbaren Format.

---

17 In Anlehnung an das »Muster für die Informationspflicht nach Art. 13 DS-GVO bei Fotoaufnahmen bei Veranstaltungen von nicht-öffentlichen Stellen« des Landesbeauftragten für den Datenschutz und die

> **Zuständige Datenschutz-Aufsichtsbehörde:**
>
> Sie haben das Recht, sich bei der Aufsichtsbehörde zu beschweren, wenn Sie der Ansicht sind, dass die Verarbeitung der Sie betreffenden Fotos gegen die DSGVO verstößt. Zuständige Aufsichtsbehörde ist:
>
> Der Landesbeauftragte für den Datenschutz und die Informationsfreiheit
>
> Anschrift: Hintere Bleiche 34, 55116 Mainz, Tel: 06131/208-2449; poststelle@datenschutz.rlp.de

7.6 Information bei externen Großveranstaltungen

Praktisch nicht umsetzbar sind die Informationspflichten bei der **Teilnahme an (externen) Großveranstaltungen im öffentlichen Raum oder dem Besuch von Institutionen mit Publikum**, wie Fotos vom Auftritt einer Kindergartengruppe auf einem Stadtteil- oder Pfarrfest, vom Besuch eines Zoos, des Kölner Doms etc. Das Fotografieren selbst ist in diesen Fällen als »berechtigtes Interesse« nach Art. 6 Abs. 1 lit. f DSGVO zu rechtfertigen. Nach Einschätzung des Landesdatenschutzbeauftragten Hamburg entfalle die Informationspflicht, »wenn die Menschenmenge unübersehbar ist, Personen ständig wechseln oder einfach zufällig in das Bild geraten. Dieses ergibt sich aus Art. 11 Abs. 1 DSGVO und ›hilfsweise‹ aus Art. 14 Abs. 5 Buchst. b DSGVO.«[18]

7.7 Drei Anwendungsbeispiele kitatypischer Veranstaltungen und der dort erforderlichen Abwägungen

Um die erforderliche Abwägung deutlich zu machen, sollen zunächst noch mal die wesentlichen Gesichtspunkte resümiert und dann auf vier typische Veranstaltungen (Teilnahme am Sankt Martinsumzug, ein »Legoworkshop« in Kooperation mit einem örtlichen Spielwarenhändler, Fußballturnier Kinder/Väter) angewandt werden.

Voraussetzung des Rückgriffs auf die »Interessen-Rechtsgrundlage« ist, dass gegenüber den *»berechtigten Interessen des Verantwortlichen oder eines Dritten … die Interessen oder Grundrechte und Grundfreiheiten der betroffenen* [fotografierten] *Person … überwiegen, insbesondere dann, wenn es sich bei der betroffenen Person um ein Kind handelt«* (Art. 6 Abs. 1 lit. f DSGVO). Die Rechtsgüterabwägung muss **in jedem Einzelfall** vorgenommen werden. Ihre Voraussetzungen sind erfüllt, sodass es keiner Einwilligung bedarf, wenn die Fotos nur die **Sozialsphäre der Teilnehmer** betreffen, d.h. sie dienen der Berichterstattung über eine öffentliche Veranstaltung und ihr Verbreitungsrad ist begrenzt. Das ist auch bei den typischen Kita-Websites anzunehmen, die lediglich lokales Interesse finden. Eine Veranstaltung ist öffentlich, wenn sie durch Ankündigungen in der (Lokal)Presse, durch Aushänge (Plakate, Flyer etc.) einem prinzipiell unbegrenzten Personenkreis bekannt gemacht wird. Der Sozialsphäre sind berufliche, politische oder ähnliche Tätigkeiten zuzuordnen, bei denen Menschen im sozialen Austausch miteinander stehen. Beeinträchtigungen in die-

---

Informationsfreiheit in Rheinland-Pfalz unter »Informationspflichten des Verantwortlichen gegenüber dem Abgebildeten«, https://www.datenschutz.rlp.de/de/themenfelder-themen/recht-am-eigenen-bild/

18 Zitiert nach C.W. Eggers, Quick Guide Bildrechte, ²2019, S. 81 f.

Anfertigung von Bildern bei größeren Veranstaltungen zur Wahrung berechtigter Interessen

sem Bereich unterliegen einem relativ schwachen Schutz, wobei eine Interessenabwägung natürlich auch hier zugunsten der Interessen der betroffenen Personen ausfallen kann. Das ist der Fall, wenn es sich um Fotos aus der Intimsphäre (Nacktbilder, z.B. Kind muss am Straßenrand die Windel gewechselt werden), um diskriminierende Bilder (Bierleiche nach Volksfest, biertrinkender Elternteil im Martinsumzug) oder um Fotos handelt, die einen Rückschluss auf z.B. Religion, Gesundheit, Sexualleben oder sexuellen Orientierung ermöglichen (Art. 9 Abs. 1 DSGVO). Etwas anderes gilt nur dann, wenn die betroffene Person Angaben zur Religion, Gesundheit oder Sexualleben usw. bewusst öffentlich zum Ausdruck bringt, wie bei Beteiligung an einem Christopher-Street-Day-Umzug oder der Fronleichnamsprozession.[19]

Beispiel 6: Öffentlichkeit und Sozialsphäre (Sankt Martins Umzug)
Werden die Kinder, Eltern und Großeltern sowie Erzieher der Kindergartengruppe Wilde Flöhe des Sankt Martins Umzugs zur Berichterstattung seitens der Kita fotografiert, so ist das ein Eingriff in die Sozialsphäre der fotografierten Personen. Hier kann sich die Kita auf das »berechtigte Interesse« berufen, wenn sie die Fotos für die Teilnehmer oder für ihre Öffentlichkeitsarbeit benutzt. Die »berechtigten Interessen« der fotografierten Teilnehmer überwiegen hier nicht das »berechtigte Interesse«, da sich die Teilnehmer bewusst in einer öffentlichen Versammlung bewegen und damit rechnen müssen, dass sie fotografiert werden. Auch ein Kind mit einer besonders schönen oder witzigen Fackel dürfte als besonders charakteristische Person des Martins Umzugs fotografiert werden.

Beispiel 7: Öffentlichkeit und privater Rückzug (Sankt Martins Umzug)
Sitzt ein Kind mit seiner halb verbrannten Fackel etwas abseits des Umzugs weinend auf einer Parkbank, befindet er sich zwar noch im öffentlichen Raum, hat sich aber wegen des Fiaskos mit der Fackel vom Umzug zurückgezogen und will in seinem Kummer ungestört sein. Seine Aufnahme würde in seine Privatsphäre eingreifen, sodass dieses Foto nicht aufgenommen werden darf. Man spricht hier von »privater Rückzug im öffentlichen Raum«. Solch menschliche, interessante oder gar »spektakuläre« Randereignisse verlocken dazu, fotografiert zu werden. Hier bedarf dann aber einer Einwilligung zur Aufnahme und Nutzung des weinenden Kindes. Für die Öffentlichkeitsarbeit mögen solche Fotos interessant sein, aber sie sind nicht »zur Wahrung der berechtigten Interessen des Verantwortlichen oder eines Dritten erforderlich« (Art. 6 Abs. 1 lit. f DSGVO). Damit scheitert die Berechtigung nicht nur im Rahmen der Interessenabwägung an dem Eingriff in die Privatsphäre, sondern auch am Merkmal der Erforderlichkeit.

Neben den von der Kita selbst betreuten nehmen oft auch weitere **Kinder und Jugendliche** an deren öffentlichen Veranstaltungen teil. Haben sie sich allein oder gemeinsam mit den Eltern als Teilnehmer der Veranstaltung bewusst in die Öffentlichkeit begeben, kann damit auch bei Ihnen statt auf eine unpraktikable Einwilligung auf das »berechtigte Interesse« des Art. 6 Abs. 1 lit. f DSGVO zurückgegriffen werden. Bei der Rechtsgüter-

---

19 So https://www.lda.bayern.de/media/veroeffentlichungen/FAQ_Bilder_und_Verein.pdf S. 3.

abwägung ist jedoch ein strenger Maßstab anzulegen, »wenn es sich bei der betroffenen Person um ein Kind handelt«, um die ungestörte Persönlichkeitsentwicklung des Kindes bzw. Jugendlichen zu gewährleisten.

Hier kommt es neben der Frage, ob nur die Sozialsphäre betroffen ist, auch auf den **Zweck** an, für die die Bilder verwandt werden sollen. Es ist zwischen der Öffentlichkeitsarbeit für kulturelle, soziale, gesellschaftliche und sportliche Veranstaltungen einerseits und Werbung im kommerziellen Kontext andererseits zu differenzieren. Werbung im kommerziellen Kontext bedarf bei Fotos von Kindern, Jugendlichen wie Erwachsenen immer der Zustimmung (Einwilligung oder Model-Vertrag). Werden dagegen Kinder und Jugendliche als Teilnehmer kultureller, sozialer, gesellschaftlicher oder sportlicher Veranstaltungen im Rahmen deren Öffentlichkeitsarbeit fotografiert, kann für solche Fotos auf das »berechtigte Interesse« des Art. 6 Abs. 1 lit. f DSGVO zurückgegriffen werden.

Beispiel 8: Erforderlichkeit einer Einwilligung wegen Nutzung im kommerziellen Umfeld
Eine Kindertageseinrichtung lädt in Kooperation mit einem örtlichen Spielwarenhändler mittels Anzeigen in der Tagespresse zum »Legoworkshop« ein. Auf der Unternehmenswebsite soll über die Veranstaltung berichtet und Übersichtsaufnahmen mit legospielenden Kindern als Besucher gezeigt werden. Obwohl es sich um eine öffentliche Veranstaltung handelt, können die Fotos nicht auf der Rechtsgrundlage »berechtigter Interessen« und damit ohne die Einwilligung der Gäste angefertigt und genutzt werden. Die Fotos sollen für kommerzielle Werbezwecke genutzt werden und das große Interesse an den Produkten des Unternehmens verdeutlichen. In solchen Fällen kommerzieller Nutzung ist zum Schutz der Kinder eine Einwilligung beider Elternteile erforderlich.[20] Das Problem entsteht immer, wenn Veranstaltungen mit Unternehmensbeteiligung auf der kommerziellen Website dieser Unternehmen gezeigt werden sollen.

Beispiel 9: Fußballturnier Kinder/Väter
Ein Familienzentrum/eine Kindertagesstätte veranstaltet im Rahmen seines Sommerfestes ein Fußballturnier Väter/Kinder. Sowohl die von der Kita betreuten Kinder und deren Väter als auch sonstige am Turnier teilnehmende Kinder und Väter können zur Berichterstattung über das Sommerfest und sein Fußballturnier fotografiert und auf der Website der Kita gezeigt werden. Unproblematisch sind Übersichtsaufnahmen der Teilnehmer sowie der Zuschauer. Auch von Spielszenen der Fußballspiele, sofern sie nicht diskriminierend für die gezeigten Personen sind, dürften im Einzelfall gerechtfertigt sein. Bei Fotos, auf denen nicht die einzelne Person, sondern der Charakter der Veranstaltung bzw. des Spiels im Mittelpunkt steht, ist keine Einwilligung der abgebildeten Personen erforderlich.[21] Voraussetzung ist aber auch hier eine ausreichende vorherige Information über die geplante Veröffentlichung.

---

20 Vgl. Fricke, in: Wandtke/Bullinger, Urheberrecht, ⁵2019, § 22 KUG Rn. 14; OLG Oldenburg NJW-RR 2018, 1134.
21 So BayLDA, Praxisratgeber Bilder und Verein, 2019 S. 3, https://www.lda.bayern.de/media/veroeffentlichungen/FAQ_Bilder_und_Verein.pdf.

> Die Kita kann sich auf ihr »berechtigtes Interesse« entsprechend Art. 6 Abs. 1 lit. f DSGVO berufen, sofern nicht die besonders schutzwürdigen Interessen der Kinder oder ihrer Väter überwiegen. »Mit in die Interessenabwägung einzubeziehen ist der Verbreitungsgrad der Fotos sowie die Anzahl der Bilder im Verhältnis zur Bedeutung der Veranstaltung. Als Faustregel kann gelten: Je lokaler das Ereignis, umso sparsamer muss die Bildberichterstattung ausfallen. Eine Verbreitung über soziale Netzwerke dürfte auf Grund der Rechteeinräumungen gegenüber dem Dienstbetreiber und der unkontrollierten Verbreitung nur mit Einwilligung«[22] der gezeigten Kinder und beider Elternteile sowie der jeweils fotografierten Väter möglich sein.

7.8 Sonderfall: externe Arbeitnehmer auf einer Veranstaltung

Bei Kitaveranstaltungen sind mitunter Arbeitnehmer externer Dienstleister beteiligt, wie z.B. Servicekräfte von Caterern oder Putzfirmen. Hier kommt es vor, dass sie im Rahmen der Veranstaltungsfotografie vom Veranstalter (mit-) abgebildet werden.

Auf die Rechtsnormen des **Beschäftigtendatenschutzes** kann sich die Kita hier nicht berufen, da zwischen ihr, als dem Auftraggeber des Dienstleisters, und dessen Mitarbeitern kein Arbeitsverhältnis besteht. Eine ausdrückliche **Einwilligung** des »externen« Personals gegenüber der Kita als Veranstalter als Rechtsgrundlage zur Anfertigung und Nutzung solcher Fotos (Art. 6 Abs. 1 lit. a DSGVO) wirft zwei Probleme auf. Die Freiwilligkeit einer solchen Einwilligung scheitert wohl daran, dass das Service-Personal bei ihrer Verweigerung mit arbeitsrechtlichen Nachteilen rechnen müsste.[23] Zum anderen müsste der Veranstalter das Risiko tragen, dass das Service-Personal seine Einwilligung jederzeit widerrufen kann (Art. 7 Abs. 3 DSGVO), sodass die Fotos, auf denen das Service-Personal mit abgebildet wurde, nicht mehr genutzt werden kann oder es durch Bearbeitungen unkenntlich gemacht werden muss.

Die veranstaltende Kita kann sich jedoch auf ihre **»berechtigten Interessen«** (Art. 6 Abs. 1 lit. f DSGVO[24]) berufen, wenn fremdes Personal im Rahmen der Veranstaltungsfotografie mit in ein Bild gelangt. Die »berechtigten Interessen« der Betroffenen überwiegen nicht die des Veranstalters, wenn und soweit die Fotografie im beruflichen Zusammenhang mit ihrer beruflichen Tätigkeit steht. Das ist z.B. bei Service-Personal eines Caterers typischerweise der Fall, deren Fotos nur deren **Sozialsphäre** betreffen und nicht diskriminierend sind (siehe oben) und aufgrund der äußeren Umstände nicht erkennbar ist, dass die betroffene Service-Person in der Situation nicht fotografiert werden möchte.[25] Allerdings verbleibt der betroffenen Person hier »das Recht, aus Gründen, die sich aus ihrer besonderen Situation ergeben, jederzeit gegen die Verarbeitung sie betreffender personenbezogener Daten, die aufgrund von Artikel 6 Absatz 1 lit. e oder f erfolgt, **Widerspruch einzulegen**« (Art. 21 Abs. 1 DSGVO.

Natürlich kann auch in dem Vertrag zwischen der Kita als Veranstalter und dem externen Dienstleister die Frage der Mitarbeiterfotos auf einer Veranstaltung geregelt werden. Der

---

22 Zitat: Christian W. Eggers, Quick Guide Bildrechte, ²2019, S. 71.
23 Das Urteil des BGH vom 11.11.2014, Az. VI ZR 9/14 dürfte insoweit überholt sein.
24 § 6 Abs. 1 lit g KDG, § 6 Nr. 4 DSG-EKD.
25 Vgl. Buchner/Petri, in: Kühling/Buchner, DSGVO/BDSG, ²2018, Art. 6 Rdn. 150.

externe Dienstleister muss dann zuvor in den Arbeitsverträgen mit seinen Mitarbeitern entsprechende Nutzungs- und Lizenzrechte vereinbaren. Der Veranstalter als Verantwortlicher kann dann auf der Rechtsgrundlage »Vertrag« (Art. 6 Abs. 1 lit. b DSGVO) das Event-Personal fotografieren und die Fotos im Rahmen der Lizenzabsprachen veröffentlichen. Allerdings dürfte dieser Weg nur bei entsprechend eventerfahrenen Firmen gangbar sein.

7.9 Sonderfall: Künstler auf einer Veranstaltung

Zu Kitaveranstaltung gehören häufig künstlerische, insbesondere musikalische, oder sportliche Darbietungen. Natürlich möchte der Veranstalter solche künstlerischen Darbietungen in seiner Öffentlichkeitsarbeit mit entsprechenden Bildern hervorheben. Hier sind das informationelle Selbstbestimmungsrecht der Künstler (das auch das frühere Recht am eigenen Bild umfasst) und das Urheberrecht des ausübenden Künstlers (§ 77 UrhG) zu beachten. Danach steht ausschließlich dem ausübenden Künstler das Recht zu, »seine Darbietung auf Bild- oder Tonträger aufzunehmen« und »den Bild- oder Tonträger, auf den seine Darbietung aufgenommen worden ist, zu vervielfältigen und zu verbreiten«.[26]

Der Veranstalter benötigt daher die **Einwilligung** des ausübenden Künstlers für die Erstellung, Vervielfältigung und Veröffentlichung von Aufnahmen. Die Befugnis zur Anfertigung, Vervielfältigung und Nutzung von Ton- und Bildaufnahmen durch den Veranstalter kann natürlich auch direkt im **Künstlervertrag** vereinbart werden. Rechtsgrundlage zur »Datenverarbeitung« durch den Veranstalter ist dann der Künstlervertrag (Art. 6 Abs. 1 lit. b DSGVO).

---

26 Auf den Schutz des Veranstalters nach § 81 UrhG sei hier nur ergänzend hingewiesen.

8 Anfertigen von Gruppenfotos und Porträtbildern der Kinder durch Fotografen, Presse, Großeltern oder sonstige Dritte

8.1 Anfertigen von Gruppenfotos und Porträtbildern durch freiberufliche Fotografen

Rechtsgrundlage für die Anfertigung von Kinderbildern durch die **Kita selbst** ist die oben erläuterte Einwilligung oder bei größeren Veranstaltungen ihr »berechtigtes Interesse«. Sollen Gruppenfotos oder Porträtbilder der Kinder nicht von der Kita selbst angefertigt werden, sondern von einem selbstständigen **Fotografen**, muss dieser vor dem Fototermin hierüber mit den Sorgerechtsberechtigten einen Vertrag schließen. Nach Art. 6 Abs. 1 lit. b DSGVO[1] ist das Anfertigen von Fotos zulässig, soweit dies Teil oder originärer Inhalt eines Vertrages ist. In diesem Fall ist nur die Anfertigung von Fotos des Kindes des unmittelbaren Vertragspartners zulässig, welcher den Fotografen beauftragt hat. Die Kita ist in diesem Fall nicht die Verantwortliche für die Datenverarbeitung. Die Kita kann jedoch für den Fotografen die »Einwilligungsformulare« (also eigentlich den Vertrag) an die Eltern verteilen und vor dem Fototermin einsammeln. Sollen die Fotos mit Namen, Geburtsdatum und Gruppe versehen werden, muss der Fotograf diese Daten bei den Eltern selbst erheben und auch diesen Zweck im Vertrag regeln. Die Anfertigung von Gruppenfotos setzt Verträge mit allen aufgenommenen Kindern mit entsprechender Vereinbarung zum Gruppenfoto voraus. Sollen die Fotos im Anschluss allen Kindern bzw. Eltern und der Kita z.B. auf einer CD oder einem USB-Stick zur Verfügung gestellt werden, muss auch diese Datenübermittlung vom Fotografen im Vertrag geregelt werden.

8.2 Bilder von Kita-Festen durch Eltern, Großeltern usw.

Häufig möchten Eltern bei Festen der KiTa Bilder anfertigen. Dabei soll nicht nur das eigene Kind fotografiert werden, sondern meistens auch andere Kinder oder Mitarbeiter der KiTa. Für diese Bilder ist grundsätzlich nicht die KiTa die verantwortliche Stelle, sondern jeder Elternteil, der die Bilder anfertigt. Bilder, die zu privaten oder persönlichen Zwecken angefertigt werden, sind von den Regelungen der DSGVO nicht erfasst. Zwar ist die KiTa nicht verantwortlich für die Bildaufnahmen der Eltern, sie hat jedoch auf dem KiTa-Gelände das Hausrecht (siehe unten) und kann daher das Ob und Wie von Fotoaufnahmen regeln bzw. solche auch verbieten.

> **Beispiel 1**
> Die Mutter von Emma steht aufgebracht im Büro der Einrichtungsleitung Kita »Abenteuerland«. Ein Foto vom letzten Kitafest, auf dem Emma zu sehen ist, wurde ungefragt bei Facebook veröffentlicht. Die Einrichtungsleitung weist jede

---

1 § 6 Abs. 1 lit. c KDG, § 6 Nr. 5 DSG-EKD.

> Verantwortung von sich, denn das Foto wurde offensichtlich nicht von der Kita, sondern von einer anderen Mutter gemacht und bei Facebook hochgeladen.

Ein grundsätzliches Fotoverbot ist aus datenschutzrechtlicher Sicht nicht notwendig. Es ist jedoch ratsam, wenn die KiTa das Thema frühzeitig in einem **Elternbrief** thematisiert und auch darauf hinweist, dass Bilder grundsätzlich nur mit der Einwilligung der anderen Eltern gefertigt und veröffentlicht werden dürfen. Dadurch lassen sich für alle Beteiligten verträgliche Lösungen finden und allzu strenge Verbote vermeiden.

> **Beispiel 2: Musterbrief Fotografieren durch Eltern**
>
> Liebe Eltern,
>
> immer wieder werden von unseren Eltern in der Kita Fotos von Kindern aufgenommen und mitunter auch in sozialen Netzwerken verbreitet. Die Eltern der betroffenen Kinder sind in der Regel nicht gefragt worden und kommen dann empört auf unsere Kitamitarbeiter zu. Der lockere Umgang mit dem Recht am eigenen Bild anderer Kinder hat zu erheblichem Unmut bei den Betroffenen geführt.
>
> Um den berechtigten Interessen aller Beteiligten möglichst gerecht zu werden, möchten wir Sie bitten, beim Fotografieren in unserer Kita folgenden Regeln einzuhalten:
>
> 1. Kitaalltag: Verzichten Sie darauf, während der Betreuungszeit in der Kita Fotos mit Ihrem Smartphone zu machen. Ihr Kind wird im Alltag in unserer Kita von den Mitarbeitern ausreichend fotografiert. Die Fotos finden Sie im Portfolio Ihres Kindes und können sie dort einsehen.
>
> 2. Kitafeste: Wenn Sie bei Kita-Festen fotografieren, beachten Sie bitte Folgendes:
>
> Andere Personen und insbesondere Kinder dürfen Sie nur mit deren Einverständnis bzw. dem ihrer Sorgeberechtigten fotografieren. Veröffentlichen Sie keine Fotos, auf denen außer Ihnen und Ihrem Kind noch weitere Personen zu sehen sind. Laden Sie insbesondere solche Fotos nicht in sozialen Netzwerken hoch und verbreiten Sie sie auch nicht über Messenger-Dienste, wie WhatsApp.
>
> Bitte bedenken Sie, dass die ungefragte Veröffentlichung von Fotos in sozialen Netzwerken oder im Internet ein erheblicher Eingriff in das Recht am eigenen Bild der Betroffenen darstellt, wogegen diese auch rechtlich vorgehen können.
>
> Wir möchten Sie daher bitten, sich an unsere Hausregeln zu halten.
>
> Mit freundlichen Grüßen
>
> ....
>
> Einrichtungsleitung[2]

---

2 Ein ähnliches Beispiel bei Bart, Datenschutz in der Kita, 2018, S. 82.

8.3 Tagespresse

Die Weitergabe eigener Bilder von geschlossenen Veranstaltungen an die **örtliche Tagespresse** ist unzulässig, hier wäre eine Einwilligung der Betroffenen von Nöten. Von öffentlich zugänglichen Veranstaltungen können Fotos, wie oben dargestellt, aufgrund berechtigten Interesses im Rahmen der Öffentlichkeitsarbeit an die Lokalpresse gegeben werden.

Erscheinen Pressevertreter auf Veranstaltungen der Kita, sind sie für die Datenerhebung und Veröffentlichung der Bilder verantwortlich und müssen ggf. selbst die Einwilligung der Kinder bzw. der Eltern einholen.

8.4 Dem Fotografieren Grenzen setzen – Hausrecht

Immer wieder mal stellt sich die Frage, ob die Einrichtungsleitung befugt ist, dem Fotografieren Einhalt zu gebieten oder es durch entsprechende Regeln auf ein sinnvolles Maß zu begrenzen. So gibt es Erwachsene, die im Kindergartenalltag durch die offene Gruppentür fremde Kinder fotografieren, die zur Information der Eltern gedachten Fotos der Mitarbeiter abfotografieren oder bei Veranstaltungen auch ersichtlich intime oder peinliche Situationen meinen Festhalten zu müssen.

Die Zulässigkeit des Fotografierens innerhalb privater Grundstücke und in privaten Räumen unterliegt dem **Hausrecht**. Derjenige, der das Hausrecht ausübt, kann das Fotografieren kraft seines Hausrechts verbieten oder die Modalitäten seiner Ausübung in einer Hausordnung näher regeln. Das Hausrecht übt bei Kindertageseinrichtungen die Kitaleitung aus, denn ihr steht die Befugnis zu, über Zugang und Aufenthalt in die Kitaräume zu bestimmen.[3] Bei Kitaveranstaltungen außerhalb des Kitageländes übt sie auf befriedetem Gelände und in angemieteten Räumlichkeiten als Veranstalter bzw. Mieter das Hausrecht aus. Sie kann frei darüber entscheiden, ob sie Fotoaufnahmen verbietet oder nur in bestimmten Bereichen oder nur bestimmte Motive oder nur durch bestimmte Personen erlaubt. Hat sie kraft Hausrechts das Fotografieren verboten, ist es auch nicht erlaubt, eine Person, die in das Foto einwilligt, auf dem Gelände oder in den Räumlichkeiten zu fotografieren. Zumindest gegenüber Dritten – deren Kind nicht die Kita besucht – kann sie bei Verstößen gegen ihre Hausordnung ein Hausverbot aussprechen.

Das unberechtigte Anfertigen von Bildern kann **strafbar** sein. Hier ist insbesondere an § 201a Abs. 1 Strafgesetzbuch (StGB) zu denken, der den Fall betrifft, dass von einer anderen Person, die sich in einem gegen Einblick besonders geschützten Raum befindet, unbefugt eine Bildaufnahme hergestellt wird, und an § 201a Abs. 3 StGB, der denjenigen unter Strafe stellt, der eine Bildaufnahme, die die Nacktheit einer anderen Person unter achtzehn Jahren zum Gegenstand hat, herstellt oder anbietet, um sie einer dritten Person gegen Entgelt zu verschaffen, oder sich oder einer dritten Person gegen Entgelt verschafft.

---

3 Zu dem Kriterium siehe Heger, in: Lackner/Kühl, StGB, [29]2018, Rdn. 2.

9 Beschäftigtendatenschutz

Die Kenntnis des Beschäftigtendatenschutzes ist für Kitaleitungen wichtig. Zwar ist Vertragspartner des Mitarbeiters der Träger, aber Sie sind es, die das Beschäftigungsverhältnis im Alltag durchführen (z.B. Aufstellung der Dienst- und Urlaubspläne, Organisation und inhaltliche Gestaltung der Arbeit, Gesundheitsschutz und Sicherheit am Arbeitsplatz), und vielfach sind sie auch bei der Einstellung (z.B. durch Vorauswahl, Hospitationstage und Vorgespräche) sowie bei der Beendigung von Beschäftigungsverhältnissen beteiligt. Eine wichtige Frage stellt zudem die in verschiedenen Kontexten anfallende Verarbeitung von Mitarbeiterfotos dar (siehe hierzu Abschnitt 10). Kitaleitungen verarbeiten somit alltäglich Daten ihrer Mitarbeiter. Die Personalakten mit den Beschäftigtenstammdaten, Bewerbungsunterlagen, Personalfragebogen, Kopien der Abschluss- und Arbeitszeugnisse sowie der Fortbildungen, Arbeitserlaubnisse, Arbeitsvertrag, Nebentätigkeitsgenehmigungen, Beurteilungen, Abmahnungen, Rügen, Arbeitsunfähigkeitsbescheinigungen[1] und Abrechnungsunterlagen, werden allerdings in aller Regel vom Träger selbst geführt, der auch die sozial- und steuerrechtlichen Pflichten aus dem Arbeitsverhältnis erfüllt, sodass diese hier außer Betracht bleiben. Die Kitaleitung verwahrt lediglich die für den Alltagsbetrieb notwendigen Kontaktdaten, Überstundenlisten, Urlaubsanträge etc.

Aufgrund der Öffnungsklausel in Art. 88 DSGVO wird der Beschäftigtendatenschutz durch nationales Recht geregelt, für Kitas nicht kirchlicher freier Träger in § 26 Bundesdatenschutzgesetz (BDSG), für kommunale Kitas in dem Datenschutzgesetz des jeweiligen Bundeslandes,[2] und für kirchliche Kitas im § 53 KDG bzw. § 49 DSG-EKD.[3]

Die genannten Gesetzesvorschriften schützen das Recht auf informationelle Selbstbestimmung des Mitarbeiters und sollen ihn vor rechtswidriger Verarbeitung seiner personenbezogenen Daten schützen.

---

1   Wenn ein Arbeitnehmer infolge einer Krankheit an der Arbeitsleistung verhindert ist, hat er seine krankheitsbedingte Abwesenheit unverzüglich (d.h. ohne schuldhaftes Zögern) dem Arbeitgeber anzuzeigen (§ 5 Abs. 1 S. 1 EFZG). Die Mitteilung sollte gegenüber der Einrichtungsleitung erfolgen, die ja auch den Personaleinsatz so planen muss, dass eine lückenlose Betreuung der Kinder gewährleistet ist. Dauert die Arbeitsunfähigkeit länger als drei Kalendertage, hat der Arbeitnehmer nach § 5 Abs. 1 S. 1 und 2 EFZG eine ärztliche Bescheinigung über das Bestehen der Arbeitsunfähigkeit sowie deren voraussichtliche Dauer (AUB) spätestens an dem darauffolgenden Arbeitstag vorzulegen. Der Arbeitgeber ist berechtigt, die Vorlage der AUB früher zu verlangen. Auch sie sollte aus Gründen der Personaleinsatzplanung der Einrichtungsleitung zugeleitet werden, die sie der personalaktenführenden Stelle weiterleitet. Dass aus dem behandelnden Arzt Rückschlüsse auf die Krankheit des Arbeitnehmers möglich seien, erscheint angesichts der Vielzahl von Krankheiten, der heute üblichen Vorsorgeuntersuchungen etc., sehr weit hergeholt; so aber Gola, Handbuch Beschäftigtendatenschutz, [8]2019, Rdn. 1891.
2   Die Regelungen sind unterschiedlich, von sehr kurzen bis hin zu solchen, die weit über die des BDSG hinausgehen: § 15 LDSGBW, § 18 BlnDSG, § 26 BbgDSG, § 12 BremDSGVOAG, § 10 HmbDSG, § 23 HDSG, § 10 DSG MV, § 12 NDSG, § 18 DSG NRW, § 20 LDSG RLP, § 22 SaarlDSG, § 11 SächsDSG, § 28 DSG LSA, § 15 LDSG-SH, § 27 ThürDSG. Aufgrund der Heterogenität der Regelungen können die landesrechtlichen Regelungen in der weiteren Erörterung nicht extra berücksichtigt werden.
3   Nach § 26 Abs. 4 BDSG ist die Verarbeitung psbD von Beschäftigten für Zwecke des Beschäftigungsverhältnisses auch aufgrund von Betriebs- oder Dienstvereinbarung im Unternehmen (Kollektivvereinbarung) möglich.

9.1 Persönlicher Anwendungsbereich: Wer ist Beschäftigter?

Der persönliche Anwendungsbereich ergibt sich aus dem **weiten Beschäftigtenbegriff** des § 26 Abs. 8 BDSG.[4] Hierunter fallen nicht nur Arbeitnehmer einschließlich Leiharbeitnehmer, Auszubildende und ausgeschiedene Arbeitnehmer sowie Freiwillige, die einen Dienst nach dem Jugendfreiwilligendienstgesetz oder dem Bundesfreiwilligendienstgesetz leisten, sondern auch Bewerber. Freie Mitarbeiter, die als selbstständige Gartenbauunternehmer, Putzfirma etc. tätig werden, fallen nicht unter den Beschäftigtenbegriff, es sei denn, sie sind wegen ihrer wirtschaftlichen Unselbstständigkeit als arbeitnehmerähnliche Personen anzusehen.

9.2 Sachlicher Anwendungsbereich: Verarbeitung personenbezogener Daten

Der Beschäftigtendatenschutz erfasst über Art. 2 Abs. 1 DSGVO hinausgehend **jede Verarbeitung** personenbezogener Beschäftigtendaten, selbst wenn sie nicht in einem Dateisystem gespeichert sind oder gespeichert werden sollen (§ 26 Abs. 7 BDSG).[5] Damit gilt er auch für nicht digitalisierte Personalakten.[6]

> **Beispiel 1**
>
> Der sachliche Anwendungsbereich erfasst »auch Befragungen oder handschriftliche Notizen für Zwecke des Beschäftigungsverhältnisses, bspw. also Bewerbungsgespräche oder Personalgespräche und dazu erfolgte handschriftliche Aufzeichnungen, oder tatsächliche Vorgänge wie Schrankkontrollen.«[7]

Aufgrund der Gesetzesmaterialien kann für die **sozialübliche »innerbetriebliche Kommunikation** weiterhin angenommen werden, dass diese jedenfalls so lange, wie es sich tatsächlich nur um einen üblichen Umgang untereinander handelt, nicht den Beschränkungen des § 26« unterfällt. »Dies entspricht auch dem Schutzzweck der Norm.«[8]

> **Beispiel 2**
>
> siehe Abschnitt 1.2

9.3 Zweckgebundenheit: Datenverarbeitung zur Begründung, Durchführung oder Beendigung eines Beschäftigtenverhältnisses

Nach **§ 26 Abs. 1 Satz 1 BDSG** dürfen »Personenbezogene Daten von Beschäftigten … für Zwecke des Beschäftigungsverhältnisses verarbeitet werden, wenn dies für die <u>Entscheidung über die Begründung</u> eines Beschäftigungsverhältnisses oder nach Begründung des Beschäftigungsverhältnisses <u>für dessen Durchführung</u> oder Beendigung oder zur Ausübung oder Erfüllung der sich aus einem Gesetz oder einem Tarifvertrag, einer Betriebs- oder

---

4 § 4 Nr. 24 KDG, § 4 Nr. 20 DSG-EKD.
5 So auch § 53 Abs. 3 KDG. In dem DSG-EKD findet sich die Erweiterung nicht.
6 Vgl. hierzu Stamer/Kuhnke, in: Plath, DSGVO BDSG, ³2018, § 26 BDSG Rdn. 9.
7 Zitat: Stamer/Kuhnke in: Plath, DSGVO BDSG, ³2018, § 26 BDSG Rdn. 10.
8 Nach Stamer/Kuhnke in: Plath, DSGVO BDSG, ³2018, § 26 BDSG Rdn. 10; siehe auch Kort, ZD 2017, 319 (323).

Dienstvereinbarung (Kollektivvereinbarung) ergebenden Rechte und Pflichten der Interessenvertretung der Beschäftigten erforderlich ist.«[9]

Folgende Bereiche sind dem **Beschäftigungsverhältnis zuzurechnen**:[10]
- Einstellung,
- Erfüllung des Arbeitsvertrags einschließlich der Erfüllung der durch Rechtsvorschriften oder durch Kollektivvereinbarungen festgelegten Pflichten,
- Management,
- Planung und Organisation der Arbeit,
- Gleichheit und Diversität am Arbeitsplatz,
- Gesundheit und Sicherheit am Arbeitsplatz,
- Schutz des Eigentums der Arbeitgeber oder der Kunden sowie für
- Inanspruchnahme der mit der Beschäftigung zusammenhängenden individuellen oder kollektiven Rechte und Leistungen und
- Beendigung des Beschäftigungsverhältnisses.

Zu anderen Zwecken als der Durchführung des Beschäftigungsverhältnisses dürfen die Beschäftigtendaten grundsätzlich nicht verwandt werden.

> **Beispiel 3**
> Ein großer Träger zahlreicher Kitas nimmt ein Foto zwecks Identifikation des Mitarbeiters in die Personalakte auf.

> **Beispiel 4**
> Der Träger bittet die Mitarbeiter mit Kundenkontakt Namensschilder zu tragen.

9.4 Erforderlichkeit

Zudem dürfen nach § 26 Abs. 1 Satz 1 BDSG[11] nur solche Daten erhoben werden, die für die Entscheidung über die Begründung oder für dessen Durchführung oder für die spätere Beendigung des Beschäftigungsverhältnisses **erforderlich** sind.

> **Prüfschema zum Grundsatz der Verhältnismäßigkeit**[12]
>
> Ist die Datenverarbeitung…:
> - **Geeignet,** um ein berechtigtes Interesse der verantwortlichen Stelle im Zusammenhang mit der Begründung, Durchführung oder Beendigung eines Beschäftigungsverhältnisses verwirklichen zu können?
> - **Erforderlich,** weil es keine milderen Mittel, z.B. andere, weniger intensive Eingriffe in Persönlichkeitsrechte der Beschäftigten, gibt?

---

9 § 53 Abs. 1 KDG, § 49 Abs. 1 DSG-EKD.
10 Aus: Thüsing/Traut in: Schwartmann/Jaspers/Thüsing/Kugelmann, DS-GVO/BDSG, 2018, Art. 88 DSGVO Rdn. 16.
11 § 53 Abs. 1 KDG, § 49 Abs. 1 DSG-EKD.
12 Nach Wybitul, BB 2010, 1085, (1086); Gimmy/Hügel, in: Gierschmann u.a, Systematischer Praxiskommentar Datenschutzrecht, ¹2014, Kap. 32 Rdn. 20.

- **Angemessen,** da keine schutzwürdigen Interessen des Beschäftigten am Ausschluss der Datenverarbeitung überwiegen, die Grundsätze der Datensparsamkeit und -Vermeidung hinreichend berücksichtigt sind und nicht benötigte Daten unverzüglich gelöscht werden?

Beispiel 5

Auf der Trägerwebsite wird als Kontakt der Kita die **Einrichtungsleitung mit Namen und dienstlichen Kontaktdaten** angegeben. Ist dies zulässig? Dürfte auch ein Foto beigefügt werden?

Namen, Kontaktdaten und Fotos von Mitarbeitern sind auf den Websites oder Konzepten der Kindertageseinrichtungen oder ihrer Träger zum Standard geworden. Bei **Funktionen mit Außenkontakt,** also insbesondere der Einrichtungsleitung, dürfen nach § 26 Abs. 1 BDSG (d.h. **ohne Einwilligung) Name und dienstliche Kontaktdaten – allerdings kein Foto** – des jeweiligen Mitarbeiters veröffentlicht werden. Die Kontaktpflege gehört bei diesen Personen zu ihren arbeitsvertraglichen Pflichten. Dies macht die Veröffentlichung von deren Kontaktdaten erforderlich. Ein Foto wäre zusätzlich hilfreich, ist aber zur Kontaktierung nicht wirklich erforderlich. Zudem würde die weltweite Veröffentlichung eines Fotos erhebliche Mitarbeiterinteressen betreffen, sodass hierfür eine Einwilligung der abgebildeten Person erforderlich ist. Im Hinblick auf die Problematik der Privatnutzung dienstlicher E-Mail-Accounts dürfte es sich empfehlen, statt personenbezogenen E-Mail-Adressen nur Funktionsadressen, wie z. B. Einrichtungsleitung@Kita-..de, zu veröffentlichen.

Beispiel 6

Die Eltern des kleinen, aber etwas verhaltensauffälligen Peters fragen die Einrichtungsleitung nach der privaten Telefonnummer seiner kranken Gruppenleiterin. Sie benötigten von ihr noch Informationen für einen anstehenden Termin bei der Erziehungsberatung.

Die privaten Kontaktdaten Ihrer Mitarbeiter (Telefon-, Handynummer, Adresse, E-Mail-Adresse) sind psbD. Nur die Einrichtungsleitung hat eine Funktion mit Außenkontakt. Eine Herausgabe an die Eltern lässt sich daher nicht mit der Durchführung des Beschäftigungsverhältnisses rechtfertigen. Da die privaten Kontaktdaten der Mitarbeiterin keine Sozialdaten sind, kann eine Herausgabe auch nicht auf die Übermittlungsbefugnisse des SGB X gestützt werden. Sie dürfen sie daher nur mit Einwilligung des jeweiligen Mitarbeiters an Eltern herausgeben. Die Eltern müssen die Genesung der Mitarbeiterin abwarten und können dann mit ihr einen Gesprächstermin in der Kita vereinbaren. Vielleicht hilft auch schon das Gespräch mit der Zweitkraft weiter.

Auch die Verarbeitung **besonderer Kategorien von Daten** (Art. 9 Abs. 1 DSGVO) ist im Rahmen des Arbeitsverhältnisses nach § 26 Abs. 3 BDSG[13] zulässig, wenn sie zur Ausübung von Rechten oder zur Erfüllung rechtlicher Pflichten aus dem Arbeitsrecht, dem

---

13 § 11 Abs. 2 lit. b KDG, § 13 Abs. 2 Nr. 2 DSG-EKD.

Recht der sozialen Sicherheit und des Sozialschutzes erforderlich ist. Es darf kein Grund zu der Annahme bestehen, dass schutzwürdige Interessen des betroffenen Mitarbeiters überwiegen. Hierunter fallen insbesondere Angaben zur Religionszugehörigkeit (anders bei Arbeitsplätzen konfessionsgebundener Träger, die in einem unmittelbaren Zusammenhang mit dem Verkündungsauftrag der Kirchen stehen)[14] oder zum Schwerbehindertengrad.

> **Beispiel 7: Mitarbeiterbefragung**
> Der Einrichtungsträger möchte angesichts der Mitarbeiterfluktuation der letzten Monate gerne die Einschätzung seiner Mitarbeiterinnen zu Ihrem Arbeitsumfeld erheben, d.h. Fragen zur Zufriedenheit (Betriebsklima der jeweiligen Einrichtung oder Gruppe, Motivation, Arbeitsbelastung), Bewertungen von Entscheidungs- und Kommunikationsabläufen oder zum Führungs- und Vorgesetztenverhalten, etwa zur Einschätzung der fachlichen und sozialen Kompetenz von Gruppen-. und Einrichtungsleitungen. Darf er das gestützt auf § 26 BDSG[15]?
> Nein! Bei einer Mitarbeiterbefragung sind die folgenden Punkte zu beachten:[16]
> - Sie kann nicht auf § 26 BDSG gestützt werden und ist daher **nur auf freiwilliger Basis, d.h. mit Einwilligung des Mitarbeiters,** zulässig. Subjektive Einschätzungen und Bewertungen eines Mitarbeiters können nicht der Durchführung seines Beschäftigungsverhältnisses zugerechnet werden, sodass er mangels gesetzlicher Rechtsgrundlage nicht zur Teilnahme verpflichtet werden kann.
> - Der Mitarbeiter ist **vorher nach Art 13 DSGVO zu informieren**: Er ist zu Beginn des Fragebogens auf die Freiwilligkeit seiner Teilnahme hinzuweisen. Eine Information in einer Hausmitteilung oder über das hauseigene Intranet reicht hierfür nicht aus. Der Mitarbeiter ist über den Gegenstand und den Zweck der Befragung sowie darüber, durch wen und für wen die Daten erhoben und verarbeitet werden, zu informieren. Auch sollte er darüber informiert werden, wie die Daten ausgewertet werden.
> - Der datenschutzrechtliche Grundsatz der Datenminimierung (Art. 5 Abs. 1 lit. c DSGVO) erfordert, Mitarbeiterbefragungen **wenn möglich anonym** durchzuführen. Das verbietet eine nachträgliche Zuordnung der Antworten zu einzelnen Mitarbeitern. Hierfür sind auch die sog. »statistischen Angaben« zu überprüfen, wie beispielsweise Angaben zum konkreten Tätigkeitsfeld, zum Umfang der Beschäftigung (Vollzeit- oder Teilzeit), des Geschlechts, des Lebensalters oder der Funktion. Hier besteht die Gefahr der Re-Identifizierung einzelner Mitarbeiter durch Kombination dieser Angaben. Die gleiche Problematik ergibt sich bei wenigen Teilnehmern insbesondere kleinen Organisationseinheiten wie Gruppen. Hier erfordert die zugesagte anonymisierte Auswertung entweder die Daten bei der Auswertung mit anderen Gruppen oder Einrichtungen zusammenzufassen oder bei Unterschreiten einer Mindestzahl an Teilnehmern auf eine Auswertung zu verzichten.
> - Bei Mitarbeiterbefragungen sind die Beteiligungsrechte der jeweiligen **Mitarbeitervertretung** zu beachten.

---

14 Siehe hierzu Abschnitt 12.5 Fragerecht im Vorstellungsgespräch, »Religionszugehörigkeit«.
15 § 53 Abs. 1 KDG, § 49 Abs. 1 DSG-EKD.
16 Vgl. https://www.bfdi.bund.de/DE/Datenschutz/Themen/Arbeit_Bildung/BeschaeftigungArbeitArtikel/Mitarbeiterbefragungen.html https://www.bfdi.bund.de/DE/Datenschutz/Themen/Arbeit_Bildung/BeschaeftigungArbeit Artikel/Mitarbeiterbefragungen.html

9.5 Datenverarbeitung im Bewerbungsverfahren

Recherche im Internet

> **Beispiel 8**
> Darf sich die Einrichtungsleitung über eine Bewerberin im Internet informieren, ihren Namen in Suchmaschinen wie Google oder Bing eingeben oder in sozialen Netzwerken wie Facebook recherchieren?

In welchem Umfang sich der Arbeitgeber **im Internet** über einen Bewerber informieren kann, richtet sich nach § 26 Abs. 1 S. 1 BDSG[17], muss also erforderlich sein. Danach ist eine Verarbeitung von Daten aus Suchmaschinen wie Google oder Bing über einen Bewerber zulässig, da dieser seine Daten im Internet weltweit jedermann zugänglich gemacht hat. Deren Erhebung durch Dritte, wie den Arbeitgeber, ist damit vom Bewerber absehbar gebilligt worden. Allerdings muss der Arbeitgeber den Bewerber nach Art. 14 Abs. 2 lit. f DSGVO über die Quelle der erhobenen Daten informieren. Soziale Netzwerke wie Facebook sind dagegen nicht öffentlich, sondern nur nach vorheriger Anmeldung für andere Mitglieder, und dies meist gestuft zugänglich, sodass eine Datenerhebung dort grundsätzlich unzulässig ist. In berufsorientierten Netzwerken wie LinkedIn, XING stellen sich ihre Teilnehmer bewusst für Arbeitgeber und Geschäftspartner dar. Die Verarbeitung derartiger Daten ist deshalb mangels entgegenstehender schutzwürdiger Interessen des Beschäftigten oder Bewerbers zulässig.

Einladung zur Hospitation oder zum Vorstellungsgespräch

Bewerber, die geeignet erscheinen, werden zu einem Vorstellungsgespräch eingeladen.[18] Oft überlässt es der Träger der Einrichtungsleitung, Vorgespräche zu führen und die Bewerber zu einer Hospitation einzuladen, um eine Vorauswahl vorzunehmen und Empfehlungen auszusprechen. Hier gilt es zu beachten, dass Bewerber **nicht diskriminiert** werden dürfen. Ein Bewerber darf nicht wegen eines der in § 1 AGG genannten Merkmale – der Rasse oder der ethnischen Herkunft, des Geschlecht (Schwangerschaft) oder der sexuellen Identität, des Alters, der Behinderung (HIV-Infektion, u. U. Adipositas[19]), der Religion[20] oder der Weltanschauung – von einer Hospitation, einem Vorgespräch oder Vorstellungsgespräch ausgeschlossen werden, es sei denn, er wäre für die ausgeschriebene Stelle objektiv ungeeignet.[21] Wenn dem Bewerber zur Vorbereitung des Einstellungsgesprächs ein Fragebogen zugeschickt werden soll, darf er nur solche Fragen enthalten, die er auch in einem Vorstellungsgespräch beantworten müsste (siehe unten). Zudem ist ein solcher wie auch ein biografischer Fragebogen mitbestimmungspflichtig (§ 94 Abs. 1 BetrVG[22]).

Vorgespräche, Hospitationen und Vorstellungsgespräche sollten **vorbereitet** werden, d.h. es empfiehlt sich, sorgfältig zu überlegen welche Informationen erforderlich sind, um die

---

17 § 53 Abs. 1 KDG, § 49 Abs. 1 DSG-EKD.
18 Zum Folgenden vgl. W. Hromadka, Arbeitsrecht für Vorgesetzte, ⁵2016, S. 14.
19 EuGH 18.12.2014, NZA 2015, 33.
20 Zu Einschränkungen zugunsten kirchlicher Träger siehe unten die Frage Religionszugehörigkeit.
21 BAG 14.11.2013, NZA 2014, 489.
22 § 75 Abs. 3 Nr. 8 BPersVG bzw. die Norm in den entsprechenden Landesgesetzen; § 36 Abs. 1 Nr. 5 MAVO.

Geeignetheit des Bewerbers für die ausgeschriebene Stelle beurteilen zu können. Es ist hilfreich, sie im Gespräch selbst als Checkliste zur Hand zu haben (strukturiertes Interview).

Fragerecht im Vorstellungsgespräch

Im Einzelnen ist umstritten, wie weit das **Informationsrecht des Arbeitgebers** geht. Die Rechtsprechung wägt ab zwischen dem Interesse des Arbeitgebers, einen geeigneten Mitarbeiter zu finden, und dem Interesse des Mitarbeiters am berechtigten Schutz seiner Privat- und Intimsphäre. Der Arbeitgeber **darf** Fragen stellen, deren wahrheitsgemäße Beantwortung zur Begründung des Arbeitsverhältnisses erforderlich sind (§ 26 Abs. 1 S. 1 BDSG[23]). Das ist der Fall, wenn die Frage für den angestrebten Arbeitsplatz und die zu verrichtende Tätigkeit selbst von Bedeutung ist. Wenn eine Frage mit dem Arbeitsplatz und der zu verrichtenden Tätigkeit selbst **nicht** im Zusammenhang steht und somit nur die Person selbst ausforscht, ist sie unzulässig. Das Gleiche gilt für Fragen, die den Bewerber unmittelbar oder mittelbar wegen eines der in § 1 AGG genannten Merkmale benachteiligen und nicht nach §§ 8–10 AGG gerechtfertigt sind. Auf eine unzulässige Frage braucht der Mitarbeiter nicht wahrheitsgemäß zu antworten. Er hat insoweit ein »Recht zur Lüge«.

Die Rechtsprechung unterscheidet zwischen **Mitteilungspflichten** (ohne Befragen) und **Auskunftspflichten** (auf Befragen).[24]

Der Mitarbeiter muss von sich aus, d.h. unaufgefordert, Umstände **mitteilen**, die ihm die Erfüllung der arbeitsvertraglichen Leistung von vornherein unmöglich machen oder die für seine Eignung für den vorgesehenen Arbeitsplatz von ausschlaggebender Bedeutung sind.[25]

Beispiele 9
Mitteilen muss:
- »ein Behinderter, der die vorgeschlagene Arbeit nicht zu leisten vermag oder dessen eingeschränkte Leistungsfähigkeit für den vorgesehenen Arbeitsplatz von entscheidender Bedeutung ist«,
- ein Mitarbeiter, der »die Arbeit am vorgesehenen Tag etwa wegen einer bereits beantragten Kur, wegen eines festen Operationstermins, wegen einer ansteckenden Krankheit oder wegen einer Strafhaft nicht« antreten kann.
- Im Gegensatz dazu braucht eine Schwangere nicht auf ihre Schwangerschaft hinzuweisen, selbst dann, wenn sie für die Zeit ihres Beschäftigungsverbots eine Vertretung übernimmt.

Auskunftspflichten: Der Arbeitgeber darf nach solchen Umständen fragen, die sich auf den angestrebten Arbeitsplatz oder die zu verrichtende Tätigkeit beziehen. Er darf jedoch nicht die Person selbst – insbesondere seinen Intimbereich – ausforschen, den Bewerber in seiner ganzen Persönlichkeit erfassen oder gegen die Diskriminierungsverbote (§ 1 AGG) verstoßen.[26]

---
23 § 53 Abs. 1 KDG, § 49 Abs. 1 DSG-EKD.
24 Vgl. W. Hromadka, Arbeitsrecht für Vorgesetzte, ⁵2016, S. 15 m.w.N.
25 Vgl. W. Hromadka, Arbeitsrecht für Vorgesetzte, ⁵2016, S. 15, dort sind auch die nachfolgenden Beispiele entnommen.
26 Vgl. W. Hromadka, Arbeitsrecht für Vorgesetzte, ⁵2016, S. 16 m.w.N.

Zur Zulässigkeit der wichtigsten Fragen

Allgemeine Kontaktdaten (Name, Anschrift, Telefonnummer, E-Mail-Adresse) sind für die Kontaktaufnahme und daher die Einstellungsentscheidung erforderlich. Bei weiteren psbD wie Geburtsname, Geburtsort, Alter, Familienstand und Nationalität ist Vorsicht geboten, da diese Fragen Indizien für eine Diskriminierung bilden können.[27]

Alkohol- und Drogenkonsum bzw. -abhängigkeit:[28] Fragen nach bloßen Alkoholgewohnheiten oder gelegentlichem Drogenkonsum sind unzulässig, da sie für die berufliche Leistungsfähigkeit irrelevant sind. Die Frage nach einer Alkohol- oder Drogenabhängigkeit ist auch nach AGG zulässig, wenn die Tätigkeit zwingend voraussetzt, dass der Mitarbeiter nicht alkohol- oder drogenabhängig ist.[29] Dies ist bei Berufen im Erziehungswesen und in Therapiezentren der Fall.[30]

Alter: Die Frage nach dem Alter wird im Schrifttum wegen des AGG weithin für unzulässig angesehen.[31] Daher sollte zur Beurteilung der beruflichen Seite der Persönlichkeit und der beruflichen Entwicklung des Mitarbeiters stattdessen differenziert nach der Berufserfahrung für die avisierte Tätigkeit gefragt werden.

Ausbildung, beruflicher Werdegang und berufliche Fähigkeiten: Die Fragen nach der Ausbildung, der Qualifikation, von Weiterbildungen und dem beruflichem Werdegang dienen der Ermittlung der fachlichen Qualifikation und sind daher zulässig.[32] Gleiches gilt für Fragen nach beruflichen Fähigkeiten und Kenntnissen einschließlich sog. soft skills wie Teamfähigkeit, Belastbarkeit und Zuverlässigkeit etc., da dies für den Arbeitgeber wichtige Informationen zur Einsetzbarkeit des Bewerbers sind. Sie sollten sich auf konkrete Merkmale des Arbeitsplatzes oder der vorgesehenen Tätigkeit beziehen. Der Bewerber hat Fragen zu Zeugnissen, Prüfungsnoten, seine früheren Arbeitgeber und die Dauer der Beschäftigungsverhältnisse sowie Ausbildungs- und Weiterbildungszeiten wahrheitsgemäß zu beantworten. Der Arbeitgeber darf selbstverständlich auch die Vorlage von entsprechenden Dokumenten über die fachliche Qualifikation sowie von Zeugnissen des Bewerbers verlangen.[33] Bei Abschluss eines nach § 14 Abs. 2 TzBfG befristeten Arbeitsverhältnisses (sachgrundlose Befristung bis zu zwei Jahren) empfiehlt es sich den Bewerber nach früheren Beschäftigungen beim Träger zu fragen. Bei einer Vorbeschäftigung kann die Befristung unwirksam sein, sodass der Arbeitsvertrag nach § 16 TzBfG als auf unbestimmte Zeit geschlossen gilt.

Berufliche Verfügbarkeit und Versetzungsbereitschaft:[34] Die Frage nach der beruflichen Verfügbarkeit ist für den Zeitpunkt der Besetzbarkeit der Stelle relevant und daher zulässig. Gleiches gilt für die Versetzungsbereitschaft, wenn der zu besetzende Arbeitsplatz eine gewisse Mobilität verlangt, z.B. beim Betrieb mehrerer Kitas und der daher nötigen

---

27 Vgl. Stamer/Kuhnke in: Plath, DSGVO BDSG, ³2018, § 26 BDSG Rdn. 32.
28 Zum Folgenden vgl. Wisskirchen, in: Tschöpe, Arbeitsrechts Handbuch, ¹¹2019, Teil 1 C Rdn. 69–70b.
29 Linck, in: Schaub, Arbeitsrechts-Handbuch, ¹⁸ 2019, § 26 Rdn. 23; Wisskirchen/Bissels NZA 2007, 169 (171).
30 So auch Wisskirchen, in: Tschöpe, Arbeitsrechts Handbuch, ¹¹2019, Teil 1 C Rdn. 70.
31 Linck, in: Schaub, Arbeitsrechts-Handbuch, ¹⁸2019, § 26 Rdn. 24.
32 Hierzu und zum folgenden Wisskirchen, in: Tschöpe, Arbeitsrechts Handbuch, ¹¹2019, Teil 1 C Rdn. 72 ff.; Linck, in: Schaub, Arbeitsrechts-Handbuch, ¹⁸2019, § 26 Rdn. 26, 39.
33 Vgl. Stamer/Kuhnke in: Plath, DSGVO BDSG, ³2018, § 26 BDSG Rdn. 46.
34 Vgl. Wisskirchen, in: Tschöpe, Arbeitsrechts Handbuch, ¹¹2019, Teil 1 C Rdn. 75.

Bereitschaft zum (vorübergehenden) Wechsel in eine andere Einrichtung des Trägers bei Personalengpässen.

Behinderung. Nach § 164 Abs. 2 SGB IX dürfen Arbeitgeber schwerbehinderte Beschäftigte nicht wegen ihrer Behinderung benachteiligen. Nach körperlichen Beeinträchtigungen und/oder Krankheiten sollte der Arbeitgeber vor dem Hintergrund des AGG nur fragen, wenn deren Fehlen zur Ausübung der Tätigkeit zwingend erforderlich ist.[35]

Familienplanung. Diesbezügliche Fragen sind unzulässig (vgl. Art. 6 Abs. 1 GG).[36]

Familienstand.[37] Die Frage nach dem Familienstand des Bewerbers (verheiratet, alleinerziehend, Zahl und Alter der Kinder) ist regelmäßig unzulässig, da sie dessen Privatsphäre betrifft und im Regelfall keinen Einfluss auf den angestrebten Arbeitsplatz oder die zu verrichtende Tätigkeit hat. Zudem besteht bei gleichgeschlechtlichen Partnerschaften die Gefahr einer Benachteiligung wegen ihrer sexuellen Identität. Nach der Einstellung ist die Frage dagegen für eine etwaige betriebliche Altersversorgung zulässig. Ebenso unzulässig sind Fragen nach Heiratsabsichten oder der Familienplanung. Sie verletzen die Intimsphäre des Bewerbers und geben keine Hinweise zur Einschätzung seiner beruflichen Qualifikation.

Bei katholischen Stellenbewerbern ist im kirchlichen Beschäftigungskontext die Frage nach dem Familienstand dagegen mit Blick auf das Merkmal Wiederverheiratung zulässig.[38]

Gesundheitszustand und Krankheiten. Fragen des Arbeitgebers hinsichtlich des Gesundheitszustands oder bestehenden Krankheiten des Bewerbers stellen einen erheblichen Eingriff in dessen Intimsphäre dar. Es genügt daher nicht, dass einfach nur ein irgendwie gearteter Zusammenhang mit dem einzugehenden Arbeitsverhältnis besteht. Die Frage nach einer Krankheit und damit verbundenen körperlichen Beeinträchtigungen ist nur **zulässig, »wenn sie erheblichen Einfluss auf die Eignung des Bewerbers zur Erbringung der Arbeitsleistung hat.«**[39]

Das BAG schränkt infolgedessen das Fragerecht des Arbeitgebers im Wesentlichen auf folgende drei Punkte ein:[40]

1. Liegen eine Krankheit bzw. eine Beeinträchtigung des Gesundheitszustandes vor, durch die die Eignung für die vorgesehene Tätigkeit auf Dauer oder in periodisch wiederkehrenden Abständen eingeschränkt ist? »Insbesondere darf sich der Arbeitgeber nach Krankheiten erkundigen, die Ausfallserscheinungen zur Folge haben und aufgrund des zu besetzenden Arbeitsplatzes Gefahren für andere Mitarbeiter [Kunden, Klienten etc.] verursachen könnten. In diesen Fällen darf der Arbeitgeber die Einstellung eines Bewerbers vom Vorhandensein bestimmter körperlicher und geistiger Eigenschaften abhängig machen.«[41] Ein berechtigtes Interesse an früheren Erkrankungen ist zu bejahen, wenn diese jetzt noch Einfluss auf die Leistungsfähigkeit

---

35 Nach: Wisskirchen, in: Tschöpe, Arbeitsrechts Handbuch, [11]2019, Teil 1 C Rdn. 80a; vgl. auch Stamer/Kuhnke in: Plath, DSGVO BDSG, [3]2018, § 26 BDSG Rdn. 44.
36 Ebenso Linck, in: Schaub, Arbeitsrechts-Handbuch, [18]2019, § 26 Rdn. 28.
37 Vgl. hierzu Linck, in: Schaub, Arbeitsrechts-Handbuch, [18]2019, § 26 Rdn. 29, 33; Wisskirchen, in: Tschöpe, Arbeitsrechts Handbuch, [11]2019, Teil 1 C Rdn. 88.
38 Zur Problematik siehe Fuhrmann, in: Sydow, Kirchliches Datenschutzrecht, 2021, § 53 Rdn. 53 f.
39 Zitat: Wisskirchen, in: Tschöpe, Arbeitsrechts Handbuch, [11]2019, Teil 1 C Rdn. 78; Ebenso Linck, in: Schaub, Arbeitsrechts-Handbuch, [18]2019, § 26 Rdn. 31.
40 Die drei Punkte sind entnommen: Linck, in: Schaub, Arbeitsrechts-Handbuch, [18]2019, § 26 Rdn. 30.
41 Zitat: Wisskirchen, in: Tschöpe, Arbeitsrechts Handbuch, [11]2019, Teil 1 C Rdn. 78.

des Bewerbers haben. Der Arbeitnehmer muss daher chronische Krankheiten, die ihn im Zeitpunkt der Einstellung an der Ausführung seiner beruflichen Tätigkeiten dauerhaft oder in regelmäßigen Abständen behindert, offenbaren.[42]

> **Beispiel 10**
> Der Arbeitgeber wird daher bei einer Erzieherin unter dem Gesichtspunkt der Fähigkeit zur Aufsichtsführung nach einer Epilepsie-Erkrankung fragen dürfen.

2. Liegen ansteckende Krankheiten vor, die zwar nicht die Leistungsfähigkeit beeinträchtigen, jedoch die zukünftigen Kollegen oder Kunden gefährden?

> **Beispiel 11**
> Eine Frage nach einer HIV-Infektion muss von einer Köchin wahrheitsgemäß beantwortet werden, da ihre Tätigkeit mit einer erhöhten Infektionsgefahr für Dritte (Herstellung von Lebensmitteln) verbunden ist. In Berufen mit durchschnittlich eher geringen Ansteckungsrisiko ist die Frage nicht zulässig.[43] Im alltäglichen Umgang soll weder für Spielkameraden noch für Erzieherinnen eine Ansteckungsgefahr bestehen.[44]

3. Ist zum Zeitpunkt des Dienstantritts bzw. in absehbarer Zeit mit einer Arbeitsunfähigkeit zu rechnen, z.B. durch eine geplante Operation, eine bewilligte Kur oder auch durch eine zurzeit bestehende akute Erkrankung? Nach Inkrafttreten des AGG ist hier Vorsicht geboten, wenn je nach den Einzelfallumständen auch auf eine Erkundigung nach einer Behinderung geschlossen werden. Dies gilt z.B. für Fragen nach einer psychischen Behandlung.[45] Nach der Rechtsprechung des EuGH ist eine erhebliche Krankheit, die lange Zeit andauert und ein Hindernis für die Teilhabe des Betreffenden am Berufsleben bildet, eine Behinderung. Hinzu kommt, dass es sich bei Fragen nach dem Gesundheitszustand um die Erhebung sensibler Daten i.S.v. Art. 9 Abs. 1 DSGVO handelt, die nur nach § 26 Abs. 3 BDSG zulässig ist.

> **Beispiel 12**
> Strittig ist, ob man Erzieherinnen nach ihrem Immunstatus fragen darf. Da die Frage nach einer Schwangerschaft wie die nach der Familienplanung im Einstellungsgespräch nach AGG grundsätzlich unzulässig sind, muss auch die nach einem Impfschutz zur Vermeidung eines Beschäftigungsverbots bei einer möglichen zukünftigen Schwangerschaft unzulässig sein.

---

42 Nach Wisskirchen, in: Tschöpe, Arbeitsrechts Handbuch, [11]2019, Teil 1 C Rdn. 79.
43 Ebenso Wisskirchen, in: Tschöpe, Arbeitsrechts Handbuch, [11]2019, Teil 1 C Rdn. 80.
44 So Deutschen AIDS-Hilfe e.V. in ihrem Flyer Kinder mit HIV/AIDS in Krippe, Kindergarten, Hort und Schule, link: https://www.aidshilfe.de/shop/pdf/3741.
45 Hierzu vgl. Linck, in: Schaub, Arbeitsrechts-Handbuch, [18]2019, § 26 Rdn. 31.

Gewerkschaftszugehörigkeit: Eine diesbezügliche Frage ist grundsätzlich unzulässig (vgl. Art. 9 Abs. 3 S. 2 GG).[46]

Hobbys: Für eine Einstellungsentscheidung irrelevant und daher unzulässig sind in aller Regel Informationen über Hobbys, Bekannte und Verwandte sowie die private Lebensplanung.[47] Eine Ausnahme liegt vor, wenn das Hobby für den angestrebten Arbeitsplatz oder die zu verrichtende Tätigkeit von Bedeutung ist.

> **Beispiel 13**
> Sie erwähnten, Gitarre zu spielen. Können sie dies so gut, dass es im Bereich der musikalischen Förderung der Kinder genutzt werden kann?

Nichtrauchereigenschaft:[48] Diesbezügliche Fragen sind unzulässig, da sie in die Privatsphäre des Bewerbers fallen. In der Frühpädagogik bestehende gesetzliche und betriebliche Rauchverbote muss der Mitarbeiter selbstverständlich einhalten.

Parteimitgliedschaft: Eine diesbezügliche Frage ist unzulässig.[49]

Religionszugehörigkeit:[50] Art. 3 Abs. 3 GG verbietet eine Benachteiligung aufgrund des persönlichen Glaubens. Die Frage nach der Religionszugehörigkeit ist deshalb nach h.M. grundsätzlich *unzulässig*, zumal der Arbeitgeber an der Beantwortung der Frage in der Regel auch kein berechtigtes Interesse hat. Eine Ausnahme gilt bei Einstellungsentscheidungen für Arbeitsplätze **konfessionsgebundener Träger** (z.B. Krankenhaus, Kindertagesstätte, Schule, Pflegeheim). Auch kirchlichen Arbeitgebern steht nur ein begrenztes Fragerecht zu. Sie können sich zwar grundsätzlich auf ein berechtigtes Interesse berufen zu erfahren, »ob der Bewerber eine der Kirche entsprechende Lebensführung verfolgt und eine loyale Einstellung zu den von ihr verfolgten Zielen und Grundsätzen hat«. Trotzdem muss die Beeinträchtigung des Persönlichkeitsrechts des Arbeitnehmers mit dem Interesse des Arbeitgebers abgewogen werden. Bei einer Bewerbung auf eine Stelle, die nicht in einem unmittelbaren Zusammenhang mit dem Verkündungsauftrag der Kirchen steht, z.B. bei einer Reinigungs-, Putz- oder Küchenkraft, Hausmeister bzw. Gärtner in einer Kindertagesstätte oder einem Krankenhaus in kirchlicher Trägerschaft überwiegt daher das Interesse des Arbeitnehmers. Bei pädagogischen Stellen überwiegt dagegen das Interesse des konfessionellen Trägers.

Grundsätzlich allen Stellenbewerbern darf jedoch die Frage gestellt werden, inwieweit sie sich mit den Aufgaben, Zielen und Werten der christlichen Einrichtung identifizieren. Ob der Bewerber den christlichen Hintergrund der Arbeit mitträgt und ob er bereit ist, ihre pastorale Ausrichtung mitzutragen, ist ein legitimes Frageinteresse des kirchlichen Arbeitgebers.[51]

Eine Frage nach der Vereinbarkeit der Tätigkeit mit der religiösen Überzeugung ist auch zulässig, wenn sich der Bewerber ggf. im Rahmen der künftigen Tätigkeit auf religiös

---

46 Ebenso Linck, in: Schaub, Arbeitsrechts-Handbuch, [18]2019, § 26 Rdn. 32.
47 Vgl. Stamer/Kuhnke in: Plath, DSGVO BDSG, [3]2018, § 26 BDSG Rdn. 35.
48 Siehe Linck, in: Schaub, Arbeitsrechts-Handbuch, [18]2019, § 26 Rdn. 37.
49 Ebenso Linck, in: Schaub, Arbeitsrechts-Handbuch, [18]2019, § 26 Rdn. 38.
50 Nachstehendes nach Wisskirchen, in: Tschöpe, Arbeitsrechts Handbuch, [11]2019, Teil 1 C Rdn. 89; siehe auch Fuhrmann, in: Sydow, Kirchliches Datenschutzrecht, 2021, § 53 Rdn. 38 f., 49–55.
51 So auch Fuhrmann, in: Sydow, Kirchliches Datenschutzrecht, 2021, § 53 Rdn. 51 m.w.N.

motivierte Leistungsverweigerungsrechte berufen kann, es ihm also aufgrund seiner Religionszugehörigkeit nicht bzw. nur sehr eingeschränkt möglich ist, seine Arbeitsleistung zu erbringen, ohne in Gewissenkonflikte zu gelangen.

> **Beispiel 14**[52]
> So wäre ein Leistungsverweigerungsrecht einer muslimischen Köchin begründet, da es ihr nach ihren religiösen Regeln nicht gestattet ist, Schweinefleisch zu berühren. In derartigen Fällen ist eine Offenbarungspflicht anzunehmen.

In engen Grenzen sind auch Fragen zur privaten Lebensführung zulässig, nämlich dann, wenn ein der kirchlichen Ausrichtung diametral entgegenstehende außerdienstliches Verhalten möglich erscheint, wie z.B. die Mitarbeit in einem Verein für aktive Sterbehilfe, aktiver Propagierung fremdenfeindlicher Positionen, etc.[53]

Schwangerschaft: Die Frage nach einer Schwangerschaft ist nach § 3 Abs. 1 S. 2 AGG unzulässig, da sie die Bewerberin unmittelbar wegen des Geschlechts benachteiligt. Nach der Rechtsprechung des EuGH gilt dies unabhängig davon, »ob die Arbeitnehmerin befristet oder auf Dauer eingestellt wird, sie während der Schwangerschaft die Arbeit verrichten kann oder nicht, Nachtarbeitsverbote bestehen oder ihre Anwesenheit für das Unternehmen unerlässlich ist oder nicht. Unzulässig ist auch die Zurückweisung einer Bewerberin, weil sie schwanger ist.«[54]

> **Beispiel 15**
> Ein Arbeitsvertrag kann auch dann nicht angefochten werden, wenn die neu eingestellte Erzieherin die Tätigkeit zum vereinbarten Zeitpunkt wegen eines mutterschutzrechtlichen Beschäftigungsverbots nicht aufnehmen kann. Die Frage des Arbeitgebers nach einer Schwangerschaft vor der geplanten unbefristeten Einstellung einer Frau verstößt regelmäßig gegen § 611a BGB.[55]

Scientology[56]*:* Die Frage nach einer Mitgliedschaft in der Scientology Organisation ist umstritten. Kirchen und die ihnen zugeordneten Einrichtungen können sich auf den Rechtfertigungsgrund des § 9 AGG und die Unvereinbarkeit der Lehre mit ihrer Verkündigung berufen. Zulässig ist die Frage auch, wenn es um die Besetzung besonderer Vertrauens- oder Führungspositionen oder Stellen mit Erziehungs- oder Bildungsaufgaben geht. Die Lehren der Scientology-Organisation und ihre unbedingte Loyalitätserwartungen kollidieren hier regelmäßig mit den berechtigten Erwartungen des Arbeitgebers. Gleiches gilt schließlich auch für Arbeitsplätze im öffentlichen Dienst.

Vermögensverhältnisse und Pfändung von Lohnansprüchen: Im frühpädagogischen Bereich sind diese Angelegenheiten dem privaten Bereich zuzuordnen, da der Arbeitgeber *kein berechtigtes Interesse* an einer entsprechenden Auskunft hat.

---

52 Beispiel nach Wisskirchen, in: Tschöpe, Arbeitsrechts Handbuch, [11]2019, Teil 1 C Rdn. 89.
53 Vgl. Fuhrmann, in: Sydow, Kirchliches Datenschutzrecht, 2021, § 53 Rdn. 55.
54 Zitat: Linck, in: Schaub, Arbeitsrechts-Handbuch, [18]2019, § 26 Rdn. 41.
55 BAG 6.2.2003 – 2 AZR 621/01, NZA 2003, 848–849.
56 Vgl. Wisskirchen, in: Tschöpe, Arbeitsrechts Handbuch, [11]2019, Teil 1 C Rdn. 96.

Vorstrafen und erweitertes polizeiliches Führungszeugnis[57]*:* Ein Bewerber darf nach einschlägigen Vorstrafen gefragt werden, wenn und soweit dies bei objektiver Betrachtung die Art des zu besetzenden Arbeitsplatzes erfordert.

> **Beispiel 16**
> Bei der Einstellung von Erziehern darf nach Sexualstraftaten der §§ 174–180, 182 StGB oder Körperverletzungsdelikten gefragt werden, da dies bei objektiver Betrachtung die Art des zu besetzenden Arbeitsplatzes erfordert.[58] Zudem Verbietet § 72 a SGB VIII die Beschäftigung solcherart einschlägig vorbestrafter Personen.

Fragen ohne spezifischen Bezug auf die für den Arbeitsplatz relevanten Delikte muss der Bewerber nicht wahrheitsgemäß beantworten, da der Arbeitgeber für solch pauschale Fragen kein schutzwürdiges Informationsinteresse geltend machen kann.

> **Beispiel 17**
> Unzulässig wäre die Frage nach Verkehrsdelikten bei einer Kinderpflegekraft oder politischen Delikten bei einem Gärtner oder einer Küchenkraft.[59]

Entscheidend ist, ob der Beschäftigte durch seine Tätigkeit bestimmungs- oder arbeitsplatzgemäß einen solchen Kontakt mit Kindern und Jugendlichen hat, der zu einer besonderen Gefahrensituation werden kann. Ihm die Tätigkeit also besondere Gelegenheit zu einer Sexualstraftat bietet. Die bloße Möglichkeit, dass er zukünftig mit minderjährigen Klienten, Praktikanten oder Auszubildenden in Kontakt treten könnte, rechtfertigt die Vorlage eines erweiterten Führungszeugnisses regelmäßig nicht.[60]

Besonderheiten gelten für den öffentlichen Dienst, d.h. Mitarbeiter in kommunalen Kindertagesstätten.[61] Aufgrund der nach Art. 33 Abs. 2 GG zu fordernden Bereitschaft, die Freiheitsrechte der Bürger und rechtsstaatliche Regeln einzuhalten, darf der öffentliche AG Bewerber auch nach nicht einschlägigen, jedoch noch nicht getilgten Vorstrafen fragen.

Ein Bewerber darf sich gem. § 53 Abs. 1 BZRG als unbestraft bezeichnen, wenn die Verurteilung nicht in das Führungszeugnis oder nur in ein Führungszeugnis für Behörden nach § 32 Abs. 3 und 4 BZRG aufzunehmen oder wenn sie zu tilgen ist.[62] Nach § 32 Abs. 1 S. 2 BZRG werden ausnahmslos alle strafgerichtliche Verurteilungen wegen sexuellen Missbrauchs von Kindern und Jugendlichen nach §§ 174–180 oder 182 StGB in das Führungszeugnis aufgenommen.

Auch die Frage nach einem anhängigen einschlägigen Straf- und Ermittlungsverfahren ist zulässig, wenn bereits ein solches Verfahren geeignet ist, Zweifel an der persönlichen

---

57 Vgl. Linck, in: Schaub, Arbeitsrechts-Handbuch, 18.2019, § 26 Rdn. 45.
58 Siehe Fuhrmann, in: Sydow, Kirchliches Datenschutzrecht, 2021, § 53 Rdn. 47 m.w.N.
59 Beispiel nach Fuhrmann, in: Sydow, Kirchliches Datenschutzrecht, 2021, § 53 Rdn. 47.
60 LAG Hamm, Urt. v. 04.07.2014 – 10 Sa 171/14 –, juris Rdn. 63, 65, untere Bezugnahme auf Joussen, Das erweiterte Führungszeugnis im Arbeitsverhältnis, NZA 2012, 776, 779.
61 Nach Linck, in: Schaub, Arbeitsrechts-Handbuch, 18.2019, § 26 Rdn. 47.
62 So Linck, in: Schaub, Arbeitsrechts-Handbuch, 18.2019, § 26 Rdn. 46.

Eignung des Bewerbers für die in Aussicht genommene Tätigkeit zu begründen.[63]. Dies gilt jedoch nicht für eingestellte Ermittlungsverfahren.[64]

> **Beispiel 18**
> Einschlägige Straf- und Ermittlungsverfahren wegen sexuellen Missbrauchs von Kindern und Jugendlichen sind geeignet, Zweifel an der persönlichen Eignung eines Bewerbers für eine Stelle oder eines Mitarbeiters in einer Kindertagesstätte zu begründen. Die in der katholischen Kirche üblichen Selbstverpflichtungserklärungen: *»Ich versichere, dass ich nicht wegen einer Straftat im Zusammenhang mit sexualisierter Gewalt*[65] *rechtskräftig verurteilt worden bin und auch insoweit kein Ermittlungsverfahren gegen mich eingeleitet worden ist. Für den Fall, dass diesbezüglich ein Ermittlungsverfahren gegen mich eingeleitet wird, verpflichte ich mich, dies meinem Dienstvorgesetzten bzw. der Person, die mich zu meiner ehrenamtlichen Tätigkeit beauftragt hat, umgehend mitzuteilen«*, sind daher zulässig.[66]

Erweitertes Führungszeugnis

Erweiterte Führungszeugnis nach § 30a BZRG: § 72a Abs. 1 SGB VIII, sieht vor, dass die Träger der öffentlichen Jugendhilfe in der Kinder- und Jugendhilfe *»keine Person beschäftigen oder vermitteln [dürfen], die rechtskräftig wegen einer Straftat nach den §§ 171, 174 bis 174c, 176 bis 180a, 181a, 182 bis 184g, 184i, 201a Absatz 3, den §§ 225, 232 bis 233a, 234, 235 oder 236 des Strafgesetzbuchs verurteilt worden ist.«* Es handelt sich im wesentlich um Straftaten gegen die sexuelle Selbstbestimmung, um die Verletzung der Fürsorge- und Erziehungspflicht gegenüber einer Person unter 16 Jahren (§ 171 StGB) und um die Misshandlung von Schutzbefohlenen (§ 225 StGB). *»Zu diesem Zweck sollen sie sich bei der Einstellung oder Vermittlung und in regelmäßigen Abständen von den betroffenen Personen ein Führungszeugnis nach § 30 Absatz 5 und § 30a Absatz 1 des Bundeszentralregistergesetzes vorlegen lassen.«* In § 72a Abs. 3 SGB VIII wird diese Verpflichtung auf **neben – und ehrenamtlich Tätige** erweitert, *»die wegen einer Straftat nach Absatz 1 Satz 1 rechtskräftig verurteilt worden«* sind, und *»Kinder oder Jugendliche beaufsichtigen, betreuen, erziehen oder ausbilden oder einen vergleichbaren Kontakt haben«*. Die Träger sollen selbst *»über die Tätigkeiten entscheiden, die von den … genannten Personen auf Grund von Art, Intensität und Dauer des Kontakts dieser Personen mit Kindern und Jugendlichen nur nach Einsichtnahme in das Führungszeugnis nach Absatz 1 Satz 2 wahrgenommen werden dürfen.«*

§ 72a Abs. 2 und 3 SGB VIII verpflichtet die Träger der öffentlichen Jugendhilfe dazu, Vereinbarungen mit den **Trägern der freien Jugendhilfe** zu schließen, die sicherstellen sollen, dass diese nach den gleichen Regeln einschlägig verurteilte Personen von einer haupt-, ehren- oder nebenamtlichen Tätigkeit in der Kinder- und Jugendhilfe ausschließen.

Verfahren:[67] Das vom Bewerber bzw. dem beim **öffentlichen Träger** tätigen Mitarbeiter bei der Meldebehörde selbst zu beantragende erweiterte Führungszeugnis wird nach 30

---

63 BAG 15.11.2012, NZA 2013, 429; 27.7.2005, NZA 2005, 1243.
64 Vgl. Linck, in: Schaub, Arbeitsrechts-Handbuch, [18]2019, § 26 Rdn. 48.
65 §§ 171, 174 bis 174c, 176 bis 180a, 181a, 182 bis 184f, 225, 232 bis 233a, 234, 235 oder 236 StGB.
66 Siehe hierzu Fuhrmann, in: Sydow, Kirchliches Datenschutzrecht, 2021, § 53 Rdn. 48.
67 Hinweise und Muster zum Antragsverfahren finden sich für fast jeden Trägerverband im Internet, z.B. vom Paritätischen Hessen Arbeitshilfe Beantragung von Führungszeugnissen: https://www.paritaet-hessen.

Abs. 5 BZRG unmittelbar an die Behörde, der es vorgelegt werden soll, übersandt.[68] Dem Antrag ist die Aufforderung der Behörde, ein Führungszeugnis für eine Tätigkeit im Bereich der Kinder- und Jugendhilfe nach dem SGB VIII vorzulegen, beizufügen. Der Antragsteller hat eine Gebühr (derzeit 13 €) zu entrichten, die Personen in einem bestehenden Beschäftigungsverhältnis vom Arbeitgeber zu ersetzen ist. Personen mit geringem Einkommen, ehrenamtlich Tätige und Personen, die einen Freiwilligendienst leisten, können einen Antrag auf Gebührenbefreiung stellen. Für Einzelheiten siehe das Merkblatt des Bundesamts für Justiz (www.bundesjustizamt.de).

Auch der Bewerber für eine Tätigkeit bei einem **freien Träger** bzw. dessen Mitarbeiter haben das erweiterte Führungszeugnis selbst bei der Meldebehörde zu beantragen. Dem Antrag ist hier die schriftliche Aufforderung des Trägers der freien Jugendhilfe beizulegen, der das erweiterte Führungszeugnis verlangt und in der dieser bestätigt, dass die Voraussetzungen des § 30a Abs. 1 BZRG vorliegen. Das Führungszeugnis zur Vorlage beim Träger der freien Jugendhilfe wird nach § 30 IV BZRG grundsätzlich unmittelbar an den Antragsteller übersandt. Ein Antrag auf Gebührenbefreiung für Personen mit geringem Einkommen, ehrenamtlich Tätige und Personen, die einen Freiwilligendienst leisten, ist hier ebenfalls möglich.

Die zeitlichen Abstände für die regelmäßige erneute Vorlage eines Führungszeugnisses spezifiziert § 72 a SGB VIII nicht. Wohl in Anlehnung an die Geltungsdauer einer Erlaubnis zur Kindertagespflege scheint sich ein fünfjähriger Turnus durchzusetzen.[69]

Auch **ehren- und nebenamtlichen Kräfte** bei öffentlichen wie freien Trägern der Jugendhilfe sollen in der Kinder- und Jugendhilfe (§ 2 SGB VIII) bei der Beaufsichtigung, Betreuung, Erziehung oder Ausbildung Minderjähriger oder bei Tätigkeiten, die einen vergleichbaren Kontakt zu ihnen ermöglichen, ein erweitertes Führungszeugnis vorlegen. Der jeweilige Träger soll entscheiden, welche Tätigkeiten in diesem Kontext nur nach vorheriger Einsichtnahme in ein erweitertes Führungszeugnis wahrgenommen werden dürfen. Maßstab für die Entscheidung sollen Art, Intensität und Dauer des mit der Tätigkeit verbundenen Kontaktes zu Minderjährigen sein.

Abgesehen vom praktischen Problem eines unverhältnismäßig großen Aufwands für einmalige, kurzzeitige und wenig kontaktintensive Tätigkeiten ist die Regelung vor allem aber rechtlich äußerst problematisch, weil das Gesetz eine Einschränkung des erweiterten Führungszeugnisses auf einschlägige Verurteilungen nicht vorsieht. Der Arbeitgeber erhält durch Vorlage eines erweiterten Führungszeugnisses Kenntnis über alle rechtskräftigen Verurteilungen und sonstigen Eintragungen des Bewerbers bzw. Mitarbeiters. Deshalb ist die Anwendung dieser Vorschriften strikt auf die Personen zu beschränken, bei deren berufliche oder ehrenamtliche Tätigkeit fachlich begründete konkrete Anhaltspunkte für die Erforderlichkeit eines Führungszeugnisses gegeben sind.[70] Dies ist der Fall, wenn »Tätigkeiten ein Abhängigkeits- oder Machtverhältnis beinhalten, die Herausbildung eines Vertrauensverhältnisses ermöglichen, durch Einzelarbeit bzw. kollegial nicht kontrollierte Einsätze charakterisiert sind, je eher sie der Öffentlichkeit entzogen sind, je größer der

---

org/fileadmin/redaktion/bilder/Dateien_zur_Gewaltpraevention/Arbeitshilfe_Paritaet_Fuehrungszeugnis_barr-final.pdf; siehe auch Linck in: Schaub, Arbeitsrechts-Handbuch [18]2019, § 26 Rdn. 11.
68 Zu den Möglichkeiten der auch vorherigen Einsichtnahme siehe § 30 Abs. 5, 6 BZRG.
69 So auch Nonninger, in: Kunkel, LPK-SGB VIII, [7]2018, § 72a Rdn. 9.
70 So auch: LAG Hamm, Urt. v. 26.01.2018 – 10 SA 1122/17; LAG Hamm, Urt. v. 04.07.2014 – 10 Sa 171/14.

zeitliche Rahmen (über Tag und Nacht) ist, je häufiger die Tätigkeit wiederholt wird und je stabiler die Zielgruppe ist.«[71] Eine gute Orientierung geben die »Empfehlungen des Deutschen Vereins zu Führungszeugnissen bei Neben- und Ehrenamtlichen in der Kinder- und Jugendhilfe (§ 72 a Abs. 3 und Abs. 4 SGB VIII)« vom 25.09.2012 mit Kriterienkatalog und Schaubild[72] sowie das hieran und weitere fachliche Empfehlungen angelehnte Prüfraster des Erzbistums Köln (https://www.erzbistum-koeln.de/export/sites/ebkportal/thema/praevention/.content/.galleries/downloads/Vordruck_4–2015–1_Pruefraster.pdf) vom Mai 2014.

Für Personen, die als **Freiberufler** für wechselnde Träger tätig sind, ist bislang noch keine Empfehlung bekannt.[73]

> **Beispiel 19**
> Vorlagepflichtig sind damit insbesondere Erzieher, Ausbilder, Betreuer, Trainer von Kinder- und Jugendsportmannschaften, Kinderkrankenpfleger und Kinderärzte. Büromitarbeiter ohne tatsächlichen Kontakt zu Kindern und Jugendlichen gehören nicht zu dem von § 72a SGB VIII erfassten Personenkreis.

In § 72a Abs. 5 SGB VIII wird die **weitere datenschutzrechtliche Verarbeitung** der Einsichtnahme durch *Träger der öffentlichen und freien Jugendhilfe* in das erweiterte Führungszeugnis neben- bzw. ehrenamtlich Tätiger präzisiert. Es dürfen nur »*den Umstand, dass Einsicht in ein Führungszeugnis genommen wurde, das Datum des Führungszeugnisses und die Information erheben, ob die das Führungszeugnis betreffende Person wegen einer Straftat nach Absatz 1 Satz 1 rechtskräftig verurteilt worden ist. Die Daten sind vor dem Zugriff Unbefugter zu schützen. Sie sind unverzüglich zu löschen, wenn im Anschluss an die Einsichtnahme keine Tätigkeit nach Absatz 3 Satz 2 oder Absatz 4 Satz 2 wahrgenommen wird. Andernfalls sind die Daten spätestens drei Monate nach der Beendigung einer solchen Tätigkeit zu löschen.*«

> **Beispiel 20**
> Die Handlungsempfehlung des Diözesan-Caritasverband für das Erzbistum Köln e.V. sieht im Umgang mit **Führungszeugnissen** im Anschluss an die Einsicht und Prüfung im 4-Augen-Prinzip die Rückgabe des Zeugnisses an die betreffende Person vor. Analog zu den in den §§ 72a SGB VIII, 75 Abs. 2 SGB XII und 124 Abs. 2 SGB IX beschriebenen Vorgehensweisen mit erweiterten Führungszeugnissen sind lediglich folgende Speicherungen rechtmäßig:
> - Umstand der Einsichtnahme
> - Datum des Führungszeugnisses
> - Information, ob die das Führungszeugnis betreffende Person wegen einer für die Erhebung relevanten Straftat rechtskräftig verurteilt worden ist.

---

71 Zitat Nonninger, in. Kunkel, LPK-SGB VIII, [7]2018, § 72a Rdn. 10.
72 https://www.deutscher-verein.de/de/uploads/empfehlungen-stellungnahmen/2012/dv-15–12-fuehrungs-zeugnissen-bei-neben-und-ehrenamtlichen.pdf
73 Nach Nonninger, in: Kunkel, LPK-SGB VIII, [7]2018, § 72a Rdn. 10.

9.6 Datenverarbeitung auf Grundlage einer Einwilligung des Beschäftigten (§ 26 Abs. 2 BDSG)[74]

> **Beispiel 21**
> Ein Bewerber, für den aktuell keine geeignete Stelle vorhanden ist, willigt ein, dass seine Daten gespeichert bleiben, damit er im Fall einer späteren Vakanz berücksichtigt werden kann.

Zulässigkeit (Satz 1): § 26 Abs. 2 Satz 1 BDSG[75] stellt klar, dass eine datenschutzrechtliche Einwilligung auch im Beschäftigungsverhältnis eine Rechtsgrundlage für die Datenverarbeitung sein kann.[76]

Trotz der Zulässigkeit einer Einwilligung neben dem Arbeitsvertrag (§ 26 Abs. 1 BDSG) sollte der Arbeitgeber auch im eigenen Interesse darauf achten, im Arbeitsvertrag immer alle diejenigen Datenerfordernisse zu regeln, die für seine Begründung und Durchführung nötig sind, und nur für zusätzliche, freiwillige Leistungen wie z.B. Job-Ticket, Kantinennutzung oder Mitarbeiterfotos auf eine Einwilligung zurückzugreifen. Denn der Arbeitsvertrag kann nur durch einen Aufhebungsvertrag, eine Kündigung oder durch Erreichen einer Befristungsabrede beendet werden. Eine Einwilligung kann dagegen jederzeit vom Mitarbeiter durch einen Widerruf beendet werden. Diese Widerrufsmöglichkeit schränkt die Einsetzbarkeit der Einwilligung als eigene Rechtsgrundlage der Verarbeitung von Mitarbeiterdaten im Beschäftigungsverhältnis ein.

Der Begriff der **Einwilligung** ist der bereits ausführlich erläuterte nach Art. 4 Nr. 11 DSGVO (siehe Abschnitt 3). Das Problem der Einwilligung im Arbeitsverhältnis liegt darin, dass sie **freiwillig** erteilt werden muss, was in jedem Einzelfall geprüft werden muss. Denn Arbeitsverhältnisse sind durch eine gewisse Abhängigkeit vom Arbeitgeber gekennzeichnet. Für die Beurteilung der Freiwilligkeit kommt es nach § 26 Abs. 2 Satz 1 BDSG zum einen auf die im Beschäftigungsverhältnis bestehende Abhängigkeit des Beschäftigten und zum anderen auf die Umstände des Einzelfalles, unter denen die Einwilligung erteilt wurde, an. Nach der Gesetzesbegründung sind dabei unter anderem die Art und die Anzahl der zu verarbeitenden Daten (z.B. ob es sich »nur« um personenbezogene oder gar um sensitive Daten handelt), die Eingriffstiefe sowie der Zeitpunkt der Einwilligungserteilung heranzuziehen.[77]

Im rechtlichen Sinne freiwillig ist eine Einwilligung nur, wenn der Arbeitnehmer »eine echte oder freie Wahl hat und somit« ohne Angst vor nachteiligen Auswirkungen »seine Einwilligung auch verweigern« kann (EG 42).

---

[74] Zum Nachfolgenden vgl. Tiedemann, in: Sydow Bundesdatenschutzgesetz, 2020, § 26 BDSG, Rdn. 36–46.
[75] § 49 Abs. 3 DSG-EKD.
[76] Die europarechtliche Zulässigkeit der Einwilligung im Arbeitsverhältnis ergibt sich aus EG 155 i.V.m. Art. 7 DSGVO.
[77] Vgl. BT-Drs. 18/11325, S. 97.

Beispiel 22:[78] Keine Freiwilligkeit liegt vor,
- wenn der Betroffene überrumpelt wird und sich aus Zeitnot keine ernsthaften Gedanken zu seiner Einwilligung machen kann;
- wenn Mitarbeitende davon ausgehen müssen, es sich nicht »leisten« zu können, z.B. eine Videoaufnahme abzulehnen ohne Unverständnis oder gar negative Konsequenzen vonseiten ihres Arbeitgebers zu riskieren;
- wenn andere Mitarbeitende Druck aufbauen. Diese erklären sich z.B. zu einem Videomitschnitt des Morgenkreises oder einer Gesprächssituation bereit, welcher im Anschluss nach verschiedenen Kriterien ausgewertet wird. In einem solchen Fall ist es für einen Einzelnen sehr schwer »nein« zu sagen, ohne Kommentare oder sogar Ablehnung in Kauf nehmen zu müssen.

Beispiel 23
Vor Abschluss eines (Arbeits-) Vertrages werden Beschäftigte regelmäßig einer größeren Drucksituation ausgesetzt sein, eine Einwilligung in eine Datenverarbeitung zu erteilen.[79]

Freiwilligkeit ist jedoch die zentrale Voraussetzung dafür, dass eine Einrichtung die erhobenen Daten des Mitarbeiters nutzen und weiterverarbeiten kann. Die Einwilligung muss ferner in informierter Weise erfolgen, sodass der Arbeitnehmer die Auswirkungen seiner Erklärung abschätzen kann. Die Umstände der Datenverarbeitung sowie die Tragweite seiner Einwilligung muss der Mitarbeiter eindeutig erkennen können.[80]

Die Freiwilligkeit der Einwilligung wird nach § 26 Abs. 2 Satz 2 BDSG **vermutet,** wenn sich für den Arbeitnehmer ein rechtlicher oder wirtschaftlicher Vorteil ergibt oder Arbeitgeber und Beschäftigter gleichgerichtete Interessen verfolgen.

Checkliste:[81]
Für die Klärung der Frage, ob eine Einwilligung im Beschäftigungsverhältnis auf freiwilliger Basis erfolgt, können folgende Fragen herangezogen werden:
- Führt die Abgabe der Einwilligung zu einem rechtlichen oder wirtschaftlichen Vorteil aufseiten des Beschäftigten?
- Hat der Beschäftigte ein real bestehendes eigenes Interesse an der Datenverarbeitung oder verfolgt er damit jedenfalls ein gemeinsames Interesse mit dem Arbeitgeber?
- Erfolgte die Erteilung der Einwilligung zeitlich nach einer verbindlichen Begründung des Beschäftigungsverhältnisses?
- Wurde dem Beschäftigten ausreichend Zeit sowie eine ausreichende Informationsgrundlage zur Entscheidung gegeben?
- Hatte der Beschäftigte die Möglichkeit, Rücksprache mit Dritten zu halten und wurde er auf diese Möglichkeit hingewiesen?

---

78 Beispiele aus Assmus/Winzer, ZD 2018, 508, 510 m.w.N.
79 So BT-Drs. 18/11325, S. 97.
80 Buchner/Kühling, in: Buchner/Kühling, DSGVO/BDSG, ²2018, Art. 4 Nr. 11 Rdn. 8.
81 Aus: Baumgartner/Gusling, in: F. Moos u.a., Die neue Datenschutz-Grundverordnung, 2018, Kapitel 15 Rdn. 41 unter Bezug auf Thüsing, BB 2016, 2165, 2166.

> **Beispiele 24**[82]
> Die Gewährung eines Vorteils liegt z.B. in der Einführung eines Job-Tickets, eines betrieblichen Gesundheitsmanagements zur Gesundheitsförderung oder der Erlaubnis zur Privatnutzung von betrieblichen IT-Systemen oder Fahrzeugen. Die Verfolgung gleichgerichteter Interessen liegt bei der Aufnahme des Namens und Geburtsdatums in eine Geburtstagsliste oder die Nutzung von Fotos für das Intranet vor, bei der Arbeitgeber und Beschäftigter im Sinne eines betrieblichen Miteinanders zusammenwirken.

In der Praxis wird es sich hier überwiegend um Konstellationen handeln, die nicht das Arbeitsverhältnis als solches, sondern freiwillige Zusatzleistungen des Arbeitgebers betreffen.

Zur Problematik, wenn Sie auf Ihrer Internetseite, in ihrer Konzeption oder in der Einrichtung selbst (z.B. Bildergalerie der Mitarbeiter) **Bilder Ihrer Mitarbeiter** veröffentlichen wollen, siehe Abschnitt 10.

Form (Satz 3) und Zeitpunkt: Die Einwilligung im Arbeitsverhältnis erfordert nach § 26 Abs. 2 Satz 3 BDSG grundsätzlich die **Schriftform** (i.S.v § 126 BGB), soweit nicht wegen besonderer Umstände eine andere Form angemessen ist.[83] Die Schriftform dient zugleich der Nachweis- und Dokumentationspflicht des Arbeitgebers.

Als andere Form kommt wohl nur eine Einwilligung in Textform (§ 126 b BGB) in Betracht, d.h. SMS-Textnachricht oder E-Mail, z.B. bei einem Mitarbeiter im Home-Office. Bei einer Online-/Internetbewerbung wird man die zu protokollierenden Klicks auf »OK«-Felder als andere Form anerkennen können.[84] Eine formlose mündliche Einwilligungserklärung scheidet hingegen aus, da sie keine »andere Form« darstellt. Zudem kann der Arbeitgeber bei ihr seiner Nachweispflicht nach Art. 7 Abs. 1 DSGVO nicht nachkommen. Dasselbe gilt für konkludente, stillschweigende oder gar mutmaßliche Einwilligungen. Auch das Unterlassen eines Protests oder Widerspruchs gegen eine Datenverarbeitung durch den Arbeitgeber kann nach EG 32, der eine »eindeutige bestätigende Handlung« verlangt, nicht mit einer Einwilligung gleichgesetzt werden.

Aufklärungspflicht des Arbeitgebers (Satz 4): Der Beschäftigte ist über den Zweck der Datenverarbeitung und auf die jederzeitige **Widerrufsmöglichkeit** seiner Einwilligung sowie die damit verbundenen Folgen nach Art. 7 Abs. 3 DSGVO in Textform hinzuweisen. Demnach sind pauschale Einwilligungen, die ohne konkrete Zweckaufklärung erfolgen, unzulässig. Strittig ist, ob der Widerruf auch grundlos erfolgen kann oder, wie vor Inkrafttreten der DSGVO, eines plausiblen Grundes bedarf.[85] Das **Schriftformerfordernis** des § 26 Abs. 2 Satz 3 BDSG **gilt für den Widerruf nicht, sodass** er auch in anderer Form erklärt werden kann. Ein ausgeübter Widerruf, entfaltet seine Wirkung ex-nunc, d.h. er hat keine Rückwirkung (Art. 7 Abs. 3 S. 2 DSGVO).

---

82 Vgl. BT-Drs. 18/11325, S. 97.
83 § 49 Abs. 3 S. 3 DSG-EKD, § 8 Abs. 2 KDG.
84 Nach Tiedemann, in: Sydow, BDSG, 2020, § 26 Rdn. 41, dort auch zum Folgenden.
85 BAG, Urt. v. 11.12.2014 – 8 AZR 1010/13, NZA 2015, 604 ff.; Nach aA soll diese Rspr. nach In Kraft treten der DSGVO nicht mehr aufrechtzuerhalten sein: Kleinebrink DB 2018, 1729 (1734).

> **Zum Eingangsbeispiel**
>
> Träger wie Einrichtungen haben immer wieder Stellen zu besetzen. Angesichts des engen Erziehermarktes speichern sie daher oft Daten zunächst nicht erfolgreicher Bewerber oder von Initiativbewerbungen, wenn sie für die nächste freie Stelle in Betracht kommen. Allerdings müssen Daten grundsätzlich nach Abschluss eines Bewerbungsverfahrens nach Art. 17 Abs. 1 lit. a DSGVO gelöscht werden, wobei die Geltendmachungs- und Klagefrist wegen eines Verstoßes gegen das AGG (sechs Monate ab dem Zeitpunkt der Absage, § 15 Abs. 4 AGG, § 61b Abs. 1 ArbGG) berücksichtigt werden darf. Sollen die Daten nicht berücksichtigter Bewerber oder von Initiativbewerbungen **länger** festgehalten werden, ist daher eine Einwilligung des Bewerbers erforderlich. Die gesetzlichen Transparenzpflichten sind hierbei zu beachten.

9.7 Informationspflichten gegenüber Bewerber bzw. Beschäftigten

Vor Beginn der Datenverarbeitung muss der Bewerber bzw. der Beschäftigte nach Art. 13 DSGVO informiert werden:

- wer die Daten erhebt = Kontaktdaten des Trägers als Arbeitgeber;
- wer Datenschutzbeauftragter ist = Kontaktdaten des Datenschutzbeauftragten, soweit einer bestellt wurde;
- zu welchem Zweck und auf welcher Rechtsgrundlage die Daten verarbeitet werden;
- wenn die Verarbeitung auf Art. 6 Abs. 1 lit. f beruht: welche berechtigten Interessen verfolgt werden;
- an wen die Daten übermittelt werden = z.B. Krankenkasse, Steuerberater;
- wie lange die Daten gespeichert werden;
- welche Rechte dem Beschäftigten zustehen = Recht auf Auskunft, Recht auf Berichtigung oder Löschung, Recht auf Einschränkung der Verarbeitung; Recht auf Widerspruch, Recht auf Datenübertragbarkeit, Recht auf Beschwerde bei der Aufsichtsbehörde;
- dass er seine gegebene Einwilligung jederzeit mit Wirkung für die Zukunft widerrufen kann und
- ob die Bereitstellung der Daten gesetzlich oder vertraglich vorgeschrieben ist und welche möglichen Folgen die Nichtbereitstellung hätte.

Die Informationen für einen Bewerber können in einem Informationsblatt wie folgt zusammengefasst werden:

Beispiel 25: Information nach Art. 13 DSGVO für Stellenbewerber[86]
Sehr geehrte/r ...,
wir freuen uns über Ihr Interesse an einer Beschäftigung in unserer Kindertageseinrichtung ... Bevor wir Ihre Bewerbung bearbeiten, möchten wir Sie darüber informieren, dass, wie und wofür wir Ihre personenbezogenen Daten verarbeiten. Wir bitten Sie deshalb, die nachfolgenden Datenschutzhinweise durchzulesen.

- **Wer ist für die Verarbeitung Ihrer Daten verantwortlich?**

Als Träger der Kindertageseinrichtung ... sind wir für die Verarbeitung Ihrer personenbezogenen Daten im Rahmen des Bewerbungsverfahrens verantwortlich: *[Name und Anschrift des Trägers]*
Die Kontaktdaten unseres Datenschutzbeauftragten lauten wie folgt: [...]

- **Zu welchem Zweck werden Ihre Daten verarbeitet?**

Wir verarbeiten Ihre Daten ausschließlich zum Zwecke der Durchführung Ihres Bewerbungsverfahrens.
Sollte es am Ende des Bewerbungsverfahrens zu einem Beschäftigungsverhältnis kommen, werden wir Ihre Daten anschließend auch zum Abschluss des Beschäftigungsvertrages und für die Durchführung Ihres Beschäftigungsverhältnisses nutzen.

- **Welche Ihrer personenbezogenen Daten werden erhoben?**

Wir verarbeiten im Rahmen des Bewerbungsverfahrens nur solche Daten, die für die Entscheidung über die Begründung eines Beschäftigungsverhältnisses erforderlich sind. Es handelt sich um Informationen, die Sie uns in Ihren Bewerbungsunterlagen und in persönlichen Gesprächen mitteilen, insbesondere Ihren Namen, Ihre Anschrift und Ihre Kontaktdaten, Ihren Lebenslauf, Ihre Schul-, Studien- oder Ausbildungszeugnisse, Ihre Arbeitszeugnisse, Ihre Fortbildungsunterlagen sowie sonstige Informationen und Unterlagen zu Ihrer Qualifikation oder Gesundheit.

- **Ist die Verarbeitung Ihrer Daten verpflichtend?**

Sie sind nicht verpflichtet, uns Ihre personenbezogenen Daten zur Verfügung zu stellen. Allerdings kann das Bewerbungsverfahren ohne sie nicht durchgeführt werden.

- **Wer erhält Ihre Daten im Rahmen des Bewerbungsverfahrens?**

In der Regel werden personenbezogene Daten von Bewerbern im Rahmen des Bewerbungsverfahrens nur von Trägervertretern, der Einrichtungsleitung, in der die ausgeschriebene Stelle zu besetzen ist, und unserer Personalabteilung verarbeitet. An Dritte werden Ihre Daten nicht weitergegeben.

---

86 Muster nach: König, Beschäftigtendatenschutz in der Beratungspraxis, 2020, S. 209 f.

- **Was ist die Rechtsgrundlage für die Verarbeitung Ihrer Daten?**

Unsere Berechtigung zur Verarbeitung Ihrer personenbezogenen Daten im Rahmen Ihres Bewerbungsverfahren ergibt sich aus § 26 Abs. 1 S. 1 Bundesdatenschutzgesetz (BDSG)[87].

- **Wie lange werden Ihre Daten gespeichert?**

Ihre personenbezogenen Daten werden – vorbehaltlich etwaiger gesetzlicher Aufbewahrungspflichten – nur so lange gespeichert, wie es für die Durchführung des Bewerbungsverfahrens erforderlich ist. Sollten wir Ihnen am Ende des Bewerbungsverfahrens keine Beschäftigung anbieten, werden Ihre personenbezogenen Daten deshalb grundsätzlich nach Ablauf von sechs Monaten ab dem Zeitpunkt unserer Absage gelöscht. Im Fall eines anschließenden Beschäftigungsverhältnisses werden Ihre Daten grundsätzlich nur so lange gespeichert, wie es für Ihr Beschäftigungsverhältnis erforderlich ist.

- **Welche Rechte haben Sie bei der Verarbeitung Ihrer Daten?**

Sie haben das Recht auf Auskunft nach Art. 15 DSGVO, das Recht auf Berechtigung nach Art. 16 DSGVO, das Recht auf Löschung nach Art. 17 DSGVO, das Recht auf Einschränkung der Verarbeitung nach Art. 18 DSGVO, das Recht auf Widerspruch aus Art. 21 DSGVO sowie das Recht auf Datenübertragbarkeit aus Art. 20 DSGVO.

Darüber hinaus steht Ihnen ein Beschwerderecht bei der zuständigen Datenschutzaufsichtsbehörde zu. Die Kontaktdaten der Behörde lauten wie folgt: [...]

---

[87] Für kommunale Kitas die entsprechende Norm in dem Datenschutzgesetz des jeweiligen Bundeslandes, und für kirchliche Kitas § 53 KDG bzw. § 49 DSG-EKD.

10 Anfertigung und Veröffentlichung von Mitarbeiterbildern

Beispiel 1
Eine ehemalige pädagogische Mitarbeiterin bittet ihr Foto und ein Teamfoto, auf dem sie jeweils zu sehen ist, aus der Konzeption zu entfernen, die über die Website der Kita im Internet zugänglich ist.

10.1 Medialer Alltag

Bild-, Ton- und Videoaufnahmen von Mitarbeitern sind in Kindertagesstätten heute **Alltag**. Die Fotogalerie der Mitarbeiter im Eingangsbereich, auf der Einrichtungswebsite oder in der Printversion der Konzeption, Aufnahmen im Rahmen des pädagogischen Alltags, von Fort- und Weiterbildungen, oder für die Öffentlichkeitsarbeit der Einrichtung bzw. des Trägers sind in der Frühpädagogik allgegenwärtig. Sie dienen der pädagogischen Arbeit, der besseren Information der Eltern über die Kitaarbeit, der Erinnerung an die Kitazeit ihrer Kinder, der beruflichen Weiterentwicklung der Mitarbeiter oder auch der Öffentlichkeitsarbeit der Einrichtung. Mit Bildern ihrer Mitarbeiter präsentieren sich Einrichtungen menschlicher und ansprechbarer.[1]

Beispiel 2
Eine städtische Kindertagesstätte wirbt Spendengelder mit einem von ihr selbst erstellten Plakat ein, auf dem steht: »Guten Tag, wir sammeln für die städtische Kindertagesstätte. Kleinen Moment. EMMA, KOMMST DU MAL BITTE.« und man sieht einen Mitarbeiter mit einem nur von hinten zu sehendem Kleinstkind. Der Mitarbeiter ist groß abgebildet, ohne vorher seine ausdrückliche Einwilligung eingeholt zu haben. Hat die Kindertagesstätte vorschnell gehandelt und dabei das Recht am eigenen Bild der Mitarbeiterin Emma verletzt?

Auf den Fotos der Kindertageseinrichtungen für die oben genannten diversen Verwendungszwecke sind Abbildungen ihrer Mitarbeiter alleine, zusammen mit Kindern, als Team, mit Besuchern oder auf Veranstaltungen zu sehen. Bei deren Anfertigung und Veröffentlichung kollidiert das Interesse der Einrichtung bzw. des Trägers an diesen Fotos mit dem Recht der Mitarbeiter auf informationelle Selbstbestimmung, d.h. ihrer Befugnis selbst zu bestimmen, ob Bildnisse von ihnen angefertigt, verbreitet oder öffentlich zur Schau gestellt werden. Kindertageseinrichtungen sehen sich daher mit der praktisch wichtigen **Frage** konfrontiert, unter welchen rechtlichen Voraussetzungen die Erstellung eines Fotos mit dem Bildnis eines Mitarbeiters sowie die anschließenden Verarbeitungsvorgänge für die Einrichtung rechtmäßig sein können.

---

1 So auch Christian W. Eggers, Quick Guide Bildrechte, ²2019, S. 53.

10.2 Anwendungsbereich DSGVO

Wenn Einrichtungen Fotos von ihren Mitarbeitern anfertigen (lassen) und diese oder von den Mitarbeitern zur Verfügung gestellt Fotos weiterverarbeiten, indem sie sie z.B. auf der Einrichtungswebsite im Internet oder in gedruckten Einrichtungsflyern bzw. -konzepten veröffentlichen, unterfällt das dem **Anwendungsbereich der DSGVO bzw. dem KDG oder dem DSG-EKD**. Fotos von Mitarbeitern sind personenbezogene Daten i.S.d. Art. 4 Nr. 1 DSGVO/KDG/DSG-EKD, sofern sie Rückschlüsse auf den Mitarbeiter als natürliche Person erlauben.[2]

Es reicht nach den strengen Regeln in Art. 4 Nr. 1 DSGVO/KDG/DSG-EKD, dass die **abgebildete Person** aufgrund ihres äußeren Erscheinungsbildes (z.B. Gesichtszüge, Statur, Haltung oder Frisur)[3] oder mittels Zusatzinformationen des Aufnahmegeräte (sog. Metadaten) **identifizierbar** ist (siehe hierzu Abschnitt 1.3). Auf das Medium kommt es nicht an, sodass nicht nur Fotos und Filmaufnahmen, sondern auch alle nicht naturgetreuen Abbildungsformen wie etwa Karikaturen und andere zeichnerische Darstellungen oder auch realistische computeranimierte Darstellungen von Personen in Betracht kommen, solange die abgebildete Person auf der Darstellung erkennbar ist.

Der sachliche Anwendungsbereich der DSGVO erfasst jede Form des **Verarbeitens** (Art. 4 Nr. 2 DSGVO; § 4 Nr. 3 KDG/DSG-EKD), d.h. auch das Verbreiten und das Offenlegen durch Übermittlung, also alle Formen einer Bekanntgabe von psbD. Damit sind das Anfertigen, Speichern, Bearbeiten und Veröffentlichen von Fotos je eine Form der Verarbeitung. Ebenso wie in § 22 KUG wird jede Art der Verbreitung, sei es eine gewerbsmäßige (z.B. Plakate, Flyer) oder nur die Überlassung an einzelne Personen oder auch das Verschenken oder Verleihen im privaten Bereich erfasst.[4] Ebenso ist jede technische Form der Veröffentlichung betroffen, nicht nur die Ausstellung eines Bildnisses, sondern auch die Vorführung im Film (z.B. DEMO-CD) und im Internet. Auch die Versendung von Fotoabzügen auf Bestellung oder das kurze Hochhalten eines Plakats mit einem Personenbildnis auf einem Elternabend mit 20 Teilnehmern. Im Internet reicht es aus, dass ein Text mittels eines Links auf Fotos anderer Internetseiten illustriert wird.[5]

Mitunter findet man die Ansicht, Fotos von teaminternen Veranstaltungen mit auch **privatem Charakter** wie Weihnachts- oder Geburtstagsfeiern würden nach Art. 2 Abs. 2 lit. c DSGVO (§ 3 KDG, § 2 Abs. 4 DSG-EKD) aus dem Anwendungsbereich der DSGVO herausfallen. Dort werden Datenverarbeitungen »*natürlicher Personen zur Ausübung ausschließlich persönlicher oder familiärer Tätigkeiten*« aus dem Anwendungsbereich der DSGVO herausgenommen. Dies gilt jedoch nicht für Datenverarbeitungen die sowohl einen beruflichem wie einen privaten Bezug haben.[6] Die genannten Anlässe haben zwar auch einen privaten Charakter, aber eben nicht »*ausschließlich*«, denn ohne ihren beruflichen Bezug kämen sie erst gar nicht zustande.

---

2 Ähnlich Assmus/Winzer, ZD 2018, 508 (510) m.w.N.
3 Siehe Wanckel, Foto- und Bildrecht, ⁴2012, S. 125 f.
4 So auch Wanckel, Foto- und Bildrecht, ⁴2012, S. 118, dort auch zum Folgenden.
5 Vgl. Wanckel, Foto- und Bildrecht, ⁴2012, S. 118.
6 Pabst, in: Schwartmann, u.a., DS-GVO/BDSG, 2018, Art. 2 Rdn. 42.

10.3 Erlaubnistatbestände

Jede Form der Verarbeitung von Mitarbeiterfotos, also von der Anfertigung bis hin zur Veröffentlichung und der Löschung, kann durch einen der in Art. 6 Abs. 1 DSGVO (§ 6 KDG/DSG-EKD) geregelten **Erlaubnistatbestände** gerechtfertigt sein. Für die Verarbeitung eines Mitarbeiterfotos kommen in einer Kita neben der Einwilligung (Buchstabe a) nur die Vertragserfüllung (Buchstabe b) und die Wahrung berechtigter Interessen (Buchstabe f) in Betracht.

10.4 Zur Erfüllung eines Vertrages (Buchstabe b).

Die Verarbeitung eines Mitarbeiterfotos kann für die Erfüllung eines Vertrags zwischen Kitaträger und Mitarbeiter (Art. 6 Abs. 1 lit. b DSGVO, § 6 Abs. 1 lit. c KDG, § 6 Nr. 5 DSG-EKD) erforderlich sein.

Arbeitsvertrag

Aufgrund des bestehenden Beschäftigungsverhältnisses kommt hier natürlich zunächst der **Arbeitsvertrag** infrage. Hierzu hat der deutsche Gesetzgeber in § 26 BDSG, § 53 KDG, § 49 DSG-EKD bzw. LDSG) die bereits oben erläuterten, beschäftigungsspezifischen Präzisierungen erlassen.

§ 26 Abs. 1 BDSG setzt für die Verarbeitung von psbD von Beschäftigten voraus, dass sie für die Begründung, Durchführung oder Beendigung eines Beschäftigungsverhältnisses erforderlich sind. Wie bereits erläutert, kann der Arbeitgeber auf der Rechtsgrundlage § 26 Abs. 1 BDSG, d.h. ohne Einwilligung, von **Mitarbeitern mit Außenkontakt**, wie z.B. der Einrichtungsleitung, ihren Namen und deren dienstliche Kontaktdaten veröffentlichen, allerdings nicht deren Fotos. Die Veröffentlichung von Mitarbeiterfotos ist über die Kontaktdaten hinaus für den Außenkontakt nicht notwendig. Zudem handelt es sich um einen unangemessenen Eingriff in die Persönlichkeitsrechte des Mitarbeiters.

Erforderlich im Sinne von § 26 Abs. 1 BDSG sind auch nicht Mitarbeiterfotos in der pädagogischen Arbeit mit Kindern zu fertigen. Zumal auch die **Aufgabe der Bildung, Betreuung und Erziehung von Kindern** in der Kindertageseinrichtung (§ 22 SGB VIII) ohne Bild-, Ton- oder Videoaufnahmen der Mitarbeiter erfüllt werden kann.[7]

Die gilt auch für **Fotos einer Kitagruppe** oder Videoaufnahmen bei Jahresabschlüssen, Festen, Feiern oder Ausflügen, bei der die **pädagogischen Fachkräfte neben »ihren« Kindern abgebildet sind.**[8] Diese können jedoch durch berechtigte Interessen (Buchstabe f) gerechtfertigt sein (siehe unten)

Auch Bild-, Ton- und Videoaufnahmen von Mitarbeitern für Zwecke der **Öffentlichkeitsarbeit**, wie die Fotogalerie der Mitarbeiter im Eingangsbereich, auf der Einrichtungswebsite oder in der Printversion der Konzeption, sind nicht erforderlich zur Durch-

---

[7] Ebenso, Senatsverwaltung für Bildung, Jugend und Familie, Berlin und Berliner Beauftragte für Datenschutz und Informationsfreiheit, Datenschutz bei Bild-, Ton- und Videoaufnahmen. Was ist in der Kindertageseinrichtung zu beachten?, ²2020, S. 28.

[8] Anders, Senatsverwaltung für Bildung, Jugend und Familie, Berlin und Berliner Beauftragte für Datenschutz und Informationsfreiheit, Datenschutz bei Bild-, Ton- und Videoaufnahmen. Was ist in der Kindertageseinrichtung zu beachten?, ²2020, S. 28. Dort werden solche Fotos als üblicher Bestandteil der Tätigkeit einer sozialpädagogischen Fachkraft eingestuft.

führung des Beschäftigungsverhältnisses und daher nicht nach § 26 Abs. 1 BDSG zu rechtfertigen. Gleiches gilt für Fotos von Fort- und Weiterbildungen oder Bildern, um den Eltern ein besseres Bild von der Kitaarbeit zu machen. Denn hier können die Eltern auch ohne Rückgriff auf Fotomaterial informiert werden. Auch die von Eltern gerne gesehenen Fotos als Erinnerung an die Kitazeit ihrer Kinder, sind abgesehen von den oben erörterten Gruppenfotos, nicht erforderlich. Schließlich fallen auch die zur beruflichen und persönlichen Weiterentwicklung der Mitarbeiter selbst gefertigten Aufnahmen von Interaktionssequenzen zwischen Fachkraft und Kind heraus.

Fotovertrag

Arbeitgeber und Mitarbeiter können neben dem Beschäftigungsverhältnis noch **weitere Vertragsbeziehungen** eingehen.[9] Diese vertraglichen Beziehungen stehen rechtlich selbstständig neben dem Arbeitsvertrag, jedoch meist in einem sachlichen Zusammenhang mit ihm. Beispiele sind der Mietvertrag über eine Dienstwohnung oder der Einkauf in der Kantine. Die Datenverarbeitung in diesem Vertragsverhältnis richtet sich allein nach Art. 6 Abs. 1 lit. b DSGVO (§ 6 Abs. 1 lit. c KDG, § 6 Nr. 5 DSG-EKD).

Insoweit käme der Abschluss eines gesonderten Vertrags mit Mitarbeitern in Betracht, der die Anfertigung und Veröffentlichung von Fotos des jeweiligen Mitarbeiters regelt und vergütet. Es würde sich um eine Art »Model-Vertrag« handeln, der eine angemessene Vergütung für die Verwertung des Bildnisses vorsieht. Die Verarbeitung der Mitarbeiterfotos wäre dann zur Erfüllung dieser vertraglichen Verpflichtung erforderlich und nach Art. 6 Abs. 1 Satz 1 lit. b DSGVO (§ 6 Abs. 1 lit. c KDG, § 6 Nr. 5 DSG-EKD) rechtmäßig.[10] Wichtig ist, dass die Anfertigung und Veröffentlichung von Fotos nur gerechtfertigt ist, wenn, wie bei einem Fotomodell, gerade dies die Zweckbestimmung dieses Vertrags neben dem Arbeitsvertrag ist.[11] Der Vorteil eines solchen Vertrages ist, dass ihn der Mitarbeiter nicht nach DSGVO/KDG/DSG-EKD widerrufen kann,[12] sondern sich an seinen Vertrag festhalten lassen muss. Erforderlich ist allerdings, dass eine reelle Gegenleistung gewährt werden muss, da der Vertrag ansonsten als verkappte Einwilligung mit jederzeitiger Widerrufsmöglichkeit gewertet wird.[13] Nebentätigkeiten eines Mitarbeiters für den Kitaträger, d.h. seinen Arbeitgeber, sind zudem regelmäßig mitbestimmungspflichtig (Personalrat, MAV, nicht Betriebsrat).[14]

---

9 Hierzu siehe Gola, in: ders., DSGVO, ²2018, Art. 6 Rdn. 97.
10 Vgl. Uecker, ZD 2019, 248, (250).
11 Assmus/Winzer, ZD 2018, 508, (511) m.w.N.
12 Ebenso Uecker, ZD 2019, 248, (250).
13 So auch Christian W. Eggers, Quick Guide Bildrechte, ²2019, S. 60.
14 Vgl. § 35 Abs. 1 Nr. 6 MAVO Zustimmung bei sonstigen persönlichen Angelegenheiten; § 75 Abs. 1 Nr. 7 BPersVG (und entspr. Landesgesetze) – Mitbestimmung bei Versagung oder Widerruf der Genehmigung einer Nebentätigkeit. Das BetrVG sieht hier kein Beteiligungsrecht vor, da einer Nebentätigkeit grundsätzlich jeder Arbeitnehmer nachgehen kann. Während der Elternzeit besteht jedoch ein Erlaubnisvorbehalt nach § 15 Abs. 4 BEEG. Bei Mitarbeitern öffentlicher Einrichtungen wäre noch zu prüfen, ob die Auftragsvergabe an den Beschäftigten unter das Vergaberecht fällt (vgl. Christian W. Eggers, Quick Guide Bildrechte, ²2019, S. 60).

10.5 Einwilligung (Buchstabe a)

Die Verarbeitung eines Mitarbeiterfotos kann auch auf eine **Einwilligung** gestützt werden. Art. 6 Abs. 1 lit. a DSGVO, § 6 Abs. 1 lit. b KDG, § 6 Nr. 2 DSG-EKD rechtfertigt eine Datenverarbeitung, wenn die betroffene Person ihre Einwilligung zu der Verarbeitung der sie betreffenden personenbezogenen Daten für **einen oder mehrere Zwecke** erteilt hat. Andererseits wäre eine pauschale Einwilligungsklausel, die sich nicht auf bestimmte Verarbeitungszwecke beschränkt, unwirksam.[15] Somit wären mittels einer Einwilligung auch Mitarbeiterfotos verarbeitbar, die den vielfältigen Zwecken der Öffentlichkeitsarbeit, der Dokumentation, der Erinnerung, der Weiterbildung, … dienen.

Die Legaldefinition des **Art. 4 Nr. 11 DSGVO, § 4 Nr. 13 KDSG/DSG-EKD** setzt für eine wirksame Einwilligung voraus, dass die Willensbekundung freiwillig, in informierter Weise und unmissverständlich sowie durch Erklärung oder eine sonstige eindeutige bestätigende Handlung zu erfolgen hat.

Wie bereits oben erläutert kann die **Freiwilligkeit** (Präzisierungen in § 26 Abs. 2 Satz 1 BDSG, LDSG, § 8 Abs. 7 KDG, § 49 Abs. 3 DSG-EKD) bei Mitarbeiterfotos durchaus Probleme aufwerfen (Zeitnot, Druck des Vorgesetzten oder der Kollegen, …). Die Gewähr der Freiwilligkeit ist jedoch die zentrale Voraussetzung dafür, dass eine Einrichtung die erhobenen Daten dieser Person nutzen und weiterverarbeiten kann. Die Gesetzesbegründung weist insofern auf die Aufnahme von Fotos in das Firmen-/Einrichtungs-Intranet hin, weil hier ein betriebliches Zusammenwirken im Vordergrund stehe.

Der Einwilligung muss ferner in **informierter Weise** erfolgen, damit der Mitarbeiter die Bedeutung seiner Erklärung erkennen und einschätzen kann. Das hat zur Folge, dass die Einwilligung des Mitarbeiters **anlassbezogen und für den konkreten Einzelfall** eingeholt werden muss. Nur dann kann ihm der konkrete Zweck, die Art und der Umfang der Veröffentlichung mitgeteilt werden. Das bedeutet aber, dass allgemeine Einwilligungen vorab in pauschaler Form nicht möglich sind.[16]

Unter dem Kriterium, dass der Mitarbeiter erkennen können muss, welche Daten von ihm, wann, wozu und wie verarbeitet werden, ist fraglich, ob über die Einwilligung für ein einzelnes Foto hinaus auch eine solche für **mehrere zukünftige Fotos** zulässig ist? Man wird gestützt auf EG 32 DSGVO wohl sagen können, dass von einer Einwilligung auch mehrere und sich zukünftig wiederholende Verarbeitungsvorgänge erfasst sein können, wenn die jeweiligen Datenverarbeitungsvorgänge so konkret dargestellt werden können, dass der Mitarbeiter problemlos erkennt, welche Fotos in welchem Umfang von seiner Einwilligung umfasst sind.[17]

Gem. § 26 Abs. 2 Satz 3 BDSG (LDSG, § 8 Abs. 2 KDG, § 49 Abs. 3 S. 3 DSG-EKD) ist für die Einwilligung im Beschäftigungsverhältnis grundsätzlich die **Schriftform** einzuhalten, sofern keine besonderen Umstände eine andere Form rechtfertigen.

Sofern die Fotos der Mitarbeiter **sensible Daten** i.S.d. Art. 9 Abs. 1 DSGVO (§ 4 Nr. 2 KDG/DSG-EKD) enthalten, wie z.B. religiöse Symbole, muss sich gem. § 26 Abs. 3 Satz 2 BDSG (§ 8 Abs. 4 KDG, § 13 Abs. 2 Nr. 1 DSG-EKD) die Einwilligung auch auf diese Daten beziehen.

---

15 So Buchner/Kühling, in: Buchner/Kühling, DSGVO/BDSG, ²2018, Art. 4 Nr. 11 Rdn. 7; Art. 6 Rdn. 179.
16 Vgl. Assmus/Winzer, ZD 2018, 508, (510) m.w.N.
17 In Anlehnung an Assmus/Winzer, ZD 2018, 508, (510).

> **Beispiel 3: Besonders sensibler Bilddaten – Fotos vom Teamtag**
> Das Verbund-Familienzentrum Spatzennest veranstaltet zusammen mit drei Kindertageseinrichtungen und tatkräftiger Hilfe einer Outdoorfirma einen Teamtag. Beim »Wettpaddeln« der Teams auf den Sieg sowie den Hindernisparcours in den Siegauen werden zahlreiche Fotos der Teilnehmer während der Wettbewerbe und am Rande der Veranstaltung aufgenommen. Die Personenfotos werden sowohl im Intranet wie auch auf der Website des Familienzentrums gezeigt. Die Einrichtungsleitungen des Familienzentrums sind der Meinung, es handle sich um eine öffentliche Veranstaltung und daher bedürfe es keiner Einwilligung, denn die Fotos seien auf der Rechtsgrundlage »berechtigte Interessen« Art. 6 Abs. 1 lit. f DSGVO zur Förderung des Zusammenhaltes der Teams legal eingestellt. Die Einrichtungsleitungen irren. Denn zunächst handelt es sich bei den fotografierten Personen um Mitarbeiter der Einrichtungen und es ist unerheblich, dass diese bei einer »Freizeitaktivität« fotografiert wurden, wenn die Veranstaltung letztendlich so organisiert ist, dass sie der Unternehmenskultur dienen soll. Des Weiteren geben die Fotos Auskunft über den Gesundheitszustand (Gewicht und Kondition) der sportlich leicht bekleideten teilnehmenden Mitarbeiter. Diese Informationen geraten hier gerade nicht zufällig in das Bild. Auch kann nicht gesagt werden, dass die so gezeigten Mitarbeiter mit einem »bewussten Willensakt« ihre betriebssportlichen Betätigungen öffentlich machen, wenn es sich um eine vom Arbeitgeber gewollte und geförderte Betätigung handelt. Eine Einwilligung jedes einzelnen Teilnehmenden in die Anfertigung und Nutzung der Fotos ist somit zwingend.

Eine wirksame Einwilligung setzt nach Art. 4 Nr. 11 DSGVO (§ 4 Nr. 13 KDG/DSG-EKD) schließlich noch voraus, dass sie »**in informierter Weise**« erfolgt. Es sind daher die in Art 13 DSGVO, § 15 KDG, § 17 DSG-EKD (siehe Abschnitt 9.7) dargestellten Informationspflichten zu erfüllen.

> **Zusätzlich sollten folgende Punkte beachtet werden:**[18]
> - Regelung, wie der Mitarbeiter seine Einwilligung widerrufen kann. Ihm sollte die Möglichkeit gegeben werden, seinen Widerruf durch Textform (z.B. E-Mail) zu erklären.
> - Dem Mitarbeiter ist in der schriftlichen Einwilligungserklärung zuzusichern, dass sein Widerruf keine für ihn nachteiligen Folgen im Beschäftigtenverhältnis nach sich ziehen wird.
> - Regelung, in welchem Zeitraum im Fall des Widerrufs das Foto entfernt bzw. der Mitarbeiter in Gruppenaufnahmen unkenntlich gemacht wird.
> - Regelungen über die Löschung von Veröffentlichungen nach Beendigung des Beschäftigtenverhältnisses.

---

[18] Nach Christian W. Eggers, Quick Guide Bildrechte, ²2019, S. 58.

Einwilligung (Buchstabe a)

Muster: Einwilligung in das Anfertigen und Veröffentlichen von Bildern

Hiermit willige ich, _____
(Vor- und Nachnamen), ein, dass von mir Fotos angefertigt und veröffentlicht werden dürfen. Die Bilder dürfen nur zu folgendem Zweck aufgenommen und veröffentlicht werden:

[Zweckbeschreibung des Verantwortlichen]

Die Fotos dürfen in folgenden Medien veröffentlicht werden:
Bitte ankreuzen![19]
☐ örtliche Tagespresse
☐ Intranet
☐ Internet unter der Homepage www.*[bitte ergänzen]*.de
☐ Newsletter
☐ *(bitte ergänzen)*

Die Einwilligung ist **jederzeit** ohne die Nennung von Gründen schriftlich bei *[Benennung des Verantwortlichen]* widerruflich. Wird die Einwilligung nicht widerrufen, gilt sie zeitlich *[z.B. unbeschränkt/zwei Jahre]*. Die Einwilligung ist freiwillig. Wenn Sie die Einwilligung nicht erteilen oder widerrufen, entstehen Ihnen keine Nachteile.

Veröffentlichungen im Internet/Datenschutzrechtlicher Hinweis: Bei einer Veröffentlichung im Internet können die personenbezogenen Daten (einschließlich Fotos) weltweit abgerufen und gespeichert werden. Die Daten können damit etwa auch über so genannte »Suchmaschinen« aufgefunden werden. Dabei kann nicht ausgeschlossen werden, dass andere Personen oder Unternehmen die Daten mit weiteren im Internet verfügbaren personenbezogenen Daten verknüpfen und damit ein Persönlichkeitsprofil erstellen, die Daten verändern oder zu anderen Zwecken verwenden.

☐ Ich habe die Datenschutzerklärung auf der Rückseite des Formulars zur Kenntnis genommen.

_____
[Ort, Datum]

_____
[Unterschrift der betroffenen Person]

---

19 Arbeitgebern wird empfohlen, die Veröffentlichung von Fotos oder Mitarbeiterdaten bei Facebook oder anderen social media Diensten im Hinblick auf ihre Fürsorgepflicht als Arbeitgeber grundsätzlich zu unterlassen, vgl. Bergt, in: Koreng/Lachenmann, Formularhandbuch Datenschutzrecht, ²2018, S. 809.

Das Manko der Einwilligung als Rechtsgrundlage für die Nutzung von Mitarbeiterfotos ist aus Sicht des Arbeitgebers ihre **freie Widerruflichkeit** durch den Mitarbeiter. Art. 7 Abs. 3 DSGVO (§ 8 Abs. 6 KDG, § 11 Abs. 3 DSG-EKD) sagt ausdrücklich, dass »*Die betroffene Person ... das Recht [hat], ihre Einwilligung jederzeit zu widerrufen.*« Sie bestimmt weiter, dass »*die betroffene Person ... vor Abgabe der Einwilligung hiervon in Kenntnis gesetzt*« wird, und dass »*der Widerruf der Einwilligung ... so einfach wie die Erteilung der Einwilligung sein*« muss. Der Widerruf kann daher jederzeit und ohne Angabe von Gründen erfolgen. Dies dient dem Schutz des Betroffenen vor den Konsequenzen vorschneller Entscheidungen, die er so jederzeit vermeiden kann.[20] In der Literatur diskutierte Einschränkungen überzeugen nicht und sind nicht rechtssicher. Allerdings soll sich nach Eggers in der Fotopraxis herausgestellt haben, dass Einwilligungen, die auf Grundlage einer sorgfältig verfassten Einwilligungstextes erteilt wurden, gar nicht so häufig widerrufen werden. Denn ein detailliert über die Verwendung der Aufnahmen sowie die Risiken der Zustimmung aufgeklärter Mitarbeiter unterschreibt bewusst in Kenntnis der Tragweite seiner Unterschrift und widerruft in der Regel nicht leichtfertig.[21]

Der Widerruf wirkt nach Art. 7 Abs. 3 S. 2 DSGVO (§ 8 Abs. 6 S. 2 KDG, § 11 Abs. 3 S. 2 DSG-EKD) nur für die Zukunft. Bis zum Widerruf erfolgte Verarbeitungen werden vom Widerruf nicht berührt. Dem Betroffenen steht jedoch ergänzend zum Widerruf ein **Löschungsanspruch** nach Art. 17 Abs. 1 lit. b DSGVO (§ 19 Abs. 1 lit. b KDG, § 21 Abs. 1 Nr. 3 DSG-EKD), zu.

Der jederzeit mögliche Widerruf hat also zur **Konsequenz,** dass die betreffenden Fotos des Mitarbeiters nicht mehr für Werbe- und Informationszwecke des Arbeitgebers verwendet werden dürfen. Gedruckte Konzepte, Flyer, Fotos, Broschüren können mit diesen Fotos nicht mehr verwendet werden, Fotos auf Websites sind offline zu nehmen und zu löschen.

Das im konkreten Einzelfall schwer kalkulierbare Risiko legt es nahe, für die Anfertigung und Verarbeitung von Mitarbeiterfotos, die nicht auf § 26 Abs. 1 BDSG (LDSG, § 53 KDG, § 49 DSG-EKD) oder einen Fotovertrag gestützt werden können, eine alternative Rechtsgrundlage zu suchen, die keinem Widerruf ausgesetzt ist.

10.6 Berechtigtes Interesse zur Anfertigung von Mitarbeiterfotos (Buchstabe f)

§ 26 BDSG bzw. die Parallelvorschriften in den LDSG, KDG, DSG-EKD regeln die Datenverarbeitungen für »Zwecke des Beschäftigtenverhältnisses«. Dient die Verarbeitung der Mitarbeiterdaten anderen Zwecken als der Durchführung des Beschäftigtenverhältnisses, kann sich der Arbeitgeber neben einer Einwilligung auch auf »andere« berechtigte Interessen als Rechtsgrundlage stützen (Art. 6 Abs. 1 lit. f DSGVO, § 6 Abs. 1 lit. f KDG, § 6 Nr. 4 DSG-EKD).[22] In Betracht kommen sog. »**beschäftigungsfremde**« **Zwecke,** d.h. solche, die zwar nicht der »Begründung, Durchführung oder Beendigung des Beschäftigungsverhältnisses« dienen, sich jedoch daraus ergeben, dass die betroffene Person

---

20 Ebenso Assmus/Winzer, ZD 2018, 508, (510); Buchner/Kühling, in: Buchner/Kühling, DSGVO/BDSG, ²2018, Art. 7 Rdn. 34.
21 Siehe Christian W. Eggers, Quick Guide Bildrechte, ²2019, S. 56.
22 Vgl. Hartung, in: Kühling/Buchner, DSGVO/BDSG, ²2018, § 26 BDSG Rdn. 5; Gola, in: ders., DSGVO, ²2018, Art. 6 Rdn. 101.

in den Diensten des Verantwortlichen steht.[23] Hier kommen als berechtigte Interessen zur Anfertigung von Mitarbeiterfotos wirtschaftliche Interessen, wie auch die Kommunikationsrechte des Unternehmens zur **Öffentlichkeitsarbeit** in Betracht.[24] Diese Interessen müssen nach dem unter Abschnitt 7.3 erläuterten Schema mit den »berechtigten Interessen« des betroffenen Mitarbeiters abgewogen werden und diese im Ergebnis überwiegen. Dabei ist davon auszugehen, dass der Mitarbeiter grundsätzlich einen Anspruch darauf hat, dass im Rahmen der arbeitsvertraglichen Zweckbestimmung gespeicherte Daten im Kenntnisbereich des Arbeitgebers verbleiben.[25] Im Fall von Mitarbeiterfotos als »Aushängeschild« eines Unternehmens/einer Einrichtung wird die Abwägung daher zugunsten des Mitarbeiters ausfallen, sodass diese Fotoveröffentlichungen der Einwilligung der betroffenen Mitarbeiter bedürfen. Dennoch sind Konstellationen denkbar, in denen die Mitarbeitenden zumindest die Anfertigung von Fotos dulden müssen. Relevant ist auch an dieser Stelle, ob der Mitarbeiter vernünftigerweise erwarten kann oder konnte, dass möglicherweise eine Verarbeitung für diesen aus Sicht des Trägers/der Einrichtung berechtigten Zweck erfolgen wird bzw. erfolgt ist.[26]

> **Beispiel 4**
> Bei Jahresabschlüssen, Festen, Feiern oder Ausflügen werden Gruppenaufnahmen angefertigt, bei der die pädagogischen Fachkräfte neben »ihren« Kindern abgebildet sind.
> Die Anfertigung solcher Aufnahmen lässt sich auf »berechtigte Interessen« stützen. Denn diese Fotos werden im Interesse der lokalen Öffentlichkeit, hier der Kitagruppe und deren Angehörige, gefertigt. Ein Informationsinteresse ist wie bei den Jahrbüchern der Schulen mit Klassenfotos für lokale Gruppen bzw. Veranstaltungen zu bejahen.[27] Es ist auch kein unangemessener Eingriff in die Mitarbeiterrechte, wenn Kinder Erinnerungsfotos ihrer Gruppe mit ihrer Erzieherin erhalten. Die Rechte der Mitarbeiter werden allenfalls geringfügig beeinträchtigt, wenn sie im dienstlichen Bereich in einer unverfänglichen, gestellten Situation aufgenommen werden und die Bilder in keiner Weise unvorteilhaft oder ehrverletzend sind.[28] Solche Fotos können den Kindern zum ausschließlich privaten Gebrauch zur Verfügung gestellt werden. Dies gilt aber nicht mehr für den Fall gelten, dass solche Aufnahmen in Print- oder digitalen Medien (Zeitschriften, Bücher, Internet, soziale Medien) verbreitet werden. Denn dann tritt der Zweck Öffentlichkeitsarbeit nach vorne, der nicht mehr zu den »üblichen Bestandteilen der Tätigkeit einer sozialpädagogischen Fachkraft« gehört.

---

23 So auch Gola in: ders., DSGVO, ²2018, Art. 6 Rdn. 101 unter Verweis auf EG 47 Satz 2 DSGVO.
24 Ebenso Christian W. Eggers, Quick Guide Bildrechte, ²2019, S. 52.
25 Siehe hierzu Gola in: ders., DSGVO, ²2018, Art. 6 Rdn. 101, unter Bezug auf BVerwG Urt. v. 28.08.1986 – 2 C1/84, NJW 1987, 1214.
26 Vgl. Gola in: ders., DSGVO, ²2018, Art. 6 Rdn. 101, 61.
27 Vgl. OVG Koblenz Beschl. v. 02.04.2020, Az.: 2 A 11539/19.
28 Kriterien nach OVG Koblenz Beschl. v. 02.04.2020, Az.: 2 A 11539/19.

Anfertigung und Veröffentlichung von Mitarbeiterbildern

> **Beispiel 5**
>
> zur Anfertigung von Mitarbeiterfotos mit »berechtigten Interessen« des Trägers:[29]
>
> Kita U veranstaltet ein Sommerfest mit Kooperationspartner, wie dem örtlichen Sport- und Turnverein und möchte Übersichtsaufnahmen des Besucherandranges und der fröhlichen Stimmung auf dem Fest anfertigen. Immer wieder geraten Mitarbeiter in das Bild und die Einrichtungsleitung fragt sich, auf welcher Rechtsgrundlage eigentlich die Mitarbeiter (mit)fotografiert werden können.
>
> Der Kitaleitung geht es hier gerade nicht um die Darstellung ihrer Mitarbeiter im Rahmen der Außendarstellung ihrer Einrichtung, sondern um die Erfassung des Besucherandranges und der Stimmung auf dem Sommerfest. Es besteht kein Kontext zum Beschäftigtenverhältnis, wenn Mitarbeiter in das Bild des Besucherandranges geraten. Die eigentliche Anfertigung der Aufnahmen, auf denen Mitarbeiter zu sehen sind, lässt sich auf die »berechtigten Interessen« des Trägers stützen. Denn hier geht es dem Träger um die Dokumentation des Besucherandranges und der fröhlichen Stimmung »seiner« Veranstaltung. Wären in diesem Fall schon für die Erstellung der Fotos die Einwilligungen der Mitarbeiter erforderlich, könnte der Träger wahrscheinlich keine Übersichtsaufnahme anfertigen, wenn nicht zuvor die Mitarbeiter eingewilligt hätten. Hier überwiegt das berechtigte Interesse des Trägers die berechtigten Interessen der Mitarbeiter. Denn es muss dem Träger möglich sein, zunächst überhaupt Bilder anfertigen zu können und dann Motive zur Veröffentlichung aussuchen zu können, auf denen entweder keine Mitarbeiter zu erkennen sind oder aber Mitarbeiter dann in die Veröffentlichung einwilligen können. Die **eigentliche Datenerhebung** der Mitarbeiterfotos basiert auf der Rechtsgrundlage »berechtigte Interessen«. Anschließende **eventuelle Veröffentlichungen** können nach Vorlage der Fotos mit Einwilligungen der zufällig in das Bild geratenen Mitarbeitenden abgesichert werden.

> **Beispiel 6**
>
> Im anglo-amerikanischen Raum nimmt seit Mitte der 1990er Jahre die Anzahl an Kindertageseinrichtungen zu, die mit Webcams arbeiten. Geworben wird damit, dass die Eltern jederzeit die Aktivitäten ihres Kindes in der Gruppe beobachten können. Auch wenn sie berufstätig sind, können sie so »live« dabei sein und an der Entwicklung ihres Kindes teilhaben. Über einen geschützten Zugang können Eltern – aber auch weitere Familienangehörige wie die Großeltern – sehen, was ihr Baby oder Kleinkind gerade in der Kindertageseinrichtung macht. Viele Einrichtungsträger schätzen Webcams insbesondere als Marketingstrategie. Sie nehmen Eltern als Kunden wahr, die unterstellen, dass Einrichtungen gut arbeiten, wenn sie sich der Beobachtung durch eine Webcam aussetzen.
>
> Ein solcher Trend bedeutet für die Frühpädagogen ein Arbeiten unter andauernder oder potenzieller Beobachtung. Die Position der größten Organisation für Fachpersonen im Bereich Krippe/Kindergarten/Vorschule in den USA, The National Association

---

29 Fall in enger Anlehnung an Christian W. Eggers, Quick Guide Bildrechte, ²2019, S. 63.

for the Education of Young Children (NAEYC), fällt dennoch diesbezüglich zurückhaltend aus, möglicherweise, weil der Trend am Wachsen ist.

Eine solche Praxis ist **weder nach § 26 BDSG**, weil die Videoaufnahmen Marketingzwecken und nicht der Beschäftigungszwecken dienen, **noch über berechtigte Interessen** zu rechtfertigen, da der massive Eingriff in die Persönlichkeitsrechte der Beschäftigten (laufende Videoaufnahmen) und der dauernde Überwachungsdruck durch Videoüberwachung, die Marketingzwecke eindeutig überwiegen. Schließlich ist auch **eine Einwilligung** als Grundlage auszuschließen. Unter Berücksichtigung der grundsätzlich bestehenden **Abhängigkeit** beschäftigter Personen vom Beschäftigungsverhältnis sowie der **Umstände** der Erteilung der Einwilligung (§ 26 Abs. 2 S. 1 BDSG), ist Freiwilligkeit insbesondere dann zu bejahen, »wenn für die beschäftigte Person ein rechtlicher oder wirtschaftlicher Vorteil erreicht wird oder Arbeitgeber und beschäftigte Personen gleichgelagerte Interessen verfolgen« (§ 26 Abs. 2 S. 2 BDSG). Die Beschäftigten haben aber durch ihre Videoüberwachung keinen rechtlichen oder wirtschaftlichen Vorteil und verfolgen hiermit auch kein eigenes oder gemeinsames Interesse mit dem Träger.[30]

Eingangsfall Lösung: Bei der Abbildung der Emma auf dem Werbeplakat des städtischen Kinderheims handelt es sich um kein Bildnis aus dem Bereich der Zeitgeschichte (§ 22 Abs. 1 Nr. 1 KUG). Soweit keine Einwilligung der sorgeberechtigten Personen vorliegt, ist die Veröffentlichung unzulässig.

---

30 Zu den Kriterien siehe die Checkliste in Abschnitt 9.6.

11 Hinweise zu Lieferanten- und Dienstleisterdaten

Kindertageseinrichtungen arbeiten regelmäßig mit zahlreichen Lieferanten und Dienstleistern zusammen: Caterer für das Mittagessen, Putzfirmen, Gartenbauunternehmen, Lieferanten für Lebensmittel, von Spielmaterial und Kinderbüchern, ... In der Zusammenarbeit mit Lieferanten und Dienstleistern verarbeiten Kindertageseinrichtungen, auch wenn der Vertragsabschluss und die Bezahlung durch den Träger erfolgt, in erheblichem Maße psbD von der Angebotseinholung, Terminverwaltung, Betreuung der Vertragsabwicklung, Reklamation, bei kleinen Wareneinkäufen oft auch die Bezahlung aus einer Barkasse. Die Lieferanten und Dienstleister müssen nach Art. 13 DSGVO über die Verarbeitung ihrer Daten zutreffend informiert werden.

> **Muster: Datenschutz für Lieferanten und Dienstleister**[1]
>
> (Stand Datum: ....)
>
> Informationen gemäß Art. 13 DSGVO für Lieferanten
>
> Hiermit informieren wir Sie als Lieferant/Dienstleister über die Verarbeitung Ihrer personenbezogenen Daten durch [Träger einsetzen] .... und die Ihnen nach dem Datenschutzrecht zustehenden Rechte. Wir verarbeiten Ihre personenbezogenen Daten ausschließlich im Rahmen der gesetzlichen Bestimmungen. Das umfasst folgende Kategorien personenbezogener Daten: Lieferanten-/Dienstleisterstammdaten (Kreditor) und Ansprechpartner und deren Kommunikationsdaten (z.B. Vertriebsbeauftragten).
>
> Da die Übergabe einer Geschäftskarte regelmäßig durch den Inhaber oder einen Vertriebsbeauftragten erfolgt, damit wir mit ihm Kontakt aufnehmen, ist er damit informiert, dass wir die Karte auch verwenden und die Kontaktdaten etwa in unserem Adressverzeichnis erfassen. Sofern uns eine Geschäftskarte übergeben wird, verarbeiten wir die Daten daher i.S.d. Art 6 Abs. 1 lit. a DSGVO. Wir verwenden die Daten einer Geschäftskarte nicht für andere Zwecke, wie beispielsweise die Durchführung einer Bonitätsprüfung.
>
> Verantwortlicher und Datenschutzbeauftragter
>
> Verantwortlicher für die Verarbeitung Ihrer personenbezogenen Daten ist die
>
> [Ihren Träger und Datenschutzbeauftragten angeben]

---

[1] Dem Muster liegt die Datenschutzerklärung der BÄKO: https://www.baeko.de/datenschutz-rechtliche-hinweise/fuer-lieferanten/zugrunde.

1. Zweck der Verarbeitung personenbezogener Daten

Wir verarbeiten Ihre Daten ausschließlich dann, wenn die Verarbeitung gesetzlich erlaubt oder wenn wir Ihre Einwilligung zur Datenverarbeitung erhalten haben.

Die Erhebung dieser Daten erfolgt:
- um Sie als unseren Lieferanten/Dienstleister identifizieren zu können,
- um das Vertragsverhältnis durchführen,
- zur Korrespondenz mit Ihnen,
- zur Abwicklung von evtl. vorliegenden Haftungsansprüchen sowie der Geltendmachung etwaiger Ansprüche gegen Sie.

Sofern Sie uns als Lieferant/Dienstleister Daten von Ihren Mitarbeitern übermitteln, sind diese entsprechend durch Sie über unsere Informationspflichten zu informieren.

2. Rechtsgrundlagen der Verarbeitung

2.1. Datenverarbeitung zum Zweck der Erfüllung des Vertrages oder zur Durchführung vorvertraglicher Maßnahmen (Art. 6 Abs. 1 b DSGVO)

Die Verarbeitung Ihrer personenbezogenen Daten erfolgt vor allem zu Zwecken der angemessenen Durchführung des Vertragsverhältnisses.

2.2. Datenverarbeitung aufgrund Ihrer Einwilligung (Art. 6 Abs. 1 a DSGVO)

Soweit wir von Ihnen eine Einwilligung zur Verarbeitung von personenbezogenen Daten für bestimmte Zwecke (z.B. Angebotsabgabe) eingeholt haben, ist die Verarbeitung auf dieser Basis rechtmäßig. Eine erteilte Einwilligung kann jederzeit widerrufen werden. Das gilt auch für den Widerruf von Einwilligungserklärungen, die Sie uns vor der Geltung der DSGVO am 25. Mai 2018 erteilt haben. Der Widerruf der Einwilligung erfolgt für die Zukunft und berührt nicht die Rechtmäßigkeit der bis zum Widerruf verarbeiteten Daten.

2.3. Datenverarbeitung aus berechtigtem Interesse (Art. 6 Abs. 1 f DSGVO)

Wir verarbeiten Ihre Daten in zulässiger Weise zur Wahrung unserer berechtigten Interessen. Das umfasst die Nutzung Ihrer personenbezogenen Daten auch, um:
- rechtliche Ansprüche geltend zu machen und zur Verteidigung bei rechtlichen Streitigkeiten,
- Straftaten aufzuklären oder zu verhindern.

Sollten wir Ihre personenbezogenen Daten für einen zuvor nicht genannten Zweck verarbeiten wollen, werden wir Sie im Rahmen der gesetzlichen Bestimmungen darüber zuvor informieren.

3. Kategorien von Empfänger/Weitergabe personenbezogener Daten/Drittland

An Dritte werden Daten nur dann und nur in dem Umfang, in dem dies erforderlich ist, übermittelt, wenn hierfür eine Rechtsgrundlage besteht. Es finden Übermittlungen an folgende Empfänger statt:
- Ämter und Behörden, insbesondere Finanz- und Sozialversicherungsbehörden
- Steuerberater und Wirtschaftsprüfer
- Rechtsanwälte
- Druckdienstleister
- Dritte, sofern wir zu einer Auskunft gesetzlich verpflichtet sind

Findet eine Übermittlung Ihrer personenbezogenen Daten an einen Dienstleister außerhalb des Europäischen Wirtschaftsraums (EWR) statt, so übermitteln wir die Daten nur, wenn die Europäische Kommission für dieses Drittland ein angemessenes Datenschutzniveau bestätigt hat oder andere angemessene Datenschutzgarantien (z.B. EU-Standardvertragsklauseln) vorgehalten werden. Unter den oben genannten Kontaktdaten können Sie detaillierte Informationen dazu anfordern.

4. Dauer der Speicherung bzw. Löschung personenbezogener Daten

Ihre personenbezogenen Daten werden gelöscht, wenn sie für die Erfüllung des unter 1. genannten Zwecks nicht mehr erforderlich sind. Bei Beendigung der Vertragsanbahnung, bzw. des darauffolgenden Vertragsverhältnisses werden Ihre personenbezogenen Daten für die Dauer gespeichert, für die uns eine gesetzliche Aufbewahrungsfrist trifft. Gesetzliche Aufbewahrungspflichten von bis zu 10 Jahren ergeben sich z.B. aus dem Handelsgesetzbuch, der Abgabenordnung, dem Geldwäschegesetz.

Das bedeutet, dass wir spätestens nach Ablauf der gesetzlichen Aufbewahrungspflichten Ihre personenbezogenen Daten löschen.

5. Widerspruchsrecht

Sofern wir eine Verarbeitung von Daten zur Wahrung unserer berechtigten Interessen (siehe Datenverarbeitung aus berechtigtem Interesse) vornehmen, haben Sie aus Gründen, die sich aus Ihrer besonderen Situation ergeben, jederzeit das Recht, gegen diese Verarbeitung Widerspruch einzulegen. Das umfasst auch das Recht, Widerspruch gegen die Verarbeitung zu Werbezwecken einzulegen.

6. Widerrufsrecht

Eine erteilte Einwilligung kann jederzeit widerrufen werden (siehe oben unter 2.2).

7. Betroffenenrechte/Ihre Rechte

[siehe z.B. Muster in Abschnitt 9.7]

8. Datenquellen (gem. Art 14 DSGVO)

Wir verarbeiten personenbezogene Daten, die wir im Rahmen unserer Geschäftsbeziehung von unseren Lieferanten/Dienstleistern erhalten. Wir verarbeiten auch personenbezogene Daten, die wir aus öffentlich zugänglichen Quellen z.B. Handels- und Vereinsregistern, der Presse und dem Internet zulässigerweise gewinnen dürfen.

9. Änderungsklausel

Da unsere Datenverarbeitung Änderungen unterliegt, werden wir auch unsere Datenschutzinformationen von Zeit zu Zeit anpassen.

12 Datensicherheit

12.1 Bedeutung

Wie wichtig Datensicherheit ist, fällt oft erst auf, wenn es etwa zu Datenverlust oder unbefugtem Zugriff kommt und dadurch Schäden entstehen. Kritische Sicherheitsvorfälle wie z.B. der Diebstahl eines Einrichtungslaptops, der Verlust eines Sticks mit sensiblen Elterndaten, die Versendung von Unterlagen an eine falsche E-Mail-Adresse oder das sich Einfangen eines Trojaners sind mittlerweile auch in den Kitaalltag eingezogen. Datensicherheit bei der Verarbeitung von personenbezogenen Daten beginnt nach der DSGVO daher bei Schutzmaßnahmen gegen unbefugte Zugriffe von außen, hat aber auch die Risiken im Auge, die bei der an sich legalen Verarbeitung von Daten in der Einrichtung entstehen.

12.2 Ziele der und Zuständigkeit für die Datensicherheit

Die DSGVO legt auf die Sicherheit der Verarbeitung von personenbezogenen Daten großen Wert. **Art. 5 Abs. 1 lit. f DSGVO** formuliert den **allgemeinen Grundsatz**, dass personenbezogene Daten »*in einer Weise verarbeitet werden [sollen], die eine angemessene Sicherheit der personenbezogenen Daten gewährleistet.*« Hierzu zählt er namentlich den »*Schutz vor*

- *unbefugter oder unrechtmäßiger Verarbeitung und vor*
- *unbeabsichtigtem Verlust, unbeabsichtigter Zerstörung oder unbeabsichtigter Schädigung*

durch geeignete technische und organisatorische Maßnahmen.« Es handelt sich um die »**klassischen**« **Schutzziele der Informationssicherheit**. »Systeme und Dienste« sollen bei der Verarbeitung personenbezogener Daten so eingesetzt werden, dass die Vertraulichkeit, Integrität, Verfügbarkeit und Belastbarkeit ermöglicht werden (Art. 32 Abs. 1 lit. b DSGVO).

Vertraulichkeit: Personenbezogene Daten sollen vor unbefugter oder unbeabsichtigter Offenlegung geschützt werden. Dies gilt in Bezug auf unberechtigten externen wie internen Zugriff (z.B. Cyberkriminelle, Hacker, neugierige Mitarbeiter,..) sowie fahrlässige wie strukturelle Gefahren der Preisgabe (z.B. ungeschulte Mitarbeiter, mangelhafte Rollen-/Rechtekonzepte, Mängel in der Datenschutzorganisation,..).

> **Beispiel 1**
> Nach Dienstschluss arbeitet eine Erzieherin zu Hause an ihrem dienstlichen Laptop noch die Entwicklungsberichte einzelner Kinder aus, da in den nächsten Tagen die Entwicklungsgespräche mit den Eltern anstehen. Dabei bemerkt sie nicht, dass ihr Lebenspartner, der neben ihr auf dem Sofa sitzt, immer mal wieder interessiert den Inhalt ihres Bildschirms mitliest, den er fast genauso gut sehen kann wie sie selbst. Dadurch werden vertrauliche Details der Entwicklung der betroffenen Kinder offenbart. Eine Blickschutzfolie hätte dies einschränken können. Besser wäre ein anderer Sitzplatz für die Mitarbeiterin gewesen, bei dem niemanden mitlesen kann.
> Grundsätzlich sollte gelten: dass keinerlei Daten ohne Information bzw. Einwilligung der Leitung die Einrichtung verlassen dürfen und es unzulässig ist, zu Hause bzw. im

Datensicherheit

privaten Bereich, personenbezogene Daten, Berichte, Fotos, usw. der Kita bzw. der Kinder aufzubewahren.

Beispiel 2
Ein in Computerfragen versierter Vater bietet sich an, ihren Computer, der Probleme bereitet, mal gründlich durchzuchecken. Er brauche dafür den Administrationszugang. Administrationsbefugnisse dürfen nie Eltern eingeräumt werden, denn der Administrator hat automatisch den Zugriff auf alle dort gespeicherten Dateien. Administrationsaufgaben sind von hierfür befugten Mitarbeitern des Trägers oder der Einrichtung zu erledigen.

Integrität: Personenbezogene Daten sind vollständig und richtig bereitzustellen. Unzulässige Änderungen an den Daten sollen erkenn- und nachvollziehbar sein, sowie Verfahren zur Berichtigung vorgehalten werden.

Beispiel 3
Der neue Praktikant einer Kita sitzt für seine Tätigkeit, das Formulieren eines Einladungsschreibens für den Elternabend, an dem PC der Einrichtungsleitung mit Vollzugriff auf alle Einrichtungsdaten. Aus Neugierde öffnet er verschiedene Dateien, die an sich nichts mit seiner Beschäftigung zu tun haben. Interessiert liest er die Beschäftigungsumfänge und Einsatzpläne der Mitarbeiter durch. Da er sich nicht so gut mit dem System auskennt, verändert er aus Versehen ein paar Mitarbeiterdaten und speichert die Veränderungen auch noch ab.

Ein geeignetes Rechte-Rollenkonzept hätte dies verhindern können, da einem Praktikanten kein Zugriff auf Mitarbeiterdaten ermöglicht werden darf.

Verfügbarkeit: Personenbezogene Daten müssen dann genutzt werden können, wenn sie benötigt werden. Dies impliziert auch, dass sie bei Verlust oder Vernichtung z.B. durch geeignete Back-ups rasch wiederhergestellt werden können (Art. 32 Abs. 1 lit. c DSGVO).

Beispiel 4
Ein Familienzentrum benutzt ein veraltetes Betriebssystem und keinen Virenschutz. Die Einrichtungsleitung fängt sich bei ihrer Recherche im Internet, sie sucht nach Bastelanregungen und -materialien, einen Virus ein. Sie hat keinerlei Zugriff mehr auf ihren abgestürzten PC und die dort gespeicherten Einrichtungsdaten. Ein PC-Fachmann kann zwar den PC »neu aufsetzen«, aber wichtige Daten gehen verloren. Die Kosten des kurzfristig erforderlichen IT-Dienstleister sind erheblich, zudem erfordert die Rekonstruktion der verloren gegangenen Daten noch erheblichen Arbeitsaufwand. Der PC-Ausfall hätte mit einem guten Virenschutz und Aktualisierung der Betriebssoftware bzw. regelmäßige Back-ups vermieden werden können.

Belastbarkeit: Der Begriff der Belastbarkeit (»Resilienz«) beschreibt die Fähigkeit von Systemen, auch unter hoher Inanspruchnahmefrequenz ordnungsgemäß zu funktionieren.[1] Er ist für Kitas von geringerer Bedeutung.

Zuständigkeit für die Datensicherheit: Art. 24 DSGVO legt fest, dass es dem »***Verantwortlichen*** *« obliegt »geeignete technische und organisatorische Maßnahmen zu ergreifen um sicherzustellen und den Nachweis dafür erbringen zu können, dass die Verarbeitung gemäß dieser Verordnung erfolgt.«*[2]

Art. 32 DSGVO präzisiert dessen Verantwortung dahin, dass er »*unter Berücksichtigung des Stands der Technik, der Implementierungskosten und der Art, des Umfangs, der Umstände und der Zwecke der Verarbeitung sowie* **der unterschiedlichen Eintrittswahrscheinlichkeit und Schwere des Risikos für die«** betroffene Person »*geeignete technische und organisatorische Maßnahmen*« zu ergreifen hat, »*um ein dem Risiko angemessenes Schutzniveau zu gewährleisten*«.

12.3 Organisatorische Maßnahmen

Ohne organisatorische Maßnahmen der Datensicherheit kann es keinen effektiven Datenschutz geben. Den Verantwortlichen trifft hier eine **organisatorische Gewährleistungspflicht**[3], die Art. 32 Abs. 4 DSGVO so formuliert, dass der Verantwortliche[4] sicherzustellen hat, dass natürliche Personen mit einem Zugang zu personenbezogenen Daten diese **grundsätzlich nur auf Anweisung** des Verantwortlichen verarbeiten.

Das erfordert die **formelle Belehrung über und die Verpflichtung der Mitarbeiter auf das Datengeheimnis** bzw. die Einhaltung der Datenschutzvorschriften.[5] Zu belehren und zu verpflichten sind **alle** dem Verantwortlichen »*unterstellten natürlichen Personen*« (Art. 32 Abs. 4 DSGVO). Das sind alle Mitarbeiter der Kita ungeachtet der Beschäftigungsform (vollzeit, teilzeit, befristet, Leiharbeiter, Minijobber, Praktikanten, Auszubildende, FSJler, BufDis, Honorarkräfte, ehrenamtlich Tätige). Hierzu zählen auch Eltern, die in der Kita hospitieren oder sich bei der Eingewöhnung in der Kita länger aufhalten sowie Elternvertreter. Für die Belehrung und Verpflichtung reichen ein Aushang am Schwarzen Brett oder eine allgemeine Arbeitsanweisung nicht aus. Erforderlich ist eine individuelle Verpflichtung, d.h. eine vom Arbeitgeber veranlasste Information mit Bestätigung der Kenntnisnahme der Belehrung über die gesetzlichen Verpflichtungen in einer Verpflichtungserklärung.[6]

---

1   So auch Pilz, in: Gola, DSGVO, ²2018, Art. 32 Rdn. 31.
2   Art. 25 DSGVO ergänzt die Verantwortung für den Datenschutz durch Technikgestaltung und datenschutzfreundliche Voreinstellungen.
3   Begriff: Kipker, in: Krahmer, Sozialdatenschutzrecht, ⁴2020, Anh. Nach § 78 SGB X Rdn. 7.
4   Sowie der Auftragsverarbeiter.
5   So Gola, Handbuch Beschäftigtendatenschutz, ⁸2019, Rdn. 2564, dort auch zum folgenden Rdn. 2566; DSK Kurzpapier Nr. 19, Unterrichtung und Verpflichtung von Beschäftigten auf Beachtung der datenschutzrechtlichen Anforderungen nach der DS-GVO, Stand 29.05.2018, S. 1 f.
6   Vgl. Gola, Handbuch Beschäftigtendatenschutz, ⁸2019, Rdn. 2564, dort auch zum folgenden Rdn. 2573; DSK Kurzpapier Nr. 19, Unterrichtung und Verpflichtung von Beschäftigten auf Beachtung der datenschutzrechtlichen Anforderungen nach der DS-GVO, Stand 29.05.2018, S. 2.

Muster:[7] Unterrichtung und Verpflichtung von Beschäftigten auf Beachtung der datenschutzrechtlichen Anforderungen nach der DSGVO und § 35 SGB I, §§ 67 bis 85a SGB X sowie §§ 61 bis 68 SGB VIII

Frau/Herr ....

verpflichtet sich, personenbezogene Daten nicht unbefugt zu verarbeiten. Eltern und Kinder haben Anspruch darauf, dass die sie betreffenden Sozialdaten (§ 67 Abs. 2 SGB X) nicht unbefugt verarbeitet werden (Sozialgeheimnis). Die Wahrung des Sozialgeheimnisses umfasst die Verpflichtung, auch innerhalb der Einrichtung sicherzustellen, dass die Sozialdaten nur Befugten zugänglich sind oder nur an diese weitergegeben werden.

Personenbezogene Daten dürfen daher nur verarbeitet werden, wenn eine Einwilligung vorliegt oder eine gesetzliche Regelung die Verarbeitung erlaubt oder vorschreibt. Ihnen anvertraute Sozialdaten unterliegen darüber hinaus einem besonderen Vertrauensschutz nach § 65 SGB VIII.

Die Grundsätze der DSGVO für die Verarbeitung personenbezogener Daten sind zu wahren; sie sind in Art. 5 Abs. 1 DSGVO festgelegt und beinhalten im Wesentlichen folgende Verpflichtungen:

Personenbezogene Daten müssen

- auf rechtmäßige und faire Weise, und in einer für die betroffene Person nachvollziehbaren Weise verarbeitet werden (»Rechtmäßigkeit, Verarbeitung nach Treu und Glauben, Transparenz«);
- für festgelegte, eindeutige und legitime Zwecke erhoben werden und dürfen nicht in einer mit diesen Zwecken nicht zu vereinbarenden Weise weiterverarbeitet werden (»Zweckbindung«);
- dem Zweck angemessen und erheblich sowie auf das für die Zwecke der Verarbeitung notwendige Maß beschränkt sein (»Datenminimierung«);
- sachlich richtig und erforderlichenfalls auf dem neuesten Stand sein; es sind alle angemessenen Maßnahmen zu treffen, damit personenbezogene Daten, die im Hinblick auf die Zwecke ihrer Verarbeitung unrichtig sind, unverzüglich gelöscht oder berichtigt werden (»Richtigkeit«);
- in einer Form gespeichert werden, die die Identifizierung der betroffenen Personen nur so lange ermöglicht, wie es für die Zwecke, für die sie verarbeitet werden, erforderlich ist (»Speicherbegrenzung«);
- in einer Weise verarbeitet werden, die eine angemessene Sicherheit der personenbezogenen Daten gewährleistet, einschließlich Schutz vor unbefugter oder unrechtmäßiger Verarbeitung und vor unbeabsichtigtem Verlust, unbeabsichtigter Zerstörung oder unbeabsichtigter Schädigung durch geeignete technische und organisatorische Maßnahmen (»Integrität und Vertraulichkeit«).

Personenbezogene Daten dürfen daher nur nach Weisung des Verantwortlichen verarbeitet werden. Neben Einzelweisungen der Vorgesetzten gelten als Weisung: Prozessbeschreibungen, Ablaufpläne, Betriebsvereinbarungen, allgemeine Dienstanweisungen sowie betriebliche Dokumentationen und Handbücher.

---

7 In Abwandlung des Musters im DSK Kurzpapier Nr. 19, Unterrichtung und Verpflichtung von Beschäftigten auf Beachtung der datenschutzrechtlichen Anforderungen nach der DS-GVO, Stand 29.05.2018, 4 f.

> Verstöße gegen diese Verpflichtung können mit Geldbuße und/oder Freiheitsstrafe geahndet werden. Ein Verstoß kann zugleich eine Verletzung von arbeitsvertraglichen Pflichten oder spezieller Geheimhaltungspflichten darstellen. Auch (zivilrechtliche) Schadensersatzansprüche können sich aus schuldhaften Verstößen gegen diese Verpflichtung ergeben. Ihre sich aus dem Arbeits- bzw. Dienstvertrag oder gesonderten Vereinbarungen ergebende Vertraulichkeitsverpflichtung wird durch diese Erklärung nicht berührt.
> Die Verpflichtung gilt auch nach Beendigung der Tätigkeit weiter.
> Ich bestätige diese Verpflichtung. Ein Exemplar der Verpflichtung habe ich erhalten.
>
> _____
> Ort, Datum
>
> _____   _____
> Unterschrift des Verpflichteten   Unterschrift des Verantwortlichen
>
> Es empfiehlt sich, auf der Rückseite die genannten Vorschriften des Sozialgesetzbuches abzudrucken.

Sicherzustellen, dass natürliche Personen personenbezogene Daten grundsätzlich nur auf Anweisung des Verantwortlichen verarbeiten, verlangt zudem, dass **die internen Abläufe im Betrieb** so organisiert sein müssen, dass es dort im »normalen« Arbeitsalltag nicht zu Sicherheitsverletzungen kommt. Das erfordert insbesondere Festlegungen dazu, wer auf welche Daten für welchen Zweck in den jeweiligen Systemen zugreifen darf. Ein **gutes Rechte-Rollenkonzept** nach dem Motto, Mitarbeitern jeweils nur die erforderlichen Rechte zu erteilen, ist deshalb ein zentraler Baustein eines guten Sicherheitskonzepts. Hierbei sind die Administratorenbefugnisse besonders streng zu reglementieren.

> **Beispiel 5**
> Es ist in Kindertageseinrichtungen inakzeptabel, wenn ein Bufdi oder Praktikant Zugriff auf Daten des Laptops der Gruppenleitung erhält, auf dem die Daten der Bildungsdokumentationen gespeichert sind.

Operativ hat der Verantwortliche dies durch klar definierte Zuständigkeiten, festgelegte Dienstanweisungen, Passwortrichtlinien für Arbeitsplatz-PCs, Schulungen und Kontrollmaßnahmen (inkl. einem Dokumentenmanagement) umzusetzen. Hierbei muss der verantwortliche Träger deutlich machen, dass er Datensicherheit ernst nimmt und unterstützt. Das bedeutet auch die Bereitstellung eines Budgets, um geeignete Soft- und Hardwares beschaffen und einsetzen zu können (z.B. Firewall, Antivirensoftware, Updates und Anpassungen der IT-Infrastruktur).

> **Beispiel 6**
> Eine Kindertagesstätte setzt nach wie vor Windows XP auf allen ihren PCs ein, die auch Internetzugang haben. Es existieren zahlreiche Sicherheitslücken bei diesem

Datensicherheit

> Betriebssystem, die vom Hersteller nicht mehr geschlossen werden. Datensicherheit gebietet hier ein Budget zur Verfügung zu stellen, um auf neue geeignete Betriebssysteme umzustellen, die noch in absehbarer Zeit vom Hersteller unterstützt und mit Updates versorgt werden.

Ziel dieser Maßnahmen muss sein, die Mitarbeiter dahin fachlich zu befähigen, sicher mit den anvertrauten personenbezogenen Daten umzugehen.

Die zum Zweck der Datensicherheit ergriffenen organisatorischen Maßnahmen sind regelmäßig zu überprüfen und anzupassen, insbesondere wenn sich die Rahmenbedingungen, die Organisation der Datenverarbeitung oder die genutzte technische Ausstattung verändern.

> **Beispiel 7**
> Bei ausscheidenden Kitamitarbeitern ist zu gewährleisten, dass der Zugriff auf Daten vollständig entzogen wird. Es darf nicht sein, dass ehemalige Mitarbeiter z.B. Daten auf Sticks oder privaten Festplatten zurückhalten.

12.4 Risiken bestimmen und begegnen

Das vom Verantwortlichen durch geeignete technische wie organisatorische Maßnahmen herzustellende **Schutzniveau** hängt nach Art. 32 Abs. 1 DSGVO vom Stand der Technik, den Implementierungskosten und der Art, des Umfangs, der Umstände und der Zwecke der Verarbeitung sowie der unterschiedlichen Eintrittswahrscheinlichkeit und Schwere des Risikos für die Rechte und Freiheiten natürlicher Personen ab.

Risikobeurteilung im Datenschutz zielt auf die Einschätzung des Risikos einer Beeinträchtigung natürlicher Personen durch die Verarbeitung ihrer Daten (d.h. in einer Kita der Kinder, Eltern, Mitarbeiter, Lieferanten). Nicht relevant ist das wirtschaftliche und Reputationsrisiko für die Einrichtung selbst, das natürlich mittelbar mit geschützt wird.

Hierfür ist es im **1. Schritt** erforderlich, dass man die eigenen Geschäftsprozesse aufnimmt. Niemand kennt den eigenen Betrieb besser als die Leitung und die Mitarbeiter des Unternehmens. Sie können meist sehr schnell **feststellen, wo, welche personenbezogenen Daten wie verarbeitet werden**, z.B.: Welche Daten verarbeiten wir von unseren Kindern oder Eltern? Wo befinden sich unsere Daten der Kinder bzw. die der Mitarbeiter? Wie verarbeiten wir die Daten?

Hier empfiehlt es sich auch, in einer **Liste den Bestand an Datenträgern** zu erheben, die jeweilige Verantwortlichkeit festzulegen und sich diese durch Unterschrift bestätigen zu lassen. Die Erfahrung zeigt, dass meist keine Vorstellung besteht, wie viele Datenträger in der Kita existieren.

Musterliste: aktueller Bestand an Datenträgern

Jeder Datenträger ist einzeln aufzuführen und muss gekennzeichnet sein!

Datenträger der Einrichtung	Verantwortlich für sichere Verwahrung, Nutzung und Löschung (Name + Unterschrift)	Anmerkungen
Personal Computer		
Laptop		
Externe Festplatten		
USB Speicher-Sticks		
Kamera mit Speicherkarte		
Kita-Handy mit Speicherkarte		
CD/DVD mit KiTa Daten		
Diskette		
Speicherkarte		
Bildungsdokumentationen		
Portfolios		
….		

Wenn die eigenen Verarbeitungstätigkeiten bekannt sind, fällt es meist nicht schwer, im **2. Schritt** die **Risikoquellen zu erkennen**. Das können unterschiedliche Akteure sein:
- eigene Mitarbeiter
- Eltern
- Küchenkräfte, Putzfrauen
- sonstige Dienstleister
- Soft- und Hardwarefehler …

welche die Sicherheit der Verarbeitung, unbeabsichtigt, unrechtmäßig oder unbefugt auf unterschiedlichen Ebenen gefährden:[8]
- Nutzer
  – erlaubt Unbefugten auf Daten zuzugreifen
  – verarbeitet unbefugt Daten oder installiert unbefugt Software/Apps
  – beseitigt oder unterläuft Schutzmaßnahmen

---

[8] Siehe Bundesamt für Sicherheit in der Informationstechnik (BSI)-Grundschutzkompendium 2020, Übersicht S. 1.

Datensicherheit

- System
  - Angreifer können sich Zugriff auf Einrichtungs-PCs, Laptops, Sticks, ... verschaffen
- Apps
  - installierte Apps übermitteln Informationen an Dritte bzw. erlauben deren Zugriff
- Netzwerk
  - Unberechtigte Zugriffe Dritter über WLAN oder Mobilfunkverbindungen
  - Kennwörter (Authentifizierungsdaten) werden über das Netzwerk abgegriffen
- Web
  - Schäden durch Phishing E-Mails oder Trojaner auf infizierten Webseiten ...

Der Betroffene kann durch die Verarbeitung seiner psbD einen **physischen, materiellen oder immateriellen Schaden** erleiden, von der Rufschädigung bzw. Diskriminierung, über den Verlust der Vertraulichkeit oder Kontrolle über seine Daten, der unbefugten Verarbeitung sensibler Daten oder der von Kindern, der unzulässigen Bewertung persönlicher Aspekte oder Verarbeitung großer Mengen psbD zu seiner Person bis hin zu finanziellen Verlusten oder anderen wirtschaftlichen Nachteilen (EG 146 S. 3, 85 S. 1, 75).

Im **3. Schritt** sind die Risiken **nach ihrer Eintrittswahrscheinlichkeit und der Schwere des möglichen Schadens** (EG 75) zu bestimmen. Dadurch werden leicht »Brennpunkte« ersichtlich, die direkten Handlungsbedarf erfordern.

Bei der Bestimmung der **Schwere eines möglichen Schadens** ist es hilfreich folgende vier Abstufungen (geringfügig, überschaubar, substanziell und groß) des Schutzstufenkonzepts der LfD Niedersachsen[9] zu nutzen:

Schutzstufe	Personenbezogene Daten ...	Zum Beispiel	Schwere eines möglichen Schadens
A	die von den Betroffenen **frei zugänglich** gemacht wurden.	Telefonverzeichnis, Wahlvorschlagsverzeichnisse, eigene freizugänglich gemachte Webseite; frei zugängliche soziale Medien	geringfügig
B	deren unsachgemäße Handhabung zwar **keine besondere Beeinträchtigung** erwarten lässt, die aber von den Betroffenen **nicht frei zugänglich** gemacht wurden.	beschränkt zugängliche öffentliche Dateien, Verteiler für Unterlagen, Grundbucheinsicht; nicht frei zugängliche soziale Medien	
C	deren unsachgemäße Handhabung den Betroffenen in **seiner gesellschaftlichen Stellung oder in seinen wirtschaftlichen Verhältnissen** beeinträchtigen könnte (»Ansehen«).	Einkommen, Grundsteuer, Ordnungswidrigkeiten	überschaubar

---

[9] file:///C:/Users/49179/AppData/Local/Temp/Schutzstufenkonzept_20101025_NI.pdf

Schutzstufe	Personenbezogene Daten ...	Zum Beispiel	Schwere eines möglichen Schadens
D	deren unsachgemäße Handhabung den Betroffenen **in seiner gesellschaftlichen Stellung oder in seinen wirtschaftlichen Verhältnissen** erheblich beeinträchtigen könnte (»Existenz«).	dienstliche Beurteilungen, Arbeitszeugnisse, Gesundheitsdaten, Schulden, Pfändungen, Sozialdaten, Daten besonderer Kategorien nach Art. 9 DSGVO, Anstaltsunterbringung, Straffälligkeit,	substanziell
E	deren unsachgemäße Handhabung **Gesundheit, Leben oder Freiheit** des Betroffenen beeinträchtigen könnte.	Daten über Personen, die mögliche Opfer einer strafbaren Handlung sein können, Zeugenschutzprogramm	groß

Daten der Kategorie E sind für Kitas nicht von Bedeutung, sodass nur die Kategorien A–D eine Rolle spielen.

Beispiele

In die **Kategorie A** fallen alle nicht besonders schützenswerten Daten, die jedoch Kitaintern bleiben sollen. Sie sind kitaintern frei zugänglich, ohne dass beispielsweise Eltern, die Einsicht nehmen wollen, ein berechtigtes Interesse belegen müssen. Hierzu gehören z.B.:
- Bestelllisten aller Art, in die die Eltern sich freiwillig eintragen, etwa für Fotos, Mittagessen oder Bastelmaterial.
- Sog. Wickeltagebücher (Windelwechsel, Verdauung), die den betroffenen Eltern der jeweiligen Gruppe zugänglich sind.
- Unterschriftenlisten, mit denen die Eltern ihre Bereitschaft bekunden, z.B. dass ihr Kind am Ausflug teilnimmt, dass sie etwas zum gemeinsamen Frühstück beisteuern oder dass sie beim Basar mithelfen.
- Mitgliedsverzeichnisse, z.B. des Kitavorstands (bei Elternvereinen) oder des Elternbeirats, die in der Kindertageseinrichtung aushängen und den Eltern die einzelnen Mitglieder kenntlich machen.

Solche nicht besonders schutzwürdigen Daten können Sie auch in einem kitaintern zugänglichen Ordner alphabetisch geordnet sammeln.

In die **Kategorie B** fallen Daten, zu deren Erhebung und Weitergabe Sie typischerweise eine Rechtsgrundlage oder ein Einverständnis der Eltern oder der Mitarbeiter brauchen, da sie von den Betroffenen nicht frei zugänglich gemacht wurden. Hierzu gehören z.B.:
- Persönliche Daten von Kindern, Eltern oder Personal
- Portfolio
- Kontaktdaten: Adresse, Telefonnummer
- Informationen zum Familienstand

- Aussagen über berufliche Tätigkeit
- Konfession
- ...

Beachten Sie, dass bereits die Bitte einer Mutter um die Telefonnummer eines Kindes, das sie zum Geburtstag ihres Kindes einladen möchte, in die Kategorie B. fällt. Sie dürfen die erbetene Telefonnummer nur mit dem ausdrücklichen Einverständnis der Eltern des Kindes weiterreichen.

Kategorien C und D umfassen besonders schützenswerte Daten ihrer Kindertageseinrichtung. Daten dieser Kategorien sind besonders schutzwürdig, weil unbefugte Einsicht durch Dritte dazu führen kann, dass das Ansehen und die gesellschaftliche Stellung der Personen beeinträchtigt (Kategorie C) oder gar deren (wirtschaftliche) Existenz erheblich beeinträchtigt werden könnte (Kategorie D). Hierzu gehören z.B.:

- Auskünfte über Einkommen (Kategorie C)
- Daten von Sozialleistungen (Kategorie D)
- Aussagen über Gesundheitszustand und Allergien (Kategorie D)
- Bankverbindung (Kategorie C)
- Auskünfte über Familienmitglieder, beispielsweise Vorstrafen des Vaters oder im Heim lebende Kinder der Mutter (Kategorie D)
- Informationen über innerfamiliäre Verhältnisse, wie z.B. Scheidungsverfahren, Sorgerechtsstreitigkeiten (Kategorie C)
- Interna über personelle Angelegenheiten in der Kindertageseinrichtung, etwa Abmahnungen oder Kündigungen von Mitarbeitern (Kategorie D)
- Dokumente von Mitarbeitergesprächen (Kategorie C)
- Aufzeichnungen, Dokumente oder Protokolle über kindliche Entwicklungsverläufe, sowie Besonderheiten (Kategorie D).

Halten Sie alle Unterlagen, die in die Kategorien C und D fallen, **stets** in Ihrer Kindertageseinrichtung **unter Verschluss**. Sowohl Daten von Mitarbeitern (Urlaubsplanungen, Arbeitszeiten, ...) als auch Kinder- und Elternakten müssen Sie in einem abgeschlossenen Schrank verwahren, zu dem nur Sie Zugang haben. Kennzeichnen Sie solche Ordner beispielsweise mit einem roten Ordnerrücken. Schützen Sie diese Daten, die Sie im PC der Kindertageseinrichtung verwalten, durch ein persönliches Kennwort, das nur einer Ihrer Mitarbeiter kennt (stellvertretende Leitung). Teilen Sie die Daten, die in Ihrer Kindertageseinrichtung anfallen, in die vier Schutzkategorien ein. So wissen Sie jederzeit, wie wichtig der Schutz dieser Daten und Unterlagen ist. Damit unterläuft Ihnen kein Fehler beim Datenschutz

Um das Risiko der Beeinträchtigung der Rechte und Freiheiten natürlicher Personen zu bestimmen, ist die nach den vier Schadensstufen vorgenommene Klassifizierung der Schwere möglicher Schäden **mit entsprechenden Eintrittswahrscheinlichkeiten zu bewerten.**

Sodann ist den analysierten Risiken vom Verantwortlichen mit geeigneten technischen und organisatorischen Maßnahmen zu begegnen, um das erforderliche Schutzniveau (Art. 32 Abs. 1 DSGVO) zu erreichen. Die dort relativierend genannten Implementierungskosten spielen in Kitas i.d.R. keine nennenswerte Rolle, da es hier um finanziell überschaubare Maßnahmen geht.

12.5 Einfache und effektive technisch-organisatorische Datensicherheitsmaßnahmen in Kindertageseinrichtungen (Art. 30 Abs. 1 lit. g DSGVO)

Pseudonymisierung und Verschlüsselung personenbezogener Daten (Art. 32 Abs. 1 lit a DSGVO)

Maßnahmen zur **Anonymisierung oder Pseudonymisierung** kommen in Kitas in Betracht, wenn im Fall des Bekanntwerdens gewichtiger Anhaltspunkte einer Kindeswohlgefährdung die Kitafachkräfte für eine Gefährdungseinschätzung eines von ihnen betreuten Kindes eine insoweit erfahrene Fachkraft beratend hinzuziehen (§ 8a Abs. 4 Ziffer 2 SGB VIII). Nach § 64 Abs. 2a SGB VIII, sind dann »*vor einer Übermittlung an eine Fachkraft, die nicht dem Verantwortlichen angehört, […] die Sozialdaten zu anonymisieren oder zu pseudonymisieren, soweit die Aufgabenerfüllung dies zulässt.*«

Gewährleistung der Vertraulichkeit der Systeme und Dienste (Art. 32 Abs. 1 lit b DSGVO)

Unter Vertraulichkeit versteht man, dass Daten nur von den Personen verändert oder eingesehen werden dürfen, die dazu auch berechtigt sind.

1. Zutrittskontrolle

Kindertageseinrichtungen müssen ausreichende Schutzmaßnahmen für ihre **eigenen Räume** (Gruppenräume, Büro etc.) ergreifen, **sodass Unbefugten der Zutritt und damit der Zugriff auf personenbezogene Daten physikalisch erschwert wird**. Außerhalb der Öffnungszeiten sind solche Räume meist ohne großen Aufwand ausreichend abzusichern. Dabei ist darauf zu achten, dass typischerweise nach den Öffnungszeiten die Putzkräfte in der Einrichtung arbeiten. Auch ihnen darf kein Zugriff auf psbD ermöglicht werden. Falls die zentrale Eingangstür und die Bürotür der Einrichtungsleitung den Sicherheitsanforderungen entsprechen, reicht es oft aus, alle Türen abzusperren. Im Erdgeschoss sollten Fenster nicht mit geringem Aufwand von außen geöffnet werden können.

Viele Einrichtungen unterschätzen das Risiko während der Öffnungszeiten: Oft sind wichtige Türen unverschlossen, um den Arbeitsalltag nicht zu erschweren. Unbefugte können sich dann relativ leicht Zutritt verschaffen, z.B. weil sie unbemerkt bleiben oder allein den Büroraum der Einrichtungsleitung betreten können. Eltern oder Lieferanten, die »sich nur umsehen«, können so Einblick in vertrauliche Daten erhalten. Schließen Sie daher beim Verlassen des Büros ab oder die Unterlagen weg. Schließen sie offene Dateien am PC oder Laptop, sodass Besucher oder unbefugte Mitarbeiter keinen Einblick erhalten. Lassen sie fremde Personen sich nicht unbeaufsichtigt an ihrem Arbeitsplatz aufhalten.

2. Zugangskontrolle

Die Zugangskontrolle soll verhindern, dass Unbefugte Zugang zu Datenverarbeitungsanlagen erhalten, mit denen die Verarbeitung durchgeführt wird. Zum Beispiel:

Datensicherheit

a) **Abschließbare Schränke** zur Verwahrung der o.g. Dokumente der Schutzklassen B-E, d.h. insbesondere der Bildungsdokumentationen, Attesten von Kindern und Mitarbeiterdaten.
b) **Sichere Kennwörter** für alle Datenträger; Sperrung im Fall des Abhandenkommens von Laptops oder Tablets.
c) Sorgfältige **Auswahl des Reinigungs- und Küchenpersonals**, das sich in der Kita weithin frei und unkontrolliert bewegen kann.

3. Datenträgerkontrolle (auch »Zugriffskontrolle«)

Die Datenträgerkontrolle soll verhindern, dass Unbefugte Datenträger lesen, kopieren, verändern oder löschen können. Zum Beispiel:

a) **Grundsätzlich:** sollte die Leitung durch eine interne Dienstanweisung sicherstellen, dass nur die Personen auf die Unterlagen mit psbD zugreifen können, die sie für ihre Arbeit benötigen. **Bildungsdokumentationen und Gesprächsprotokolle von Entwicklungsgesprächen** mit Eltern sollen abgesehen von der Leitung und ihrer Stellvertretung nur von den pädagogischen Mitarbeitern eingesehen werden können, die die Beratungsgespräche führen.
b) **Portfolios:** Einerseits sollen zwar datenschutzrechtlich Unbefugten nicht offen zugänglich sein. Andererseits ist es die Idee des Portfolios, dass die Kinder jederzeit Zugriff auf ihr Portfolio haben, es bearbeiten und ergänzen sowie es ihren Spielkameraden und ihren Eltern zeigen können.

> Deshalb sollten Sie Portfolios wie folgt handhaben:[10]
> - Den Kindern wird erklärt, dass sie ihr eigenes Portfolio jederzeit rausnehmen und bearbeiten dürfen, aber die der anderen Kinder nur mit deren Zustimmung genommen und betrachtete werden dürfen.
> - Eltern dürfen nur das Portfolio ihres Kindes einsehen und nicht die der anderen Kinder.
> - Portfolios enthalten nur Arbeiten des betreffenden Kindes und keine Bildungsbeobachtungen.
> - Fotos der Kinder für deren Portfolios erfordern die Einwilligung der Eltern.

c) **Sichere Aufbewahrung** von Datenträgern: Bestandteil der obigen »Liste aktueller Bestand Datenträger« ist es auch, einen Verantwortlichen für die sichere Verwahrung des jeweiligen Datenträgers zu benennen. Mobile Datenträger sind bei Beendigung der Arbeit sicher wegzuschließen.
Insbesondere ist auch sicherzustellen, dass **hospitierende Eltern oder Eltern während der Eingewöhnung** keinen Zugriff auf Kitaunterlagen, egal welcher Schutzstufen Kategorie erhalten.
d) **Verschlüsselung** aller (mobilen) Datenträgern: **»Verschlüsselung«** ist eine Maßnahme, die auch in Art. 32 Abs. 1 lit. a DSGVO ausdrücklich genannt wird. Nachfolgende Möglichkeiten lassen sich in der Praxis ohne großen Aufwand umzusetzen und entfalten doch eine sehr große Wirkung:

---

10 Ähnlich, Barth, Datenschutz in der Kita, 2018, S. 55.

Der Inhalt einzelner Dateien kann auf ihrem **Laptop oder PC** verschlüsselt werden.[11] Seit Office 2013 und 2010 können Word-Dateien mit einem Passwort verschlüsselt werden. Anleitungen finden sie im Internet. Eine Maßnahme mit geringem Aufwand ist auch die Zip-Verschlüsselung, bspw. mit AES-256. Gleiches empfiehlt sich bei der Verwendung von **Cloud-Diensten**, sodass niemand beim Cloud-Anbieter Zugriff auf die Daten nehmen kann.

In der Kita sollten grundsätzlich **nur einrichtungseigene** und keinesfalls mitarbeitereigene **Fotoapparate, PCs oder mobile Geräte**, seien es Smartphones, Tablets oder klassische Notebooks, eingesetzt werden. Unerlässlich ist es, Systeme, auf denen sensible personenbezogene Daten gespeichert sind, neben dem Kennwort zum Entsperren des Nutzer-Accounts (»Windows-Passwort«) auch mit einer Datenträgerverschlüsselung auszustatten. Das Bundesamt für Sicherheit in der Informationstechnik (BSI) empfiehlt dafür das kostenfreie Produkt VeraCrypt (https://veracrypt.code-plex.com). Das schließt natürlich nicht aus, dass in Ausnahmefällen eine Mitarbeiterin unter Beachtung der datenschutzrechtlichen Regeln im Home-Office auf einem Laptop der Einrichtung arbeitet.

e) **Keine Nutzung von WhatsApp im Kita-Alltag:** Eltern und Mitarbeiter nutzen privat meist WhatsApp, weshalb vielfach dieser Dienst auch zur Kommunikation zwischen Kita und Eltern oder vom Elternrat[12] genutzt wird. Aus Gründen der Datensicherheit ist die Nutzung des Dienstes für die Kommunikation zwischen Kita und Eltern **abzulehnen**.[13] WhatsApp verlangt bei seiner Installation, dass alle Kontakte, die im Adressbuch des Smartphones gespeichert sind, zu WhatsApp und damit an Facebook weitergeleitet werden. Die Weiterleitung fremder Adressen ist ohne Einwilligung jedes jeweils betroffenen Adressaten datenschutzrechtlich unzulässig. WhatsApp kann nachvollziehen, wer mit wem wann kommuniziert. Es ist nicht auszuschließen, dass US-Behörden auf diese Informationen zurückgreifen können. Die übermittelten Daten kann Facebook kommerziell nicht nur zu Werbezwecken verwenden. Die Einhaltung der DSGVO ist bei diesem Dienst aus diesen und einigen weiteren Gründen daher nicht gewährleistet. Schließlich ist aus Gründen des Arbeitsschutzes zu bedenken, dass dann Mitarbeiter zu jeder Tages- und Nachtzeit kontaktiert werden können.

Vielfach wird als Lösung zur Nutzung dieses praktischen Dienstes empfohlen, ihn auf **freiwilliger Basis**, d.h. mit schriftlicher Zustimmung aller Beteiligten, zu nutzen. Auch diese Lösung ist **datenschutzrechtlich nicht realisierbar**. Denn bei den Mitarbeitern fehlt die Freiwilligkeit der Einwilligung, da sie an einer permanenten Erreichbarkeit auch im privaten Umfeld kein eigenes wirtschaftliches oder sonstiges Interesse haben können (zu den Kriterien siehe Checkliste in Abschnitt 9.6). Auch bei den Eltern dürfte die Freiwilligkeit fraglich sein. Denn Eltern, die nicht an der Gruppe teilnehmen möchten, entstehen auch dann, wenn die Informationen an sie

---

11 Auch bei E-Mails ist ein Zip-Verschlüsselung verschickter Nachrichten möglich.
12 Siehe zum schulischen Einsatz: Der Landesbeauftragte für den Datenschutz und die Informationsfreiheit Rheinland-Pfalz, Datenschutz in der Schule, unter »Darf ich mit meiner Klasse mittels Facebook, WhatsApp oder iMessage schulisch kommunizieren?«, https://www.datenschutz.rlp.de/de/themenfelder-themen/datenschutz-in-der-schule-fragen-und-antworten-fuer-lehrkraefte/.
13 Statt vieler, darunter praktisch alle Datenschutzaufsichtsbehörden, siehe nur: Ministerium für Kultus, Jugend und Sport Baden-Württemberg, Kommunikationsplattformen am Beispiel WhatsApp, https://it.kultus-bw.de/,Lde/Startseite/IT-Sicherheit/Kommunikationsplattformen.

Datensicherheit

auf konventionellem Weg weitergegeben werden, erhebliche Nachteile. Faktisch sind sie aus der Diskussion über organisatorische Fragen, wie z.B. »die Weitergabe von Terminen, Einrichtung von Notgruppen oder die Bitte, Kinder wegen personeller Engpässe kurzfristig aus der Kita abzuholen«[14] ausgeschlossen, da sie die schriftlichen Informationen erst nachträglich erhalten werden, wenn alles schon entschieden ist.

f) Ordnungsgemäße Vernichtung von Datenträgern (DIN 32757): Bei der **Aussonderung** von Hardware (PC, Laptop, Kopierer, Datenträger wie CDs etc.) oder der **Vernichtung** von Unterlagen bzw. Datenträgern mit personenbezogenen Daten ist durch geeignete technische und organisatorische Maßnahmen sicherzustellen, dass keine personenbezogenen Daten unbefugt an Dritte gelangen.

Ein verbreiteter Irrtum ist es, zu meinen, es reiche, alle Daten von einem **PC, Laptop oder CD zu löschen** und anschließend den Papierkorb zu leeren. Auch dann lassen sich Daten mit wenig Aufwand wieder herstellen Um Daten unwiederbringlich von einem Datenträger oder aus einem Gerät zu entfernen, sind zusätzliche Schritte wie das mehrfache Überschreiben der Festplatte, CD oder deren physische Vernichtung nötig. Auch **Kopierer** enthalten heute Festplatten, auf denen Daten gespeichert werden. Wenn ein alter Kopierer ausgesondert wird, sollten sie also sicherstellen, dass vorher alle Daten sicher gelöscht wurden, um einem möglichen Missbrauch vorzubeugen.

Zur Vernichtung von Papieren mit geschützten Daten ist ein **Schredder** zu benutzen. Die Einrichtung sollte einen Aktenvernichter der Sicherheitsstufe 4 (DIN 66399)[15] vorhalten. Mit ihm können auch Papiere aus Bildungsdokumentationen oder Gesundheitsdaten vernichtet werden. Es ist darauf zu achten, dass beim Vernichten keine unbefugte Person Kenntnis von den Unterlagen nehmen kann. Es sollte qua Dienstanweisung immer diejenige Person für die datenschutzkonforme Vernichtung verantwortlich sein, die auch für die Dokumente vorher verantwortlich war.

4. Transport- oder Übertragungskontrolle

Die Transport- oder Übertragungskontrolle soll gewährleisten, dass bei der Übermittlung personenbezogener Daten sowie beim Transport von Datenträgern die Vertraulichkeit und Integrität der Daten geschützt werden. Zum Beispiel:

a) Es werden keine personenbezogenen Daten an **andere Stellen** (Schule, Logopäden, Ärzte etc.) übertragen. Ausnahmen erfolgen nur dann, wenn explizite Schweigepflichtentbindungen durch die Sorgeberechtigten oder gesetzliche Verpflichtungen (IfSG, Statistiken etc.) vorliegen.

b) **Hospitierende Eltern oder Eltern während der Eingewöhnung** sind zur Verschwiegenheit zu verpflichten. Dabei sollte ihnen erklärt werden, dass sie Informationen, die sie bei der Hospitation oder Eingewöhnung über andere Kinder erfahren nicht weitergeben dürfen.

c) Kitas benutzen heute primär **E-Mails** zum Versenden von Nachrichten. Wenn Eltern Ihnen ihre E-Mail-Adresse bei der Anmeldung oder später angegeben haben, kann sie

---

14 Siehe den Regelvorschlag für eine freiwillige Nutzung bei Barth, Datenschutz in der Kita, 2018, S. 84.
15 Näheres findet sich für Shredder in: GDD, Datenschutzgerechte Datenträgervernichtung – nach dem Stand der Technik, 2019, insbes. Kapitel 3.2.

zur Kontaktaufnahme und zur Versendung von Elternbriefen (natürlich ohne sensible Daten) genutzt werden.[16]

In Nordrhein-Westfalen ist bei E-Mails auf Folgendes zu achten:[17]

- Die **E-Mail-Kommunikation bedarf** der Transport-Verschlüsselung, wie sie die namhaften europäischen Provider standardmäßig anbieten.[18]
- **Bei besonders schützenswerten Daten** (z.B. Daten zum Gesundheitszustand, Beschäftigtendaten) muss auf die klassische postalische Zusendung zurückgegriffen werden.
- Der Betreff der E-Mail sollte keine personenbezogenen Daten enthalten.

Immer wieder werden durch flüchtige Anwendungsfehler ungewollt Nachrichten an **falsche Empfänger** versendet. Der Hinweis in der Fußzeile einer Nachricht, dass diese E-Mail vertraulich und bitte bei Fehlversendung zu löschen sei, ist datenschutzrechtlich irrelevant. Hier gilt es sorgfältiger zu arbeiten. Ein weiterer verbreiteter Datenschutzverstoß ist die Versendung von E-Mails mit **riesigen E-Mail-Listen** im An- oder CC-Feld. E-Mail-Adressen sind in aller Regel personenbezogene Daten, die durch Einstellung im »An« oder »Cc«-Feld Dritten offengelegt werden. Solch unzulässige Datenübermittlungen lassen sich durch die Verwendung des BCC-Feldes vermeiden. Die E-Mail-Adresse im »BCC«-Feld wird dem im »An«- oder im »CC«-Feld enthaltenen Empfänger nicht sichtbar. In der Vergangenheit wurden bei Fällen, in denen mehrere hundert E-Mail-Adressen im An- anstelle des BCC-Felds standen, auch schon Bußgelder durch Aufsichtsbehörden verhängt.

d) **Telefonate** in Gegenwart einer anderen Person (Eltern, Mitarbeiter, Trägervertreter o.a.) müssen so geführt werden, dass sie keine psbD unbefugt erfahren.

e) Der Träger ist mittelbar verpflichtet durch organisatorische Maßnahmen dafür Sorge zu tragen (§ 65 SG VIII), dass Kitamitarbeiter durch eine adäquate räumliche Gestaltung der Arbeitsplätze oder Einrichtung von **geschützten Besprechungsräumen** vertrauliche Gespräche führen können.

5. Speicher- und Benutzerkontrolle

Die Speicher- und Benutzerkontrolle soll verhindern, dass Unbefugte von gespeicherten personenbezogenen Daten Kenntnis nehmen sowie diese eingeben, verändern, löschen oder nutzen können. Zum Beispiel:

a) **Festlegung von Berechtigungen:** Es dürfen nur die pädagogischen Kräfte die Dienst-PCs bedienen. Die Authentifikation erfolgt mit Benutzername/Passwort.
b) **Passwortrichtlinie inkl. Passwortlänge,** Passwortwechsel für die PCs
c) **Sperrung** der Berechtigungen ausscheidender Mitarbeiter

---

16 Für den Zweck der Kontaktaufnahme wird die E-Mail-Adresse ja angegeben. Eine zusätzliche Einwilligung, wie es gelegentlich in Handreichungen gefordert wird, ist nicht erforderlich.
17 Quelle: https://www.ldi.nrw.de/mainmenu_Datenschutz/submenu_Technik/Inhalt/Kommunikation/Inhalt/Technische-Anforderungen-an-technische-und-organisatorische-Massnahmen-beim-E-Mail-Versand/Technische-Anforderungen-an-technische-und-organisatorische-Massnahmen-beim-E-Mail-Versand.html.
18 Auch das VG Mainz – Urt. v. 17.12.2020 – Az.: 1 K 778/19 – hält eine Transportverschlüsselung grundsätzlich für ausreichend, soweit keine besonders sensiblen Daten versandt werden sollen oder besondere Umstände hinzutreten, die *eine Inhaltsverschlüsselung gebieten.

Datensicherheit

6. Zuverlässigkeit

Die Zuverlässigkeit soll gewährleisten, dass alle Funktionen des Systems zur Verfügung stehen und auftretende Fehlfunktionen gemeldet werden. Zum Beispiel:

a) **Anti-Viren-Schutz** auf allen Laptops etc. mit Internetzugang installieren.
b) Bei Soft- oder Hardware entstehen immer wieder neue **Sicherheitslücken**. Hier ist es wichtig, die Updates der Hersteller vorzunehmen. Ansonsten droht z.B. die Gefahr, ein veraltetes System mit gravierenden Sicherheitslücken im Web zu betreiben und Angriffe womöglich gar nicht wahrzunehmen.
c) Da eine Schadsoftware nahezu ausschließlich über E-Mail-Anhänge, infizierte Webseiten oder befallene Datenträger erfolgt, sind die Mitarbeiter für diese Risiken zu sensibilisieren und zu informieren.

Gewährleistung der Datenintegrität der Systeme und Dienste (Art. 32 Abs. 1 lit. b DSGVO)

Die Datenintegrität soll gewährleisten, dass gespeicherte personenbezogene Daten nicht durch Fehlfunktionen des Systems beschädigt werden, sondern eingesetzte Systeme im Störungsfall wiederhergestellt werden können. Zum Beispiel:

Eine zentrale Sicherheitsmaßnahme gegen Datenverlust durch Hardwareausfall, Trojaner und Viren ist hier ein **systematisches Back-up-Management**, d. h. die organisierte Erstellung von Datensicherungen. Die Sicherungskopien sollten dabei nicht mit dem eigentlichen Einrichtungsnetz verbunden sein. Entscheidend ist, regelmäßig Back-ups durchzuführen und diese auch länger aufzubewahren. Schadsoftware gibt sich nämlich nicht immer direkt zu erkennen.

Gewährleistung der Verfügbarkeit der Systeme und Dienste (Art. 32 Abs. 1 lit b DSGVO)

Die Verfügbarkeitskontrolle soll gewährleisten, dass personenbezogene Daten gegen Zerstörung oder Verlust geschützt sind. Zum Beispiel:
- Sind IT-Systeme (Laptops, PC) gegen Diebstahl oder Elementarschäden geschützt?
- Lassen Die keine Fenster über Nacht gekippt, IT-Räume unverschlossen oder Notebooks im Auto zurück.
- Läuft täglich ein Virenscanner über den gespeicherten Datenbestand?
- Erfolgt die Datensicherung auf CD oder ähnlichen Datenträgern in mehreren Generationen?
- Sind die Sicherungsdatenträger an einem sicheren, ausgelagerten Ort unter Verschluss?

Beispiel 8:[19]

»Hackerangriff aus dem Internet.« In einer Kleinstadt betreibt ein Psychologe seine Praxis, der auch vom Jugendamt beauftragt wird. Seine Patientenakten verwaltet er auf einem PC mit Internetanschluss. Er kennt sich mit seinem PC gut aus und installiert seine Software in der Regel selbst. Seine Daten hält er für sicher, da er

---

19   Nach Bundesamt für Sicherheit in der Informationstechnik (BSI) (2012): Leitfaden Informationssicherheit: IT-Grundschutz kompakt. Bonn, S. 23.

sich mit einem Passwort am System anmelden muss. Eines Tages werden vertrauliche Patienteninformationen anonym in einem lokalen Internet-Diskussionsforum der Stadt veröffentlicht. Die Polizei stößt bei ihren Ermittlungen auf den Psychologen und stellt fest: Der Praxis-PC war völlig unzureichend gegen Fremdzugriffe gesichert und war Ziel eines Hackerangriffs. Der Staatsanwalt erhebt Anklage, da mit vertraulichen Patientendaten fahrlässig umgegangen wurde. Der entstandene persönliche Schaden für die betroffenen Patienten ist erheblich.

13 Web-Apps/Soziale Medien/Einrichtungswebsite

Obwohl die Betreuung der Kinder nach wie vor durch die persönliche Beziehung geprägt ist und bleiben wird, zieht auch in den Kitas immer mehr die **digitale Welt** ein: Webbasiertes Förderverfahren (KiBiz.web; KiBiG.web, KiTaG.web), Verwaltungsarbeiten am Kita PC oder Laptop wie die Pflege der Kinderstammdaten, der Gruppenverwaltung, der Anmelde- und Wartelisten, des Gruppentagebuchs, der Versand von Elternbriefen per E-Mail, der Urlaubslisten und der Erstellung der Dienstpläne, der Verpflegungsbestellung und -abrechnung, der Barkassenverwaltung, von Statistiken. Von elektronischen Entwicklungsdokumentationen, … um nur einige Stichpunkte zu nennen.

Einen Überblick zum **möglichen Aufgabenspektrum** von Kitasoftware kann man sich am Muster der Verwaltungssoftware von KiTaPLUS[1] für Kitas und deren Träger verschaffen:

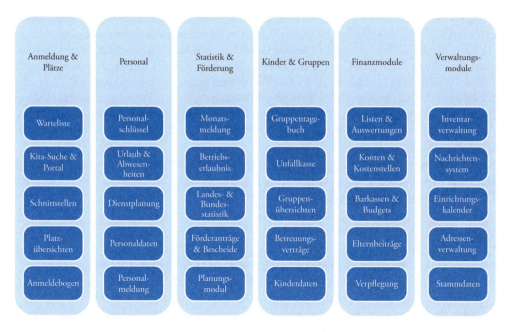

Hinzu kommen heute noch spezielle Eltern-Apps zur Kommunikation zwischen Eltern und Einrichtung (Termine, Entschuldigung des Kindes, …), sowie elektronische Anmeldesysteme der Städte für Kitaplätze.

Zur Lösung all dieser Aufgaben kommt **Anwendungssoftware** (Anwendungsprogramme oder Applikation) zum Einsatz, also klassischerweise Computerprogramme die auf ihrem PC, Laptop installiert sind (**Desktopanwendung**): Bildbearbeitung, E-Mail-Programme, Webbrowser, Textverarbeitung, Tabellenkalkulation. Der englische Begriff application,

---

[1] Quelle: Infobroschüre kitaplus, Blatt 4, Kita plus https://kitaplus.de/wp-content/uploads/2021/10/kitaplus-Flyer.pdf

kurz App, wird im deutschen Sprachgebrauch i.d.R. nur für Anwendungssoftware von Mobilgeräten wie Smartphones und Tabletcomputer benutzt.[2]

Internet und internetfähige Smartphones sowie Tabletcomputer haben zur schnellen Verbreitung von **Web-Apps** oder Webanwendungen beigetragen. Bei Webanwendung arbeitet das Anwendungsprogramm nach dem Client-Server-Modell. Es ist nicht wie bei den klassischen Desktopanwendungen lokal auf dem Rechner des Benutzers installiert. Die Datenverarbeitung findet auf einem entfernten, aber über Internet mit dem Benutzer verbundenen, Webserver statt, wo die Anwendung zentral installiert ist. Die Ergebnisse der Datenverarbeitung werden an den lokalen Client-Rechner des Benutzers übertragen (Thin Client). Sie greifen also via Internet von ihrem Arbeitsplatzrechner oder Mobilgerät über ihren Webbrowser auf den Webserver mit der dort installierten Anwendung zu. Es gibt natürlich auch Mobile Web-Apps, die über den Webbrowser des Mobilgeräts abgerufen werden.

Während die bisherigen Ausführungen die datenschutz- und sicherheitsrechtlichen Fragen von Desktopanwendungen abdecken, gilt es nun sie um die Besonderheiten für Webanwendungen zu ergänzen.[3] Die **Besonderheit von Webanwendungen** besteht in der weisungsgebunden Auftragsverarbeitung der Daten der Kita (Auftraggeber) durch einen externen Dienstleister (Auftragnehmer), hier den Webanwendungsanbieter. Die Verantwortung für die ordnungsgemäße Datenverarbeitung verbleibt dabei bei dem Auftraggeber, dem Kitaträger. Denn nach der gesetzlichen Definition gilt als Auftragsverarbeiter nach Art. 4 Nr. 8 DSGVO und Art. 29 DSGVO derjenige, der personenbezogene Daten in funktioneller und tatsächlicher Hinsicht im Auftrag und nach Weisung des Verantwortlichen verarbeitet. Der externe Dienstleister, der Webanwendungsanbieter, wird bei der Auftragsverarbeitung somit nur technisch unterstützend als »verlängerte Arm« des Auftraggebers tätig.

Solche **Auftragsverarbeitung** gibt es häufiger, auch in Kitas, als dem Laien bewusst ist. In fast jeder Einrichtung und praktisch bei jedem Träger oder Unternehmen kommt heute Datenverarbeitung im Auftrag zum Einsatz vor.

> **Beispiele**
> - Eine Kita/ein Kitaträger beauftragt eine IT-Firma/Freien Mitarbeiter mit der Installation, Pflege, Überprüfung und Korrektur von **Software**. Vorausgesetzt ist dabei, dass im Rahmen eines solchen Wartungsvertrages die Möglichkeit oder Notwendigkeit besteht, dass der Beauftragte Zugriff auf die auf den IT-Anlagen befindlichen Daten hat. Bei einer rein technischen Wartung von Anlagen oder Geräten (z.B. nur an der Stromzufuhr, Heizung, Kühlung) soll keine Auftragsverarbeitung vorliegen.[4]

---

2   Siehe zu diesem und den folgenden Absatz die Übersichtsartikel bei Wikipedia zu Anwendungssoftware und Webanwendungen.
3   Eine Übersicht mit Stand 12/2019 findet sich in Holand, Reichert-Garschhammer, Lorenz, KitaApps – Apps und Softwarelösungen für mittelbare pädagogische Aufgaben in der Kita, des Staatsinstitut für Frühpädagogik, München.
4   So DSK-Kurzpapier Nr. 13, Anhang A und B; https://www.datenschutzkonferenz-online.de/kurzpapiere.html.

- Eine Kita/ein Kitaträger beauftragt einen IT-Dienstleister/Freien Mitarbeiter mit der Abrechnung der **Verpflegungsverträge**.
- Eine Kita/ein Kitaträger beauftragt einen externen Dienstleister/Freien Mitarbeiter mit der Erstellung von **Betriebskostenabrechnungen** oder Heizkostenabrechnungen.
- Eine Kita/ein Kitaträger beauftragt ein externes Rechenzentrum mit der Durchführung der **Lohn- und Gehaltsabrechnungen** oder der Finanzbuchhaltung.
- Eine Kita/ein Kitaträger beauftragt einen externen Dienstleister/freien Mitarbeiter mit dem **Hosting** einer dynamischen Einrichtungswebsite. Beim Hosting »dynamischer Webseiten« finden also Kontaktformulare oder andere Inhaltselemente Verwendung und werden von dem Hoster für den Betreiber der Internetseiten ausgewertet.[5]
- Eine Kita/ein Kitaträger beauftragt einen externen Dienstleister/Freien Mitarbeiter mit der Verarbeitung der an einem **Check-in-Terminal** erfassten Daten von eintreffenden Kindern und Mitarbeitern.[6]

Keine größeren datenschutzrechtlichen Probleme werfen Webanwendungen wie Pinterest etc. auf, die in Kitas von Mitarbeitern gerne für Bastelanregungen und ähnliche **Recherchen** genutzt werden. Hier werden keine psbD der Kinder oder Eltern verarbeitet. Lediglich der nutzende Mitarbeiter muss sich anmelden und gibt insofern seine persönlichen Anmeldedaten ein. Solange die Nutzung des Portals auf rein freiwilliger Basis erfolgt, bestehen hier keine Probleme.

Was hat der Verantwortliche Kita-Träger nun datenschutz- und -sicherheitsrechtlich bei der Einführung und Nutzung von Webanwendungen zu beachten?

13.1 Kein Unterschied bei den Rechtsgrundlagen der Datenverarbeitung

Wie bei jeder anderen Datenverarbeitung in der Kita hat er im ersten Schritt sorgfältig zu klären, auf welche **datenschutzrechtliche Befugnis** die Verarbeitung psbD mittels der Webanwendung (…KitaApp…) gestützt werden kann. Hier besteht datenschutzrechtlich kein Unterschied zu analoger Datenverarbeitung oder der in Desktopanwendungen. Bezugspunkt ist die Aufgabe, die mit der Datenverarbeitung seitens der Kita erfüllt werden soll. Dass, der Einsatz der Webanwendung zur technischen Einbindung eines sog. Auftragsverarbeiters, dem Anbieter der Webanwendung, führt, bleibt hier außer Betracht. Auftragsverarbeitungen, wie sie bei Webanwendungen zwischen Kitaträger und Webanwender stattfinden, sind datenschutzrechtlich »privilegiert«. Der auftraggebende Kitaträger benötigt nur für die von ihm initiierte Datenverarbeitung eine Rechtsgrundlage. Der Auftragsverarbeiter (=Webanwender), den er mit der Vornahme gewisser IT-Dienstleistungen

---
5 Vgl. LDA-Bayern, Was ist Auftragsverarbeitung, https://www.lda.bayern.de/media/veroeffentlichungen/FAQ_Abgrenzung_Auftragsverarbeitung.pdf.
6 Vgl. LDA-Bayern, Was ist Auftragsverarbeitung, https://www.lda.bayern.de/media/veroeffentlichungen/FAQ_Abgrenzung_Auftragsverarbeitung.pdf; Beispiele für Apps mit dieser Funktionalität in Holand, Reichert-Garschhammer, Lorenz, KitaApps – Apps und Softwarelösungen für mittelbare pädagogische Aufgaben in der Kita, des Staatsinstitut für Frühpädagogik, München.

beauftragt, wird ihm wie eine eigene zugerechnet, und somit datenschutzrechtlich wie eine interne Datenweitergabe und nicht als eine Übermittlung an einen Dritten behandelt.[7]

Da Webanwendungen in Kitas Datenverarbeitungen für **verschiedene Kitaaufgaben** ermöglichen, ist für jede Aufgabe einzeln die jeweils einschlägige Rechtsgrundlage zu ermitteln. Im Ergebnis können daher für eine Webanwendung mehrere Rechtsgrundlagen, d.h. gesetzliche Befugnisse und Einwilligungen, zum Zuge kommen (für Anmeldeliste, Gruppenverwaltung, Betreuungsvertrag, etc. § 62 SGB VIII, für Bildungsdokumentationen die gesetzlichen landesgesetzlichen Befugnisse bzw. eine Einwilligung (NRW), für Verpflegungsvertrag Art. 6 Abs. 1 lit. b DSGVO, digitale Kommunikation mit Eltern (Information, Austausch) etc. eine Einwilligung, für Statistiken § 71 SGB X; für Personaldaten § 26 BDSG, Landesdatenschutzgesetz, § 53 KDG bzw. § 49 DSG-EKD etc.).

Art. 6 DSGVO

Wenn eine Webanwendung, wie z.B. eine ElternApp, von der **Einwilligung** der Eltern abhängig ist, bedeutet das für die Kita, dass sie die App nur für jene Kinder nutzen darf, deren Eltern eingewilligt haben. Für alle anderen Kinder muss sie ihre Kommunikation weiterhin in herkömmlicher Weise gestalten und somit Nebeneinander eine digitale und eine gleichzeitige analoge Kommunikation sicherstellen, um diese Eltern nicht durch Zeitverzug aus einem Entscheidungsprozess auszuschließen.

Widerrufen Eltern später ihre Einwilligung, darf die KitaApp-Nutzung für sie und ihr Kind nicht mehr fortgeführt werden. Eine Einwilligung kann auch Verstöße gegen das Datenschutzrecht, insbes. IT-sicherheitstechnische Schwächen einer Auftragsverarbeitung, nicht kompensieren.

Die Eltern sind über die Datenverarbeitung in der Webanwendung gemäß **Art. 13 bzw. 14 DSGVO zu informieren** und auf ihre Betroffenenrechte hinzuweisen (siehe Abschnitt 2.3).

Der Kitaträger muss seine **Mitarbeitervertretung, Personal- bzw. Betriebsrat** beteiligen, wenn die Webanwendung auch eine Überwachung seiner Mitarbeiter ermöglicht. Das ist meist dadurch der Fall, dass Webanwendungen mitloggen, wann und wie lange Webanwendungen von wem genutzt wurden.[8] Die Personalvertretungen werden darauf bestehen, dass die Daten nicht zur Kontrolle der Mitarbeiter, sondern nur zur technischen Administration der Webanwendung genutzt werden dürfen.

Bei gemeinsam von Städten und Kitaträgern betriebenen **Anmeldeportalen für Kitaplätze** stellt sich die wohl zu bejahende Frage einer gemeinsamen Verantwortlichkeit für das Anmeldeportal (Art. 4 Nr. 7 DSGVO). Schließlich ist die Zusammenarbeit aller Beteiligter erforderlich, um die gewünschten Effekte einer rechtssicheren und zügigen Platzvergabe zu erreichen.[9] Das hat zur Folge, dass die Verantwortlichen nach Art. 26 Abs. 1 DSGVO »in einer Vereinbarung in transparenter Form [festlegen müssen], wer von ihnen welche Verpflichtung gemäß dieser Verordnung erfüllt, insbesondere was die Wahrnehmung der Rechte der betroffenen Person angeht, und wer welchen Informationspflichten gemäß den

---

[7] Vgl. hierzu Simitis, Hornung, Spiecker, Datenschutzrecht, [1]2019, Art. 28 Rdn. 33; Hartung, in: Kühling/Buchner, DSGVO/BDSG, [2]2018, Art. 28 Rdn. 15–23; Bertermann, in: Ehmann/Selmayr, DSGVO, 2017, Art. 28 Rdn. 7 f.

[8] Vgl. § 87 Abs. 1 Nr. 6 BetrVG, § 75 Abs. 3 Nr. 11 BPersVG und entsprechende Landesgesetze, § 36 Abs. 1 Nr. 9 MAVO.

[9] Vgl. Hartung, in: Kühling/Buchner, DSGVO/BDSG, [2]2018, Art. 26 Rdn. 16 unter Bezug auf Beispiel 10 des Papiers der Art. 29 Datenschutzgruppe in Fn. 39 (Kapitel 1).

Artikeln 13 und 14 nachkommt, sofern und soweit die jeweiligen Aufgaben der Verantwortlichen nicht durch Rechtsvorschriften der Union oder der Mitgliedstaaten, denen die Verantwortlichen unterliegen, festgelegt sind. In der Vereinbarung kann eine Anlaufstelle für die betroffenen Personen angegeben werden.« Nach Art. 26 Abs. 2 DSGVO müssen sie in der Vereinbarung auch »die jeweiligen tatsächlichen Funktionen und Beziehungen der gemeinsam Verantwortlichen« festhalten. Das wesentliche der Vereinbarung ist der betroffenen Person zur Verfügung zu stellen. Zusätzlich haben sie dann noch einen Auftragsvertrag mit dem Diensteanbieter zu schließen.

13.2 Auftragsverarbeitung von Sozialdaten

Der Kitaträger beauftragt den Webanbieter **mit der IT-technischen Unterstützung** bei der digitalen Verarbeitung psbD

- von Kindern und ihren Sorgeberechtigten (Sozialdaten),
- von Mitarbeitern (Beschäftigtendaten),
- von Dritten, wie Caterern bei Verpflegungsverträgen, ... (psbD),

die nun auf den externen Servern des Webanbieters bzw. eines von ihm eingebundenen Rechenzentrums liegen und nicht mehr auf den Kita-eigenen Rechnern (PC, Tablets). Der Webanbieter führt zwar faktisch den Verarbeitungsprozess durch, handelt dabei aber ohne eigenen Wertungs- und Entscheidungsspielraum nach Weisung des Verantwortlichen Kitaträgers.[10] Der Verantwortliche Kitaträger muss sich daher die Datenverarbeitung des Auftragsverarbeiters so zurechnen lassen, als sei dieser Teil seiner eigenen Organisation. Der Kitaträger trägt als »Herr über die Datenverarbeitung« für den gesamten arbeitsteiligen Verarbeitungsprozess die alleinige Verantwortung.

Art. 28 DSGVO privilegiert die Auftragsverarbeitung, indem sie es einem Verantwortlichen ermöglicht, seinen Handlungsradius dadurch zu erweitern, dass er eine Datenverarbeitung durch eine andere (jur.) Person, Einrichtung oder Behörde vornehmen lässt, und sie doch nicht als eine Datenübermittlung an einen Dritten gilt. Dafür unterwirft Art. 28 DSGVO die Auftragsbeziehung strikten formellen (Abs. 9) und materiellen Anforderungen (Abs. 3), um die Risiken durch Einbeziehung zusätzlicher Personen in den Datenverarbeitungsvorgang einzugrenzen. Dafür grenzt Art. 28 Abs. 1 auch den Kreis zulässiger Auftragsverarbeiter dadurch ein, dass er dem Verantwortlichen eine besondere Auswahlverantwortung auferlegt.[11] Für Sozialdaten sieht § 80 SGB X u.a. zusätzlich eine Anzeigepflicht an die zuständige Rechts- oder Fachaufsichtsbehörde vor.

---

10 Vgl. hierzu und zum Folgenden Martini, in: Paal/Pauly, DS-GVO BDSG, ³2021, Art. 28 DSGVO Rdn. 2.
11 Zum vorstehenden Absatz siehe Martini, in: Paal/Pauly, DS-GVO BDSG, ³2021, Art. 28 DSGVO Rdn. 1.

13.3 Sorgfältige Auswahl des Web-Anbieters als Auftragsverarbeiter

Basisanforderungen: Art 28 Abs. 1 DSGVO

Art 28 Abs. 1 DSGVO auferlegt dem Verantwortlichen Kitaträger eine **Auswahlverantwortung**.[12] Er soll nur Auftragsverarbeiter mit Verarbeitungstätigkeiten betrauen, die insbesondere im Hinblick auf Fachwissen, Zuverlässigkeit und Ressourcen die Gewähr dafür bieten, dass die Verarbeitung dank geeigneter technischer und organisatorischer Maßnahmen für die Sicherheit der Verarbeitung (Art. 24 DSGVO) den Anforderungen der DSGVO genügt und den Schutz der Rechte der betroffenen Person gewährleistet (EG 81 S. 1). Nach Art. 28 Abs. 5 DSGVO kann der Auftragsverarbeiter dies durch genehmigte Verhaltensregeln (Art. 40) oder ein genehmigtes Zertifizierungsverfahren (Art. 42) nachweisen.

Der Verantwortliche muss sich während der Auftragsverarbeitung weiter vergewissern, ob der Auftragsverarbeiter die DSGVO Anforderungen erfüllt (»arbeitet [...] nur mit«).[13] Ist dies nicht der Fall, muss er die Zusammenarbeit mit ihm beenden und weitere Datenverarbeitungen unterbinden.

Einschränkungen für die Sozialdatenverarbeitung: § 80 SGB X

§ 80 Abs. 2 SGB X ergänzt für die Verarbeitung von Sozialdaten die Auswahlverantwortung des Verantwortlichen dahin, dass der Auftrag nur erteilt werden darf, wenn die Sozialdatenverarbeitung **im Inland, in einem anderen Mitgliedstaat der EU**, in einem Vertragsstaat des Abkommens über den Europäischen Wirtschaftsraum und die Schweiz (vgl. § 35 Abs. 7 SGB I) oder in einem Drittstaat mit angemessenem Datenschutzniveau erfolgt, für den ein Angemessenheitsbeschluss der EU Kommission nach Art. 45 DSGVO vorliegt. Auf der sicheren Seite steht man, wenn der Web-Anbieter und seine Unterauftragnehmer mit ihrem Hauptsitz sowie den Server- Standorten der eingebundenen Rechenzentren in Deutschland oder in der EU-Raum ihren Sitz haben.

US-amerikanische Anbieter oder Server in den USA sind auszuschließen. Dies gilt wegen des EuGH Urteils zu Schrems II auch dann, wenn der der US-Auftragsverarbeiter bzw. dessen Unterauftragnehmer am EU-US Privacy Shield teilnimmt. Der Durchgriff amerikanischer Behörden und der US-Justiz begründet auch Zweifel am DSGVO konformen Verhalten von europäischen Töchtern US-amerikanischer Anbieter. In sonstigen Drittländern, wie z.B. Indien, ist eine Sozialdatenverarbeitung unzulässig.

Bei Einbezug eines Rechenzentrums als Unterauftragnehmer des Web-Anbieters ist darauf zu achten, dass der unternehmenslokale Server-Standort fest im Inland oder EU-Raum liegt und es sich nicht um eine **Cloudverarbeitung** auf wechselnden Serverstandorten handelt.

§ 80 Abs. 3 S. 1 SGB X verschärft die Voraussetzungen, unter denen ein Kitaträger eine nicht-öffentliche Stelle mit einer Auftragsverarbeitung beauftragen kann.[14] Eine Auftragserteilung ist nur zulässig, wenn 1. es ansonsten beim Verantwortlichen zu einer Störung im Betriebsablauf kommen könnte oder 2. die übertragenen Arbeiten beim Auftrags-

---

12 Zur Auswahlverantwortung siehe Martini, in: Paal/Pauly, DS-GVO BDSG, ³2021, Art. 28 DSGVO Rdn. 19.
13 So Martini, in: Paal/Pauly, DS-GVO BDSG, ³2021, Art. 28 DSGVO Rdn. 20; Hartung, in: Kühling/Buchner, DSGVO/BDSG, ²2018, Art. 28 Rn. 60.
14 Hierzu siehe Ahrend, in: Krahmer, Sozialdatenschutzrecht, ⁴2020, § 80 SGB X Rdn. 23.

verarbeiter erheblich kostengünstiger besorgt werden können. Die erste Möglichkeit ist hier nicht von Bedeutung. Der Kostenvergleich der zweiten Möglichkeit erfordert zum Vergleich mit der einrichtungsinternen Verarbeitung Alternativangebote durch andere Anbieter heranzuziehen. Bei der Frage, was »erheblich« kostengünstiger ist, ist dem Verantwortlichen ein Beurteilungsspielraum einzuräumen. Er hat die Kostenersparnis mit den datenschutzrechtlichen Anforderungen der DSGVO und dem präzisierenden Sozialdatenschutz abzuwägen und seine Abwägung der Rechts- oder Fachaufsichtsbehörde im Rahmen der Anzeige der Auftragsverarbeitung darzulegen.

13.4 AV-Vertrag als Grundlage der Auftragsverarbeitung (Art. 28 Abs. 3 DSGVO)

Um die Mindestanforderungen der DSGVO an die Auftragsverarbeitung sicherzustellen, muss zwischen Verantwortlichem und Auftragsverarbeiter ein **schriftlicher Vertrag (der AVV) geschlossen werden**. Der muss nach Abs. 3 S. 1 »Gegenstand und Dauer [...], Art und Zweck der Verarbeitung, die Art der personenbezogenen Daten, die Kategorien betroffener Personen und die Pflichten und Rechte des Verantwortlichen« und die *erforderlichen Inhalte* des Vertrages nach Abs. 3 S. 2 regeln. Das bedeutet, dass vor allem Folgendes zu vereinbaren ist:

Gegenstand und Dauer der Datenverarbeitung

- klare Bezeichnung was Gegenstand der Verarbeitungstätigkeit (z.B. »Verarbeitung von Elterndaten, um eine Befragung durchzuführen«) und welche Verarbeitungstätigkeiten inkludiert sind (z.B. startend mit ihrer Erhebung bis hin zu ihrer Löschung).[15]

Art und Zweck der Verarbeitung sowie Art der psbD

- klare Darstellung, welche personenbezogenen Daten auf welche Weise (d.h. die Modalitäten der Verarbeitung: insbes. Erheben, Erfassen, Ordnen, Speichern, Auslesen – Art. 4 Nr. 2), zu welchem Zweck (die mit der Verarbeitung verfolgte Intention) verarbeitet werden. Die Eingrenzung des Zwecks der Verarbeitung führt zur Zweckbindung des Art. 5 Abs. 1 lit. b und Art. 6 Abs. 4. Die Festlegung des Verarbeitungszweckes hat eine wichtige Dokumentations- und Steuerungsfunktion.[16]
- Klare Bezeichnung, dass Sozialdaten und Daten besonderer Kategorien (Art. 9 DSGVO) verarbeitet werden, die ein erhöhtes Schutzniveau erfordern[17]
- Es ist im Rahmen der Zweckbindung darauf zu achten, dass Auftragnehmer und etwaige Unterauftragnehmer insbesondere kein Tracking von Internetaktivitäten zu Werbezwecken vornehmen.

---

15 So Martini, in: Paal/Pauly, DS-GVO BDSG, ³2021, Art. 28 DSGVO Rdn. 29.
16 Nach Martini, in: Paal/Pauly, DS-GVO BDSG, ³2021, Art. 28 DSGVO Rdn. 31.
17 Siehe Martini, in: Paal/Pauly, DS-GVO BDSG, ³2021, Art. 28 DSGVO Rdn. 32.

Kategorien der Kategorien betroffener Personen

- Benennung der zu typischen Gruppen zusammengefassten betroffenen Personen (etwa »Mitarbeiter«, »Eltern« etc.).

Weitere Vertragliche Pflichten des Auftragsverarbeiters (Abs. 3 S. 2 lit. a–h)

- Verarbeitung der Daten durch den Auftragsverarbeiter nur auf dokumentierte Weisung der Kita bzw. des Kitaträgers hin (lit. a)
- Verpflichtung zur Vertraulichkeit bzw. Verschwiegenheit (lit. b). Der Auftragsverarbeiter muss gewährleisten, dass alle in den Verarbeitungsprozess eingebunden Personen einer Vertraulichkeitspflicht unterliegen.
- Maßnahmen nach Art. 32 (lit. c): Der Auftragsverarbeiter soll den Verarbeitungsprozess gegen unberechtigte Zugriffe auf psbD von innen wie gegen Angriffe von außen sowie vor allgemeinen Sicherheitsrisiken absichern. Es sind von ihm hierfür die Maßnahmen zu ergreifen, die ein dem Risiko angemessenes Schutzniveau gewährleisten (Art. 32 DSGVO).[18] Das erfordert eine konkrete und detaillierte Darstellung aller getroffenen TOM im AV-Vertrag und (auf Verlangen des Auftraggebers) die Vorlage eines IT-Sicherheitskonzepts.[19] Die technische Datenschutz-Dokumentation muss auf alle Funktionalitäten der Web-Anwendung eingehen. Wichtig sind über die in Abschnitt 12, insbes. 12.5 erörterten Fragen hinaus bei Web-Anwendungen:
  – **Getrennte Datenbanken:** Die in der Web-Anwendung verarbeiteten Daten der Kita werden für diese auf einer eigenen Datenbank abgelegt. Eine Verbindung zwischen den Daten verschiedener Kitas besteht somit nicht. Die Administrationsrechte liegen bei der Kitaleitung; sie bestimmt, wer Zugang zur Web-Anwendung bekommt (z.B. Eltern, Mitarbeiter, Träger). Die Web-Anwendung darf keine Daten für andere Web-Anwendungen bereitstellen und keinesfalls ein Webtracking durchführen oder ermöglichen.
  – **Passwortschutz:** Web-Anwendungen sind standardmäßig mit Zugangsname und Passwort geschützt.
  – Für jede Fachkraft sollte ein **separater Account** mit einem eigenen Passwort angelegt werden.
  – Der Web-Anwendung ist ein **detailliertes Rollen- und Rechtekonzept** mit differenzierten Berechtigungen zugrunde zu legen. Welche Fachkraft oder welcher sonstige Akteur welche Daten sehen ist datenschutzrechtlich zu prüfen und differenziert zu regeln. Die unterschiedlichen Rollen pro Institution sind so mit spezifischen Rechten (Sicht-, Schreib- und/oder Leserechten) auszustatten. Die Rechtestruktur ist grundsätzlich auf den jeweiligen Handlungsbereich der beteiligten genannten Institution bzw. Aufgabenbereich des beteiligten Akteurs eingeschränkt.
  – So könnte der **Leitungsaccount** z.B. einen Überblick über alle Gruppen der Einrichtung ermöglichen, während andere Fachkräfte nur gruppenbezogene Berechtigungen erhalten.
  – Unzulässig ist es, der Fachberatung Zugriff auf Kitadaten zu ermöglichen. Dies wäre eine Datenübermittlung. Eine Befugnis, wie sie § 8a SGB VIII für die insoweit

---

18 Vgl. Martini, in: Paal/Pauly, DS-GVO BDSG, ³2021, Art. 28 DSGVO Rdn. 44.
19 Siehe die Checkliste von Scheja/Quae/Conrad/Hausen, in: Forgó/Helfrich/Schneider, Betrieblicher Datenschutz, ³2019, Teil IV Kapitel 2 Rdn. 42.

erfahrene Fachkraft im Fall der Kindeswohlgefährdung vorsieht, gibt es für die Fachberatung nicht.
– Eingesetzte Tablets sind mit **Zugangscodes** zu sichern, um zu gewährleisten, dass sie nur mit Wissen einer Fachkraft verwendet werden.
– **Verschlüsselung** personenbezogener Daten: Die Übertragung der Daten muss verschlüsselt stattfinden, um dabei Zugriffe durch Dritte zu verhindern. Eine verschlüsselte Speicherung der Daten auf den Servern des App-Anbieters ist zwingend erforderlich.
– Kein automatischer Download von **Fotos** (durch Eltern). Besteht Interesse an einzelnen Bildern, muss dies extra bei der Kita angefragt werden.

- Wenn besondere Kategorien von psbD verarbeitet werden (z.B. Gesundheitsdaten), ist die Vorlage eines Sicherheitskonzepts auch deswegen unverzichtbar, weil der Kitaträger eine Datenschutzfolgen-Abschätzung nach Art. 32 DSGVO vornehmen muss. Eine solche ist immer erforderlich, wenn Verarbeitungsvorgänge wahrscheinlich ein hohes Risiko für die Rechte und Freiheiten der Kinder, Eltern und Mitarbeiter mit sich bringt. Dies kann auch bei besonders umfangreicher Datenverarbeitung der Fall sein. Gesundheitsdaten der Kinder sind nicht nur Informationen über Einzeltatsachen wie z.B. eine Impfung, sondern auch Einschätzungen zur physisch-psychischen Situation eines Kindes wie z.B. die im Beobachtungsbogen Perik erfasste »Seelische Gesundheit«, »Resilienz« und »Psycho-soziale Kompetenz«. Auch bei den Beobachtungsbögen zur Spracherfassung sind die Grenzen zur Früherkennung von Anzeichen einer Sprachentwicklungsstörung fließend, sodass auch hier Gesundheitsdaten enthalten sind.[20]

Einhaltung der Vorgaben zum Unterauftrag (lit. d)

- Die Einschaltung weiterer Unterauftragnehmer durch den Auftragsverarbeiter erhöht die Verarbeitungsrisiken, weshalb Art. 28 Abs. 2 und 4 DSGVO Unteraufträgen enge Grenzen setzen.[21] Zur Klarstellung muss der AVV diese gesetzlichen Schranken schriftlich festhalten, d.h. vor allem:
– Offenlegung, welche Unterauftragsverhältnisse der Auftragsverarbeiter eingegangen ist (z.B. Einbezug Rechenzentrum = »Hosting«)
– vollständige Auflistung aller Stellen, Personen oder Firmen, an die Daten übermittelt werden
– keine Einschaltung von Unterauftragnehmern ohne Zustimmung des Auftraggebers

---

20 Ausführungen zu Gesundheitsdaten nach Holand, Reichert-Garschhammer, Lorenz, KitaApps – Apps und Softwarelösungen für mittelbare pädagogische Aufgaben in der Kita, des Staatsinstitut für Frühpädagogik, München, 2019, S. 54 Fn. 63.
21 Vgl. Martini, in: Paal/Pauly, DS-GVO BDSG, ³2021, Art. 28 DSGVO Rdn. 46.

Unterstützungspflicht bei der Umsetzung der Betroffenenrechte durch den Verantwortlichen (lit. e) und bei den Pflichten nach Art. 32 bis 36 (lit. f)

Lösch- oder Rückgabepflicht der Daten nach dem Ende der Verarbeitung (lit. g).

Zurverfügungstellung von Informationen und Unterstützung von Überprüfungen (lit. h)

§ 80 Abs. 2 SGB X bedingt eine vertragliche Zusicherung, dass Hauptsitz des Web-Anbieters, der Unterauftragnehmer und der Server- Standorte im DSGVO-Geltungsbereich (BRD, EU-Raum oder gleichgestellter Staat) liegt. Hilfreich wäre eine ergänzende Zusicherung, dass außerhalb der EU keine Datenverarbeitung erfolgt und auch keine Datenübermittlung an (staatliche) Stellen.

13.5 Vorherige Anzeige der Auftragserteilung an die zuständige Rechts- und Fachaufsichtsbehörde (§ 80 Abs. 1 SGB X)

Die Anzeige einer Web-Anwendung muss nach § 80 Abs. 1 SGB X in Schriftform oder elektronisch und vor der geplanten Auftragserteilung erfolgen. Die Anzeige soll den Auftragsverarbeiter, die bei diesen vorhandenen technischen und organisatorischen Maßnahmen und ergänzenden Weisungen, die Art der Daten, die im Auftrag verarbeitet werden sollen, und den Kreis der betroffenen Personen, die Aufgabe, zu deren Erfüllung die Verarbeitung der Daten im Auftrag erfolgen soll, sowie den Abschluss von etwaigen Unterauftragsverhältnissen enthalten.

Die Aufsichtsbehörde prüft anhand der vorgelegten Dokumente, ob für die jeweilige Web-Anwendung die Voraussetzungen für eine zulässige Auftragsverarbeitung von Sozialdaten nach § 80 SGB X, Art. 28 DSGVO erfüllt sind, und ob bei den technisch-organisatorischen Maßnahmen ein angemessenes Schutzniveau nach Art. 32 DSGVO gewährleistet ist. Gegebenenfalls wird sie Nachbesserungen verlangen.

13.6 Prüf-, Dokumentations- und Rechenschaftspflicht

Der Kitaträger muss im Rahmen seiner Rechenschaftspflicht nach Art. 5 Abs. 2, Art. 24 DSGVO nachweisen können, dass die Auftragsverarbeitung DSGVO-konform durchgeführt wird (siehe Abschnitt 1.4 Was heißt Verantwortung organisatorisch).[22] Kern seiner Dokumentation wird eine Risikobewertung und die Beurteilung des technischen Datenschutzniveaus nach Art. 32, 28 DSGVO sein.

13.7 Exkurs: Soziale Medien in Kitas

In Kindertageseinrichtungen werden mitunter durch die Einrichtung oder durch einzelne Mitarbeiter soziale Medien zur Kommunikation mit den Eltern bzw. untereinander

---

22 Hilfreich kann hier die CHECKLISTE für AV-Vertragsprüfungen des Bayerischen Landesbeauftragten für den Datenschutz sein: https://www.datenschutz-bayern.de/technik/orient/oh_auftragsverarbeitung.pdf.

genutzt. *Soziale Medien* sind Web-Dienste, die den Nutzern anbieten, sich zu vernetzen und digital miteinander zu kommunizieren. Zu ihnen zählen soziale Netzwerke (z.B. Facebook, G+_Google Plus), Instant Messenger (z.B. WhatsApp, Telegram, Slack, Threema), Instagram (zum Teilen von Fotos) und Twitter (für Kurznachrichten).[23]

Gleicht man diese Web-Dienste mit den vorstehend erläuterten datenschutzrechtlichen Anforderungen nach § 28 DSGVO, § 80 SGB X ab, wird klar, dass sie diesen nicht genügen. **Sie sind daher für Kita nicht nutzbar. Sie sollten** auf die Nutzung sozialer Medien verzichten, da praktisch immer psbD verarbeitet werden.

Drei zentrale datenschutzrechtliche Verstöße sollen exemplarisch benannt werden:[24]

1. **Verstoß gegen die Auswahlverantwortung des Verantwortlichen** nach § 80 Abs. 2 SGB X, wonach die Sozialdatenverarbeitung nur **im Inland, in einem anderen Mitgliedstaat der EU**, in einem Vertragsstaat des Abkommens über den Europäischen Wirtschaftsraum und die Schweiz (vgl. § 35 Abs. 7 SGB I) oder in einem Drittstaat mit angemessenem Datenschutzniveau erfolgen darf, für den ein Angemessenheitsbeschluss der EU-Kommission nach Art. 45 DSGVO vorliegt. **Anbieter- und Server der** fast aller Anbieter Sozialer Medien liegen jedoch in den USA.

2. **Verstoß gegen Maßnahmen nach Art. 32 (lit. c):** Der Auftragsverarbeiter soll den Verarbeitungsprozess gegen unberechtigte Zugriffe auf psbD von innen wie gegen Angriffe von außen sowie vor allgemeinen Sicherheitsrisiken absichern. **Dem Widerspricht die Möglichkeit offener Registrierung und Nutzung in Sozialen Medien. Weitere** Nutzer können den Kommunikationsgruppen in sozialen Medien leicht beitreten und dort Lese- bzw. Schreibrechte erlangen. Dem Widerspricht auch die Weitergabe von Daten an Dritte etwa über Apps, zu Werbezwecken oder bei Verkauf des Dienstes bzw. Insolvenz.

3. **Verstoß gegen die Sicherstellung des Zwecks der Verarbeitung (Art. 28 Abs. 1 S. 1 DSGVO):**
   - **durch Sammlung von Metadaten.** Anbieter sozialer Medien sammeln im Hintergrund Daten, um diese dann zu analysieren und kommerziell zu nutzen. So wird zu Beispiel die Nummer des Empfängers einer WhatsApp-Nachricht, der Standort des Smartphones, der Zeitpunkt der Kommunikation etc. erfasst, in die USA transferiert und verwertet.
   - **Durch Übertragung von Nutzungs- und Verwertungsrechten an hochgeladenen Daten:** Anbieter sozialer Medien lassen sich an allen hochgeladenen Daten (Text, Foto, Video etc.) Nutzungsrechte einräumen. Dies ist mit dem Sozialgeheimnis (§ 35 SGB I) unvereinbar.

---

23 Zum Folgenden siehe Holand, Reichert-Garschhammer, Lorenz, KitaApps – Apps und Softwarelösungen für mittelbare pädagogische Aufgaben in der Kita, des Staatsinstitut für Frühpädagogik, München, S. 56; https://www.datenschutzzentrum.de/uploads/blauereihe/blauereihe-soziale-netzwerke.pdf, insbes. S. 9 f.

24 Vgl. zum Folgenden Holand, Reichert-Garschhammer, Lorenz, KitaApps – Apps und Softwarelösungen für mittelbare pädagogische Aufgaben in der Kita, des Staatsinstitut für Frühpädagogik, München, S. 56; https://www.datenschutzzentrum.de/uploads/blauereihe/blauereihe-soziale-netzwerke.pdf, insbes. S. 9 f.

13.8 Hinweise zur Einrichtungswebsite

Kindertageseinrichtungen haben heute durchweg ihre eigene Homepage, um ihre Einrichtung, ihre Konzeption und ihre Arbeit interessierten Eltern präsentieren zu können. Eine Website führt technisch zwangsläufig zur Verarbeitung von Daten des Nutzers, selbst wenn er die Website der Kita nur informatorisch besucht. Um technisch die Verbindung zwischen Kitawebsite und Nutzer aufbauen und die Website sichtbar machen zu können, müssen vom aufrufenden Rechner der Nutzers Daten erhoben werden. Typischerweise sind dies folgende:

1. Informationen über den Browsertyp und die verwendete Version.
2. Das Betriebssystem des Nutzers.
3. Den Internet-Service-Provider des Nutzers.
4. Die IP-Adresse des Nutzers.
5. Datum und Uhrzeit des Zugriffs.
6. Websites, von denen das System des Nutzers auf ihre Internetseite gelangt.
7. Websites, die vom System des Nutzers über ihre Website aufgerufen werden.

Die Liste müssen Sie für ihre Website überprüfen und nichtzutreffende Daten entfernen, bzw. fehlende ergänzen. Zudem müssen Sie nachfragen, welche der Daten in den Logfiles Ihres Systems gespeichert werden.

In der Datenschutzerklärung der Kitawebsite muss darüber aufgeklärt werden, welche Daten des Nutzers verarbeitet werden und darüber hinaus die Informationen nach Art. 13 DSGVO bereitgestellt werden. Welche Informationen auf der Website über die o.g. technischen Mindestinformationen hinaus erhoben werden, hängt von der individuellen Gestaltung der Website ab. Als Grundlage einer einfachen rein informatorischen (statischen) Website kann folgendes Muster einer Datenschutzerklärung dienen. Hierbei wurde unterstellt, dass Sie keine Cookies und Social-Media-Plugins (Twitter Vogel; Facebook F,.) einsetzen und keine Websiteanalysedienste (z.B. google analytics, Matomo Analytics,…) nutzen. Es handelt sich also um eine rein informatorische Website bei der lediglich als zusätzliche Funktionalität ein Kontaktformular berücksichtigt wird.[25]

---

[25] Als Grundlage auch für zusätzliche Funktionalitäten kann das sehr gute praxisorientierte Arbeitspapier Musterdatenschutzerklärung für Websitebetreiber nach den Vorgaben der DSGVO von Professor Dr. Thomas Hoeren zusammen mit Mitarbeitern der Forschungsstelle Recht des DFN-Vereins herangezogen werden, das auch für vorliegendes Muster genutzt wurde: https://www.uni-muenster.de/Jura.itm/hoeren/itm/wp-content/uploads/Musterdatenschutzerk%C3 %A4rung-nach-der-DSGVO.docx

Muster: Datenschutzerklärung für die Website einer Kita nach den Vorgaben der Datenschutzgrundverordnung (DSGVO)

I. Einleitung[26]

Der Schutz Ihrer personenbezogenen Daten ist der Kindertageseinrichtung ..... ein wichtiges Anliegen. Wir beachten die gesetzlichen Vorschriften zum Datenschutz und zur Datensicherheit.

Nachfolgend erhalten Sie Informationen darüber, welche personenbezogenen Daten wir bei der Nutzung unseres Internetangebots unter https://www .... (»Website«) und der Inanspruchnahme der darin enthaltenen Dienste und Funktionen erheben und wie wir diese zu welchen Zwecken verwenden. Darüber hinaus unterrichten wir Sie über die Rechtsgrundlage für die Verarbeitung Ihrer Daten und, soweit die Verarbeitung zur Wahrung unserer berechtigten Interessen erforderlich ist, über unsere berechtigten Interessen.

II. Name und Anschrift des Verantwortlichen

Verantwortlicher gemäß Art. 4 Nr. 7 DSGVO ist:

Evangelischer Verbund zum Betrieb evangelischer Tageseinrichtungen und Familienzentren im Kirchenkreis [Name]

Pfarrer-Schmitz-Str. 9

[Plz. Stadt]

Telefon: ....

Telefax: ....

E-Mail: ....

Vertreten durch:

Geschäftsführer

Pfarrer .... [Name]

III. Optional: Name und Anschrift des Datenschutzbeauftragten

Der Datenschutzbeauftragte des Verantwortlichen ist:

Sollten Sie Fragen zum Datenschutz haben, so wenden Sie sich bitte per E-Mail oder telefonisch an das Büro der Datenschutzbeauftragten (................. de), Telefon: ....

[Kontaktdaten des Datenschutzbeauftragten reichen, wenn ein solcher aufgrund von Art. 37 DSGVO bestellt wurde. Der Name ist nicht zwingend notwendig, es reicht dessen Anschrift (postalische oder brieflich) zur Verfügung zu stellen, also etwa »Datenschutzbeauftragter, c/o ...« oder per E-Mail Datenschutzbeauftragter@unternehmen. de.][27]

---

26 Eine solche Einleitung ist gesetzlich nicht vorgeschrieben.
27 Vgl. Knyrim, in: Ehmann/Selmayr, Datenschutz-Grundverordnung, 2017, Art. 13 Rdn. 25.

IV. Allgemeines zur Datenverarbeitung
Umfang der Verarbeitung personenbezogener Daten

Wir erheben und verwenden personenbezogene Daten unserer Nutzer nur, soweit dies zur Bereitstellung einer funktionsfähigen Website sowie unserer Inhalte und Leistungen erforderlich ist. Ihre Verarbeitung erfolgt grundsätzlich nur nach Einwilligung des Nutzers, es sei denn eine vorherige Einholung ist aus tatsächlichen Gründen nicht möglich und ihre Verarbeitung ist gesetzlich erlaubt.

Rechtsgrundlage für die Verarbeitung personenbezogener Daten

Nach Art. 13 Abs. 1 lit. c DSGVO haben wir Sie auch über die Rechtsgrundlagen für Datenverarbeitungen auf unserer Website und die Zwecke der jeweiligen Datenverarbeitung zu informieren. Die Datenverarbeitungen auf unserer Website sind aufgrund folgender Rechtsgrundlagen erlaubt:

Gemäß Art. 6 Abs. 1 S. 1 lit. a DSGVO ist eine Datenverarbeitung rechtmäßig, wenn die betroffene Person ihre Einwilligung zu der Verarbeitung der sie betreffenden personenbezogenen Daten für einen oder mehrere bestimmte Zwecke gegeben hat.

Gemäß Art. 6 Abs. 1 S. 1 lit. b DSGVO ist eine Datenverarbeitung rechtmäßig, wenn sie für die Erfüllung eines Vertrags, dessen Vertragspartei die betroffene Person ist, oder zur Durchführung vorvertraglicher Maßnahmen, die auf Anfrage der betroffenen Person erfolgen, erforderlich ist.

Gemäß Art. 6 Abs. 1 S. 1 lit. f DSGVO ist eine Datenverarbeitung auch dann rechtmäßig, wenn sie zur Wahrung berechtigter Interessen des Verantwortlichen oder eines Dritten erforderlich ist, sofern nicht die Interessen oder Grundrechte und Grundfreiheiten der betroffenen Person, die den Schutz personenbezogener Daten erfordern, überwiegen, insbesondere dann, wenn es sich bei der betroffenen Person um ein Kind handelt.

Wir verweisen im Folgenden auf diese drei Rechtsgrundlagen jeweils bei der einschlägigen Datenverarbeitung.

V. Datenlöschung und Speicherdauer

Die personenbezogenen Daten der betroffenen Person werden gelöscht oder gesperrt, sobald der Zweck der Speicherung entfällt. Eine Speicherung kann darüber hinaus erfolgen, wenn dies durch den europäischen oder nationalen Gesetzgeber in unionsrechtlichen Verordnungen, Gesetzen oder sonstigen Vorschriften, denen der Verantwortliche unterliegt, vorgesehen wurde. Eine Sperrung oder Löschung der Daten erfolgt auch dann, wenn eine durch die genannten Normen vorgeschriebene Speicherfrist abläuft, es sei denn, dass eine Erforderlichkeit zur weiteren Speicherung der Daten für einen Vertragsabschluss oder eine Vertragserfüllung besteht.

VI. Bereitstellung der Website[28]

Wir erfassen und speichern die Ihrem Computer zugewiesene IP-Adresse, um die von Ihnen abgerufenen Inhalte unserer Website an Ihren Computer zu übermitteln (z.B. Texte, Bilder, Artikel sowie zum Download bereit gestellte Dateien etc.). Für den Zweck der Kommunikation mit unserer Website wird Ihre ungekürzte IP-Adresse nur für die Dauer des Besuchs unserer Website verarbeitet und gespeichert und anschließend automatisch gelöscht.

Die Rechtsgrundlage ist insoweit Art. 6 Abs. 1 lit. b DSGVO.

VII. Kontaktformular und E-Mail-Kontakt

Beschreibung und Umfang der Datenverarbeitung

Auf unserer Internetseite ist ein Kontaktformular vorhanden, welches für die elektronische Kontaktaufnahme genutzt werden kann. Nimmt ein Nutzer diese Möglichkeit wahr, so werden die in der Eingabemaske eingegeben Daten an uns übermittelt und gespeichert. Diese Daten sind:

Name, E-Mail-Adresse des Nutzers und die Nachricht selbst, die er an uns senden möchte[29].

Zum Zeitpunkt der Absendung der Nachricht werden zudem folgende Daten gespeichert:

IP-Adresse des Nutzers, Datum und Uhrzeit der Nachricht[30]

Für die Verarbeitung der Daten wird im Rahmen des Absendevorgangs Ihre Einwilligung eingeholt und auf diese Datenschutzerklärung verwiesen.

Alternativ ist eine Kontaktaufnahme über die bereitgestellte E-Mail-Adresse möglich. In diesem Fall werden die mit der E-Mail übermittelten personenbezogenen Daten des Nutzers gespeichert.

Es erfolgt in diesem Zusammenhang keine Weitergabe der Daten an Dritte. Die Daten werden ausschließlich für die Verarbeitung der Konversation verwendet.

Rechtsgrundlage für die Datenverarbeitung

Rechtsgrundlage für die Verarbeitung der Daten ist bei Vorliegen einer Einwilligung des Nutzers Art. 6 Abs. 1 lit. a DSGVO.

Rechtsgrundlage für die Verarbeitung der Daten, die im Zuge einer Übersendung einer E-Mail übermittelt werden, ist Art. 6 Abs. 1 lit. f DSGVO. Zielt der E-Mail-Kontakt auf den Abschluss eines Vertrages ab, so ist zusätzliche Rechtsgrundlage für die Verarbeitung Art. 6 Abs. 1 lit. b DSGVO.

---

28 Abhängig von den erfassten Informationen (Browsertyp einschl. verwendeter Version; Betriebssystem des Nutzers; Internet-Service-Provider des Nutzers; Datum und Uhrzeit des Zugriffs etc.) sowie der Speicherung dieser Daten in logfiles ist der Text zu variieren. Muster finden Sie in der Musterdatenschutzerklärung für Websitebetreiber nach den Vorgaben der DSGVO von Professor Dr. Thomas Hoeren zusammen mit Mitarbeitern der Forschungsstelle Recht des DFN-Vereins, die auch für vorliegendes Muster genutzt wurde: https://www.uni-muenster.de/Jura.itm/hoeren/itm/wp-content/uploads/Musterdatenschutzerk%C3 %A4rung-nach-der-DSGVO.docx

29 Ist je nach den Kategorien erfasster Daten zu anzupassen.

30 Ist je nach den erfassten Daten ggf. anzupassen.

Zweck der Datenverarbeitung

Die Verarbeitung der personenbezogenen Daten aus der Eingabemaske dient uns allein zur Bearbeitung der Kontaktaufnahme. Im Falle einer Kontaktaufnahme per E-Mail liegt hieran auch das erforderliche berechtigte Interesse an der Verarbeitung der Daten.

Die sonstigen während des Absendevorgangs verarbeiteten personenbezogenen Daten dienen dazu, einen Missbrauch des Kontaktformulars zu verhindern und die Sicherheit unserer informationstechnischen Systeme sicherzustellen.

Dauer der Speicherung

Die Daten werden gelöscht, sobald sie für die Erreichung des Zweckes ihrer Erhebung nicht mehr erforderlich sind. Für die personenbezogenen Daten aus der Eingabemaske des Kontaktformulars und diejenigen, die per E-Mail übersandt wurden, ist dies dann der Fall, wenn die jeweilige Konversation mit dem Nutzer beendet ist. Beendet ist die Konversation dann, wenn sich aus den Umständen entnehmen lässt, dass der betroffene Sachverhalt abschließend geklärt ist.

Die während des Absendevorgangs zusätzlich erhobenen personenbezogenen Daten werden spätestens nach einer Frist von sieben Tagen gelöscht.

Widerspruchs- und Beseitigungsmöglichkeit

Der Nutzer hat jederzeit die Möglichkeit, seine Einwilligung zur Verarbeitung der personenbezogenen Daten zu widerrufen. Nimmt der Nutzer per E-Mail Kontakt mit uns auf, so kann er der Speicherung seiner personenbezogenen Daten jederzeit widersprechen. In einem solchen Fall kann die Konversation nicht fortgeführt werden.

[Beschreibung, auf welche Weise der Widerruf bzw. Widerspruch ermöglicht wird.]

Alle personenbezogenen Daten, die im Zuge der Kontaktaufnahme gespeichert wurden, werden in diesem Fall gelöscht.

VIII. Änderungen dieser Datenschutzerklärung

Die Weiterentwicklung des Internets und unseres Internetangebots kann sich auch auf den Umgang mit personenbezogenen Daten auswirken. Wir behalten uns deshalb vor, diese Datenschutzerklärung künftig im Rahmen der geltenden Datenschutzgesetze zu ändern und ggf. an geänderte Datenverarbeitungsrealitäten anzupassen. Wir empfehlen Ihnen deshalb, unsere Website von Zeit zu Zeit zu besuchen, um etwaige Aktualisierungen unserer Datenschutzerklärung zur Kenntnis zu nehmen.

IX. Rechte der betroffenen Person

Werden personenbezogene Daten von Ihnen verarbeitet, sind Sie Betroffener i. S. d. DSGVO und es stehen Ihnen folgende Rechte gegenüber dem Verantwortlichen zu:

Auskunftsrecht

Sie haben das Recht, jederzeit Auskunft über die zu Ihrer Person gespeicherten Daten zu erhalten. Sollten Sie Auskunft über die zu Ihrer Person gespeicherten Daten wünschen oder Sie darüber hinaus Fragen zum Datenschutz bei uns haben, können Sie sich entweder postalisch [Ansprechpartner mit Kontaktdaten], oder per E-Mail: ...., Telefon .... mit uns in Verbindung setzen.

Weitere Rechte der Betroffenen

Ihnen stehen als Betroffener weitere folgende Rechte gegen uns zu:

Recht auf Berichtigung der Sie betreffenden unrichtigen personenbezogenen Daten nach Art. 16 DGSVO;

Recht auf unverzügliche Löschung (»Recht auf Vergessenwerden«) der Sie betreffenden personenbezogenen Daten beim Vorliegen der rechtlichen Gründe nach Art. 17 DSGVO. Diese rechtlichen Gründe liegen unter anderem vor, wenn die personenbezogenen Daten für die Zwecke, für die sie ursprünglich erhoben/verarbeitet worden sind, nicht mehr notwendig sind, wenn Sie Ihre Einwilligung widerrufen haben und es an einer anderweitigen Rechtsgrundlage für die Verarbeitung fehlt oder wenn Sie Widerspruch gegen die Verarbeitung einlegen und keine vorrangigen Gründe für eine Verarbeitung vorliegen;

Recht auf Einschränkung der Verarbeitung beim Vorliegen der Voraussetzungen und nach Maßgabe von Art. 18 DSGVO. Danach kann die Verarbeitung unter anderem eingeschränkt werden, wenn die Verarbeitung unrechtmäßig ist und Sie die Löschung der personenbezogenen Daten ablehnen und stattdessen die Einschränkung der Nutzung der personenbezogenen Daten verlangen oder wenn Sie Widerspruch gegen die Verarbeitung gemäß Art. 21 Abs. 1 DSGVO eingelegt haben, solange noch nicht feststeht, ob unsere berechtigten Gründe gegenüber Ihren überwiegen;

Recht auf Widerspruch gegen die Datenverarbeitung nach Art. 21 DSGVO bezüglich Sie betreffender Daten, die nach Art. 6 Abs. 1 lit. e oder f DSGVO erfolgt; dies gilt auch für ein auf diese Bestimmungen gestütztes Profiling. Wir verarbeiten die personenbezogenen Daten sodann nicht mehr, es sei denn, wir können zwingende schutzwürdige Gründe für die Verarbeitung nachweisen, die Ihre Interessen, Rechte und Freiheiten überwiegen, oder die Verarbeitung dient der Geltendmachung, Ausübung oder Verteidigung von Rechtsansprüchen;

Recht auf Datenübertragbarkeit nach Art. 20 DSGVO. Sie haben hierbei das Recht, die Sie betreffenden Daten, die Sie uns bereitgestellt haben, in einem gängigen, strukturierten und maschinenlesbaren Format zu erhalten und diese Daten an einen anderen Verantwortlichen, etwa einem anderen Dienstleister, zu übergeben. Voraussetzung ist hierfür, dass die Verarbeitung auf einer Einwilligung beruht.

Beschwerderecht bei einer Aufsichtsbehörde

Sie haben das Recht, jederzeit Beschwerde bei einer Aufsichtsbehörde einzulegen, insbesondere bei einer Aufsichtsbehörde in dem Mitgliedstaat Ihres Aufenthaltsorts, Ihres Arbeitsplatzes oder des Orts des mutmaßlichen Verstoßes, wenn Sie der Ansicht sind, dass die Verarbeitung der Sie betreffenden personenbezogenen Daten gegen die DSGVO verstößt.

Für die Kindertagesstätte .... ist folgende Datenschutzbehörde zuständig: ....

Stand dieser Datenschutzerklärung: [Datum]

Die Datenschutzerklärung setzen sie als **Link »Datenschutz«** in die Fußnote ihrer Website. Denn Art. 13 Abs. 1 DSGVO verlangt die Information des Betroffenen zum Zeitpunkt der Erhebung seiner Daten.

Websites von Kindertageseinrichtungen werden durchweg auf Web-Servern von gewerblichen **Webhostern** gehostet. Wenn sich dessen Tätigkeit auf das Anbieten des bloßen Internet-Zugangsdienstes (Zugangsvermittlung, Datentransportleistung, Web Hosting ohne weitere Leistungen mit personenbezogenen Daten) beschränkt, es sich also um eine statische Website handelt, ist er kein Auftragsdatenverarbeiter, sodass sie keinen **Auftragsdatenverarbeitungsvertrag** mit ihm abschließen müssen.

Wenn er weitere Leistungen wie das Entgegennehmen und Archivieren von Kundenmails, Kontaktformulareintragungen auf der Website, Tracking des Verhaltens der Websitenutzer usw. erbringt, also eine dynamische Website vorliegt, müssen sie mit ihm einen solchen Vertrag nach Art. 28 DSGVO abschließen.[31] Fast alle Webhoster bieten entsprechende Vertragsmuster und Informationen auf ihrer Homepage an.

---

31 Ein Muster nach Art. 28 DSGVO unter: https://www.gdd.de/downloads/praxishilfen/gdd-praxishilfe_4_muster_auftragsverarbeitung.

14 Sicherstellung der Betroffenenrechte (Art. 15 ff. DSGVO)

Die Datenschutzgrundverordnung (Art. 12–23), das KDG (§§ 17–25) und die DSG-EKD (§§ 19–25) räumen gleichlautend betroffen Personen zum Schutz ihres informationellen Selbstbestimmungsrechts umfangreiche Rechte unmittelbar gegenüber dem Verantwortlichen ein.[1] Die Informationspflichten bei Erhebung von personenbezogenen Daten (Art. 12–14 DSGVO) haben wir im sachlichen Zusammenhang mit der Befugnis zur Datenerhebung im Abschnitt 2.3 erläutert. Zu den weiteren Betroffenenrechten zählen das Recht auf Auskunft (Art. 15 DSGVO), auf Berichtigung (Art. 16, 19 DSGVO), auf Datenübertragbarkeit (Art. 20 DSGVO), das Widerspruchsrecht (Art. 7 und 21 DSGVO) und das auf Einschränkung der Verarbeitung (Art. 18 und 19 DSGVO). Hinzu kommt das Recht auf Löschung von Daten, wozu der Verantwortliche auch von sich aus verpflichtet ist (Art. 17 DSGVO).

Ergänzend ist darauf hinzuweisen, dass Betroffene auch das Recht haben sich mit einer Beschwerde an Datenaufsichtsbehörden zu wenden (Art. 77 DSGVO, 48 KDG, § 46 DSG-EKD), einen Verantwortlichen mit dem Ziel zu verklagen, dass eine weitere Datenschutzverletzung unterbleibt bzw. der Verantwortliche Schadensersatz zu leisten hat (Art. 82 DSGVO, § 50 KDG, § 48 DSG-EKD); Strafantrag zu stellen oder sich an den Datenschutzbeauftragten des Trägers bzw. Verbraucherschutzverbände (Art. 80 Abs. 1 DSGVO) zu wenden.

14.1 Recht auf Auskunft (Art. 15 DSGVO)

Das Auskunftsrecht ist zusammen mit dem Löschungsanspruch im Kitaalltag das mit Abstand wichtigste Betroffenenrecht. Das Auskunftsrecht soll es der betroffenen Person ermöglichen, sich einen Überblick zu den über sie verarbeiteten personenbezogenen Daten zu verschaffen, um so die Rechtmäßigkeit der Verarbeitung dieser Daten überprüfen und ihre Datenschutzrechte effektiv ausüben zu können.

Verlangt eine betroffene Person Auskunft darüber, ob und wenn ja, welche personenbezogenen Daten ein Verantwortlicher über sie verarbeitet, muss dieser im **Negativfall** eine Negativauskunft[2] erteilen und sie im **Positivfall** darüber informieren, welche Daten über sie verarbeitet werden. Der Auskunftsanspruch ist weit zu verstehen und umfasst auch bloße Gesprächsvermerke sowie Telefonnotizen.[3] Im Einzelnen muss der Verantwortliche sie über folgende Punkte informieren:

---

1 Das Recht auf Vergessen werden (Art. 17 Abs. 2 DSGVO) und das Recht, nicht einer automatisierten Entscheidung im Einzelfall einschließlich Profiling (Art. 22 Abs. 1 DSGVO) unterworfen zu werden, werden im Folgenden nicht erläutert, da sie für Kitas kaum relevant sein werden. Gleiches gilt für das Recht auf Datenübertragbarkeit (Art. 20 DSGVO), da sich das Recht nur auf solche Daten bezieht, welche die betroffene Person dem »Verantwortlichen bereitgestellt« hat.
2 Vgl. AG Lehrte, Beschl. v. 03.02.2021 – Az.: 9 C 139/20.
3 So LG Köln, Urt. v. 11.11.2020 – Az.: 23 O 172/19.

> **Checkliste: Umfang der Auskunft Art. 15 Abs. 1 DSGVO[4]**
> - Die **Zwecke** der Verarbeitung.
> - Die **verarbeiteten Daten** (Aufzählung der Datenkategorien genügt).
> - Nennung der **Empfänger** (Kategorien von Empfängern genügen), denen der Verantwortliche die Daten offenlegt oder offenlegen wird.
> - Die **Speicherdauer** der personenbezogenen Daten. Falls die noch nicht feststeht, sind die Kriterien für die Dauer der Speicherung offenzulegen (Löschkonzept).
> - Auf die **Betroffenenrechte** der Berichtigung (Art. 16 DSGVO), der Löschung (Art. 17 DSGVO), der Einschränkung (Art. 18 DSGVO) und des Widerspruchs (Art. 21 DSGVO) sowie auf das Beschwerderecht bei einer Aufsichtsbehörde (Art. 77 DSGVO) ist hinzuweisen.
> - Die **Herkunft der Daten** ist offenzulegen, wenn der Verantwortliche sie nicht direkt bei der betroffenen Person erhoben hat.

Auskunft ist über schon **vorhandene Daten** zu erteilen, also insbesondere über die zur Entwicklung und das Verhalten des Kindes erhobenen. Das Auskunftsrecht beinhaltet nicht das Recht Daten erst noch zu erheben, also in Trennungssituationen Einschätzungen über Eltern und ihre Beziehung oder über die Art, wie das Kind die Trennungssituation der Eltern verkraftet, vorzunehmen, um dann hierüber Auskunft geben zu können.

Auskunft ist »**über**« Daten zu erteilen und **nicht** »**in**« sie Einsicht zu geben. Das Auskunftsrecht gewährt also kein Einsichtsrecht in Unterlagen, Dateien und Akten.[5] Ein **Akteneinsichtsrecht** gem. § 25 SGB X steht Sorgeberechtigten in Kindertageseinrichtungen **nicht** zu, da sie Kinder fördern und kein Verwaltungsverfahren nach § 8 SGB X führen.[6] Es steht der Kitaleitung natürlich frei, Eltern in geeigneten Fällen Einsicht zu gewähren, wobei darauf zu achten ist, dass dabei die Rechte und Freiheiten anderer Personen nicht beeinträchtigt werden und die Datensicherheit gewährleistet bleibt.

Der Verantwortliche sollte eine Auskunftserteilung nach Art. 15 DSGVO angemessen **dokumentieren**.

Der Antrag ist **formlos** möglich. Wird er per E-Mail gestellt, wäre eine eindeutige Zuordnung der E-Mail-Adresse zur auskunftsberechtigten Person vorzunehmen (EG 64), was nicht möglich ist. Daher ist von einer E-Mail-Antwort grundsätzlich abzusehen und die Auskunft einschließlich einer eventuellen Datenkopie an die Postadresse zu versenden.

Der Verantwortliche muss der betroffenen Person auch eine **Kopie** der personenbezogenen Daten, die Gegenstand der Verarbeitung sind, zur Verfügung stellen (Art. 15 Abs. 3 DSGVO). Nur die verarbeiteten Daten sind zu kopieren, nicht etwa die gesamte (E-Mail-)Korrespondenz. Die erste Überlassung einer solchen Kopie ist unentgeltlich.

»*Das Recht auf Erhalt einer Kopie [...] darf die **Rechte und Freiheiten anderer Personen** nicht beeinträchtigen*« (Art. 15 Abs. 4 DSGVO). Die mit der Kopie zur Verfügung gestellten

---

4 Auskünfte zu Art. 15 Abs. 1 lit h DSGVO (automatisierter Entscheidungsfindung) sowie Art. 15 Abs. 2 DSGVO (Schutzgarantien bei Übermittlung in Drittländer) wurden nicht berücksichtigt.
5 So griffig Kunkel, in: ders., LPK-SGB VIII, [7]2018, § 61 Rdn. 251; anders wohl Hoffmann, in: Münder u.a., Frankfurter Kommentar SGB VIII, [8]2019, Vor Kap. 4 Rdn. 45, 105, die einen zivilrechtlichen Anspruch auf Akteneinsicht bejaht. Die dort zitierte Rspr. rechtfertigt einen solchen jedoch nicht.
6 Siehe hierzu Kunkel, in: ders., LPK-SGB VIII, [7]2018, Anhang 5 Rdn. 1, 21.

Daten sind daher grundsätzlich auf diejenige Person zu beschränken, die ihr Recht nach Art. 15 DSGVO geltend macht (z.B. durch Schwärzen oder Rauslöschen).

Das Auskunftsrecht nach Art. 15 DSGVO kann zu erheblichem Aufwand und Kosten führen, zumal auch keine Einschränkung für den Fall besteht, dass die betroffene Person die zu erteilenden Auskünfte bereits hat. § 83 Abs. 2 S. 2 SGB X schränkt die Auskunftspflicht für Sozialdaten, die nicht automatisiert oder in nichtautomatisierten Dateisystemen gespeichert sind, dahin ein, dass sie »*nur erteilt [werden muss], soweit die betroffene Person Angaben macht, die das Auffinden der Daten ermöglichen, und der für die Erteilung der Auskunft erforderliche Aufwand nicht außer Verhältnis zu dem von der betroffenen Person geltend gemachten Informationsinteresse steht.*« Zudem besteht nach §§ 83 Abs. 1 Nr. 1 i.V.m. § 82a Abs. 1 Nr. 1a SGB X kein Auskunftsrecht, »*soweit die Erteilung der Information die ordnungsgemäße Erfüllung der in der Zuständigkeit des Verantwortlichen liegenden Aufgaben gefährden würde*«. Dies betrifft die Fälle einer Kindeswohlgefährdung, in denen nach § 8a Abs. 4 SGB VIII »*die Erziehungsberechtigten sowie das Kind oder der Jugendliche*« nicht »*in die Gefährdungseinschätzung einbezogen werden*«, weil »*hierdurch der wirksame Schutz des Kindes oder Jugendlichen in Frage gestellt wird*«.

Es ist also zu empfehlen, die kitainternen Prozesse und Strukturen darauf zu überprüfen, dass grundsätzlich der Auskunftspflicht genügt werden kann.

Beispiel 1
Eltern verlangen unmittelbare Einsicht in die Akten ihres Kindes und Einsicht in die Daten, die die Einrichtungs- sowie die Gruppenleitung in ihren Computern gespeichert haben.

Eltern können sich bei Ihnen informieren, welche Daten über sie und ihr Kind in der Kita gespeichert werden. Als Personensorgeberechtigte können sie das Auskunftsrecht für ihre Kinder wahrnehmen. Der Auskunftsanspruch ergibt keinen Anspruch auf unmittelbare Einsicht in die von Ihnen verarbeiteten Daten (Unterlagen- oder Dateieinsicht am PC).

Beispiel 2
Eltern verlangen von Ihnen eine Kopie der Kinderakte (Bildungsdokumentation und Portfolio). Den Eltern steht ein Recht auf Erhalt einer Kopie zu. Dies darf zwar die Rechte und Freiheiten anderer Personen nicht beeinträchtigen (Art. 15 Abs. 4 DSGVO). Allerdings werden Sie sich ohnehin eine Einwilligung der anderen Eltern eingeholt haben müssen, wenn sich z.B. Bilder mit anderen Kindern in diesen Unterlagen befinden.

Beispiel 3
Eltern verlangen Mitteilung, an welche Stellen Informationen über das Kind weitergegeben wurden. Dieses Auskunftsverlangen ist berechtigt. Es dürfte in der Regel auch nicht sonderlich viele Daten umfassen, da die Auskunft nicht die anonymen statistischen Meldungen an Kommunen und Landesbehörden betrifft.

Beispiel 4
Eltern verlangen einen Ausdruck der in Ihrem Computer über das Kind gespeicherten Daten. Ein Ausdruck ist hier nichts anderes als eine Kopie, die die Eltern verlangen können.

Beispiel 5
Eltern verlangen während des Kitajahrs die Bildungsdokumentation ihres Kindes mit nach Hause zu nehmen, um sie in Ruhe durchlesen und mit dem Logopäden durchsprechen zu können. Eltern haben einen Anspruch auf eine Kopie und nicht die Originaldokumente. Sie sollten Originale – auch bei einem guten Verhältnis – den Eltern nicht mitgeben, denn es ist oft überraschend, wann man was zurückbekommt.

Wem steht das Auskunftsrecht zu?

- Das Auskunftsrecht steht der **allein sorgeberechtigten** Mutter zu

Beispiel 6
Der leibliche, aber mit der Mutter nicht verheiratete, Vater verlangt bei Ihnen im Büro Auskunft über die Entwicklung seiner Tochter Emilie. Zu Recht?
Nach § 1626a Abs. 1 BGB »*Elterliche Sorge nicht miteinander verheirateter Eltern; Sorgeerklärungen*« gilt Folgendes:
»*(1) Sind die Eltern bei der Geburt des Kindes nicht miteinander verheiratet, so steht ihnen die elterliche Sorge gemeinsam zu,*
1. *wenn sie erklären, dass sie die Sorge gemeinsam übernehmen wollen (Sorgeerklärungen),*
2. *wenn sie einander heiraten oder*
3. *soweit ihnen das Familiengericht die elterliche Sorge gemeinsam überträgt.*«

Um als leiblicher, aber nicht mit der Mutter verheirateter Vater gegenüber der Kita Auskunftsansprüche geltend machen zu können, muss er also vorlegen:
- entweder eine Sorgeerklärung, aus der sich ergibt, dass er das Sorgerecht gemeinsam mit der Mutter des Kindes ausübt;
- oder ein Urteil/einen Beschluss des Familiengerichts, aus dem sich ergibt, dass er das Sorgerecht mit der Mutter gemeinsam ausübt.

Wenn Frauen allein ein Kind bei Ihnen anmelden, sollten Sie nach der sorgerechtlichen Situation fragen.[7] Die Mutter muss Ihnen mitteilen, ob der Vater des Kindes auch sorgeberechtigt ist. Dann sollten Sie sich entweder die Sorgeerklärung oder die gerichtliche Entscheidung zeigen lassen und dies in der Akte des Kindes vermerken.

---

7   Vgl. Barth, Datenschutz in der Kita, 2018, S. 17 f., dort auch zum Folgenden.

- Das Auskunftsrecht steht **getrenntlebenden** Eltern zu[8]

> **Beispiel 7**
> Die Ehefrau eines sich mit vielen Konflikten trennenden Paares verlangt von Ihnen, dem Vater keine Auskünfte mehr zu erteilen.
> Wenn Eltern miteinander verheiratet sind oder waren und nun getrennt leben, haben beide das gemeinsame Sorgerecht so lange bis das Familiengericht eine anderslautende Entscheidung trifft.
> Das bedeutet, dass beide Eltern gegenüber der Kita ihren Auskunftsanspruch geltend machen können und sie beide Elternteile über die Entwicklung ihres Kindes informieren müssen. Der Umstand, dass die Eltern getrennt leben, spielt keine Rolle.

> **Beispiel 8**
> Die Ehefrau des vorhergehenden Beispiels behauptet nach der konfliktreichen Trennung, dem Vater dürften keine Auskünfte mehr erteilt werden, da das Familiengericht ihr allein das Sorgerecht zugesprochen habe.
> »Das gemeinsame Sorgerecht gilt so lange, bis Ihnen ein Elternteil einen Beschluss des Familiengerichts vorlegt, aus dem sich ergibt, dass das Sorgerecht einem Elternteil allein zugesprochen wurde oder die Informationsrechte eines Elternteils eingeschränkt wurden.« Dann dürfen Sie dem unterlegenen Elternteil keine Auskunft mehr erteilen. »Dies kommt aber nur in Ausnahmefällen vor. In der Regel bleibt es beim gemeinsamen Sorgerecht.« Sie dürfen daher, solange Ihnen ein Elternteil nicht eine gegenteilige Gerichtsentscheidung vorlegt, »darauf vertrauen, dass das gemeinsame Sorgerecht weiterhin besteht.« Weisen Sie die Frau auf diese Rechtslage hin.

14.2 Recht auf Berichtigung (Art. 16 DSGVO)

Sind personenbezogene Daten falsch oder unvollständig, kann die betroffene Person deren unverzügliche Berichtigung oder die Vervollständigung ihrer Daten verlangen, Letzteres soweit dies im Hinblick auf die jeweiligen Verarbeitungszwecke angemessen ist. Aufgrund des Grundsatzes der Datenrichtigkeit (Art. 5 Abs. 1 lit. d DSGVO) und im wohlverstandenen eigenen Interesse sollten entsprechende Berichtigungen auch vom Verantwortlichen selbst vorgenommen werden. Bei Zweifel an der Richtigkeit von Daten ist deren Verarbeitung während der Kontrolle nach Art. 18 Abs. 1 lit. a DSGVO einzuschränken.

> **Beispiel 9**
> Sie sollten zu Beginn eines neuen Kindergartenjahres bei den Eltern nachfragen, ob die Kontaktdaten insbesondere für Notfälle noch aktuell sind.

---

[8] Die folgenden beiden Beispiele nach Barth, Datenschutz in der Kita, 2018, S. 17 f., dort auch die Zitate.

14.3 Recht auf und Pflicht zur Löschung (Art. 17 DSGVO)

Die betroffene Person hat nach Art. 17 Abs. 1 DSGVO das Recht, von dem Verantwortlichen zu verlangen, die sie betreffenden personenbezogenen Daten unverzüglich zu löschen. Der Verantwortliche ist auch seinerseits verpflichtet, personenbezogene Daten unverzüglich zu löschen, sofern die personenbezogenen Daten für die Zwecke, für die er sie erhoben oder auf sonstige Weise verarbeitet hat, nicht mehr notwendig sind (Art 17 Abs. 1 lit. a DSGVO) oder aber einer der anderen dort aufgelisteten Gründe zutrifft.

Die **wichtigsten Gründe** für eine Löschung in Art. 17 Abs. 1 lit. a bis f DSGVO sind für eine Kita:

- **Erledigung des Zwecks,** d.h. die psbD sind für die Zwecke, für die sie ursprünglich erhoben oder verarbeitet wurden, nicht mehr notwendig.

> **Beispiel 10**
> Eltern aktualisieren die Angaben zu Lebensmittelunverträglichkeiten ihres Kindes. Die alten Angaben sind damit überholt und können gelöscht werden.

- **Widerruf einer Einwilligung,** d.h. der Verantwortliche führt die Verarbeitung aufgrund einer Einwilligung nach Art. 6 Abs. I lit. a DSGVO oder Art. 9 Abs. 2 lit. a DSGVO durch und die betroffene Person hat ihre Einwilligung nach Art. 7 Abs. 3 DSGVO widerrufen. Die auf der Grundlage dieser Einwilligung verarbeiteten Daten sind zu löschen, wenn ihre Verarbeitung nicht auf eine andere Rechtsgrundlage gestützt werden kann.

> **Beispiel 11**
> Beide Eltern sind Sorgeberechtigt. Nun widerruft ein Sorgeberechtigter die Einwilligung für die Fertigung von Fotos.

- **Widerspruch:** Wenn die betroffene Person nach Art. 21 Abs. 1 DSGVO Widerspruch gegen die weitere Verarbeitung ihrer personenbezogenen Daten einlegt, es sei denn es liegen vorrangigen Gründe nach Art. 21 Abs. 1 S. 2 DSGVO vor.
- **Unrechtmäßige Verarbeitung:** Wenn die psbD unrechtmäßig verarbeitet wurden, muss der Verantwortliche diese auf einen Widerspruch des Betroffenen hin löschen.

Art. 17 Abs. 3 DSGVO sieht **mehrere Ausnahmen** von dieser grundsätzlichen Löschpflicht vor, sodass die personenbezogenen Daten der betroffenen Person weiterverarbeitet werden dürfen. Diese wichtigsten Ausnahmen für den Kitabereich sind:

- soweit die Verarbeitung zur Ausübung des Rechts auf freie Meinungsäußerung und Information,
- soweit die weitere Verarbeitung zur Erfüllung einer rechtlichen Verpflichtung,
- sofern die Verarbeitung zur Wahrnehmung einer Aufgabe, die im öffentlichen Interesse liegt,
- soweit dies aus Gründen des öffentlichen Interesses im Bereich der öffentlichen Gesundheit gemäß Art. 9 Abs. 2 lit. h und lit. i DSGVO sowie gemäß Art. 9 Abs. 3 DSGVO,[263]

- soweit dies für Zwecke der Geltendmachung, Ausübung oder Verteidigung von Rechtsansprüchen (Haftungsfälle)

erforderlich ist.

Das bedeutet für eine Kita nun im Kern, dass die Daten immer sofort zu löschen sind, wenn sie nicht mehr zur Betreuung des Kindes benötigt werden, es sei denn die Daten sind aus besonderen Gründen wie z.B. einer Kindeswohlgefährdung (§ 8a SGB VIII), als Buchungsunterlage (10 Jahre), aus steuerlichen Gründen (6 Jahre) oder wegen eines sich abzeichnenden Haftungsfalls (Zivilrecht 3 bzw. 30 Jahre) länger zu verwahren. Nicht ausreichend sind theoretische Haftungsfälle. Erforderlich sind schon konkrete Anhaltspunkte dafür, dass ein Haftungsanspruch geltend gemacht oder Strafanzeige gestellt werden soll.

1. Kindbezogene Unterlagen

Art der Unterlage	Aufbewahrungsfrist	Anmerkungen
Allgemeine personenbezogene Unterlagen der Kinder (Notizen etc.)	Ende des Betreuungsvertrags	Wenn sie nicht schon früher für die Betreuung nicht mehr notwendig und somit zu entsorgen sind (z.B. Notizen)
Beobachtungsbögen (Bildungsdokumentationen)	Ende des Betreuungsvertrags	Beim Übergang in die Schule den Eltern des Kindes aushändigen, sonst vernichten. Wenn die Eltern ihr Einverständnis erklärt haben, kann der letzte Beobachtungsbogen auch an die Grundschule zur Nutzung im Rahmen des Einschulungsverfahrens übermittelt werden.
Portfolios	Ende des Betreuungsvertrags	beim Übergang in die Schule den Eltern des Kindes aushändigen, sonst vernichten
Sprachstandserhebung	3 Monate nach Ende des Betreuungsvertrags	Wenn den Eltern die schriftliche Bestätigung über die Teilnahme ihres Kindes an der Sprachstandserhebung ausgehändigt wurde und sie diese bei der Anmeldung in der zuständigen Schule vorgewiesen haben, können die Unterlagen, soweit kein Sprachförderbedarf festgestellt wurde, in der Kita vernichtet werden. Aus Rechtssicherheitsgründen sollten die Unterlagen bis 3 Monate nach der Einschulung in der Kita aufgehoben werden.

Art der Unterlage	Aufbewahrungsfrist	Anmerkungen
Fotos, Videos, Kinderzeichnungen usw.	Ende des Betreuungsvertrags	In der Regel sind alle Unterlagen des Kindes nach Verlassen der Kita entweder den Eltern auszuhändigen oder zu vernichten. Wenn Fotos von Kindern in der Kita noch weiter aushängen sollen, ist hierfür die Einwilligung der Eltern einzuholen, die so lange aufzubewahren ist, wie die Fotos aushängen dürfen.
Protokolle Entwicklungsgespräche Erzieherinnen/Eltern	Ende des Betreuungsvertrags	
Arztberichte, die die Kita im Rahmen der Integration erhielt und sonstige kindbezogene Unterlagen der Integration	Ende des Betreuungsvertrags	
An- und Abmeldungen zum Kindergarten	3 Jahre ab Ende des Betreuungsvertrags	
Betreuungsverträge	3 Jahre ab Ende des Betreuungsvertrags	
Bewilligte Anträge zur Integration	5 Jahre ab Jahresende der Bewilligung	Aufbewahrungsfrist für Verwendungsnachweis nach Haushaltsordnungen der Länder
Unterlagen über Medikamentenangaben	30 Jahre ab Jahresende der Medikamentation	
Unterlagen und Akten nach § 8a SGB VIII (Kindeswohlgefährdung)[9]	Ende des Betreuungsvertrags Ansonsten bis zur Volljährigkeit des Kindes.	Vernichtung der Dokumentation, wenn nach dem Ergebnis der Gefährdungseinschätzung eine Gefährdung des Kindes nach fachlichem Ermessen auszuschließen war und die Sorgeberechtigten einwilligen.
Anmeldebögen nicht aufgenommener Kinder	2 Monate	Widerspruchs- bzw. Klagefrist 1 Monat nach Zugang des Ablehnungsbescheids

---

9   Näher hierzu bke Information für Erziehungsberatungsstellen 2/12 (https://www.bke.de/content/application/mod.content/1375776425_PDF_Doku_12_2_neu.pdf).

Art der Unterlage	Aufbewahrungsfrist	Anmerkungen
Buchungsunterlagen Mittagessen	10 Jahre	
Unfallunterlagen (Schadensmeldungen)	10 Jahre	Versicherungsunterlagen selbst sowie Unterlagen zu einzelnen Versicherungsfällen verwahrt der Träger 30 Jahre
Erste-Hilfe-Leistungen (Verbandbuch)	5 Jahre (§ 24 Nr. 6 DGUV)	
Protokolle des Rates der Kita (Gremium mit Vertretern der Kita bzw. des Trägers)	5 Jahre	Sie müssen so lange aufbewahrt werden, wie Beschlüsse des Gremiums noch rechtlich von Belang sind. Hierfür empfiehlt es sich pauschal 5 Jahre anzusetzen. Faktisch werden sie aus Interesse an der Einrichtungsgeschichte etc. meist dauerhaft aufbewahrt.
Zustimmungen von Elterngremien zu finanziell relevanten Belangen (z.B. Verpflegungskosten), Aufnahmekriterien, Personalien etc., soweit landesrechtlich vorgesehen	5 Jahre dauernd	Sie müssen so lange aufbewahrt werden, wie Beschlüsse des Gremiums noch rechtlich von Belang sind. Hierfür empfiehlt sich pauschal 5 Jahre anzusetzen. Faktisch werden sie aus Interesse an der Einrichtungsgeschichte etc. oft dauerhaft aufbewahrt.
Handzettel, Einladungen	keine	Solange von sachlicher Relevanz

2. **Elternbeiräte, -versammlungen**, in denen nur Eltern vertreten sind, müssen ihre Unterlagen selbst verwalten.
3. **Bau und Finanzen:** Diese Unterlagen dokumentiert typischerweise der Träger. Hier kommen nur Kontoauszüge eines Kontos der Kindertagesstätte in Betracht, die nunmehr als steuerliche Unterlage 6 Jahre zu verwahren sind.
4. **Betriebsbezogene Unterlagen:** Betriebsbezogene Unterlagen insbes. über finanziellen Zuwendungen des Landes bzw. der Kommunen zum Betrieb einer Kita bewahrt der Träger auf. Als Zuwendungsempfänger hat er nach den Haushaltsordnungen der Länder die Belege fünf Jahre nach Vorlage des Verwendungsnachweises aufzubewahren, sofern nicht nach steuerrechtlichen oder anderen Vorschriften eine längere Aufbewahrungsfrist bestimmt ist.

Art der Unterlage	Aufbewahrungsfrist	Anmerkungen
Betriebserlaubnis	Laufzeit	Bewahrt i.d.R. der Träger auf
Gründungsurkunden und -protokolle, Jahresberichte, sonstige Unterlagen zur Einrichtungsentwicklung	Keine	Soweit sie nicht ausnahmsweise rechtlich relevant sind, wie Vereinsgründungsprotokolle, dokumentiert sie der Träger oft dauerhaft aus Interesse an der Einrichtungsgeschichte etc.
Konzeptionen, Hausordnungen,	Solange sie in Kraft sind	Interne Unterlagen zur Einrichtungsführung und -überwachung sind nicht aufbewahrungspflichtig. Das Trägerinteresse an der Einrichtungsgeschichte etc., führen oft zu einer dauerhaften Aufbewahrung.
Inventare	10 Jahre	
Gruppentagebücher	3 Jahre	
Geschäftlicher Schriftverkehr (Anschaffungen, Bestellungen, …)	6 Jahre	
Verträge mit Caterern, Gartenbauern, Referenten etc.	6 Jahre	
Unberücksichtigte Angebote	Keine	
Rundschreiben der (kirchlichen) Verwaltung von zeitlich begrenzter Bedeutung	Keine	Solange sachlich relevant

5. **Personalunterlagen:** Die meisten Personalunterlagen[10] einschl. Krankmeldungen (AUB), Mutterschutzunterlagen, Zeugnissen und alle Unterlagen zur Personal-/ Mitarbeitervertretung werden vom Träger dokumentiert. Die Personalakte wird drei

---

10 Die Personalakte umfasst üblicherweise:
  a Deckblatt mit persönlichen Daten des Mitarbeiters wie:
    – Name, Adresse und Geburtsdatum
    – Beschäftigungsbeginn und ggf. -ende
    – Krankenkasse
    – Steuernummer
    – Rentenversicherungsnummer
    – aktuelles Gehalt
    – Bankverbindung
  b Persönliche Unterlagen wie:
    – ausgefüllter Personalbogen
    – Bewerbungsunterlagen
    – Private Änderungen (sofern relevant) wie Wechsel der Adresse oder Heirat
    – Vermerk zum vorgelegten erweiterten polizeilichen Führungszeugnis

Jahre über das Ende des Beschäftigungsverhältnisses hinaus aufbewahrt (Verjährungsfrist für Ansprüche aus dem Arbeitsverhältnis wie Einforderung eines Arbeitszeugnisses oder Schadensersatz)[11], soweit nicht Lohnsteuer- oder Sozialversicherungsrecht im Einzelfall eine längere Frist vorsieht[12]. Die Verjährungsfrist wird ab Ende des Jahres gerechnet, in dem der Arbeitsvertrag endet. In den Kitas selbst fallen i.d.R. folgende an:

Art der Unterlage	Aufbewahrungsfrist	Anmerkungen
Urlaubs-, Sonderurlaubsanträge	keine	
Verträge mit Honorarkräften wie z.B. Motopädie, Referenten etc.	6 Jahre	Nach Vertragsbeendigung
Bewerberdaten (neben Unterlagen des Bewerbers selbst auch eigene Notizen zum Vorstellungsgespräch, Personalfragebogen, Bewerberlisten mit persönlichen Daten etc.)	sechs Monate ab dem Zeitpunkt der Absage zu löschen, § 15 Abs. 4 AGG, § 61b Abs. 1 ArbGG	Wenn Bewerber-Daten mit Blick auf zukünftige Stellenbesetzungen länger aufbewahren werden sollen, muss die Einwilligung des Bewerbers eingeholt werden (siehe Abschnitt 9.6).
IfSG Nachweis über Belehrungen nach § 35 IfSG	3 Jahre	

   c Dokumente die Arbeit betreffend:
      – Stellenbeschreibung
      – Kopie des Sozialversicherungsausweises
      – Steuerkarte
      – bei ausländischen Mitarbeitern ggf. Arbeitserlaubnis
      – Meldungen an die Krankenkasse
      – Unterlagen zu Abwesenheiten (Urlaub, Krankheit, Elternzeit etc.)
   d Vertragliche Vereinbarungen
      – Arbeitsvertrag
      – ggf. zusätzliche Vereinbarungen, bspw. Zusatzleistungen
      – alle später geschlossenen Änderungen bspw. der Bezüge oder der Tätigkeit
   e Entwicklung des Arbeitnehmers wie:
      – Änderungen des Gehalts
      – Beurteilungen
      – Versetzungen
      – Fort- und Weiterbildungen
      – Beförderungen
      – Abmahnungen
   f Unterlagen zum Beschäftigungsende
      – Kündigung des Arbeitsvertrags
      – ev. Aufhebungsvertrag
      – ev. unterschriebene Ausgleichsquittungen
   g Allgemeiner Schriftverkehr (Schreiben des Arbeitgebers an den Mitarbeiter)
   h Nebenakten wie Zeiterfassungskarten und medizinische Unterlagen

11 Siehe Art. 17 Abs. 3 lit. e DSGVO.
12 Z.B. für Entgelt-Abrechnungsunterlagen: sechs Jahre, § 28f SGB IV, § 147 AO und für Lohnkonten: sechs Jahre, § 41 Abs. 1 S. 9 EStG.

Art der Unterlage	Aufbewahrungsfrist	Anmerkungen
IfSG Nachweis über Belehrungen für den Umgang mit Lebensmitteln nach §§ 42, 43 IfSG	Solange der Mitarbeiter in der Einrichtung arbeitet, danach erhält er den Nachweis ausgehändigt	
Protokolle der Dienstbesprechungen	Solange sachlich relevant	Interne Unterlagen zur Einrichtungsführung und -überwachung (z.B. Gremienprotokolle mit Arbeitsabsprachen, Jahres- oder Projektplanungen etc.) sind nicht aufbewahrungspflichtig.
Dokumentation der Arbeitszeit	mindestens zwei Jahre	Regelungen in ArbZG, JArbSchG, MiLoG, AentG, MuSchG
Unterlagen über Arbeitsunfälle	drei Jahre ab bindender Feststellung der Leistungspflicht	§ 113 SGB VII

14.4 Recht auf Einschränkung der Verarbeitung (Art. 18 DSGVO)

Die betroffene Person kann von einem Verantwortlichen u.a. dann eine Einschränkung der Verarbeitung ihrer personenbezogenen Daten verlangen, wenn sie deren Richtigkeit bestreitet oder deren Verarbeitung unrechtmäßig ist und die betroffene Person statt deren Löschung eine Einschränkung der Verarbeitung verlangt, oder sie Widerspruch gegen ihre Verarbeitung nach Art. 21 Abs. 1 DSGVO eingelegt hat.[13]

14.5 Widerspruchsrecht (Art. 21 Abs. 1 DSGVO)

Betroffene Personen können gegen die Verarbeitung ihrer Daten zur Wahrnehmung öffentlicher Aufgaben (Art. 6 Abs. 1 lit. e DSGVO) oder zur Wahrung berechtigter Interessen des Verantwortlichen oder eines Dritten (Art. 6 Abs. 1 lit. f DSGVO) Widerspruch einlegen. Angesichts der komplexen Rechtslage kommunaler, freier nicht kirchlicher und kirchlicher Kitas ist im Einzelfall zu prüfen, inwieweit ein Widerspruchsrecht überhaupt gegeben ist. Es besteht nicht, wenn die Verarbeitung auf eine andere Rechtsgrundlage wie einer Rechtspflicht oder einer Einwilligung (hier greift jedoch das jederzeitige Widerrufsrecht, Art. 7 Abs. 3 DSGVO, § 8 Abs. 6 KDG; § 11 Abs. 3 DSG-EKG) gestützt werden kann. Das Recht der betroffenen Person auf Widerspruch scheidet zudem nach § 84 Abs. 5 SGB X aus, *»soweit an der Verarbeitung ein zwingendes öffentliches Interesse besteht, das die Interessen der betroffenen Person überwiegt«*, das dürfte bei Anhaltspunkten einer Kindeswohlgefährdung bei fehlender Bereitschaft der Eltern zur Gefahrenabwehr der Fall sein, oder wenn *»eine Rechtsvorschrift zur Verarbeitung verpflichtet«*, das ist im Fall einer

---

[13] Für Einzelheiten siehe Kranig, Ehmann, Mein Recht auf Datenschutz nach der Datenschutz-Grundverordnung, 2019, S. 34 ff.

meldepflichtigen Krankheit nach § 6 Infektionsschutzgesetz (IfSG) der Fall, bei der Frage, ob eine Beratung über einen altersgerechten Impfschutz nach § 34 Abs. 10a IfSG erfolgt ist und hinsichtlich der Anmeldedaten. So bestimmt z.B. § 12 KiBiz (Datenerhebung und -verarbeitung), dass die Eltern verpflichtet sind, dem Träger bestimmte Daten mitzuteilen.

Das Widerspruchsrecht dürfte im Kitabereich demnach wohl keine größere Bedeutung erlangen. Nach der Einlegung eines Widerspruchs darf der Verantwortliche die betroffenen psbD i.d.R. nicht mehr verarbeiten (Ausnahmen: zwingende schutzwürdige Gründe des Verantwortlichen, Verarbeitung zum Zweck der Geltendmachung, Ausübung oder Verteidigung von Rechtsansprüchen).

14.6 Handhabung von Datenschutzverletzungen

Personenbezogene Daten sollen (Art. 5 Abs. 1 lit. f, Art. 24 und 32 DSGVO sowie EG 39) so verarbeitet werden, dass ihre Sicherheit und Vertraulichkeit hinreichend gewährleistet ist. Eine Verletzung ihres Schutzes liegt nach Art. 4 Nr. 12 DSGVO vor, wenn sie
- unbeabsichtigt oder unrechtmäßig zur Vernichtung, zum Verlust oder zur Veränderung,
- zur unbefugten Offenlegung von beziehungsweise zum unbefugten Zugang zu personenbezogenen Daten

führt.

Wenn es trotz aller technisch-organisatorischer Vorsichtsmaßnahmen zu einer Verletzung der Sicherheit und Vertraulichkeit personenbezogener Daten kommt, hat der Verantwortliche dies in aller Regel der zuständigen **Aufsichtsbehörde zu melden** und bei einem hohen Risiko für die Rechte und Freiheiten der **betroffenen Personen** auch diese **zu benachrichtigen**.[14] Diese Melde- bzw. Benachrichtigungspflichten des Verantwortlichen sichern die Betroffenenrechte ab.

Der Verantwortliche ist nach EG 87 verpflichtet, *»alle geeigneten technischen Schutz- sowie organisatorischen Maßnahmen«* zu treffen, *»um sofort feststellen zu können, ob eine Verletzung des Schutzes personenbezogener Daten aufgetreten ist, [...] um die Aufsichtsbehörde [nach Art. 33 DSGVO] und die betroffene Person [nach Art. 34 DSGVO] umgehend unterrichten zu können.«*

Eine solche Meldung hat der Verantwortliche nach Art. 33 Abs. 1 DSGVO *»unverzüglich und möglichst binnen 72 Stunden, nachdem ihm die Verletzung bekannt wurde«*, gegenüber der zuständigen Aufsichtsbehörde vorzunehmen, *»es sei denn, dass die Verletzung des Schutzes personenbezogener Daten voraussichtlich nicht zu einem Risiko für die Rechte und Freiheiten natürlicher Personen führt.«*

Der Verantwortliche hat nach Art. 33 Abs. 5 die Verletzung zu **dokumentieren** (hierfür kann gut das Meldeformular des Landesbeauftragten für Datenschutz und Informationsfreiheit Nordrhein-Westfalen (ldi NRW) genutzt werden).[15]

Die von einer Datenschutzverletzung betroffenen Personen ist nach Art. 34 Abs. 1 DSGVO vom Verantwortlichen zu benachrichtigen, wenn *»voraussichtlich ein hohes Risiko für [deren] Rechte und Freiheiten«* besteht.

---

14 Für Einzelheiten siehe Kranig, Ehmann, Erste Hilfe zur Datenschutz-Grundverordnung, 2019, S. 43–46.
15 ldi, Formulare für Verantwortliche zur Erfüllung gesetzlicher Verpflichtungen, Datenpanne – Meldung einer Datenpanne – Meldung einer Verletzung des Schutzes personenbezogener Daten, https://www.ldi.nrw.de/mainmenu_Aktuelles/Formulare-und-Meldungen/index.html

Literaturverzeichnis

AG '78 für die Region Fulda, Überblick über die Entscheidungsbefugnisse von Pflegepersonen und Sorgeberechtigten im Rahmen des § 1688 BGB, Fulda 2015, https://www.fulda.de/fd/51_Amt_fuer_Jugend__Familie_und_Senioren/51.4_Service_fuer_Kooperationspartner/AG_78_erzieherische_Hilfen/Arbeitshilfe_In_Angelegenheiten_des_taeglichen_Lebens_17.3.2015.pdf (Stand: 15.03.2021).

ARTIKEL-29-DATENSCHUTZGRUPPE, Leitlinien zu automatisierten Entscheidungen im Einzelfall einschließlich Profiling für die Zwecke der Verordnung 2016/679, WP 251 rev. 01, Brüssel 2018, https://www.ldi.nrw.de/mainmenu_Service/submenu_Links/Inhalt2/Artikel-29-Gruppe/wp251rev01_de.pdf (Stand: 15.03.2021).

ARTIKEL-29-DATENSCHUTZGRUPPE, Stellungnahme 06/2014 zum Begriff des berechtigten Interesses des für die Verarbeitung Verantwortlichen gemäß Artikel 7 der Richtlinie 95/46/EG, WP 217, Brüssel 2014, file:///C:/Users/49179/AppData/Local/Temp/WP217_Opinion62014LegitimateInterest.pdf (Stand: 15.03.2021).

Assmus, Ubbo/Winzer, Florian, Mitarbeiterfotos im Intranet, auf Webseiten und in sozialen Netzwerken, ZD 2018, 508–513.

BÄKO-ZENTRALE eG, »Informationen gemäß Art. 13 DSGVO für Lieferanten«, https://www.baeko.de/datenschutz-rechtliche-hinweise/fuer-lieferanten/ (Stand: 15.03.2021).

Bart, Judith, Datenschutz in der Kita, Bonn 2018.

Bayerisches Landesamt für Datenschutzaufsicht, Praxisratgeber Bilder und Verein, https://www.lda.bayern.de/media/veroeffentlichungen/FAQ_Bilder_und_Verein.pdf (Stand: 15.03.2021).

Bayerisches Landesamt für Datenschutzaufsicht, Was ist Auftragsverarbeitung und was nicht?, München 2019, https://www.lda.bayern.de/media/veroeffentlichungen/FAQ_Abgrenzung_Auftragsverarbeitung.pdf (Stand: 15.03.2021).

Becker, Peter (Hrsg.), Hauck/Noftz, SGB X, Berlin 2020.

Bieresborn, Dirk, Surfen als Amtsermittlung – Welche Grenzen bestehen bei der Internetrecherche für Sozialleistungsträger?, NZS 2016, 531–540.

Bieresborn, Dirk, Sozialdatenschutz nach Inkrafttreten der EU-Datenschutzgrundverordnung, NZS 2018, 10–16.

Bke, Dokumentation von Gefährdungseinschätzungen, Informationen für Erziehungsberatungsstellen 2/12, 20–23, https://www.bke.de/content/application/mod.content/1375776425_PDF_Doku_12_2_neu.pdf (Stand: 15.03.2021).

BMS Consulting, Handbuch KiTaPLUS, Version 3.2, o.O. Stand: 23.07.2012.

Bundesamt für Sicherheit in der Informationstechnik, IT-Grundschutz-Kompendium, Köln 2020, https://www.bsi.bund.de/SharedDocs/Downloads/DE/BSI/Grundschutz/Kompendium/IT_Grundschutz_Kompendium_Edition2020.pdf;jsessionid=66B85C2F836D171506B651BC523372CC.internet462?__blob=publicationFile&v=1 (15.03.2021).

Literaturverzeichnis

Bundesamt für Sicherheit in der Informationstechnik (BSI), Leitfaden Informationssicherheit: IT-Grundschutz kompakt, Bonn 2012.

Bundesarbeitsgemeinschaft Elterninitiativen (BAGE) e.V., Kita-Gesetze der einzelnen Bundesländer, Berlin, https://bage.de/service/links-zu-den-kita-gesetzen-der-einzelnen-bundeslaender/ (Stand: 15.03.2021).

Calliess, Christian/Ruffert, Matthias (Hrsg.), EUV/AEUV, 5. Aufl., München 2016.

Datenschutz Jahrbuch 2020, 29. Aufl., o.O. 2020.

Datenschutzkonferenz (DSK), Kurzpapier Nr. 19, Unterrichtung und Verpflichtung von Beschäftigten auf Beachtung der datenschutzrechtlichen Anforderungen nach der DS-GVO, 2018, https://www.datenschutzkonferenz-online.de/media/kp/dsk_kpnr_19.pdf (Stand: 15.03.2021).

Datenschutzkonferenz (DSK), Kurzpapier Nr. 13, Auftragsverarbeitung, Art. 28 DS-GVO, 2018, https://www.datenschutzkonferenz-online.de/media/kp/dsk_kpnr_13.pdf (Stand: 15.03.2021).

Bayerisches Landesamt für Datenschutzaufsicht, Praxisratgeber Bilder und Verein, München 2019, https://www.lda.bayern.de/media/veroeffentlichungen/FAQ_Bilder_und_Verein.pdf (Stand: 15.03.2021).

Der Bayerische Landesbeauftragte für den Datenschutz, Auftragsverarbeitung Orientierungshilfe, München 2019, https://www.datenschutz-bayern.de/technik/orient/oh_auftragsverarbeitung.pdf (Stand: 15.03.2021).

Der Bundesbeauftragte für den Datenschutz und die Informationsfreiheit, Mitarbeiterbefragungen, https://www.bfdi.bund.de/DE/Datenschutz/Themen/Arbeit_Bildung/BeschaeftigungArbeitArtikel/Mitarbeiterbefragungen.html (Stand: 15.03.2021).

Der Landesbeauftragte für den Datenschutz und die Informationsfreiheit Baden-Württemberg, Unsere Freiheiten: Daten nützen – Daten schützen, Datenschutz bei Gemeinden, Stuttgart 2019.

Der Landesbeauftragte für Datenschutz und die Informationsfreiheit Rheinland-Pfalz, Rechtliche Anforderungen beim Fotografieren unter der DS-GVO, https://www.datenschutz.rlp.de/de/themenfelder-themen/recht-am-eigenen-bild/ (Stand: 15.03.2021).

Der Landesbeauftragte für den Datenschutz und die Informationsfreiheit Rheinland-Pfalz, Datenschutz in der Schule, unter »Darf ich mit meiner Klasse mittels Facebook, WhatsApp oder iMessage schulisch kommunizieren?«, https://www.datenschutz.rlp.de/de/themenfelder-themen/datenschutz-in-der-schule-fragen-und-antworten-fuer-lehrkraefte/ (Stand: 15.03.2021).

Der Paritätische Wohlfahrtsverband, Landesverband Hessen e.V., Beantragung von Führungszeugnissen, Hinweise und Musterformulare. Frankfurt a.M. 2014, https://www.paritaet-hessen.org/fileadmin/redaktion/bilder/Dateien_zur_Gewaltpraevention/Arbeitshilfe_Paritaet_Fuehrungszeugnis_barr-final.pdf (Stand: 15.03.2021).

Deutsche AIDS-Hilfe e.V., Kinder mit HIV/AIDS in Krippe, Kindergarten, Hort und Schule, 2. Aufl., Berlin 2003, https://www.aidshilfe.de/shop/pdf/3741 (Stand: 15.03.2021).

Deutscher Verein für öffentliche und private Fürsorge e.V., Empfehlungen des Deutschen Vereins [DV] zur Hilfeplanung nach § 36 SGB VIII, Berlin 2006, https://www.bke.de/

content/application/explorer/public/dokumentationen/stellungnahme-hilfeplanung.pdf (Stand: 15.03.2021).

Deutscher Verein für öffentliche und private Fürsorge e.V., Empfehlungen des Deutschen Vereins zu Führungszeugnissen bei Neben- und Ehrenamtlichen in der Kinder- und Jugendhilfe (§ 72a Abs. 3 und Abs. 4 SGB VIII), Berlin 2012, https://www.deutscher-verein.de/de/uploads/empfehlungen-stellungnahmen/2012/dv-15-12-fuehrungszeugnissen-bei-neben-und-ehrenamtlichen.pdf (Stand: 15.03.2021).

Die Landesbeauftragte für den Datenschutz Niedersachsen, Schutzstufenkonzept der LfD Niedersachsen, Hannover 2018, https://lfd.niedersachsen.de/startseite/themen/technik_und_organisation/schutzstufen/schutzstufen-56140.html (Stand: 15.03.2021).

Eggers, Christian W., Quick Guide Bildrechte, 2. Aufl., Wiesbaden 2019.

Ehmann, Eugen/Selmayr, Martin (Hrsg.), DS-GVO, München 2017.

Els, Michael, Notfallmedikamentation von Kindern in der Kita, Kita aktuell 2.2021, 32–35.

erzieherin-ausbildung.de, Portfolios in Kindergarten und Krippe – Infos Beispiele und PDF Vorlagen, https://www.erzieherin-ausbildung.de/praxis/fachpraktische-hilfe-leitfaeden-vorschulkinder-u3/portfolios-kindergarten-und-krippe-die-8 (Stand: 15.03.2021).

Forgó, Nikolaus/Helfrich, Marcus/Schneider, Jochen (Hrsg.), Betrieblicher Datenschutz, 3. Aufl. München 2019.

Gesellschaft für Datenschutz und Datensicherheit e.V., GDD-Praxishilfe DS-GVO IV, Mustervertrag zur Auftragsverarbeitung gemäß Art. 28 DS-GVO, Bonn 2020, https://www.gdd.de/downloads/praxishilfen/gdd-praxishilfe_4_muster_auftragsverarbeitung (Stand: 15.03.2021).

Gesellschaft für Datenschutz und Datensicherheit e.V., Datenschutzgerechte Datenträgervernichtung – nach dem Stand der Technik, 4. Aufl., Bonn 2019, https://www.gdd.de/gdd-arbeitshilfen/gdd-ratgeber/datenschutzgerechte-datentraegervernichtung-4-aufl-2019-1 (Stand: 15.03.2021).

Gesetzentwurf der Landesregierung, Gesetz zur Änderung des Kinderbildungsgesetzes und weiterer Gesetze, Landtag Nordrhein-Westfalen, Drucksache 16/5293.

Gola, Peter (Hrsg.), Datenschutzgrundverordnung, 2. Aufl., München2018.

Gola, Peter, Handbuch Beschäftigtendatenschutz, 8. Aufl., o.O. 2019.

Gierschmann, Sibylle/Saeugling, Markus (Hrsg.), Systematischer Praxiskommentar Datenschutzrecht, 1. Aufl., Köln 2014.

Gutenkunst, Axel/Fachet, Siegfried, Merkblatt über den Datenschutz in evangelischen und katholischen Kindertageseinrichtungen, o.O. 2009, https://www.kdsa-nord.de/sites/default/files/file/NEU/Infothek/Dokumentensammlung_sonstiges/AH_510_extern_DS_in_Kindertageseinrichtungen_04_2009.pdf.

Hoeren, Thomas (Hrsg.), Musterdatenschutzerklärung für Websitebetreiber nach den Vorgaben der DSGVO, Münster 2018, https://www.uni-muenster.de/Jura.itm/hoeren/itm/wp-content/uploads/Musterdatenschutzerk%C3%A4rung-nach-der-DSGVO.docx (Stand: 15.03.2021).

Hoffmann, Birgit, Einwilligung der betroffenen Person als Legitimationsgrundlage eines datenverarbeitenden Vorgangs im Sozialrecht nach dem Inkrafttreten der DSGVO, NZS 2017, 807–812.

Hoffmann, Birgit, Notwendige Praxisumstellung bei Einwilligung in datenverarbeitende Vorgänge, JAmt 2018, 2–5.

Hoffmann, Birgit, Einwilligung der betroffenen Person als Legitimationsgrundlage eines datenverarbeitenden Vorgangs im Sozialrecht nach dem Inkrafttreten der DSGVO, NZS 2017, 807–812.

Holand, Georg/Reichert-Garschhammer, Eva/Lorenz, Sigrid, KitaApps – Apps und Softwarelösungen für mittelbare pädagogische Aufgaben in der Kita, München, 2019, https://www.ifp.bayern.de/imperia/md/content/stmas/ifp/kitaapps_ifp-expertise_1_12-2019_final.pdf (Stand: 15.03.2021).

Hromadka, Wolfgang, Arbeitsrecht für Vorgesetzte, 5. Aufl., München 2016.

Joussen, Jacob, Das erweiterte Führungszeugnis im Arbeitsverhältnis, NZA 2012, 776–780.

Kleinebrink, Wolfgang, Die Einwilligung im Beschäftigungsverhältnis nach neuem Datenschutzrecht, DB 2018, 1729–1735.

Knauf, Tassilo, Kindern im Portfolio das Wort geben, 2011, https://www.kindergartenpaedagogik.de/fachartikel/beobachtung-und-dokumentation/2180 (Stand: 15.03.2021).

König, Tassilo-Rouven, Beschäftigtendatenschutz in der Beratungspraxis, Baden-Baden 2020.

Kort, Michael, Der Beschäftigtendatenschutz gem. § 26 BDSG-neu, ZD 2017, 319–323.

Krahmer, Utz (Hrsg.), Sozialdatenschutzrecht, 4. Aufl. Baden-Baden, 2020.

Kranig, Thomas/Ehmann, Eugen, Mein Recht auf Datenschutz nach der Datenschutz-Grundverordnung, München 2019.

Kranig, Thomas/Ehmann, Eugen, Erste Hilfe zur Datenschutz-Grundverordnung für Unternehmen und Vereine, München 2019.

Kühling, Jürgen/Buchner, Benedikt (Hrsg.), Datenschutzgrundverordnung/BDSG, 2. Aufl., München 2018.

Kunkel, Peter-Christian/Kepert, Jan/Pattar, Andreas Kurt (Hrsg.), Sozialgesetzbuch VIII, 7. Aufl., Baden-Baden 2018.

Kunkel, Peter-Christian, Kinderschutz und Datenschutz, https://www.hs-kehl.de/fileadmin/hsk/Forschung/Dokumente/PDF/2008-01.pdf (Stand: 15.03.2021).

Kunkel, Peter-Christian, Sozialdatenschutz in Kindergärten, 2003, https://www.kindergartenpaedagogik.de/fachartikel/recht/1064 (Stand: 15.03.2021).

Lackner, Karl/Kühl, Kristian/Heger, Martin (Hrsg.), Strafgesetzbuch, 29. Aufl., München 2018.

Landesbeauftragte für Datenschutz und Informationsfreiheit Nordrhein-Westfalen, Information über die Erhebung von personenbezogenen Daten nach Art. 13, 14 und 21 Datenschutz-Grundverordnung, Düsseldorf 2019, https://www.ldi.nrw.de/mainmenu_Aktuelles/Inhalt/Informationspflichten-nach-der-Datenschutz-Grundverordnung/Umsetzungshilfe-Datenschutzinformationen_Stand-01_2019.pdf (Stand: 15.03.2021).

Landesbeauftragte für Datenschutz und Informationsfreiheit Nordrhein-Westfalen, Verzeichnis von Verarbeitungstätigkeiten – Verantwortlicher gem. Artikel 30 Abs. 1 DSGVO, https://www.ldi.nrw.de/mainmenu_Datenschutz/submenu_Verzeichnis-Verarbeitungstaetigkeiten/Inhalt/Verarbeitungstaetigkeiten/Muster-Verarbeitungsverzeichnis-Verantwortlicher.pdf (Stand: 15.03.2021).

Landesbeauftragte für Datenschutz und Informationsfreiheit Nordrhein-Westfalen, Information über die Erhebung von personenbezogenen Daten nach Art. 13, 14 und 21 Datenschutz-Grundverordnung, Düsseldorf 2019, https://www.ldi.nrw.de/mainmenu_Aktuelles/Inhalt/Informationspflichten-nach-der-Datenschutz-Grundverordnung/Umsetzungshilfe-Datenschutzinformationen_Stand-01_2019.pdf (Stand: 15.03.2021).

Landesbeauftragte für Datenschutz und Informationsfreiheit Nordrhein-Westfalen, Technische Anforderungen an technische und organisatorische Maßnahmen beim E-Mail-Versand, https://www.ldi.nrw.de/mainmenu_Datenschutz/submenu_Technik/Inhalt/Kommunikation/Inhalt/Technische-Anforderungen-an-technische-und-organisatorische-Massnahmen-beim-E-Mail-Versand/Technische-Anforderungen-an-technische-und-organisatorische-Massnahmen-beim-E-Mail-Versand.html (Stand: 15.03.2021).

Landesbeauftragte für Datenschutz und Informationsfreiheit Nordrhein-Westfalen, Formulare für Verantwortliche zur Erfüllung gesetzlicher Verpflichtungen, Datenpanne – Meldung einer Verletzung des Schutzes personenbezogener Daten, https://www.ldi.nrw.de/mainmenu_Aktuelles/Formulare-und-Meldungen/index.html (Stand: 15.03.2021).

Konferenz der Diözesandatenschutzbeauftragten der Katholischen Kirche Deutschland, Umgang mit Bildern von Kindern und Jugendlichen, Beschluss vom 04. April 2019, https://www.kdsa-nord.de/sites/default/files/file/NEU/Beschluesse_DDSB/2019_04_04_Beschluss_zum_Umgang_mit_Bildern_von_Kindern_und_Jugendlichen.pdf (Stand: 15.03.2021).

Koreng, Ansgar/Lachenmann, Matthias (Hrsg.), Formularhandbuch Datenschutzrecht, 2. Aufl., München 2018.

Maas, Udo, Soziale Arbeit als Verwaltungshandeln, 2. Aufl., Weinheim 1996.

Maywald, Jörg/Schmidt, Hartmut, Kindeswohlgefährdung erkennen, einschätzen, handeln, 3. Aufl., Freiburg 2009.

Meiner-Teubner, Christiane/Kopp, Katharina/Schilling, Matthias,
Träger von Kindertageseinrichtungen im Spiegel der amtlichen Statistik.
Eine Analyse der Strukturen, der Bildungsbeteiligung, des Personals und von Qualitätskriterien, Dortmund 2015, http://www.akjstat.tu-dortmund.de/fileadmin/user_upload/AKJStat/Analysen/Kita/Traeger_von_Kindertageseinrichtungen_im_Spiegel_der_amtlichen_Statistik.pdf (Stand: 15.03.2021).

Ministerium für Bildung Rheinland-Pfalz, Datenschutz in Kita, Mainz 2018, https://kita.rlp.de/fileadmin/kita/04_Service/02_Datenschutz/Flyer_Datenschutz_in_Kitas.pdf (Stand: 15.03.2021).

Moos, Fleming/Schefzig, Jens/Arning, Marianne, Die neue Datenschutz-Grundverordnung, Berlin 2018.

Ministerium für Bildung des Landes Rheinland-Pfalz, Musterbeispiel: Einwilligung zur Zusammenarbeit bei der Behandlung des Kindes, https://kita.rlp.de/de/service/datenschutz-in-kindertagesstaetten/(Stand: 15.03.2021).

Ministerium für Bildung und Frauen des Landes Schleswig-Holstein, Beobachtungsbogen zur Erstellung eines Entwicklungsprofils zum Übergang von der Kindertageseinrichtung in die Grundschule, Kiel 2006, https://www.datenschutzzentrum.de/uploads/kita/beobachtungsbogen.pdf.

Ministerium für Kultus, Jugend und Sport Baden-Württemberg, Kommunikationsplattformen am Beispiel WhatsApp, https://it.kultus-bw.de/,Lde/Startseite/IT-Sicherheit/Kommunikationsplattformen (Stand: 15.03.2021).

Münchener Kommentar zum Bürgerlichen Gesetzbuch, Bd. 10 Familienrecht II, 8. Aufl., München 2020.

Münder, Johannes/Meysen, Thomas/Trenczek, Thomas (Hrsg.), Frankfurter Kommentar zum SGB VIII, 8. Aufl., Baden-Baden 2019.

Paal, Boris/Pauly, Daniel (Hrsg.), Datenschutz-Grundverordnung Bundesdatenschutzgesetz, 3. Aufl., München 2021.

Palandt, Bürgerliches Gesetzbuch, 80. Aufl., München 2021.

Papenheim, Heinz-Gert/Baltes, Joachim/Palsherm, Ingo/Kessler, Rainer, Verwaltungsrecht für die soziale Praxis, 26. Aufl., Frankfurt a.M. 2018.

Papenheim, Heinz-Gert, Schweigepflicht: Datenschutz und Zeugnisverweigerungsrecht im sozial-caritativen Dienst, Freiburg 2008.

Papenheim, Heinz-Gert, Schutz der Sozialdaten durch caritative Träger und deren Mitarbeiter, Recht-Informationsdienst der Zeitschrift Caritas in NRW 3/2018, 37–48.

Plath, Karl-Uwe (Hrsg.), DSGVO/BDSG, 3. Aufl., Köln 2018.

Preuß, Tamina, Das Datenschutzrecht der Religionsgesellschaften, ZD 2015, 217–225.

Rahmenvereinbarung über die Finanzierung und Leistungssicherstellung der Tageseinrichtungen (Rahmenvereinbarung – RV Tag), https://www.beki-qualitaet.de/images/BBP/Rahmenvereinbarung-ber-die-Finanzierung-und-Leistungssicherstellung (Stand: 15.03.2021).

Rebler, Adolf, Das medizinisch-psychologische Gutachten zur Klärung von Eignungszweifeln, SVR 2015, 281–290.

Robert Koch Institut (Hrsg.), Ratgeber Kopflausbefall, Berlin 2008, https://www.rki.de/DE/Content/Infekt/EpidBull/Merkblaetter/Ratgeber_Kopflausbefall.html (Stand: 15.03.2021).

Schantz, Peter/Wolff, Heinrich Amadeus, Das neue Datenschutzrecht, München 2017.

Schaub, Günter, Arbeitsrechts-Handbuch, 18. Auflage, München 2019.

Schlegel, Rainer/Voelzke, Tomas (Hrsg.), juris PraxisKommentar SGB VIII, 2. Aufl., Saarbrücken 2018.

Schlegel, Rainer/Voelzke, Tomas (Hrsg.), juris PraxisKommentar SGB X, 2. Aufl., Saarbrücken 2017.

Schwartmann, Rolf/Jaspers, Andreas/Thüsing, Gregor/Kugelmann, Dieter (Hrsg.), DS-GVO/ BDSG, Heidelberg 2018.

Sekretariat der Deutschen Bischofskonferenz (Hrsg.), Datenschutz und Melderecht der katholischen Kirche (Arbeitshilfe Nr. 206), 4. Aufl., Bonn 2018.

Senatsverwaltung für Bildung, Jugend und Familie/Berliner Beauftragte für Datenschutz und Informationsfreiheit (Hrsg.), Datenschutz bei Bild-, Ton- und Videoaufnahmen, 2. Aufl., Berlin 2020, file:///C:/Users/49179/AppData/Local/Temp/datenschutz_in_kitas.pdf.

Simitis, Spiros/Hornung, Gerrit/Spiecker, Indra gen. Döhmann (Hrsg.), Datenschutzrecht, 1. Aufl., Baden-Baden 2019.

Smessaert, Angela, Allgemeine Grundsätze des Datenschutzes, Themeneinführung, TE-1143, in: Themengutachten, DIJuF Rechtsgutachten, 1. Aufl., NomosOnline 2015.

Sydow, Gernot (Hrsg.), Kirchliches Datenschutzrecht, Baden-Baden 2021.

Sydow, Gernot (Hrsg.), Bundesdatenschutzgesetz, Baden-Baden 2020.

Thüsing, Gregor, Umsetzung der Datenschutz-Grundverordnung im Beschäftigungsverhältnis: Mehr Mut zur Rechtssicherheit!, BB 2016, 2165–2166.

Tschöpe, Ulrich (Hrsg.), Arbeitsrechts Handbuch, 11. Aufl., Köln 2019.

Uecker, Philip, Die Einwilligung im Datenschutzrecht und ihre Alternativen, ZD 2019, 248–251.

Unabhängiges Landeszentrum für Datenschutz Schleswig-Holstein, Fotografieren von Kindern in Kindertagesstätten. Welche datenschutzrechtlichen Fragestellungen sind zu beachten?, https://www.datenschutzzentrum.de/uploads/kita/veroeffentlichungen/ Fotografie-in-KiTas.pdf (Stand: 15.03.2021).

Unabhängiges Landeszentrum für Datenschutz Schleswig-Holstein, Soziale Netzwerke: Wo hört der Spaß auf?, Kiel 2016, https://www.datenschutzzentrum.de/uploads/blauereihe/blauereihe-soziale-netzwerke.pdf (Stand: 15.03.2021).

Wanckel, Endress, Foto- und Bildrecht, 4. Aufl. München 2012.

Wandtke, Artur-Axel/Bullinger, Winfried (Hrsg.), Praxiskommentar Urheberrecht, 5. Aufl. München 2019.

Wikipedia, Die freie Enzyklopädie, Anwendungssoftware, https://de.wikipedia.org/wiki/ Anwendungssoftware (Stand: 15.03.2021).

Wikipedia, Die freie Enzyklopädie, Webanwendungen, https://de.wikipedia.org/wiki/ Webanwendung (Stand: 15.03.2021).

Wisskirchen, Gerlind/Bissels, Alexander, Das Fragerecht des Arbeitgebers bei Einstellung unter Berücksichtigung des AGG, NZA 2007, 169–174.

Wybitul, Tim (Hrsg.), EU-Datenschutzgrundverordnung, Frankfurt a.M. 2017.

Wybitul, Tim, Wie viel Arbeitnehmerdatenschutz ist »erforderlich«?, BB 2010, 1085–1089.

Stichwortverzeichnis

A
Anmeldebogen 80
Arbeitsvertrag 173
Auftragsverarbeitung 209
Auskunftsrecht 226
AV-Vertrag 211

B
Berechtigtes Interesse 131, 133, 178
Berichtigung 227
Beschäftigte 168
Beschäftigtendatenschutz 20, 22, 149
Betroffenenrechte 33, 223
Bewerber 168
Bewerbungsverfahren 154
Bilder 119
Bildungsdokumentation 80

D
Daten 89
Datenerhebung 37, 69
Datenintegrität 202
Datenschutzerklärung 61, 66, 217
Datenschutzkontrolldaten 92
Datenschutzrechtliche Verstöße 215
Datenschutzverletzungen 235
Datensicherheit 33, 187
Datensicherheitsmaßnahmen 197
Datenträgerkontrolle 198
Datenübermittlung 97, 98, 105, 118
Datenverarbeitung 69, 72, 150, 154, 165, 207
Datenweitergabe 94, 95
Dokumentationspflichten 123
Dritte 49
DSGVO 14

E
Einrichtungswebsite 205, 216
Einwilligung 69, 70, 77, 175
Einwilligungserklärung 124
Erforderlichkeit 151

Erlaubnistatbestände 173
Externe Großveranstaltungen 139

F
Fotografien 119
Fotovertrag 174
Freiberufliche Fotografen 145
Freie (nicht kirchliche) Träger 18
Freiwillige Erklärung 74
Freiwilligkeit 166
Führungszeugnis 162

G
Gerichtliche Verfahren 105
Grundlagen 13
Gruppenfotos 145

H
Hausrecht 147

I
Informationelle Selbstbestimmung 13
Informationspflichten 54, 137, 168
Informierte Erklärung 76

K
Kirchliche Kita 66
Kirchliche Träger 20
– Evangelische Kirche 21
– Katholische Trägerschaft 21
Kommerzielles Umfeld 141
Kommunale Kita 61
Kommunale Träger 14
Künstler 143

L
Lieferanten- und Dienstleisterdaten 183
Löschung 228

M
Mitarbeiterbilder 171, 175
Mitarbeiterfotos 178
Mitteilungsbefugnisse 106

Stichwortverzeichnis

N
Nutzung 90

O
Öffentlichkeit 136, 140
Organisatorische Maßnahmen 189

P
Personenbezogene Daten 23, 34, 42, 92, 150
Porträtbilder 145
Privater Rückzug 136, 140
Prüf-, Dokumentations- und Rechenschaftspflicht 214
Pseudonymisierung 197

R
Rechenschaftspflicht 30
Recht auf Auskunft 223
Rechtmäßigkeit 102
Rechts- und Fachaufsichtsbehörde 214
Rechtswidrig erhobene Sozialdaten 47
Risiken 192

S
Schutzwürdige Sozialdaten 107
Schweigepflicht 108
Schweigepflichtentbindung 116
Sichere Aufbewahrung 198
Sozialdaten 27, 89, 103, 107
Sozialdatenschutz 19
Soziale Medien 128, 205
Sozialsphäre 136, 139
Speichern 89
Speicher- und Benutzerkontrolle 201

T
Tagespresse 147
Telefonat 201
Transport- oder Übertragungskontrolle 200

U
Übermittlung 90
Übermittlungsbefugnisse 97, 113

V
Veranstaltungen 131, 135, 139, 142
Vernichtung von Datenträgern 200
Veröffentlichen von Bildern 127
Verschlüsselung 198
Vertragspartner 22
Vertrauensschutz 112
Verwertungsverbot 47
Vorstellungsgespräch 154

W
Web-Anbieter 210
Web-Apps 205
Weitergabe 59
Widerrufbarkeit 74
Widerspruchsrecht 234
Wirksamkeitsvoraussetzungen 72, 76

Z
Zugangskontrolle 197
Zutrittskontrolle 197
Zweckbindungsgrundsatz 77